U0497239

教案

【朱训德先生教案手稿】

定西市档案局 编

甘肃教育出版社

图书在版编目（CIP）数据

老教案：朱训德先生教案手稿 / 定西市档案局编
. -- 兰州：甘肃教育出版社，2018. 12
ISBN 978-7-5423-4573-8

Ⅰ. ①老… Ⅱ. ①定… Ⅲ. ①语文课 - 教案（教育）-
中等专业学校 Ⅳ. ①G633. 302

中国版本图书馆 CIP 数据核字(2018)第 280025 号

老教案——朱训德先生教案手稿
定西市档案局 编

封面题字 牛 忠
封面设计 陈晓燕
责任编辑 秦才郎加

出 版 甘肃教育出版社
社 址 兰州市读者大道 568 号 730030
网 址 www.gseph.cn E-mail gseph@duzhe.cn
电 话 0931-8773145（编辑部） 0931-8435009（发行部）
传 真 0931-8773056
淘宝官方旗舰店 http://shop111038270.taobao.com

发 行 甘肃教育出版社 印 刷 兰州人民印刷厂
开 本 787 毫米×1092 毫米 1/16 印 张 25 插 页 3 字 数 360 千
版 次 2019 年 1 月第 1 版
印 次 2019 年 1 月第 1 次印刷
印 数 1~5 000
书 号 ISBN 978-7-5423-4573-8 定 价 70.00 元

出版说明

根植教育经典，传承教育文化，是教育出版工作者一贯的追求。鉴于此，我们与定西市档案局（馆）合作影印出版了《老教案——朱训德先生教案手稿》一书。本书主要收录了20世纪八、九十年代朱训德先生从事中学教育教学工作时的语文教案手稿及美术教案手稿。它记录了作者投身教育、热爱教学的美好岁月，反映了作者的教育理想及时代教育印记，展现了老一辈教育工作者兢兢业业、教书育人的可爱身影。

为了更好地尊重作品原貌，充分展示本手稿的档案特色和教育印记，将教案手稿原貌真实地呈现给广大读者，我们对其中存在的欠规范之处做了保留。特予以说明，以期广大读者谅解。

《老教案——朱训德先生教案手稿》编委会

目 录

序

这是一本特殊的集子，选录的是朱训德先生生前从教时的语文教案和美术教案，合成了这样一部《老教案——朱训德先生教案手稿》。朱训德先生生前任教的定西卫校在 2014 年 6 月并入定西师专，随后又一同合并于甘肃中医药大学。有此渊源，由我为《老教案——朱训德先生教案手稿》作序，当在情理之中。

朱训德先生是我市教育界的老前辈，1959 年毕业于甘肃师范大学中语系，先后在岷县二中、定西卫校从事语文、美术教学工作。冬去春来，送旧迎新，从教 40 年，心无旁骛，安于清贫，带过 170 多个教学班，授课 18000 多课时，曾多次被评为模范教师、模范班主任。这里收集的语文教案和美术教案，是他一生教学生涯的结晶，从中可以窥见一位老教育工作者的品行、德操、追求和境界。

翻阅朱训德先生的教案手稿，首先给人的是一种感动和震撼。我惊叹一位教师竟然能够把备课笔记做得如此精美，简直是教学艺术与书法艺术的完美结合，堪称经典。不唯有完整的教案目录、教学目的、教学内容、教学方法、过程设计和讲课后记，甚乃有严整的图表、精美的图案。那整齐划一的章法呈现，刚劲隽秀的硬笔书法，大字号的原文，小字号的批注，以及红蓝两色笔墨的交替运用，构成了一页页美妙绝伦的画面。我们惊叹其严谨与认真，刻苦与敬业，传承与创新，处处散发着浓烈的文化气息，时时展现着醇厚的审美情趣，耐读、耐品，有味、有趣。

朱训德先生的教案手稿，体现了他渗入骨髓和心灵的“工匠精神”。古今成就学问者，皆为求真务实之士，能够摒弃过多的物欲，心安于书斋一隅和三尺讲台，两袖清风，苦心钻研，实在难能可贵。哲人云："态度决定成败。"哲人亦言："思维对了，你的世界也就对了。"做大学问如此，教书育人亦然。朱训德先生就是有这种正确态度和健康思维的人。他站立于讲台数十载，沉下心来教书，敞开心来做人，如此师长，焉能不被学生称道？焉能不为同行推崇？焉能不出好成绩？他的教案，条理清晰，摘章引句，珠联璧合，一笔一划，从容淡定，绝非心浮气躁之辈所能为。如此楷模，确为教师风范，值得所有为师者崇敬和仿效。

教书是一门高深的艺术，非浅尝辄止者所能通晓。意欲教好书、育好人，做一名求真务实的工匠型教师，做一名苦心钻研的研究型教师，务求脚踏实地、一丝不苟。朱训德先生在教学中，不断总结经验，不断反思得失，以求达到最佳的教学效果。他在一篇美术教案中写下了这样的"讲课后记"："前几节上课，板书比较潦草，有些同学反映看不清楚，这是我没有考虑到教学对象是初一年级学生。"他为此深深自责。同时感悟道："美术课本身就是美的教育。画画、写字都应从美、从严、从规范要求，以感染学生。因此，以后板书决定写速写老宋体，再听取同学意见改进之。"这是怎样的自我反省，怎样的严以律己，怎样的追求完美啊！有了这样的自觉意识和敬业精神，教师自身就有了足够的热度和亮度，足以温暖孩子们的心灵，启开孩子们的心智，点燃孩子们的心灯。

朱训德先生的教案手稿出版的意义，不仅仅是对一位老教育工作者从业经历的展现，或对已逝先辈的纪念，更是为后继者提供一种示范，树立一个榜样。如果今天的教师能够从他的身上获得一点启悟，汲取一点力量，找到一点差距，从而以实际行动去践行作为一名教师应该履行的职责，则学生幸甚，学校幸甚，教育幸甚。

是为序。

甘肃中医药大学副校长

定西师范高等专科学校校长 

2018 年 9 月 10 日

怀高意远　矢志不渝

（代序）

朱训德先生是一位书画艺术语言厚重、朴实、隽永，艺术造诣深厚，且有相当艺术成就的当代名家。他怀有一颗执着的赤子之心，一生追求书画艺术独特的审美价值。

20 世纪七、八十年代是朱训德先生书画创作的盛年，和我们新闻出版界过往甚密。他始终怀有和善之心，待人接物热情周到。他对书画有着独特的悟性和饱满的创作热情，其清、静、雅趣皆于笔底生发，常有佳作见诸《人民日报》《甘肃日报》等，受到读者的青睐。人民日报社的著名画家英韬先生对他很是赏识，曾专约他书写《鲁迅杂文书信选》书名，影响颇大。

朱先生作为一名教师，特别重视书法在青少年中的普及。在人生追求和时代背景下，他心驰翰墨，神接古人，努力使字有鲜活的生命力，通过抽象的点、线、笔画揭示人类的生活内容和意义，加上其真实的情怀和对现实的关照，使他的四体多种硬笔书法字帖在甘肃书坛脱颖而出，做出了独特的贡献，最终成为弘扬优秀传统文化艺术的精品佳作。

他的这些书帖的问世并非偶然，是在吃透了传统艺术的精髓之后，再去寻找与自己个性相契合的表达方式，追求属于自己的艺术特质的结果。他心无旁骛，以一种淡定的心态运用技巧，反复锤炼，将自己的真性情灌注于笔端，特别是他的《人生珍言钢笔四体书法参考》《真草隶篆四体钢笔字贴·成语书法词典》将传统艺术创作与时代背景相结合，达到了较高的艺术境界，具有了一定的艺术价值。书法的各种书体是相通的，各种书体的架构、节奏、流畅感可以相互借鉴，相得益彰；在用笔、结字、章法、意境上相互吸纳。他能将这种思想贯穿于自己成语书法艺术创作的实践中，取决于他对传统书法艺术深刻的理解和独特的领悟。我们可感受到，他的书帖在用笔上既具碑学的厚重根底，还有帖学的自然婉转，结体富于多变。在思想文化多元化的今天，硬笔书帖文字的外形和内涵仍具有宝贵价值。当下的书者已不仅仅是个体的情愫表达者，更是社会责任的担当者。

书写意，画通神，文言志，三者皆为心灵之艺术。朱先生在收获人生阅历的同时，也在不断地提高自身的艺术修养。他旁涉丹青，其绘画也和他的书法一样清雅厚重，无论兼工兼写、动物花卉都付出了大量的努力和耐心，始终追求艺术审美佳境。唐代书法家孙过庭言：“达其性情，形其哀乐。”朱先生具有独特的人格艺术魅力，他一生都在追求自己的审美理想及一片明净胸怀，其雅致、宁静、清逸的书画风特别值得我们敬佩和推重。

中国美协资深美术家
甘肃日报社原美术编辑
甘肃人民美术出版社原副总编
甘肃文史研究馆荣誉研究员

2018 年 5 月 18 日

语文教案集

甘肃省定西地区卫生学校

朱训德

目录

定西地区卫生学校课时教案

编号：　　　　　　　　　　　　　　　　　　周次：

教研组长批准： 郝宝光

1983年10月5日

授课日期	198　年　月　日	班次		节次	

课题与教学目的

教学前言

一、中等卫生学校语文教学的目的和要求

二、中等卫生学校语文教学的内容

(一)课文讲析 (二)写作教学 (三)口头表达训练 (四)语文知识

三、教学中的几个问题

(一)注重基本技能训练，必须下苦功学习语言 (二)採用启发式，搞好讲读教学 (三)加强课外阅读和写作的指导

教学内容和方法：

语言文字是人类社会最重要的交际工具，同时又是普及文化教育的工具，是各门学科的基础。无论是学习社会科学还是学习自然科学，都需要具有一定的运用语言文字的能力。当前我们伟大祖国正处在一个社会主义革命和社会主义建设的新的发展时期，搞好语文课教学，使学生获得必要的语文基础知识和运用语言文字的基本技能，对他们学好医药卫生专业，向科学技术进军，促进医药卫生事业的发展，以适应四化建设的需要，具有重要的意义。

一、语文教学的目的和要求

中等卫生专业学校语文教学的目的是：用马克思主义的立场、观点和方法，指导学生学习课文和必要的语文知识，进行严格的读写训练和口头表达能力的训练，使学生在受到必要的、生动活泼的思想教育的同时，着重提高他们的读写能力和口头表达能力，要求他们能够正确地理解和运用祖国的语言文字，能阅读一般的政治、科技、文艺读物，能写记叙、说明、议论等类文章，做到观点鲜明，内容充实，结构完整、中心明确，基本上合乎逻辑和语法，并注意修辞。

二、教学内容

(一)课文讲析

课文是培养学生阅读能力和写作能力、口头表达能力的主要教材。入选课文要求"政治和

艺术的统一,革命的思想内容和尽可能完美的艺术形式的统一,应当是思想内容好,语言文字好,并适合于教学。通过课文的讲授,向学生进行热爱党、热爱社会主义祖国的教育,提高学生的社会主义觉悟,树立无产阶级世界观,培养革命的理想和抱负。同时要学习课文的写作技巧,提高学生用词造句、谋篇布局等方面的写作能力。文言文的教学,在于培养学生阅读浅近文言文的能力,为阅读古籍,接受祖国丰富的文化遗产,打下初步基础;并且吸取古人语言中有生命的东西,学习一些写作技巧。

(二)写作教学

写作教学是语文教学中的重要组成部分。写作教学主要是指作文教学,同时包括同写作有关的课堂练习和课外作业等。

作文教学是思想教育同读写训练相结合、语文知识同写作实际相结合,课堂学习与社会实践相结合的综合训练,也是衡量学生语文学习的重要尺度。要切实抓好作文前的指导,启发学生下笔前考虑清楚为什么写这篇文章写什么和怎样写,还要抓好作文的批改,使学生经过多次反复的写作实践,逐步领悟到应该怎样写,不该怎样写,并且把这种认识进一步运用于写作实践,逐步提高写作能力,每次作文均需有讲评,就作文中带有共同性质的问题进行分析指导。

根据课文和学生的实际布置造句、改写、缩写段写提纲和故事梗概或其他类似小作文的课堂练习练习和课外作业,也是加强写作教学的重要手段。

(三)口头表达的训练

结合课堂教学,通过学生答问、口头造句、分析课文、谈学习心得及口头作文等,培养学生用准确的语言表达自己思想的能力,以适应学生毕业后从事实际工作的需要。口头训练一般要求思维敏捷、层次分明。每个学生一学年至少有一次口头作文的机会。

(四)语文知识

语文知识包括语法、修辞、逻辑、写作知识和文学常识等,讲授这些知识,是培养学

复习题和作业:

授课老师:

一九八　　年　　月　　日

定西地区卫生学校课时教案

编号：　　　　　　　　　　　　　　　　　　周次：

教研组长批准：					
198　年　月　日					
授课日期	198　年　月　日	班次		节次	
课题与教学目的	教学前言 （同前页）				

教学内容和方法：

生的阅读能力和写作能力的辅助手段。要以练为主，并同讲读教学、写作教学口头训练结合起来。鉴于学生在初中已学习过语法修辞，因此，不必再系统讲授，可结合讲读教学有重点地进行复习、巩固，以加深学生对这些知识的理解，并能运用于语言实践。语文知识的教学结合课文进行。

五、教学中的几个问题

(一)加强基本技能训练，提倡下苦功学习语言

语言的基本技能训练，概括起来就是读和写，也就是口头语言训练和书面语言训练，即包括正音正字、朗读、背诵、复述、概述、答问、造句、分段、改写、缩写、编写提纲、作文以及标点符号和工具书的使用等。教师应努力钻研课文，抓住重点，精讲多练，对学生要提倡下苦功学习语言。毛主席说："语言这东西，不是随便可以学好的，非下苦功不可。"要教育学生充分认识学习语言的艰苦性，对学生严格要求，树立勤学苦练风气，引导他们踏踏实实地打好基础，无论读和写，都要认真。课文要仔仔细细地读，字要规规矩矩地写，练习要踏踏实实地做，作文要认认真真地完成。指导学生多读多写，勤学苦练，熟读和背诵一定数量的课文。通过课内和课外各种学习语文的活动，经过坚持不懈地刻苦磨练，养成良好的读写习惯，获得较好的读写能力。

(二)採用启发式,搞好讲读教学

讲读教学是语文教学的重要组成部分。学生读写能力的养成,必须以讲读为中心,充分调动学生学习的积极性和主动性。这就要求,一方面教师应该有计划、有重点地把课文讲清楚,有的放矢地启发学生思考问题,把语文知识和读写训练结合起来,力求精练,抓住重点,要言不繁,每次课有适当时间指导学生进行生动活泼、严格的训练,避免"注入式"和"满堂灌"。另一方面学生要在教师引导下,刻苦钻研,独立思考,养成独立分析问题和解决问题的习惯,避免死记硬背。

(三)注意对课外阅读和写作的指导

毛主席说:"要自学,靠自己学"。学习语文,光靠课内是不够的。不仅在课堂上要重视培养学生的自学能力,还要指导学生进行课外的阅读和写作。课外阅读指导主要是选择有益的读物,指示阅读的方法,培养阅读的习惯,组织一些读书活动。除了有计划地指导学生阅读教材中的阅读课文外,还可以向学生推荐有益的读物,引导学生不断扩大阅读范围。从长篇中节选的课文,也可以指导学生在课外阅读全书或有关章节。再如提倡学生写日记,作笔记、办墙报、办广播,并举行作文比赛和书法比赛等,对培养学生的写作能力也有重要作用。

复习题和作业:

教师:

一九八　　年　　月　　日

定西地区卫生学校课时教案

编号：　　　　　　　　　　　　　　　　　　　周次：

教研组长批准：郭宝光　　1982年9月25日

授课日期	198　年　月　日	班次	检验一○八班	节次	

课题与教学目的

纪念刘和珍君　　鲁迅

《纪念刘和珍君》这篇杂文，是一曲"为了中国而死的中国青年"革命精神的赞歌，是声讨中外反动派罪行的战斗檄文，是鼓舞革命人民继续战斗的号角。学习本文，要使学生继承和发扬爱国青年热爱祖国，勇于斗争的革命精神深刻认识中外反动派和走狗文人的本质，增强明辨是非的能力，为实现共产主义而斗争。写作方法上，学习记叙、议论、抒情三者相结合的手法；学习警句对偶、重叠句法的运用。

教学内容和方法：

教学时间：三课时

教学方法：启发式

教学内容：　　　　第一课时

讲　　题：介绍时代背景

一九二四年，国共两党建立了统一战线，反帝反封建的民主革命运动在全国迅速兴起。窃取了中华民国大权的段祺瑞政府，勾结帝国主义用武力对革命人民进行残酷的镇压。

一九二六年春，南方各省工农革命运动风起云涌，声势浩大的北伐战争即将开始，北洋军阀的统治摇摇欲坠。当时冯玉祥率领的国民军，在革命力量的影响下，日渐倾向革命。一九二六年三月十二日，日本帝国主义的两艘军舰公然驶进我国大沽口，炮击国民军守军，国民军进行了自卫反击。日本帝国主义即以此为借口，向中国政府提出抗议，联合英、美、法、意大利、荷兰、比利时、西班牙八国公使，借口维护"辛丑条约"，向段祺瑞执政府提出所谓"最后通牒"，无理要求中国停止军事行动，拆除津沽防务，并限在四十八小时之内，即十八日上午前作出答复。帝国主义的强盗行径，激起中国人民的无比愤慨。在中国共产党的领导下，三月十八日，北京各界人民在天安门集会反对。会后，两千余群众结队游行到执政府请愿。北京女师大学生会自治会主席刘和珍等，高举红旗走在队伍前列。游行队伍刚到达执政府门前，段祺瑞在帝国主义者的指使下，竟然开枪射击，并用大刀铁棍当场杀害了手无寸铁的群众四十七人，打伤一百五十余人，造成了骇人听闻的三·一八惨案。事后，段祺瑞卖国政府竟诬陷爱国群众是"暴徒"，"啸聚群众，侵掌事端"，并下令要"争拿"和"惩办""暴徒"领袖。当时,鲁迅也被列入第二批通缉名单中。与此同时,资产阶级文人陈西滢等,在《现代评论》杂志上诬陷爱国群众"受人利用"、"自蹈死地"等等,替反动派开脱罪责。

"三一八"惨案当晚,鲁迅以不可遏制的愤怒,挥笔写下了《无花的蔷薇之二》,指出三月十八日是"民国以来最黑暗的一天""血债必须用同物偿还,拖欠得愈久,就要付更大的利息!"之后,鲁迅继续以杂文为武器,写下了《死地》、《可惨与可笑》、《空谈》、《淡淡的血痕中》等文章。三月二十五日,鲁迅毅然出席了刘和珍等人的追悼大会,并于四月一日写下了这篇感人至深的文章。文章最初发表在一九二六年四月十二日《语丝》周刊第七十四期,后由作者编入《华盖集续编》。

第二课时

讲授内容:分析课文

全文共七个部分,有强烈深沉的抒情,有激动人心的记叙,有精辟深刻的议论,表现了作者沉痛和愤慨的感情,各部分都有独立、完整的意义,之间又互相关联衔接紧密。

第一部分:作者追述参加追悼会的沉痛心情及写本文的思想过程。本文象一般祭文那样开头,直书"中华民国",是揭露段祺瑞政府算不上人民的国家,是对杀人的段政府的控诉。接着点明烈士死难的时间、地点,烈士生前与作者的关系,并说明了写作的目的。

第二部分:热情赞颂革命者为"真的猛士",激励人们起来战斗。作者把包括刘和珍在内的革命者称为"真的猛士",说他们"敢于直面惨淡的人生,敢于正视淋漓的鲜血"。他们又敢于正视反动派的血腥镇压,不惜流血牺牲,以求得国家的独立、民族的解放为一生最大的幸福。因此作者发自内心赞叹道:"这是怎样的哀痛者和幸福者?""怎样的"三字加重了赞叹和敬佩的语气,以问句的形式来表达,更加意味深长。先是赞美真正的革命者,继而慨叹和批判了那些易于忘却旧仇的"苟得偷生"的"庸人",唤醒他们起来战斗,砸烂这似人非人的世界。

第三部分,写作者结识刘和珍的经过和对刘和珍的敬重心情。"在四十余被害的青年之中,刘和珍君是我的学生。……我应该对她奉献我的悲哀与尊敬。她不是'苟

复习题和作业:《纪念刘和珍君》的时代背景是什么?

授课老师:朱训德

一九八　　年　　月　　日

定西地区卫生学校课时教案

编号：　　　　　　　　　　　　　　　　　　　　周次：

教研组长批准：				
198　年　月　日				
授课日期	198　年　月　日	班次	检验一〇八班	节次

课题与教学目的

纪念刘和珍君　　鲁迅

教学目的同上

教学内容和方法：

活到现在的我"的学生，是为了中国而死的中国青年。"这里说"奉献"，说"尊敬"，表明鲁迅是谦虚的，刘和珍的死是光荣的，伟大的。鲁迅在这里两次描写刘和珍是微笑着，态度很温和，"这与刘和珍不为势利所屈"、英勇牺牲的映衬，则说明刘和珍对敌人横眉冷对，威武不屈；对同志对战友，感情丰富，谦逊和蔼，表现了她的精神风貌和崇高品质。

第四部分，追述听到刘和珍遇害，作者深沉悲愤的感情。这里采用了纪念文章的顺序，重点提出刘和珍君是照应题目，又是文章的中心。作者激愤地追述了听到噩耗后的感受：先是"颇为怀疑"、"还不料"、"也不信"的惊诧感情，衬托出反动派动手之快，下手之凶残。"况且始终微笑着的和蔼的刘和珍君，更何至于无端在府门前喋血呢？"加上"况且"、"更何至于"这两个关联词语，并且接着用"然而即日证明"、"而且又证明""是事实"、"有尸骸"，又用"而且"、"因为"证明"不但是杀害，简直是虐杀，因为身上还有棍棒的伤痕"。这些词语不仅揭出确信结论，而且有力地揭露了段祺瑞政府下为凶残到等地步。

"但段政府就有令，说他们是"暴徒"！和"但接着就有流言，说他们是受人利用的。"这两小段，用结构近似的反复的修辞手法，一句成段表示强调，写出那非人世界的黑暗。

"惨象，已使我目不忍视了；流言，尤使我耳不忍闻。"这组对偶句，两两对照，表达出刘和珍等被虐杀后的惨状，使自己产生的深沉的悲愤感情。"我还有什么话可说呢？"这是"惨象"和"流言"带给作者的直接后果，也照应了第一部分"可是我实在无话可说"。从亲身体会出发："我懂得衰亡民族之所以默无声息的缘由了"。反动当局和走狗文人，一用刀枪杀人，一用笔杀人，使无刀无笔的弱者不得喘息，结下了极大的仇恨和愤怒。但鲁迅并不绝望，发出了由深沉转为激昂的感情："沉默呵！沉默呵！不在沉默中爆发，就在沉默中灭亡。"作者在这里以"不在"、"就在"的选择复句来为人们指出了一条唯一的出路："中华民族若不在沉默中爆发革命，就会在沉默中灭亡，激励人们赶快警觉，奋起战斗。这最后一段，写出了作者对那"非人间的浓黑的悲凉"的深切感受，也写出了作者对革命的期待和呼唤。

第五部分，描述听说刘和珍被虐杀时的真实情景，赞颂刘和珍等为中国而死的爱国青年临危不惧、互相救助的革命精神，进一步揭露了中外杀人者的凶狠残暴。

"但是，我还有要说的话。"续写刘和珍遇难情形，从正面、直接、具体地写刘和珍是怎样被虐杀。"听说，她，刘和珍君，那是欣然前往的。"一句三逗，表达出沉重的感情。刘和珍是"欣然前往的"，绝不是什么"受人利用的"，驳斥流言是无耻的诽谤。并沉痛指出"谁也不会料到有这样的罗网"，"三·一八"惨案完全是段政府与帝国主义勾结而预设的阴谋。写遇害情况，先总说一句事件发生的地点，再详写经过："从背部入，斜穿心肺，……"同去的张静淑君、杨德群君先后想去扶起刘和珍君，都中弹倒下。这里分别用短句写张杨被击倒地，反复强调，表现力强。刘和珍中弹后，"还能坐起来，一个兵在她头部及胸部猛击两棍，于是死掉了。"这是上文所说"简直是虐杀"的补注。

接着说："始终微笑的……在医院里呻吟。"这三个分句分别交代了三人两死一伤的结果。这三人每人前面的形容词：刘和珍是"始终微笑的和蔼的"，杨德群是"沉勇而友爱的"，张静淑是"一样沉勇而友爱的"，都是赞语。"死掉了"、"尸骸为证"和"在医院里呻吟"，抒发了作者浓厚的悲凉心情和郁积的愤怒。接着是两个长句一个短句，需作具体分析：第一个长句是正面地对刘和珍等三人不畏强暴，冒着弹雨，互相救助、勇敢坚强的崇高精神的热情歌颂：她们的精神是多么"惊心动魄的伟大呵！""从容"是褒义词，与上文"沉勇而友爱"相呼应。"转辗"即辗转的意思，是中性词，是转与辗的同义组合，这里是说明一个人倒下，另一个人接了上去，如此连续不已。"惊心动魄"，言其动人之极。第二个长句，"中国军人"这里是实指，指段祺瑞的军队。"妇婴"，是偏义词，婴意已消失，只有妇义。"八国联军"指的不是1900年的八国联军，这里是指"大沽口"事件后，日、英、美、法等帝国主义根据《辛丑和约》向中国提出所谓"最后通牒"的罪行。这句里的"伟绩"、"武功"是嘲讽语，是联合词组作

复习题和作业：

授课老师：

一九八　　年　　月　　日

定西地区卫生学校课时教案

编号：　　　　　　　　　　　　　　周次：

教研组长批准：

198　年　月　日

授课日期	198　年　月　日	班次	检验一○八班	节次	

课题与教学目的

纪念刘和珍君　　鲁迅

教学目的同上

教学内容和方法：

主语，"全被抹杀了"作谓语，"抹杀"是扫除的意思。全句是说，他们以所谓"文明人"发明的枪弹，屠杀戮妇婴，惩创学生。这次惨案就是他们创造的"伟绩"，建立的"武功"。三个女子流的鲜血，发出的无限光辉，已把他们所谓的"伟绩"和"武功"一扫而尽。这一句以犀利的笔触，不但勾画出段祺瑞及其主子八国联军的余孽的卑劣渺小的丑恶嘴脸，而且有力地画出了三个女子不惜殒身、沉勇友爱的高大形象。上下两句，对比鲜明，给人以深刻的印象和强烈的感染。最后，作者把中国军阀和帝国主义联在一起，称他们为"杀人者"，他们不知羞耻还昂起头来，不知道个个脸上溅满人民的鲜血，真是无耻之极。末尾的省略号表示意犹未尽，包含着愤怒和蔑视的感情。

第六部分，总结"三·一八"惨案的深刻意义，恳切希望探索"别种方法"继续战斗，并充分肯定烈士的鲜血对于社会的影响。

开始就指出："时间永是流驶，街市依旧太平，有限的几个生命，在中国是算不了什么的，"三·一八"已经过去，烈士的鲜血，"至多，不过供无恶意的闲人以饭后的谈资，或者给有恶意的闲人作流言的种子，至于此外的深的意义，我总觉得很寥寥，因为这实在不过是徒手的请愿。"作者已经看出请愿斗争并没有激起巨大的波澜，黑暗的社会并没有被触动。徒手请愿这种斗争方式作用不大。作者明确指出，人类社会是在残酷的流血斗争中发展的，"但请愿是不在其中的，更何况是徒手。"鲁迅认为："战士的生命是宝贵的"，他反对"赤膊上阵"，主张"壕堑战"，"请愿的事，从此可以停止。"（《空谈》）他总结血的教训，提出应当改变斗争方法。

鲁迅坚信死难者在革命群众中会有深远影响的。"然而既然有了血痕了，当然不觉要扩大。"相信青年的血不会白流。至少会给亲戚、师友、爱人的心以深刻的影响。"纵使时光流驶，洗成绯红，也会在微漠的悲哀中永存微笑的和蔼的旧影。"作者引用陶渊明的四句诗，意在说明刘和珍烈士的斗争精神终会产生一定社会影响的。这一部分，深刻地反映了鲁迅先生的心境，激发人们奋起进行有效的斗争。

第七部分，作者从惨案中出人意料的情况中总结了三点认识。这也是对全文的总结："但这回却很有几点出于我的意外。一是当局者竟会这样的凶残，一是流言家竟至如此之下劣，一是中国的女性临难竟能如是之从容。"这三点上文已经说过，这里概括加以总结。用"凶残"概括当局者，用"下劣"概括流言家，用"从容"概括三女性临难不惧。言简意赅，十分确切。分别用"这样地"、"如此之"、"如是之"来修饰"凶残"、"下劣"、"从容"以表示其程度。

从女师大学潮中，作者亲眼看到中国女子办事的"干练坚决，百折不回"的气概。这次"三·一八"惨案更见中国女子"在弹雨中互相救助，虽殒身不恤的事实"，更有力地证明了中国女子英勇不屈的斗争精神没有被几千年来的封建压迫和精神奴役所磨灭，从死难的爱国青年身上可以看到中国的希望和将来。这就是死难烈士对于将来的深刻意义。对于"苟活者"会在血色中看到希望；对于"真的猛士"会鼓励他们继续战斗，奋勇前进。全文最后，作者仍然发出极度的哀痛，说："呜呼，我说不出话，但以此纪念刘和珍君！"表示对刘和珍的尊敬，也表示对这次惨案的愤慨。

主题：《纪念刘和珍君》这篇杂文，通过对"三·一八"死难烈士刘和珍的悼念，以鲜明强烈的爱憎感情，热情颂扬了爱国青年热爱祖国，勇于斗争，置生死于度外的革命精神；愤怒声讨，无情揭露了中外反动派的狠毒凶残、走狗文人的下劣；深刻揭示了烈士死难的深远意义、影响，总结了血的教训，满怀激情地发出了继续战斗的号召。

第三课时

提　问：《纪念刘和珍君》这篇文章的主题是什么？

解释"真的猛士，敢于直面惨淡的人生，敢于正视淋漓的鲜血"这句话的深刻含义？

教学内容：分析写作特点

复习题和作业：第二课时复习题：这篇杂文的中心思想是什么？

授课老师：朱训德

一九八　　年　　月　　日

定西地区卫生学校课时教案

编号：　　　　　　　　　　　　　　　　周次：

教研组长批准： 　　　　　　　　　　198　年　月　日					
授课日期	198　年　月　日	班次	检验一〇八班	节次	
课题与教学目的	纪念刘和珍君　鲁迅 教学目的同上				

教学内容和方法：

《纪念刘和珍君》这篇文章是一曲"为了中国而死的中国青年"革命精神的赞歌，是声讨中外反动派罪行的战斗檄文，是鼓舞革命人民继续战斗的号角。

本文在写作方面有显著特色。这是篇感人至深的悼念性杂文。在内容组织上，全文从三月二十五日召开刘和珍追悼写起，抒发早就"想写一点东西"但又"实在无话可说"的悲愤心情，阐明写作目的。在表达方式上，有简练的叙事，有深刻的议论，有强烈真挚的抒情，是叙事、议论、抒情三者完美的结合。例如，第一部分以叙事为主，第二部分以议论、抒情为主，第三、五部分以记叙为主，第四部分先记叙所到噩耗，接着夹叙夹议，最后抒发无法遏制的悲愤之情。在第二大部分里，沉痛哀悼，热情赞颂死难烈士，愤怒控诉，无情抨击中外反动势力。第三大部分里，六、七两段以议论为主，而抒情则贯串交融于记叙、议论之中，做为文章的总结。通过记叙交代事实真象，激发感情，为抒情和议论提供基础；深刻的议论，对记叙是深化和升华；而抒情则激发读者感情的共鸣，增强文章的感染力和鼓舞作用。文章总结了"三一八"惨案给予人们的教训和死难烈士对于将来的意义，抒发了对革命未来的希望，发出了继续战斗的号召。另外，建筑在具体记叙基础上的议论和叙情又使文章的主题思想不断深化，提高了读者的认识，记叙、议论、抒情三者相结合，也显示出鲁迅杂文所具有的诗与政论相统一的艺术特色，它增强了文章的艺术效果，唤起了读者感情的共鸣。

本文语言运用方面的另一特色，是含义深刻的警句和对偶、重叠句法的运用。例如滇的猛士，敢于直面惨淡的人生，敢于正视淋漓的鲜血。”这一句话，高度概括了伟大的革命战士所具有的崇高的精神境界。又如：“惨象，已使我目不忍视了；流言，尤使我耳不忍闻。”这一句充分抒发了作者对于反动阶级的极端愤恨。以上两个对偶句，由于结构相同，语气一致，都琅琅上口，很容易给人留下深刻影响。又如：“一是当局者竟会这样地凶残，一是流言家竟会如此之下劣，一是中国的女性临难竟能如是之从容。”这是一个在内容上，用词、对仗、修辞诸方面都严格的排比句，内容准确，用词凝练。再如：“沉默呵，沉默呵！不在沉默中爆发，就在沉默中灭亡。”这是个重复对偶句，前后感情贯通，又逐步深化，反复的对偶有感人的力量。以上几句，语言凝练，感情充沛，节奏鲜明，音调铿锵，使所要抒发的感情和所要阐述的观点具有更强烈的说服力和感染力。另外，其中一些语句的反复跌宕，重复出现，加强了自己真挚深刻的感情的表达。例如“要写一点东西”与“无话可说”之类的语言在文中反复出现了八次，每次出现都体现了作者深沉、愤慨的真挚感情，都扣住读者的心弦，引起读者与作者感情上的共鸣。又如对刘和珍形象的描写是始终微笑着”，“态度很温和”，先后出现过三次，这些语句的反复跌宕，重复出现的侧面的论述，也将自己的感情真挚而深刻地表现出来了。还有嘲讽、反语的运用，增强了语言强烈的战斗性，感情色彩更加浓烈而鲜明。

复习题和作业： 作业题：分析这篇课文的艺术特色。

授课老师： 朱训德

一九八　年　月　日

定西地区卫生学校课时教案

编号： 周次：

教研组长批准：

198 年 月 日

授课日期	198 年 月 日	班次		节次	

课题与教学目的	《记念刘和珍君》讲课后记

教学内容和方法：

一、写作时代

教学本文时应让学生了解一些时代背景，可掌握下列内容，以帮助理解本文。这些内容可由教师讲述，学生笔记，既达到了解时代背景的目的，又锻炼笔记能力，也可印发一些材料指导学生自学；还可以在阅读资料的基础上让学生作口头介绍。

本文最初发表于一九二六年四月十二日《语丝》周刊，后由作者收入《华盖集续编》。一九二六年三月，奉系军阀在日本帝国主义支持下进兵关内，冯玉祥率领的国民军与奉军作战，奉军失利。日本帝国主义公开援助奉军，以军舰两艘驶入大沽口，炮击国民军，国民军也开炮还击。于是日本帝国主义向段祺瑞政府提出抗议，并联合美、英、法等八个帝国主义国家，借口维护《辛丑条约》，于三月十六日发出所谓"最后通牒"，提出种种无理要求，限四十八小时以内答复。为反对日本帝国主义的侵略，并声讨段祺瑞政府的卖国罪行，北京各界人民于三月十八日在天安门集会抗议。会后游行示威，到执政府门前请愿时，段祺瑞竟下令卫队向群众开枪射击，并用大刀铁棍追打砍杀。当场四十七人牺牲，一百多人负伤，这就是著名的"三·一八"惨案。	当时形势
刘和珍，江西南昌人，当时北京女子师范大学英文系学生，她就是在当时遇害的，时年二十二岁。	烈士刘和珍
惨案发生后，段祺瑞反动军阀政府竟诬蔑参加请愿的爱国群众是	

"暴徒",并下令要"严厉"和"惩办""暴徒"领袖。当时,鲁迅也被列入第二批通缉名单中。与此同时,买办资产阶级走狗文人陈西滢等,为反动政府帮腔,在《现代评论》杂志上诬陷爱国群众"受人利用","自蹈死地"等等,替反动派开脱罪责。	
"三·一八"惨案当晚,鲁迅以不可遏制的愤怒,挥笔写下了《无花的蔷薇之二》,指出三月十八日是"民国以来最黑暗的一天","血债必须用同物偿还,拖欠得愈久就要付更大的利息!"之后,鲁迅继续以杂文为武器,写下了《死地》、《可惨与可笑》、《空谈》、《淡淡的血痕中》等文章。三月二十五日,鲁迅毅然出席了刘和珍等人的追悼会,并于四月一日写下了这篇感人至深的文章。	鲁迅撰文 本文的产生
鲁迅在《纪念刘和珍君》中,通过对"三·一八"死难烈士的悼念,无情地揭露和痛斥了帝国主义、北洋军阀政府的凶残和御用文人的卑劣,热烈赞扬了爱国青年英勇斗争的革命精神,并鼓励革命战士继续奋勇前进。	

二、课文分析

指导学生阅读课文,了解文中写了什么,写了哪些人、哪些事,表达了怎样的思想感情,从形式到内容,从结构到语言,逐段逐章地钻研。

全文共七个部分,有强烈深沉的抒情,有激动人心的记叙,有精辟深刻的议论,表现了作者沉痛和愤慨的感情。下面从三个方面来分析本文的思想内容。 (一)对帝国主义及其走狗的凶残面貌和毒辣手段的揭露。 文章第四部分,作者激愤地追述了听到噩耗后的感受:"但我对于这些传说,竟至于颇为怀疑。我向来是不惮以最坏的恶意,来推测中国人的,然而我还不料,也不信竟会下劣凶残到这地步。况且始终微笑着的和蔼的刘和珍君,更何至于无端在府门前喋血呢?""然而即日证明是事实了,作证的便是	思想内容分析的第一方面

复习题和作业:

授课老师:

一九八　　年　　月　　日

定西地区卫生学校课时教案

编号：　　　　　　　　　　　　　　　　周次：

教研组长批准：					
198　年　月　日					
授课日期	198　年　月　日	班次	检验一〇八	节次	
课题与教学目的	《记念刘和珍君》讲课后记				

教学内容和方法：

她自己的尸骸。还有一具，是杨德群君的。而且又证明着这不但是杀害，简直是虐杀，因为身体上还有棍棒的伤痕。”先是“颇为怀疑”、“还不料”、“也不信”的惊诧感情，衬托出反动派动手之快、下手之凶残。加上“况且”、“更何至于”这两个关联词语，并且接着用“然而即日证明”、“而且又证明”、“是事实”、“有尸骸”，又用“而且”、“因为”证明“不但是杀害，简直是虐杀”这些词语不仅揭出确结论，而且有力地揭露了段祺瑞执政府行为凶残到何等程度。 第五部分写道“自然，请愿而已，稍有人心者，谁也不会料到有这样的罗网。”说明“三·一八”惨案完全是段政府与帝国主义勾结而预设的阴谋。	下手凶残 用心阴险
（二）对御用“学者”、“文人”卑劣阴险论调的痛斥。 “而此后几个所谓学者文人的阴险的论调，尤使我觉得悲哀。（“三·一八”惨案发生后，陈西滢等反动学者文人曾先后发表评论，诬蔑参加请愿的爱国群众“莫名其妙”、“没有审判力”、“受人利用”、“自蹈死地”，并把杀人责任推到他所说的民众领袖身上，胡说他们“犯了故意引人去死地的嫌疑”。）“惨象，已使我目不忍视了；流言，尤使我耳不忍闻。”两个“尤使”，表现作者极度悲愤之情，“我还有什么话可说呢？”这是“惨象”和“流言”带给作者的直接后果。“她，刘和珍君，那是欣然前往的”，绝不是什么“受人利用的”，驳斥流言是无耻的诽谤。反动当局和	思想内容分析的第二方面

走狗文人，一用枪刀杀人，一用笔杀人，使无刀无笔的弱者不得喘息，结下了极大的仇恨和愤怒。但鲁迅并不绝望，发出了由深沉转为激昂的感情：“沉默呵，沉默呵！不在沉默中爆发，就在沉默中灭亡。”作者为人们指出了一条唯一的出路：中华民族若不在沉默中爆发革命，就会在沉默中灭亡，激励人们赶快警觉，奋起战斗。同时，充分地表现了鲁迅对这些叭儿狗的极端痛恨的革命感情。

（三）对烈士百折不回和临难互相救助的斗争精神的赞扬，和对烈士殉难的革命意义的肯定，对革命青年奋勇前进的鼓舞。

思想内容分析的第三方面

“然而在这样的生活艰难中，毅然预定了《莽原》全年的就有她。”表明烈士生前反帝爱国的思想倾向和政治态度。她和鲁迅不仅是师生关系，更是革命的战友和同志。鲁迅说：“她不是‘苟活到现在的我’的学生，是为了中国而死的中国青年。”刘和珍的死是光荣的，伟大的。

预定《莽原》追求进步

“我平素想，能够不为势力所屈，反抗一广有羽翼的校长的学生，无论如何，总该是有些桀骜锋利的，但她却常常微笑着，态度很温和。”“我见她虑及母校前途，黯然至于泣下”。这与刘和珍“不为势利所屈”，英勇牺牲相映衬，则说明刘和珍对敌人横眉冷对，威武不屈；对同志对战友，感情丰富，谦逊和蔼，表现了她的精神风貌和崇高品质。

敌我爱憎分明

（她）但竟在执政府前中弹了，从背部入，斜穿心肺，已是致命的创伤，只是没有便死。同去的张静淑君想扶起她，中了四弹，其一是手枪，立仆；同去的杨德群君又想去扶起她，也被击，弹从左肩入，穿胸偏右出，也立仆，但她还能坐起来，一个兵在她头部及胸部猛击两棍，于是死掉了。”“当三个女子从容地转辗于文明人所发明的枪弹的攒射中的时候，这是怎样的一个惊心动魄的伟大呵！”这一句从正面对刘和珍等三人不畏强暴，冒着弹雨，互相救助，勇敢坚强的崇高精神的热情歌颂，“中国军人的屠戮妇婴的伟绩，八国联军的惩创学生的武功，不幸全被这几缕血痕抹杀了”。三个女子

弹雨中互相救助，殒身不恤

复习题和作业：

授课老师：朱训德

一九八　年　月　日

定西地区卫生学校课时教案

编号：　　　　　　　　　　　　　　　　　　周次：

教研组长批准： 198　年　月　日					
授课日期	198　年　月　日	班次		节次	
课题与教学目的					

教学内容和方法：

流的鲜血，发出的无限光辉，已把他们所谓的"伟绩"和"武功"一扫而尽。这一句以犀利的笔触，不但勾画出段祺瑞及其主子八国联军的余孽的卑劣渺小的丑恶嘴脸，而且有力地画出了三个女子殒身不恤、沉勇友爱的高大形象。

从女师大学潮中，作者亲眼看到中国女子办事的"干练坚决，百折不回"的气概。这次"三·一八"惨案更见中国女子"在弹雨中互相救助，虽殒身不恤的事实"，更有力地证明了中国女子英勇不屈的斗争精神没有被几千年来的封建压迫和精神奴役所磨灭，从死难的爱国青年身上可以看到中国的希望和将来。这就是死难烈士对于将来的深刻意义。　　"三·一八"惨案的深刻意义

鲁迅坚信死难者的血不会白流，必在群众中会产生深远的影响。"然而既然有了血痕了，当然不觉要扩大"至少会给亲戚、师友、爱人的心以深刻的影响。"纵使时光流驶，洗成绯红，也会在微漠的悲哀中永存微笑的和蔼的旧影。"对于"苟活者"，会在血色中看到希望；对于"真的猛士"，会鼓励他们继续战斗。　　烈士鲜血对于社会的影响

鲁迅指出："时间永是流驶，街市依旧太平，有限的几个生命，在中国是不算什么的，"三·一八"已经过去，烈士的鲜血，"至多，不过供无恶意的闲人以饭后的谈资，或者给有恶意的闲人作流言的种子，至于此外的深的意义，我总觉得

很寥寥，因为这实在不过是徒手的请愿。"作者已经看出请愿斗争并没有激起巨大的波澜，黑暗的社会并没有被触动。徒手请愿这种方式作用不大。作者明确指出："人类社会是在残酷的流血斗争中发展的，"但请愿是不在其中的，更何况是徒手。"鲁迅认为："战士的生命是宝贵的"他反对"赤膊上阵"，主张"壕堑战"。"请愿"的事，从此可以停止。"（《空谈》）他总结血的教训，提出应当改变斗争方法。

探索别种方法继续战斗

作者从惨案中总结了自己的三类认识。这也是对全文的总结。"但这回却有几点出于我的意外。一是当局者竟会这样的凶残，一是流言家竟至如此之下劣，一是中国的女性临难竟能如是之从容。

三类认识

通过上面的分析，~~可以开以~~归纳本文的中心思想是：通过对"三·一八"死难烈士刘和珍的悼念，以鲜明强烈的爱憎感情，热情颂扬了爱国青年热爱祖国，勇于斗争，置生死于度外的革命精神；愤怒声讨，无情揭露了中外反动派的狠毒凶残，走狗文人的下劣；深刻揭示了烈士死难的深远意义，影响，总结了血的教训，满怀激情地发出了继续战斗的号召。

主题思想

复习题和作业：

教师：

一九八　　年　　月　　日

定西地区卫生学校课时教案

编号：　　　　　　　　　　　　　　　　　　周次：

教研组长批准：[illegible]　　1983 年 10 月 5 日					
授课日期	198　年　月　日	班次		节次	

课题与教学目的

祝福　　鲁迅

本文通过描写一个下层劳动妇女的悲惨命运，把封建的宗法社会及吃人的旧礼教揭露得入木三分，给读者以深刻的启示。学习这篇课文，教育学生深刻认识封建社会的罪恶本质，通过新旧社会的对比，激发学生热爱新社会，为祖国四化建设而奋斗。

教学内容和方法：

第一课时

一、范读课文

二、题　解

短篇小说《祝福》选自鲁迅第二本小说集《彷徨》。这篇小说写于一九二四年二月七日，最早发表于一九二四年三月二十五日《东方杂志》第二十一卷第六号。

一九二四年左右，中国革命运动迅速发展，鲁迅虽然住在北洋军阀统治的中心北京，可是，和他写作第一本小说集《呐喊》中的作品时一样，他却仍然猛烈抨击封建制度，与反帝反封建的新民主主义革命保持着密不可分的关系。《祝福》就是一篇以反封建为主的作品。它通过一个下层劳动妇女的悲惨命运，把封建的宗法社会及吃人的旧礼教揭露得入木三分。虽然它还没有给读者明确指出一条如何推翻旧社会，谋求劳动妇女解放的道路，但由于它反映得深刻和描写得真实，因此却可以给读者以启示，对当时的革命运动起着推动的作用，以至今天还具有相当的价值。不但如此，《祝福》在艺术上也是十分成功的，其技巧的圆熟，刻划的深刻，今天还值得我们学习和借鉴。

第二课时

三、课文分析：

（一）结构

这篇课文采取的是倒叙的表达方式，因此结构上很自然地形成了三三大段。

第一段从开头到"然而先前所见所闻的她的半生事迹的片断，至此也联成一片了。"这一段写"我"回到故乡鲁镇，看旧历年底的所见所闻，并介绍出两个主要人物，鲁四老爷和祥林嫂。这一段又可分为两个层次，第一层，主要写农村旧历年的风俗习惯，制造气氛，并引出鲁四老爷；第二层，主要写"我"碰见祥林嫂见到她临死前的惨象以及听到她的死讯后"我"的思想情绪和鲁四老爷的态度。这两层之间是紧密联系着的，用"况且，一遇见昨天祥林嫂的事，也就使我不能安住"一句使两层意思结合为一体。经过一段对"昨天"遇见祥林嫂的情景的回忆，然后写到"傍晚"，写祥林嫂的死讯，写"我"的心情。第二层是祥林嫂悲惨遭遇最后结局的倒叙，但从"我"遇见祥林嫂到听到她的死讯，这一部分却仍然是顺叙的。因为有最后结局倒叙在前面，因此紧接着就应该是追忆的开始，"然而先前所见所闻的半生事迹的片断，至此也联成一片了"这一句，起着接榫的作用，是个过渡段。

第一段从气氛描写到两个对立的主要人物的出现，以及"我"的思想情绪的表露，都已暗示出了这篇小说的主题思想。

第二段，追忆祥林嫂的半生事迹。正如第一段最后所说"她的半生事迹的片断至此也联成一片了"，这一段采用的是片断联缀的结构法；而这些片断都是最能表现主题思想的，联缀也是有机的。

这一段共写了三个片断：(一)写祥林嫂第一次死了丈夫，因受不了严厉的婆婆的虐待，由卫老婆子做中人，逃出婆家，到鲁四老爷家做工，后又被婆婆串通卫老婆子抓了回去的一段遭遇；(二)写再嫁的经过及再嫁后的生活；(三)第写第二个丈夫贺老六病死及儿子被狼吃掉以后，又被迫到鲁四老爷家做工的遭遇

这一段是追忆部分的重点，篇幅也较长，直写到她沦为乞丐，死于街头，与第一大段中的第二层相应接，使小说主体部分首尾如环，成为整体。

复习题和作业：

教师：

一九八　　年　　月　　日

第三段，是个尾声。着重写"我"的主观感受，与第一段的气氛相一致。

这篇小说用回忆的方法安排故事情节，第一段是个序幕，第三段是个尾声，第二段是故事情节的主体。正因为这样安排，所以主体部分在组织结构上就具有相对的独立性。但是，序幕和尾声在这篇文章中也并非可有可无，因为它已成为这篇小说的有机组成部分，与情节的发展、主题思想的表现都有很大的关系，而且也体现了鲁迅这篇小说在浓烈的抒情气氛中进行客观描写的艺术特色。

与结构有关的还有一个人称问题。这篇小说的第一段序幕和第三段尾声用的都是第一人称的叙述方法，而在故事情节的主体部分用的却是第三人称的叙述方法。这种人称的交错使用，正适合于主观抒情和客观描写结合运用的需要，和谐地表现为作品的艺术特色。而且，从不同人称使用时的优点和局限来看，这样交错处理也是合适的：第一，主题部分要展开较长时间的和较广空间的描叙，改用第三人称较为自如和方便；第二，第一人称体现者的"我"，是一个在外谋生的知识分子，其生活地位、活动范围与祥林嫂都相去甚远，因此要运用便于收到真切之效的第一人称叙述，无疑要受到很大局限。但是，高明的作者在交错使用不同人称叙述时，却始终能够保持作品人称上的统一性。这就是我们阅读《祝福》时总觉得它是使用第一人称写成的道理所在。

八、人物

《祝福》中的人物较多，我们只着重分析两个对立的主要人物形象，这就是祥林嫂和鲁四老爷。

祥林嫂是中国封建社会中受压迫最深的普通劳动妇女的形象。她既无姓氏，又无大名，心底地善良，安分耐劳。但好心却得不到好报，残酷的阶级压迫使她的身心受到了严重的摧残，终于在别人"祝福"的时刻默默地离开了人世。作者是把她放到在一个发展过程中去描写的，从小说提供的时间线索来看，大约写了她十多年左右的苦难历程，在这大约十多年的时间里，祥林嫂的变化之大是惊人的，我们不妨按照发展顺序，先看一下作者对她的三次肖像描写。

第一次肖像是在祥林嫂第一次死了丈夫，逃出婆家，来到鲁家做工时，作者是这样描写的："头上扎着白头绳，乌裙，蓝夹袄，月白背心，年纪大约二十六七，脸色青黄，但两颊却还是红的"。

很显然，这是一个年轻的寡妇的形象。虽然不幸的生活使她脸色青黄，但两颊却红，说明仍然健康。大概由于健康的原因，虽然鲁四老爷讨厌她是一个寡妇，但鲁四婶却收留了她。到了鲁家，祥林嫂算找到了一个栖身之处，做工毫不懈怠，食物不论，力气不惜，"比勤快的男人还勤快"。她，满足了，"口角边渐渐的有了笑影，脸上也白胖了"。然而"好景"不长，她被严厉的婆婆串通中人卫老婆子抓了回去，卖给贺家墺的贺老六做媳妇。当她第二次站在鲁四老爷面前的时候，她的肖像却是这样："她仍然头上扎着白头绳，乌裙，蓝夹袄，月白背心，脸色青黄，只是两颊上已经消失了血色，顺着眼，眼角上带些泪痕，眼光也没有先前那样精神了。"

抓回婆家，卖给贺老六的经过及其婚后生活我们是知道的。但"天有不测风云"，她死了丈夫，丢了儿，只剩一个光身子，接踵而来的是族权的淫威：大伯收屋，赶她出走。在走投无路的情况下她只好来鲁家。封建社会里，一个普通的劳动妇女，经受两次寡妇的生活，该是多大的打击呀！所以前几年两颊的血色已经消失了，精神不及先前，眼角带着泪痕。四叔照例讨厌她是寡妇，但鉴于雇用女工之难，勉强又一次收留了她。然而这一次的遭遇却是震撼心灵的："败坏风俗"的罪名，夫人的禁忌，使她想多做工而不得；怀念儿子，絮絮叨叨，却很少得到同情，反成为众人打趣的材料；神权的折磨，柳妈的"引导"，捐钱抵罪毫不奏效……凡此等等，不但摧残着她的肉体，而且吞噬着她的灵魂她的精神终于不济了，完全丧失了劳动能力，被夫人赶出大门，沦为乞丐："五年前的花白的头发即今已经全白，全不象四十上下的人；脸上瘦削不堪，黄中带黑，而且消尽了先前悲哀的神色，仿佛是木刻似的；只有那眼珠间或一轮，还可以表示她是一个活物。"

从新寡到乞丐，三次肖像的变化，反映出祥林嫂半生的苦难历程。她虽然不断进行过力所能及的反抗，但封建的宗法社会及其全部上层建筑象铁质一样笼罩着她，连作者鲁迅在当时也难于给她指出一条真正解放的道路来。

《祝福》是个悲剧，祥林嫂是个具有深刻社会意义的悲剧人物形象。鲁迅在塑造这个人物形象时，不但要写她肉体上受到的摧残，而且更重要的还在于她心灵上受到的创伤。因此，在描写肖像时，特别着意写眼睛，对眼神的描写竟达十四处之多，因为"眼睛是心灵的窗户"。这种"画龙点睛"的方法对于刻划人物性格，表现主题思想是非常有效的。

鲁四老爷是封建宗法社会的代表人物，是封建礼教的积极维护者。作品对他虽然描写不多，但阅读全文，我们就能看出他是直接逼死祥林嫂的凶手。鲁四老爷是作品中最先和"我"接触的人物，他一出场就"大骂其新党"，表明了自己的政治立场；而他的房间陈设也足以表现出封建卫道士的性格及其人生哲学。他初次见祥林嫂时就"皱了皱眉"，"讨厌她是个寡妇"；第二次祥林嫂来到他家时，他认为"败坏风俗"，嘱她告诉自己的老婆祭祀时不要祥林嫂沾手；直到祥林嫂被摧残得不能当作廉价劳动力使用时，他便把她抛出门外，甚至在祥林嫂默默死去以后，他还要骂她是个"谬种"。作者就是通过这一系列的言行，来刻画鲁四老爷这个人物形象的，虽然着墨不多，但却能入木三分，揭示出这个形象的深刻的社会意义。

鲁四老爷是一个反面形象，但鲁迅并没有把他简单化，脸谱化。鲁四老爷的一言一行都是那样符合他的阶级地位，性格特点以及此时此地的情境的。然而愈是这样，却愈能表现出他的阶级本质，愈具有说服力。

在分析以上两个主要人物形象时，我们有必要稍为谈一下"我"这个形象。如前所述"我"是一个在外谋生的知识分子，但却倾向进步，一出场就和鲁四老爷格格不入，思想感情处于对立状态。"我"同情祥林嫂，对她的不幸遭遇感到愤懑，但又无能为力，

"我"并非作者本人，但却包含着作者的影子。鲁迅其所以设置一个"我"的形象，完全出于艺术上的需要。"我"这个形象，在一定意义上是个道具，它传达了作者的观点，增强了作品的批判力量，同时也带来了作品浓烈的抒情色调。

第三课时

艺术特色：

文学是语言的艺术，无论作品情节的构成或人物形象的塑造，最终都要通过语言表达出来。所以，高尔基曾说文学的第一要素是语言。鲁迅是个语言大师，《祝福》这篇小说所以具有浓烈的悲剧气氛，能够浮雕式地刻画人物，并能以形传神，引起读者的同情或憎恶，在很大程度上取决于鲁迅运用语言的功力。比如开头一段的背景描写，虽则是新年将到的气象，但"灰白色的沉重的晚云"以及远处爆竹的"钝响"，又给人以窒息之感，把读者带进了悲剧的气氛里。这段描写，由于作者恰当地运用了不多几个词语，就奠定了作品悲剧的基调。再如对祥林嫂的一段描写，原文是这样："她一手提着竹篮，内中一个破碗，空的；一手拄着一支比她更长的竹竿，下端开了裂：她分明已经纯乎是一个乞丐了。"鲁迅在这段话里，把两个定语"空的"和"下端开了裂"后置，这样，不但使句子更短、简洁，而且使乞丐的形象更为鲜明。这就是炼句的工夫。鲁迅在这篇作品中不但善于炼词、炼句，而且对于标点的使用也不马虎。在这篇作品中作者用了不少的破折号和省略号，而这些符号对描摹人物说话时的情状都起了十分重要的作用。比如在"我"和祥林嫂的一次对话中，就一连用了五个破折号和省略号，这就把说话人当时惊疑的神态和吞吞吐吐的声态描绘得十分真切。再比如祥林嫂被抢走后鲁四老爷大发脾气，说了句"可恶！然而……"；卫老婆子上门道歉，保证一定荐一个好的来折罪时，鲁四老爷又说了句"然而……"这两句之后都用了省略号，但含义却大不相同。这是两个独词句和半截话，用在这里是非常符合于不苟言笑的道学先生鲁四老爷的身份和性格的。"可恶"一句是鲁四老爷在表示，意思是说："光天化日之下竟抢我家佣人，简直太岁头上动土，这还了得！""然而"一转，在他看来婆家抓走外逃做工的媳妇却是无可厚非的。这大概就是第一个省略号的含义。而第二个"然而"之后的省略号所包含的意思显然是针对卫老婆子的，大概是说：你不要象上次一样，又弄得沸反盈天。

四、思考与练习

(一)毛主席指出："中国的男子，普通要受三种有系统的权力的支配，……至于女子，除受上述三种权力的支配以外，还受男子的支配(夫权)。这四种权力——政权、族权、神权、夫权，代表了全部封建宗法的思想和制度，是束缚中国人民特别是农民的四条极大的绳索。"根据上述教导，分析祥林嫂的悲惨遭遇，说明祥林嫂这一形象在当时的深刻的社会意义。

(二)这篇小说是个悲剧的内容，却用了"祝福"这样喜庆的标题，并在作品开头和结尾描写鲁镇祝福的气氛，这样的命题和描写有什么深刻含义？

定西地区卫生学校课时教案

编号： 周次：

教研组长批准：邢宗光 198２年9月25日

授课日期	198　年　月　日	班次		节次	

课题与教学目的

第二课　在马克思墓前的讲话　恩格斯

这篇文章，概括而精辟地论述了马克思的伟大历史功绩，表达了恩格斯对伟大导师马克思深切的悼念和无限敬仰爱戴的心情。通过本文的学习，教育学生学习伟大革命导师马克思为革命忘我的、顽强的战斗精神，为实现共产主义而英勇奋斗。学习这篇讲话，把简洁的叙述、精辟的议论和强烈的抒情三者完美地结合起来的写法。

教学内容和方法：

教学方法：启发式

教学时间：二课时

教学内容：

第一课时

讲　　题：介绍时代背景

科学社会主义的创始人，无产阶级的伟大导师和领袖马克思一八一八年五月五日生于德国莱茵省的特利尔城。先后进波恩大学柏林大学研究法学、哲学和历史。大学毕业后，就开始了他一生的政治活动一八四四年八月底，马克思在巴黎与恩格斯相识，结成了亲密的战友。一八四八年二月八日，和恩格斯共同制定了共产主义的第一个最伟大的纲领《共产党宣言》。以后又写了《资本论》、《哥达纲领批判》等许多重要著作。

马克思由于长期从事极其繁重的理论研究和国际共产主义运动的实际领导工作，并遭受反动政府的迫害和贫困的折磨，健康受到了严重的损害。一八八三年三月十四日下午，因患胸膜炎、支气管炎和肺脓肿逝世于伦敦的工作室里。

第二课时

教学内容：分析课文

全文共分三个部分：

- 简述马克思逝世的时间地点和情形。这一部分是总说，提出了中心论点，规定了论述范围，统领全文。
  1. 以浓烈的抒情笔调，简洁而又传神地描绘了马克思逝世的伟大形象，倾诉了恩格斯对亲密战友的哀悼和崇敬的心情，唤起了我们对马克思的无限崇敬，对马克思逝世的巨大哀痛，也使我们初步体会到马克思的伟大和他逝世带来的巨大损失，为下文论述马克思的历史功绩作了准备。
  2. 转入议论，指出马克思的逝世“对于欧美战斗着的无产阶级，对于历史科学，都是不可估量的损失”。这句话提出了本文的中心论点。
- 从革命的理论创造和斗争实践这两个方面，精辟地论述了伟大的思想家革命家马克思的伟大历史功绩，雄辩地证明了马克思的逝世对于无产阶级是不可估量的损失这个中心论点。
  - 论述马克思在革命理论方面对共产主义的革命运动的伟大贡献及其伟大意义。
    3. 论述了马克思的第一个“发现”，发现了人类历史发展的规律。
    4. 论述马克思的第二个“发现”，发现了剩余价值。
    5. 进一步指出马克思在科学理论研究中多方面的成就。
  - 论述马克思在斗争实践方面对共产主义革命运动的伟大贡献。
    6. 从阐述马克思为革命而研究科学的伟大精神，过渡到对马克思伟大革命斗争实践的论述。
    7. 论述马克思在革命斗争实践方面所作的伟大贡献，回答了在马克思身上什么是最主要的这个问题。
- 总结全文，论述马克思的巨大革命影响，指明马克思开创的无产阶级革命事业一定要取得胜利。
  8. 用鲜明的对比手法，论述了无产阶级及其敌人对待马克思的两种截然不同的态度，以此说明马克思的巨大革命影响。
  9. 这句话与开头的“永远睡着了”相呼应。这句话确切地评价了马克思的全部事业和革命精神在人类历史上的永恒的光辉地位。表达出恩格斯和全世界无产阶级对马克思的沉痛悼念和热烈赞颂的深厚感情，既是对马克思的热烈赞颂，也是对革命者的巨大鼓舞，又是对革命事业必然胜利的展望，具有极大地教育鼓舞作用。这句话也是恩格斯科学的预言，也是历史的必然。马克思开创的无产阶级革命事业，正在从胜利走向新的胜利！共产主义一定要在全世界实现！

第三课时

教学内容：归纳中心思想，分析艺术特色

中心思想：恩格斯的《在马克思墓前的讲话》，既是悼词，又是颂歌。在讲话里，恩格斯怀着无限敬仰的心情，对伟大导师马克思表示了深切的悼念，概括而精辟地论述了马克思的伟大历史功绩，赞颂了马克思为革命忘我的、顽强的战斗精神，鼓舞无产阶级为实现共产主义而英勇奋斗。

艺术特色：这篇《讲话》是一篇短小精粹的议论文章，内容丰富，形式精美。作者把哀悼、赞颂之情寓于叙述和议论之中，使简洁的叙述，精辟的议论和强烈的抒情三者完美的结合起来，给人以巨大的感染力量。文章对马克思的情况及实践活动，主要采用叙述方式；对马克思的伟大发现及其评价，主要采用议论方式，而在叙叙和议论中，又运用带有强烈感情色彩的词语，抒发了对马克思的崇敬和悼念之情。

复习题和作业：一、解释下列词语并造句：豁然开朗　得心应手　卓有成效　繁芜丛杂。二、分析这篇讲话的层次，说说各层次之间是怎样互相联系的？答：这篇文章在行文上前后关联，首尾照应，结构严谨，逻辑严密。文章先说马克思的逝世是革命事业的巨大损失，次说马克思的伟大功绩，最后阐明马克思的巨大影响，各个部分紧密相关。为了使上下文紧密联系，有的地方用了过渡段，有的地方用了承上启下的语句，使段落之间过渡自然，各部分的内容蝉联而下，加强了文章的严密性与完整性。

授课老师：朱剑德

一九八　　年　　月　　日

定西地区卫生学校课时教案

编号： 周次：

教研组长批准：					
1982年9月25日					
授课日期	198 年 月 日	班次		节次	

课题与教学目的

第一课 词二首《沁园春·雪》毛泽东

这首词，热情地赞美了祖国的大好河山，批判了几千年来封建主义的一个反动侧面，歌颂了无产阶级革命的时代。通过本文的学习，培养学生热爱祖国的深厚感情，发扬无产阶级革命精神，为祖国四化建设贡献自己的力量。在艺术技巧上，学习革命现实主义与革命浪漫主义相结合的表现方法；学习准确、鲜明、生动的语言。

教学内容和方法：

教学时间：三课时.

教学方法：启发式

教学内容：第一课时　范读课文、介绍时代背景

时代背景：一九三五年十月，党中央和毛泽东同志率领中国工农红军，经过二万五千里长征，胜利到达了陕北，肩负起抗日救国的伟大使命，十二月二十日，党中央在陕北瓦窑堡召开了政治局会议，通过了《关于目前政治形势与党的任务决议》。十二月二十七日，毛泽东同志在党的活动分子会议上，作了《论反对日本帝国主义的策略》的报告，指出："目前形势的基本特点，就是日本帝国主义要变中国为它的殖民地。"阐述了党的抗日民族统一战线的策略和路线，向全国人民指明了抗日救国的正确方向和前途，极大地鼓舞了全国人民抗日救国的斗志。

一九三六年二月，党发布了《东征宣言》，组织了中国人民抗日先锋军，东渡黄河。毛泽东同志率领部队到达陕北清涧县的袁家沟，视察地形，适逢大雪，激起革命豪情，写下了这篇指点江山、评论古今、气吞河山的壮丽诗篇。

一九四五年八月，抗日战争胜利。毛泽东同志应国民党蒋介石邀请，八月二十八日亲赴重庆与国民党进行了四十三天的谈判。在重庆期间，爱国民主人士柳亚子应邀到曾家岩十八集团军驻渝办事处会见毛泽东同志，并乞赠诗词。《沁园春·雪》就是毛泽东同志书赠给柳亚子的。一九四五年十一月十四日《新民晚报》抢先发表这

首著名诗篇就很快传闻中外了。

第二课时　分析课文

提　问：请一位同学朗读课文并解释一些词语。

串讲分析

北国风光，千里冰封，万里雪飘。
祖国北方风景　冰雪封冻　大雪纷飞

中国北方冬天的风光，千里原野，坚冰封冻，万里长空，大雪飘飘。

望长城内外，惟余莽莽；
眺望　长城的里里外外　只　剩下　形容原野辽阔无边无际，白茫茫一片。

眺望长城的里里外外，只剩下一片白茫茫；

大河上下，顿失滔滔。
黄河　上游下游　立刻消失　波涛汹涌的样子

再看黄河的上游和下游，在冰雪封冻后，原来波涛汹涌奔腾不息的水势，一下子完全消失了。

山舞银蛇，原驰蜡象，欲与天公试比高。
舞动　秦晋高原奔驰　白　想　指天　试图

雪后的群山起伏蜿蜒，象银白色的蛇在舞动；陕西、山西一带的高原，覆盖着积雪，象白蜡色的象在奔驰，好象想和天爷比试高低。

这首词上阕写景，歌颂祖国壮丽的河山，抒发对祖国河山无比热爱的感情。

江山如此多娇，引无数英雄竞折腰。
这样　美丽　吸引　争着　原指弯腰鞠躬，这里是倾倒敬慕的意思

祖国的江山是这样美好，引得无数英雄争着对它爱慕倾倒。

惜秦皇汉武，略输文采；唐宗宋祖，稍逊风骚。
可惜秦始皇嬴政　汉武帝刘彻　稍微差的意思　文学才华　唐太宗李世民　宋太祖赵匡胤　稍微差　逊色　《诗经》中的《国风》　《楚辞》中的《离骚》　这里指文学才华。

复习题和作业　一、这首词的时代背景是什么？

二、串讲分析上阕

教师：朱訓德

一九八二年　月　日

定西地区卫生学校课时教案

编号： 周次：

教研组长批准：郝宗光 1982年9月25日					
授课日期	198 年 月 日	班次		节次	
课题与教学目的	第一课 词二首《沁园春·雪》毛泽东 续第一页，教学目的同上。				

教学内容和方法：

可惜秦始皇、汉武帝虽能建立功业，但是文采略差一点；唐太宗、宋太祖武功尚可，但文事稍差一些。

一代天骄，成吉思汗，只识弯弓射大雕。

（天骄："天之骄子"的简称。成吉思汗：元太祖铁木真。识：懂得。雕：一种凶猛的鸟，飞得又快又高。）

至于逞雄一代号称天之骄子的成吉思汗，也不过只懂得拉弯了弓射大雕而已。

俱往矣，数风流人物，还看今朝。

（俱：都。往矣：过去，句末助词。数：算得上，动词。风流人物：杰出的英雄人物。今朝：今天。）

历史上的英雄豪杰都过去了，数一数既能建立功业又有文彩的人物，还得看今天的无产阶级革命英雄。

下阕纵览百代，评论历史人物功过，讴歌无产阶级革命的时代。

主题思想：这首词热情地赞美了祖国的大好河山，肯定了秦皇汉武等统一中国的历史作用，批判了几千年来封建主义的一个反动侧面，揭示出只有中国共产党领导下的无产阶级，才是完成民主革命、建设祖国美好河山的的真正主人。

第三课时 分析艺术特点

（一）《沁园春·雪》是革命现实主义和革命浪漫主义相结合的典范作品，构思精妙，意境广阔，气势宏伟，想象丰富。词的上阕写景，以冰封、雪飘为主，选取了长城、黄河、雪山、高原等典型景物，描绘出一幅无比壮丽的北国严冬雪景图。借蛇舞、象驰比喻雪山、高原，化静为动，使祖国河山更加壮丽多娇。下阕论史，以"江山如此多娇，引无数英雄竞折腰"作为过渡，引历史英雄，只选取五个封建帝王作代表人物，评论功过，含蓄委婉，准确形象。结尾以"数风流人物，还看今朝"评古颂今，结束全词，画龙点睛，突出了主题。

(二)全词倾注了无产阶级豪情，把抒情、写景、议论紧密结合。写景中抒发了对祖国壮丽河山热爱的感情。论史中含蓄准确，评古颂今。在写景和议论中都倾注了强烈的无产阶级感情，表达了对祖国的热爱，寄托了革命理想，充满了胜利的信心。

(三)用词准确、鲜明、生动，富有表现力。例如望、看、惜、数、惟、顿、舞、把、略输、稍逊、只识等词语的意义和表达作用都极其准确、精当。要正确理解这些词义和作用，必须结合该词的语言环境，它们在句子里的意义，以及它们在句子结构中的作用。如"望"与"看"，动词，都是视线接触到人或物，但"望"，有向远看，登高望远的意思，这里用它总领写景的七句，境界开阔，表达了作者阔大的胸怀。"看"，有细看、欣赏的意思，也表达了雨后天晴，对美好境界无限赞赏之意。"惜"，形容词，原意为可惜，含有惋惜之情，用一惜字总领评论五个封建帝王的七句。"数"，形容词，有点数、算得上的意思，是评点历史上的风流人物，在结构上全首相连，一脉贯通。"惟"，只或仅仅，顿，顿时，一瞬间，都是副词，形象地写出景中景物的特征。这些词的使用都是精确而有表现力的。

参考资料：中学语文讲析(初中第六册)甘肃师大中文系编
毛主席诗词讲析(甘肃师大中文系讲义)刘滋培编

复习题和作业：一、分析《沁园春·雪》上阕的"望"、"看"和下阕的"略输"、"稍逊"、"只识"等词语的不同用法，体会毛主席用词的精炼和准确。二、背诵、默写这首词。

授课老师：朱训德

一九八　　年　　月　　日

定西地区卫生学校课时教案

编号： **周次：**

教研组长批准：

198　年　月　日

授课日期	198　年　月　日	**班次**	检验一〇八	**节次**	

课题与教学目的

师说　韩愈

《师说》针对当时社会上不重视求师学习的不良风气，论述了教师的作用和对教师应抱的态度，并提出了"能者为师、不耻下问"等观点。通过本文的学习，作为借鉴，使学生认识教师的重要作用，正确处理师生关系，树立"尊师爱生""相互学习、能者为师"的良好的学习风尚，为国家培养四化建设人材。在写作方法上，学习层层深入，反复论证的手法。

教学内容和方法：

教学方法：讲解

教学时间：三课时

教学内容：

第一课时

一、范读课文

二、题解：简介韩愈

韩愈（768——824）字退之，唐河南河阳（今河南省孟县南）人。是唐代著名的古文运动的倡导者、文学家。后人把他和柳宗元合称"韩柳"，并列入唐宋八大家（韩愈、柳宗元、欧阳修、苏洵、苏轼、苏辙、王安石、曾巩）之首。

韩愈三岁而孤，由其兄韩会、嫂郑氏抚养成人。~~先后担任过汴州观察推官、四门博士、监察御史~~，唐德宗贞元八年（公元792年）考中进士。先后担任过汴州观察推官、四门博士、监察御史等官职。贞元十九年（803）汉中天旱饥馑人死相枕藉，韩愈身为监察御史，关心人民疾苦，向唐德宗上《论天旱人饥状》请求免民田租，宽民徭役，结果触怒了当权者，被贬为阳山令，后改任江陵法曹参军，国子博士，河南令等职。唐宪宗元和十二年（817）因从裴度平定淮西藩镇吴元济有功，升为刑部侍郎。唐宪宗信奉佛教，下诏求方士和长生药，并于元和十四年（819）自凤翔迎佛骨入皇宫，韩愈上《论佛骨表》，极力谏阻，结果又触怒了唐宪宗，几被处死，后经裴度等多方营救，改贬为潮州刺史。唐穆宗即位（821）后，召回京师，授任国子监祭酒，后改任兵部侍郎。这时镇州发生兵变，韩愈奉命宣抚，使局面转危为安，以功升为吏部侍郎。唐穆宗长庆四年（824）卒，终年五十七岁。

韩愈生活的时代，正是唐王朝经过安史之乱的冲击，政治上由盛转衰的中唐时期。当时，藩镇割据，宦官擅权，朋党之争也已开始，统治阶级更加堕落腐败，政治日益黑暗腐朽，吐蕃、回纥也乘机不断侵扰，威胁着唐王朝的安全。

在这样尖锐复杂的政治斗争中，韩愈的政治思想和表现是复杂的，甚至是相互矛盾的。他反对藩镇割据，拥护王朝的统一，但有时又向某些藩镇、宦官讨好、靠拢；他反对官吏对人民的横征暴敛，要求朝廷宽免赋税徭役，提倡"仁政"，但却反对"永贞革新"（以王叔文、王伾为首的一批中小官吏和知识分子，试图通过种种政治革新，来挽救唐王朝命运的一次变法革新活动，以失败告终）。他排斥佛老，反对迷信，鼓吹儒家的正统思想，但也大力宣扬儒家思想中封建的、反动的糟粕。

在文学上，韩愈最大的贡献是积极地倡导了古文运动。六朝以来，文风浮艳颓靡，一些作家，追求声韵对偶和谐整齐，讲究辞藻的骈俪典雅，日益脱离现实生活，走向形式主义，以至成为反映现实、表现思想内容的桎梏。韩愈恢复儒家的"道统"名义出发，积极倡导古文运动，主张继承先秦两汉散文的优秀传统；主张写文章应该"惟陈言之务去"、"词必己出"。他虽然提出了"复古"的口号，而实际是在继承传统基础上的创造和革新。这个运动，终于使文体从骈俪的束缚中解放出来，为唐宋散文的发展奠定了基础。因此，从文风、文体以及文学语言的革新上来看，韩愈的古文运动是有划时代意义的。

韩愈的创作实践，体现了他的文学主张。他才情横溢，文字娴熟，一生写了不少优秀的散文作品，成为我国文学史上著名的散文作家。他的不少作品，说

复习题和作业：

授课老师：朱剑德

一九八　　年　　月　　日

定西地区卫生学校课时教案

编号： 周次：

教研组长批准：					
198 年 月 日					
授课日期	198 年 月 日	班次	检验一〇八	节次	
课题与教学目的	师说 韩愈 教学目的同上页				

教学内容和方法：

理也好，叙事也好，抒情也好，一般都能做到新颖生动，雄健畅达，条理贯通，寓意深刻，而且变化多姿，引人入胜，充分表现了他善于驾驭祖国语言文字的才能。

本文选自《韩昌黎全集》，是韩愈说理散文中优秀篇章之一，无论是它的思想内容还是写作技巧，都有很多地方值得我们学习和借鉴。

师说，说说关于从师的道理。本文针对当时社会上不重视求师学习的不良风气，论述了教师的作用和对教师应抱有的态度。文中所提的能者为师，不耻下问等观点，对我们今天仍有借鉴作用。但是韩愈提倡从师的目的和他轻视劳动人民、轻视实践的观点，都不可避免地反映了他的阶级和时代的局限，应予鉴别。

复习题：简介韩愈

第二课时

提 问：简介韩愈的生平与创作

教学内容：讲解分析课文

古之学者必有师。（从古以来求学的人必然有老师。）师者（老师，助词，表示停顿，引起下文。），所以（用来，靠他。）传道（传授道理）、受业（教授学业）、解惑也（解决疑难问题）。（从古以来求学的人必须有老师。老师，是靠他传授道理，教授学业，解决疑难问题的。）

人非生而知之者，孰能无惑？（人不是一生下来就懂得知识道理的（人）谁能没有问题。）惑而不从师，其为惑也，

不是　此"者"用在动宾词组"知之"之后，结合成名词性结构　谁

终不解矣。（有了疑难的问题而不去向老师请教，那些疑难的问题就始终不能解决了。）生乎吾前，其闻道也固先乎吾，吾从而师之；生乎吾后，其闻道

在我　懂得道理　本来

也亦先乎吾，吾从而师之。（生在我前面的人，懂得道理本来在我之前，我从而拜为老师；生在我后面的人，他懂得道理也在我前面，我仍然拜他为老师。）

吾师道也，夫庸知其年之先后生于吾乎！是故无贵无贱，无长无少，道

学习道理　句首助词　哪里　因此所以　不管　无论

之所存，师之所存也。（我学习道理，哪管他年龄比我大还是比我小呢！因此不管贵贱，不管长少，哪里有学问，有专业，哪里就有老师。）这段从正面阐述从师的重要性和择师的原则。

嗟乎！师道之不传也久矣，欲人之无惑也难矣。（唉！从师学习

叹词　唉　从师学习的风尚

的风尚没有盛传也很久了，想使人没有问题也就难了。）古之圣人，其出人也远

超过

矣，犹且从师而问焉；今之众人，其下圣人也远矣，而耻学于师。是

不如

故圣益圣，愚益愚。（古代的圣人，远远超过一般人，况且能拜师求教，今天的人们，远

名词　更加　形容词名　更加　形

不如圣人，则认为向老师求教是可耻的。因此圣人更圣明，愚人更愚昧。）圣人之所以

……的缘故

为圣，愚人之所以为愚，其皆出于此乎！（圣人更圣明，愚人更愚昧的缘故，都出于这个原因！）

复习题和作业： 简介韩愈的生平与创作

授课老师： 朱训德

一九八　年　月　日

定西地区卫生学校课时教案

编号：　　　　　　　　　　　　　　　　周次：

教研组长批准：

198　年　月　日

授课日期	198　年　月　日	班次	检验一〇八	节次	

课题与教学目的

师说　韩愈

教学目的同上页

教学内容和方法：

爱其子，择师而教之；于其身也，则耻师焉，惑矣！（疼爱孩子，选择老师

对于他自己　　耻于从师　　胡涂啊

教育，对于他自己，就认为向别人学习是可耻的，胡涂啊！）彼童子之师，授之书而

那　　　　　　　　指童子

习其句读（dòu）者，非吾所谓传其道、解其惑者也。（那童子的老师，教

指书本句子中间念起来要稍稍停顿的地方。

给他书本知识，帮助他学习怎样诵读书上文句的人，并不是我所说的传授道理、解决疑难

问题的人。）句读之不知，惑之不解，或师焉，或不焉；小学而大遗，吾未见其

问否　　　　遗漏

明也。（句读不懂，问题得不到解决，有的从老师学习，有的不从师学习；小的方面

学习了，大的方面反而丢掉了。

巫、医、乐师、百工之人，不耻相师；士大夫之族，曰师曰弟子云者，则群

古代从事降神召鬼事迷信职业的人　以歌唱、奏乐为职业的人。　各种手工业工人。　集团　说　如此如此的意思

聚而笑之。（巫、医、乐师、百工这些人，拜师学习不认为耻辱，~~谈到老师和弟子~~士大夫

集团，谈到老师和弟子这样的事，就在一块儿嘲笑议论）问之，则曰："彼与彼年相

若也，道相似也。（问他们，就说："他与他年龄差不多，懂得的道理也差不多。）

位卑则足羞，官盛则近谀。"（向比自己职位低的人学习，是羞耻；向职位高的人学习，是阿谀奉承。）呜呼！师道之不复可知矣！（啊！从师学习的风尚不能恢复的道理就可以知道了。）巫医乐师百工之人，君子不齿（不屑一提），今其智乃（竟）反不能及，其可怪也欤！（巫医乐师百工这些人，君子不屑一提，而今天的智能竟反而赶不上他们，是奇怪的事吗！）

这一段指出今人不从师的恶果，表现和原因，从反面阐述从师的重要性。

圣人无常师（固定的老师）。孔子师郯子（春秋时郯国的国君。孔子请教官职名称）、苌弘（周朝的大夫，孔子请教过音乐）、师襄（鲁国的乐官，孔子请教弹琴）、老聃（老子，孔子向老聃问礼）。郯子之徒（这一批人），其贤不及孔子。（圣人没有固定的老师。孔子曾向郯子请教过官职名称；曾向苌弘请教过关于音乐的事；曾向师襄学习过弹琴，曾向老聃问礼。郯子这一些人，则才能不如孔子。）

孔子曰："三人行，则必有我师。"是故弟子不必不如师，师不必贤于弟子。闻道有先后，术业（学术和技术）有专攻（研究），如是而已。（孔子说："三人行走必然有我的老师。因此，弟子不一定不如老师，老师不一定比弟子高明。懂得道理有先后，学术和技术上有专门的研究，就是这样这个道理罢了。）这一段举例说明"吾师道也"的意义，进一步说述学必从师的道理。

李氏子蟠（pán），年十七，好古文（先秦两汉散文），六艺经传（诗、书、礼、易、乐、春秋）（传，解释经书的书）（zhuàn）皆通习之（都学习通了），不拘于时（不受时代风气（指耻学于师的风气）的约束），学于余。余嘉其能行古道（古人从师学习之道），作《师说》以贻（yí）（赠）之。（李蟠，十七岁，爱好古文，六艺经传都学习通了，不受时代风气的约束，学于我。我赞赏他能行古道，特作《师说》赠给他。这一段交代作本文的原因，从表扬李蟠，再肯定应当从师。

复习题和作业：串讲课文《师说》

授课老师：朱訓德

一九八　　年　　月　　日

定西地区卫生学校课时教案

编号：　　　　　　　　　　　　　　　　周次：

教研组长批准：					
198　年　月　日					
授课日期	198　年　月　日	班次	检验一〇八	节次	
课题与教学目的	师说　韩愈 教学目的同上页				

教学内容和方法：

第三课时

提　问：串讲第一段

讲授新课：分析课文

一、从思想内容方面来看，可分四个方面：

1.文章一开头，作者就开门见山地指出："古之学者必有师"。这就是说，从师是得以学习的必经之路，是自古而然的，并不是才提出的什么新问题。而老师呢，"所以传道授业解惑也"，正是教人的人。可见"学而"从师"是势属必要的了。因为"人非生而知之者，孰能无惑？"假若"惑而不从师"，那么，"其为惑也，终不解矣"。作者经过这么深入浅出的反复阐述，从师学习的重要性和必要性，就十分明确地揭示了出来，从而为自己"保卫师道"的主张立下了简洁有力的理论根据。

"传道、授业、解惑"，短短六个字，不仅肯定了老师工作的重要作用，而且也给为师的人明确地划定了职责范围。老师的职责就是对学生进行思想政治和道德品质教育；给学生传授文化科学知识；解决学生在学习过程中遇到的各种疑难问题。今天仍然如此，只不过"道"与"业"的内容不同于韩愈所处的时代了。从韩愈的论述中，可看出他已初步认识到了老师是青年一代的教育者，是人类科学文化知识的传播者，是人类社会生活中不可缺少的一种职业。只有师的传授，人类社会的科学文化各种知识，才能代代相传，不断地丰富和发展，从而推动社会物质生产的发展和精神文明的进步。韩愈能从历史发展实际和人类社会发展的需要上肯定老师的作用，强调从师学习的重要性、必要性，无疑是有积极、进步意义的。

2.韩愈所说的"师"和"弟子"的概念和师生关系,不仅仅是今天学校中老师和学生的概念和关系。他说:"生乎吾前,其闻道也固先乎吾,吾从而师之;生乎吾后,其闻道也亦先乎吾,吾从而师之。吾师道也,夫庸知其年之先后生于吾乎?是故无贵无贱,无长无少,道之所存,师之所存也。"还说:"弟子不必不如师,师不必贤于弟子。闻道有先后,术业有专攻,如是而已。"可见,在韩愈的心目中,"师"的标准就是"道"和"业",闻道在先,术业有专,就应该"从而师之"。可见"师"与"弟子"的关系不是固定不变的,不分比我生的先后,也不分贵贱长幼,只要是有学问、有专业的人,就是我的老师,哪里有学问、有专业,哪里就有老师。一个老师,不一定一切都比学生强;一个学生,也不一定一切都不如老师,只要有一点专长,就值得人们学习。他把师生的关系平等化、合理化了,并进一步扩大了"师"与"弟子"的范围,把教育从学校推向了广阔的社会。这种观点,很近似于我们今天所说的"相互学习,能者为师"。韩愈的这种论点是正确的,在今天也是适用的。

3.在《师说》中,韩愈还批判了当时士大夫之族"耻学于师"的不良风气。这些人,听说"曰师曰弟子云者,则群聚而笑之",胡说什么"彼与彼年相若也,道相似也",有什么资格为"师"呢?又何必"从师"呢?认为向比自己地位低的人学习,是羞耻;向职位高的人学习,是阿谀奉承。因此,作者极其感叹地说:"师道之不传也久矣","师道之不复可知矣"。作者说:"古之圣人,其出人也远矣,犹且从师而问焉;今之众人,其下圣人也亦远矣,而耻学于师"。因而"圣益圣,愚益愚";一些士大夫之族,"爱其子,择师而教之;于其身也,则耻师焉","同而小学而大遗","未见其明也";君子不齿"的"巫医、乐师百工之人,不耻相师",而"士大夫之族,曰师曰弟子云者,则群聚而笑之"自标清高,以不"从师"为荣,实际"其智乃反不能及"他们所看不起的人们。作者通过以上三个方面的对比和分析,揭露了当时"耻学于师"的社会风习的虚伪性,择去了当时士大夫之族"耻学于师"的自相矛盾的行径,从而从反面为他"保卫师道"的主张提出了论据。

4.《师说》是韩愈给他的学生李蟠写的一篇赠文。因为他"能行古道","不拘于时,韩愈才赞扬他,并作《师说》以贻之"。因此,韩愈这篇文章《师说》就

复习题和作业：

授课老师：朱剑德

一九八　　年　　月　　日

定西地区卫生学校课时教案

编号： 周次：

教研组长批准：					
198 年 月 日					
授课日期	198 年 月 日	班次	检验-0八	节次	
课题与教学目的	师说 韩愈 教学目的同上页				

教学内容和方法：

是为抨击时弊、复兴师道而作的。

韩愈生活的时代，在师道问题上，主要存在着两种错误倾向：一是从汉代儒家那里沿袭下来的尹守师法的倾向。清人皮锡瑞说："汉人最重师法，师之所传，弟子所受，一字毋敢出入，背师说即不用。"（《经学历史》）这种信仰"是古"、"不知问难"的倾向，不利于文化教育事业的发展。再一，就是从魏晋沿袭下来的"耻学于师"的倾向。魏文帝曹丕实行"九品中正"以后，流弊日滋，做官的特权逐渐控制在以士族大姓为代表的豪门贵族手里。一些士族大地主子弟，不管贤愚，凭借门阀即可做官，不必拜师求学。这种恶劣风气，到唐代更甚。所以韩愈极其感慨地说："师道之不传也久矣！""师道之不复可知矣！"《师说》一文，也正是针对这种社会风气而发的。

主题：《师说》全文不到五百字，却以"保卫师道"为中心思想，深刻地阐述了从师学习的必要性和如何正确处理老师和弟子之间的关系，尖锐地批判了当时士大夫之族耻学于师的不良风气，表现了作者不畏时俗，敢于斗争的精神。

二、从写作方法上来看，有两个特点。

《师说》是一篇短小精悍（hàn）的说理文。它深入浅出，简洁明快，反复论证，层层深入，具有很强的感染力和说服力。

1.在论述方法上，作者采取层层深入，反复论证的手法，使全文的中心明确，说理深刻，使人容易理解，容易接受。

全文划分了四个段落。

在第一段里，一开头，作者就提出了自己的论点。它说明，"从师"是自古就有的好传统，而"师"也正是"传道授业解惑的人。一个"必"字，强调了"从师"的重要。接着，作者顺着逻辑推理，以深入浅出的通俗解说，直线式地进行了深入论述。既然"师"是传道、授业、解惑的人，而人又"非生而知之者，孰能无惑"要"解惑"就必须"从师"，不然，"其为惑也"就"终不解矣"了。所以，"无贵无贱，无长无少"，只要能传道、授业、解惑，就是"师之所存"了。这样一反一正的解说，就使开头提出的论点得以补充、发挥和深入，从而更好地展示了作者自己对"师"与"弟子"关系的认识。

第二段，由正面说理转向反面说理，由论述转向批判。"嗟乎"一词，给全段的论述笼罩了一种极为严肃的感慨气氛和情绪。作者首先感慨当时的师道之不传，以引起读者的注视，接着从"古之圣人"与"今之众人"、"爱其子"与"于其身也"、"巫医乐师百工之人"与"士大夫之族"等在"从师"上的不同表现中，揭露了士大夫之族的自身矛盾和虚伪，批判了当时"耻学于师"不良社会风气，使文章从反面进一步衬托和申述了从师学习的重要性和恢复师道的必要性。

第三段，进一步引用事实、深入论证。他以孔子为例，论述"圣人无常师"的道理，强调"弟子不必不如师，师不必贤于弟子，闻道有先后，术业有专攻，如是而已"，把第一段提出的相对的师生关系的论点，论证得更为深入和明确。

最后一段，作者点明了写作《师说》的动机和原因。作者强调指出，十七岁的李蟠"能行古道"、"不拘于时"，"好古文，六艺经传皆通习之"所以就特别赞扬他。这样的写作意图，仍然是全文论述的进一步深入和发展。从全文结构上说，用此结束全篇，也是首尾圆合的。

由此看来，本文在布局上是反复论证、层层推理，不断深化主题和论点。问题提得极其简洁、明快，论述得又是那么通俗易懂，结构非常严紧周密，环环相扣，层次清晰。可见作者在构思时，是费过一番匠心经营的。它从开头到结尾，紧紧扣住题目，从正面说到反面论证，有事实，有道理，有对比、有分析，波澜起伏，层层推进。全文不蔓不枝，恰到好处；有破有立，说理透辟。清人储欣在《唐宋十家文中》评论说，此文"有起有束，中间类比捐形，议论明切"；吴汝纶说它"句句硬接逆转，而气体浑灏自

复习题和作业：《师说》的主题思想是什么？

授课老师：朱训德

一九八　　年　　月　　日

定西地区卫生学校课时教案

编号： **周次：**

教研组长批准：

198 年 月 日

授课日期	198 年 月 日	班次	检验-○八	节次	

课题与教学目的

师说 韩愈

教学目的同上页

教学内容和方法：

自然”(皆转引自马通伯《韩昌黎文集校注》所引)。这些意见，都抓住了本文的写作特点。

2.《师说》全文，没有沉长的句子，也没有晦涩难懂的语言。所举的事例，人人目睹耳闻，非常实际；所论述的道理，深入浅出，透彻通俗，容易被读者所理解、所接受。因此，本文不仅在中心思想方面表现得非常简洁、扼要，恰当而准确，而且具有较强的说服力和感染力。它的行文是散体，但由于作者善于巧妙地寓骈于散中，因而更增强了文章的音响感和生动性。象第一段里的“生乎吾前，……师之所存也”；第二段里的“古之圣人……其皆出于此乎？”第三段里的“是故弟子不必不如师，……如是而已”等等，我们读起来，不仅觉得文章流畅、气势雄健，犹如江水东流，千里一道，而且感到节奏鲜明、声韵和谐，犹如音乐盈耳，心旷神怡。在遣词造句上，作者更特别下了一番斟酌的工夫的。第一段，先使用了正面的、直接的论述语句；接着就充分吸取了六朝骈文的特点，寓骈于散中。第二段仍然如此，但所举三例，则又采取对比的方式，使句式错综多变，语气也各不相同，从而使文章起伏多趣，摇曳多姿，起了“广文义，壮文势”的作用。“古之圣人”、“爱其子”、“巫医乐师百工之人”三个用对比手法的小段，分别用了疑问、判断、感叹三种不同的语气。在彼此承接的地方，都是独立自接，之间没有连接词语或过渡性的词语，清人刘大櫆说它就象“陡起三峰插天”(《见马通伯《韩昌黎文集校注》》)，更加引人入胜。第三段在直述语句之后，用几个对偶式作结，也给人以画龙点睛的印象。这些，都充分表现了作者高度的写作技巧和驾驭文字的独特才能。

课外练习：不同句子中“之”字的用法

1."古之学者必有师",此"之"是结构助词,用在名词性的词语(中心词)"学者"和它的修饰语(定语)"古"之间,相当于现代汉语的"的"。
2."人非生而知之者,孰能无惑"此"之"不是结构助词,而是代词,指代知识和道理。
3."吾师道也,夫庸知其年之先后生于吾乎"此"之"是结构助词,用在主语"年"与谓语"生"之间,表明这里的主谓关系并不构成独立的句子,而只是全句中的一个词组。
4."道之所存,师之所存也"。这两个"之"都是结构助词,分别用在主语"道"、"师"和谓语"存"之间,表明这里的主谓结构不是独立的句子,而只是整个判断句的前后两个分句。
5."彼童子之师,授之书而习其句读者"。前一个"之"是结构助词,是用在名词"师"和它的修饰语"童子"之间;后一个"之"是代词,指代童子。
6.句读之不知,惑之不解"两个"之"都是结构助词,分别用在前置宾语"句读"、"惑"和动词"知"、"解"之间,表示动词、宾语位置的倒置。
7."师道之不传也久矣"。此"之"是结构助词,用在主语"师道"和谓语"不传"之间,取消主谓关系的句子独立性,使之成为一个词组。
二、下面句子中"者"字的用法
1.附在动词(或别类词、词组)后面,结合为一个名词性的结构:
"人非生而知之者",此"者"用在动宾词组"知之"之后,结合成为名词性结构。此句意为:人不是一生下来就懂得知识道理的(人)。
2.作语气助词,用在句子里表示略作停顿:
"曰师曰弟子云者,则群聚而笑之。"
三、下边句子里加点的词都是意动用法,把它们一一解释出来。
1."吾师道也,夫庸知其年之先后生于吾乎?"师,名词。"师道"就是"以道为师"的意思。
2."巫医乐师百工之人,不耻相师"。耻,名词。"不耻相师"就是"不以相互学习为耻辱"的意思。
四、解释下列词在句子中的意思:
惑 "人非生而知之者,孰能无惑?"此"惑"是"疑惑、问题"的意思。
爱其子,择师而教之;于其身也,则耻师焉,惑矣!"此惑是"胡涂"的意思。
师 "古之学者必有师"。此"师"是"老师"的意思。吾师道也,……此"师"是"学习"的意思。
无 "圣人无常师"。"无"是"没有"的意思。"是故无贵无贱无长无少……":"无"是"无论"的意思。

复习题和作业:《思考与练习》第一题和第四题。

授课老师:朱訓德

一九八　　年　　月　　日

定西地区卫生学校课时教案

编号： 周次：

教研组长批准：					
[签名] 198 年 月 日					
授课日期	198 年 月 日	班次	检验一〇八	节次	

课题与教学目的

笑 高士其

这篇课文，不仅对笑的生理现象和心理现象做了分析说明，而且诗情洋溢的赞美，特别指出笑的医疗作用，表达了作者对祖国的热爱，对建设社会主义精神文明的渴望和对人类美好未来的追求。通过本文学习，使学生既得到了关于笑的知识的充实，也得到艺术的享受，陶冶情趣，培养热爱祖国，建设社会主义精神文明的感情。学习简明快洁明快形象的语言。

教学内容和方法：

第一课时

一、范读课文

二、作者简介 （高士其简介）

高士其，原名高仕锜，年轻时下决心为人民写作，"丢掉人字不为官，丢掉金字不为钱，"就改成现在的名字。高士其生于一九〇五年。二十岁时从清华学堂毕业，公费保送到美国芝加哥大学留学。（留学美国）一九二八年在一次细菌试验中，受脑炎过滤性病毒侵害。他以惊人的毅力忍受病毒的折磨，坚持学完了芝加哥大学细菌学的全部博士课程。一九三〇年夏，回到阔别五年的祖国。

回国后，受聘于中央医院，（受聘于南京中央医院）因不满于黑暗现实而失业。失业后，他的病情越来越严重，但他没有失去信心，以写作开始了自己的战斗生活。一九三五年，他用颤抖而近于瘫痪的手写出第一篇科学小品。

一九三八年，他拖着半瘫痪的身体，历尽千辛万苦，在地下党组织的帮助下到达延安。（到达延安）他是第一个到延安的科学家，毛主席、周恩来同志都亲自到住处看望他，给了他极大的鼓励。一九三九年，高士其加入了中国共产党。他下决心把科学交给人民，便如春蚕吐丝般不停地创作。

解放后，高士其到了北京，更加顽强地从事学习和写作。他本来已经掌握了英、法、德等外文，却又开始学习俄语。为了写作，他阅读的中外书籍浩如烟海，积累了丰富的知识。	掌握外语 丰富知识
高士其的创作活动是十分艰苦的。在病毒的长期折磨下，他的健康状况不断恶化。一九四四年后他已不能说话和写作，但跟随他二十多年的秘书却能听懂他用"嗯嗯"的喉音所表达的意思，把它记录下来整理成文，然后发表。高士其就是这样顽强而勤奋地创作着，仅解放后他就创作了八百多万字的作品。他的作品既有丰富的科学内容，又充满鲜明的政治观点，生动活泼，引人入胜。	艰苦的创作生活
高士其现任中国作协理事，全国文联委员，科普创作协会名誉会长，全国科协顾问，保卫儿童全国委员会委员等职。做为全国著名的微生物学家、化学家和诗人，他以共产主义的崇高理想、坚韧不拔的革命精神，对社会主义事业的无比忠诚，培养革命事业接班人的高度责任感和身残志坚的顽强意志而受到全国人民、特别是青少年的钦敬和爱戴。	现任职务
第二课时 课文分析： (一)笑的科学 《笑》是一篇科学小品。科学小品是一种以灵活的形式通俗地介绍科学知识的说明文体。它要求既要有准确坚实的科学内容，又要能深入浅出地作通俗的说明，再高深的科学道理，在这里也会变得浅显易懂。高士其是一位著名的科普作家，他有深厚的知识基础和高的科学造诣，他总是以	思想内容分析——笑的科学

复习题和作业：

简介高士其

教师：

一九八　　年　　月　　日

十分严谨的科学态度对待写作。知道得越多，讲解起来越清晰。《笑》就是这样，在充分地科学分析的基础上，对这种日常现象作了全面的通俗的又是科学的解说。

《笑》是一篇科学小品

文章首先说明了我们对笑的认识是以"现代医学的发展"为科学依据的。然后从生理学角度说明笑的生理反射作用。

笑是一种复杂的生理现象

先概论笑的神经反射过程，指出这是一种复杂的生理现象。然后逐次说明微笑与大笑的不同程度的反射作用，再具体说明笑在人体不同部位的生理作用。笑在胸膛，能使人呼吸正常；笑在肚子里，能促进新陈代谢；笑在心脏，能加强血液循环；笑在全身，能使人睡觉充足，精神饱满。

一种复杂的生理现象，用几段简短的文字，就作了较全面地浅显的解说。

文章还从医学角度说明笑的医疗作用。笑不仅对神经衰弱的人有好处，笑还可以防止疼痛。《大众医学》曾介绍一个美国记者用大笑治病的情形。这位记者患了"结缔组织严重损伤"症，被医生认定为"不治之症"，说他将不久于人世。但他却发现十分钟大笑有明显镇痛效果，于是他搬出医院，为自己规定了吃饭、大笑、睡觉的生活三部曲。十年后，他仍然健康地活着，而且身体越来越好了。（详见《读者文摘》1981年第三期）此事说明笑的医疗作用不仅是科学上的推理，而且有事实的根据。

笑的疗治作用

笑时刻伴随着我们的生活，我们对它应该有更多的认识。这篇文章就给我们关于笑的通俗的科学知识。

（二）鲜明的思想性

思想内容分析——鲜明的思想性

丰富的科学内容与鲜明的思想性的统一是高士其作品的特点。从一九三五年他发表第一篇科学小品开始，就致力于在传播科学知识的同时表明自己的政治观点。他解放前的作品既是科学小品，也是同敌人战斗的杂文。这种知识性与思想性相统一的风格也鲜明地体现在《笑》这篇文章里。

笑是一种生理现象，也是一种心理现象。这篇文章通过对笑的心理现象的分析，赋予文章鲜明的思想意义。

文章从生理角度对笑作了科学解释说之后，又从心理角度说明笑在社会生活中的作用。

售货员对顾客一笑，使人温暖；作政治思想工作的人面带笑容，使人感到亲切；在学校里，书声夹着笑声；剧场里，笑声满座。如果能处处有笑声，我们祖国的建设生活该是多么和谐。

"让全人类都有笑意、笑容和笑声，把悲戚的世界变成欢乐的海洋"，这是作者美好的愿望，也是无产阶级的历史使命。

读完此文，使我们感到它不单是单纯地传播知识，同时也表达了作者对祖国的热爱，对建设社会主义精神文明的渴望和对人类美好未来的追求。

（三）科学的诗

科学小品往往借助于形象的语言，艺术的手法，以增强它的趣味性。高士其不仅是科学家，也是诗人。在《笑》这篇文章中，我们既看到对笑的知识的科学介绍，同时也得到一种诗的享受。

在对笑的生理现象和心理现象做了分析说明之后，文章转入了对笑的赞美。先引用了一段《人民日报》上的"有笑的诗"，作为承上启下的过渡："当你撕下八一年的第一张日历，你笑了，笑了，笑得这样甜蜜，是坚信，青春的树越长越葱茏？是祝愿，生命的花愈开愈艳丽？呵！在我们祖国新年建设的宏图中，您的笑一定是浓浓的春色一笔……"。这段引用，为笑增添了多么丰富的感情色彩，它自然地引出下边对笑的诗情洋溢的赞美。

这里调动了呼告、比喻、拟人等修辞手法，运用艺术的语言，描绘了"笑"的形

笑在社会生活中的作用

作者对笑的感情的抒发

思想内容分析——科学的诗

对笑的赞美

象。笑是颈上花蕊里开放的娇艳花朵；笑是眉宇双目间的美丽的彩云。笑是美的姐妹，是艺术家的娇儿，是爱的伴侣，是健康的朋友。笑是推动工作与生产前进的动力，是集体生活感情融洽的表现；是建设社会主义精神文明的一个方面。

写作特点

这种对笑的赞美，也溶于全篇的文字中。从表现形式看，生动的语言，简短的句式，明快的节奏，把这篇小品散文诗化了。从内容上说，知识的说明，思想的表露，感情的抒发，十分和谐地统一在"笑"的题目下，使我们既得到知识的充实，也得艺术的享受。因此，我们不妨说这是一篇以科学知识为基础的散文诗。

作业

[作业]

以"笑"为题材，自拟题目，写一篇短文（一千字左右）

定西地区卫生学校课时教案

编号： 周次：

教研组长批准：

198 年 月 日

授课日期	198 年 月 日	班次	检验一〇八	节次	

课题与教学目的

劝学 荀况

《劝学》论述了学习的重要性和对学习应抱的态度。通过这篇文章的学习，作为借鉴，使学生认识学习对于获得知识、培养品德的重要性，从而树立"积少成多、坚持不懈、专心致志"的学习态度。在写作方法上学习"比喻"和"对偶、排比句式"的用法。

教学内容和方法：

教学方法：启发式

教学时间：2课时

教学内容：

第一课时

题解：

荀况（约公元前313—前238），时人相尊，称为"卿"。汉人避宣帝刘询讳，称为孙卿。战国末期赵国人。游历过齐、秦、楚等国，在齐国任稷下学宫的祭酒，在楚国由春申君黄歇任为兰陵（今山东苍山县兰陵镇）令。晚年定居在兰陵，直到去世。韩非、李斯都是他的学生。著作有《荀子》，今存三十二篇。

他是思想家、教育家、文学家。他批判和总结了先秦~~两汉~~诸子的学术思想，对古代唯物主义有所发展。反对天命、鬼神迷信的说法，肯定了"天行有常，不为尧存，不为桀亡"，即自然运行法则是不以人们意志为转移的客观存在，并提出了"制天命而用之"的人定胜天思想。但他的宇宙观也有循环论色彩，肯定"天地始者今日是也"，天地开辟时的情况和今天是一样的。他反对孟轲的"性善"论，认为人性生来是恶的，"其善者伪也"，要有"师法之化，礼义之道"，也可以为善，重视环境和教育对人的影响。他的散文说理透辟，结构谨严，他的《赋篇》对汉赋的兴起有一定的影响。

第八课时

提　问：简介荀况的生平与创作

讲授新课：串讲课文：

君子：学不可以已。（有修养的人这么说，"求学不可以让它停止。"）　青，取之于蓝，而青于蓝；

有修养的人　　靛青，(diàn)染料。　草名蓼蓝(liǎo)叶子可制成染料。

（靛青这种染料是从蓝里提取的，但比蓝还青。）冰，水为之，而寒于水。（冰是水结成的，但比水还冷。）木直中(zhòng)绳，

合乎

輮以为轮，其曲中规。虽有槁暴，不复挺者，輮使之然也。（木头是直的，

（使木材）弯曲　　圆规　　又　晒干　　直

合乎拉直的墨线，但可以把它弯成轮子，它的曲度合乎圆规，即使轮子晒干了，也不会再直，原因就是已经使它弯曲了。）

故木受绳则直，金就砺则利，君子博学而日参省乎己，则知明而行无过矣。

……用绳量过　　磨刀石　　(xǐng)　　知识通达

（木头经墨线量过，斧锯加工就直了，刀剑在磨刀石上磨过就锋利了，一个君子只要广泛地学习而且每天对自己再三检查，那就智慧明达，行为也不会有过错了。）

吾尝终日而思矣，不如须臾之所学也；（我曾整天苦想，还不如片刻的学习收获大。）

一天到晚地想　　片刻

吾尝跂而望矣，不如登高之博见也。（我曾经踮着脚远望，还不如登上高处看得远。）

(qì)踮起脚来望

登高而招，臂非加长也，而见者远；顺风而呼，声非加疾也，而闻者

人家在比较远的地方也能看见　　加强

复习题和作业： 简介荀况

授课老师： 朱训德

一九八　年　月　日

定西地区卫生学校课时教案

编号：　　　　　　　　　　　　　　　　　　　　周次：

教研组长批准：

198　年　月　日

授课日期	198　年　月　日	班次	检验-0八	节次	

课题与教学目的

劝学　荀况

教学目的同上页

教学内容和方法：

彰。假舆马者，非利足也，而致千里；假舟楫者，非能水也，而绝江河。
清楚明白　车　脚走得快　达到　桨~~能游水~~　能游水　渡

君子生非异也，善假于物也。……（登上高处向人招手，手臂并没有加长，可是
同"性"资质。

在远处的人也能看得见；顺着风势去呼喊，声音并没有加大，可是别人却听得清楚。利用车马的人，并不是他脚走得快，可是能达到千里之外的地方；利用船只的人，并不是他会游泳，可是能横渡大江大河，有学问有修养的君子，天生的条件并不是和别人不同，不过是善于利用各种客观条件罢了。）

积土成山，风雨兴焉；积水成渊，蛟龙生焉；积善成德，而神明自得，
精神和智慧之意

圣心备焉。故不积跬步，无以至千里；不积小流，无以成江海。（积土成为高
半步

山，风雨会从山里兴起；积水成为深潭，蛟龙会在潭里生长。积累善行养成高尚的品德，精神就能达到很高的境界，智慧就能得到发展，圣人的思想也就具备了。所以不积累半步一步，就不能达到千里之外的地方，不积累小河，就不能成为大江大海。"

骐骥一跃，不能十步；驽马十驾，功不在舍。锲而舍之，朽木不折；锲
骏马　走不远的马　拉车走一天是一驾　（qiè）刻

而不舍，金石可镂（骏马跳一下，也不能到达十步；劣马连走十天，也能到达千里之外
（lòu）刻　之外的地方，它的成功在于走个不停，用刀子刻了一下就停下来，连腐朽的

木头也不会切断；不停地刻下去，那就是金石也可以雕刻好。）蚓无爪牙之利，筋骨之强，上食埃土，下饮黄泉，用心一也。蟹六跪而二螯，非蛇鳝之穴无可寄托者，用心躁也。（蚯蚓没有锐利的爪牙，没有坚强的筋骨，但能吃地面上的泥土，喝地下的泉水，这是因为它用心专一。螃蟹虽然有八条腿和两只蟹钳，不是蛇和鳝的洞穴，就没有安身的地方，这是因为它用心浮躁。）

"六"应作八
"跪"蟹的腿
二只蟹钳
浮躁不专

第三课时

提　问： 串讲第二段

讲授新课： 分析课文：

本文节选了《荀子·劝学》中的三段。

第一段，提出"学不可以已"的论点，论述学习的意义，在于培养品德。

文章一开始就借"君子"的口提出了"学不可以已"的论点。为了说明学习是不能停止的这个论点，从论述学习的意义方面一连用了五个比喻。第一个比喻是"青，取之于蓝，而青于蓝"。靛青是从蓝草中提出来的，但比蓝草还青。第二个比喻是"冰，水为之，而寒于水"。冰是水结成的，但比水还冷。作者用这两个大家熟悉的事物作比喻，说明经过学习，人就可以在原来的水平上有所提高。第三个比喻是"木直中绳，𫐓以为轮，其曲中规。虽有槁暴，不复挺者，𫐓使之然也"。𫐓，同煣（róu）用火烘烤木头使它弯曲。木头是直的，合乎拉直的墨线，但可以把它弯成轮子，它的曲度合乎圆规。即使轮子晒干了，也不会变直，原因就是已经使它弯曲了。用这个比喻，说明人的本性，经过学习是可以改变的，原来的恶性，可以变成善性。第四个比喻是"木受绳则直"。木头经过墨线量过，斧锯加工就直了。第五个比喻是"金就砺则利"。刀剑在磨石上磨过就锋利了。用这两个比喻，说明经过学习，人的道德品质就会有所提高："君子博学而日参省乎己，则知明而行无过矣。"参，同"三"《群书治

复习题和作业： 串讲《劝学》第二段

授课老师： 朱训德

一九八　　年　　月　　日

定西地区卫生学校课时教案

编号：　　　　　　　　　　　　　　　　　　周次：

教研组长批准： 198　年　月　日					
授课日期	198　年　月　日	班次	检验一〇八	节次	
课题与教学目的	劝学　荀子 教学目的同上页				

教学内容和方法：

要》引此文正作"三"。"日三省乎己"，《论语·学而》："曾子曰：'吾日三省吾身：为人谋而不忠乎？与朋友交而不信乎？传不习乎？'"《论语·里仁》："子曰：'见贤思齐焉，见不贤而内省也。'"《荀子·修身》："见善，修然，必以自存也。见不善，愀然，必以自省也。"足见孔丘、曾参、荀况都用过"内省"一词，即内心的省察，因为这是儒家的修养方法。"日三省乎己"就是日三省吾身，每天对自己再三检查。荀况在用了"木""金"这两个比喻之后接着说，一个君子只要广泛地学习而且每天对自己再三检查，那就智慧明达，行为也不会有过错了。这就说明了经过学习，就会"知明而行无过矣"，在品德修养方面有所提高。

第二段，论述学习的作用，可以增长才能。

首先说了自己在处理"学"与"思"的关系方面的体验。"吾尝终日而思矣，不如须臾之所学也。"我曾经整天苦想，还不如片刻的学习收获大。这里提出了一个学习方法，即学思结合，以学为主。这是从孔子那里学来的。《论语·卫灵公》："子曰：'吾尝日不食终夜不寝，以思，无益，不如学也。'"接着用了一个比喻："吾尝跂而望矣，不如登高之博见也。"我曾经踮着脚远望，还不如登上高处看得远。用这个人人都懂的事例，说明了学习的作用。接着一连用了四个比喻："登高而招，臂非加长也，而见者远；顺风而呼，声非加疾也，而闻者彰。假舆马者，非利足也，而致千里；假舟楫者，非能水也，而绝江河。"登上高处向人招手，手臂并没有加长，可是在远处的人也能看得见；顺着风势去呼喊，声音并没有加大，可是别人都听得清楚。

利用车马的人，并不是他脚走得快，可是能到达千里之外的地方；利用船只的人，并不是他会游泳，可是能横渡大江大河。四个比喻说明了一个道理：君子生非异也，善假于物也。"生，同"性"。有学问有修养的君子，天生的条件并不是和别人不同，不过是善于利用各种客观条件罢了。君子之所以成为君子，就是因为他通过学习善于利用各种客观条件，因此他的本领就比别人大了。

第三段，论述学习的态度要积少成多，坚持不懈，专心致志。

这一段分为三层，第一层，要积少成多。"积土成山，风雨兴焉；积水成渊，蛟龙生焉；积善成德，而神明自得，圣心备焉。故不积跬步，无以至千里；不积小流，无以成江河。"积土成为高山，风雨会从山里兴起；积水成为深潭，蛟龙就会在潭里生长。积累善行养成高尚的品德，精神就能达到很高的境界，智慧就能得到发展，圣人的思想也就具备了。所以不积累半步一步，就不能达到千里之外的地方；不汇积小河，就不能成为大江大海。"积土成山"和"积水成渊"两个比喻，都是用来说明积善成德的，都在说明学习的态度要积少成多。"不积跬步"和"不积小流"两个比喻，也都是补充这个意思。前后两个比喻，分别从正面和反面作了说明。第二层，要坚持不懈。"骐骥一跃，不能十步；驽马十驾，功在不舍；锲而舍之，朽木不折，锲而不舍，金石可镂。"骏马跳一下，也不能到达十步，劣马连走十天，也能到达千里之外的地方，它的成功在于走个不停。用刀子刻了一下就停下来，连腐朽的木头也不会切断；不停地刻下去，那就是金石也可以雕刻好。"驽马十驾，功在不舍，"意思和《荀子·修身》的这两句相同："夫骥一日千里，驽马十驾则亦及之矣。"清代著名学者钱大昕把自己的书斋叫做"十驾斋"，典故就出在这里。这一层完全运用比喻，"骐骥"和"驽马"，"锲而舍之"和"锲而不舍"，正反对举，形象鲜明，说明学习的态度要坚持不懈，持之以恒，不能三天打鱼，两天晒网。第三层，要专心致志。"蚓无爪牙之利，筋骨之强，上食埃土，下饮黄泉，用心一也。蟹六跪而二螯，非蛇蟮之穴无可寄托者，用心躁也"。蚯蚓没有锐利的爪牙，没有坚强的筋骨，但能吃地面上的细土，喝地下的泉水，这是因为它用心专一。螃蟹虽

复习题和作业：分析《劝学》第一段

授课老师：朱训德

一九八　　年　　月　　日

定西地区卫生学校课时教案

编号：　　　　　　　　　　　　　　　　　　周次：

教研组长批准：					
198　年　月　日					
授课日期	198　年　月　日	班次	检验-0八	节次	
课题与教学目的	劝学　荀况 教学目的同上页				

教学内容和方法：

虽然有八条腿和两只蟹钳，不是蛇和鳝的洞穴，就没有可以安身的地方，这是因为它用心浮躁。这一层也是完全比喻。写蚯蚓"无爪牙之利，筋骨之强"，但它能"上食埃土，下饮黄泉"，原因是它"用心一也"。这个比喻从正面说明学习的态度要专心致志。写螃蟹"八跪而二螯"，但它非蛇鳝之穴而无可寄托者"，原因是它"用心躁也"。这个比喻从反面说明学习的态度不能浮躁。两个比喻，正反对举，形象鲜明，含意深刻。

本文论述了学习的重要性，即可以培养品德，增长才能；还阐述了学习的态度，即积少成多，坚持不懈，专心致志。表现了作者的教育思想。

作为新兴地主阶级的教育家荀况，他所提出的学习的目的和内容，由于时代的局限，都是和我们不同的，但他所说的学习的态度，却值得我们借鉴。

本文的写作特点：1.大量运用比喻来说明道理。使用比喻是为了把事物说得具体确切生动，使人容易理解，因此，比喻要浅显，要贴切。本文中用了大量的比喻，既浅显，又贴切，这说明作者生活经验丰富和观察生活细致。其中如"青出于蓝，而胜于蓝"、"锲而不舍"，已经成为成语，至今还有活力。2.大量用运对偶、排比句式，文句整齐，富有节奏，增强了文章的感染力。3.文中用韵。如第三段中，兴、蒸部，生、耕部，蒸耕合韵。德、得、备，职部。里、海，之部。步、铎部，舍，鱼部，鱼铎合韵。文中用韵，增强了文章的音乐性。

课外练习："于"、"者"、"而"在本文中的用法

"青，取之于蓝，而青于蓝"——都是介词，前一个是"从"的意思，后一个是"比"的意思。

"君子生非异也，善假于物也"——介词，"对"的意思。

"假舟楫者，非能水也"——和"假舟楫"组合，成名词性词组，"……的人"的意思。

"虽有槁暴，不复挺者，𫐓使之然也——用在分句中，表示因果关系，"……的原因"的意思。

"知明而行无过矣——连词，连接"知明"和"行无过"。

"吾尝终日而思矣——连词，连接状语和谓语。

"假舆马者，非利足也，而致千里——转折连词，"然而"的意思。

"积善成德"，而神明自得，圣心备焉——连词，表示前后两个分句之间的承接关系。

翻译下面文章

蜀之鄙有二僧：其一贫，其一富。贫者语于富者曰："吾欲之南海，何如？"富者曰："子何恃而往？"曰："吾一瓶一钵足矣。"富者曰："吾数年来欲买舟而下，犹未能也。子何恃往！"越明年，贫者自南海还，以告富者。富者有惭色。西蜀之去南海，不知几千里也，僧富者不能至，而贫者至焉。人之立志，顾不如蜀鄙之僧哉。

是故聪与敏，可恃而不可恃也；自恃其聪与敏而不学者，自败者也。昏与庸，可限而不可限也；不自限其昏与庸而力学不倦者，自力者也。

文章的大意是：

四川的边境有两个和尚：一个贫穷，一个有钱。穷的对有钱的说："我想到南海去，怎么样？"有钱的说："你凭着什么去呢？"穷的说："我只要一个水瓶，一个饭钵就够了。"有钱的说："我几年来想雇了船，沿着长江往下游走，都还没有实现，你凭着什么去！"过了一年，穷的从南海回来了，把他到过南海的事告诉了有钱的。有钱的脸上露出了惭愧的神色。四川离南海，不知道有几千里路，有钱的不能到，穷的却到了。人们的立志求学，反而不如四川边境的那个穷和尚吗！

所以聪明灵活是又可以依靠又不可以依靠的；依靠自己的聪明而不学习的人，是自趋失败的人。愚笨平庸，是又能限制人又不能限制人的，不受自己的愚笨限制的人，是自力上进的人。

复习题和作业：思考与练习第一、三、四题

授课老师：朱训德

一九八　　年　　月　　日

定西地区卫生学校课时教案

编号：　　　　　　　　　　　　　　　　　　周次：

教研组长批准：[illegible]
　　　　　　　　　　　　　　　　198　年　月　日

授课日期	198　年　月　日	班次	检验-08	节次	

课题与教学目的

土地　秦牧

一、这篇散文通过对土地描述的联想，抒发了作者热爱土地、热爱劳动人民的深厚感情，热情歌颂了社会主义的新时代。学习本文，培养学生热爱祖国、热爱人民、热爱社会主义的思想感情。

二、学习本文联想丰富、主题集中、知识性强、生动有趣、表达方式灵活的写作特点。

教学内容和方法：

一、题解

这是篇抒情散文。

秦牧，我国当代著名散文作家。原名林觉夫，广东澄海人，一九一九年八月十九日生，幼年和少年时代在新加坡度过。回国后，曾在澄海、汕头、香港等地求学。抗日战争时期，在韶关、桂林、重庆等地从事教学、编辑工作，参加过抗日救亡运动和大后方的民主运动。抗战胜利后，在香港过了三年职业写作生活。~~新中国成立后~~，广州解放前夕，进入东江解放区，在部队工作过一段时间。新中国成立后，一直在广州工作，曾任中国作家协会广东分会副主席、《羊城晚报》副总编辑，现任广东省文联副主席、作协广东分会副主席、《作品》的副主编。他的作品的体裁多种多样，有小说、童话、杂文等等，但以散文为主。解放后出版的散文集有《星下集》、《花城》、《潮汐和船》以及用散文体裁写的文艺论文集《艺海拾贝》等。一九七七年，他把《花城》和《潮汐和船》中的大部分文章，同一九七六年后的新作编成一本散文自选集《长河浪花集》，一九七八年由人民文学出版社出版。此书是他散文的代表作，《土地》就是从中选来的。

这篇散文通过描述对土地的联想，抒发了作者热爱土地、热爱劳动人民的深厚感情，热情歌颂了社会主义的新时代，激励人们为建设更加美好的生活而工作。

六、课文分析

本文可分三个部分。

第一部分，一至四自然段，说明本文的内容："想来谈谈大地，谈谈泥土"。

文章开头写"我们生活在一个开辟人类历史的光辉时代。在这样的时代，人们对许许多多的自然景物都产生了新的联想、新的感情。……"这个开头很重要，它首先点明，我们生活在一个新时代。正因为是新时代，国家才会有新气象，人民才会有新的精神面貌，也正因为是新时代，作者才会有新的联想、新的感情和新的愿望。这个开头交代了作者想"谈谈大地，谈谈泥土"的原因，是紧扣主题统领全文的，它一开始就给人一种意气昂扬、精神振奋的感觉。"不是有无数人在讴歌……吗？"一句是前面两句的例证。

第二自然段，顺理成章地点出了第一部分也是本文的中心话题："谈谈大地，谈谈泥土"。

按一般人的想法，第三自然段应谈谈对大地的联想了。可是不然，作者用一个很长的复句，向读者提出了设问：当你坐在飞机上，当你坐在汽车上，当你……的时候，你曾否为大地涌现过许许多多的遐想……。这一大段设问很好。它既反映了作者热爱祖国大地的激情，又可引起读者的深思，激发读者的联想，为展开下文作了很好的铺垫。

第四自然段，用一个形象生动的比喻——"我骑着思想的野马……"——说明作者的联想很多，又想得很远，从而自然地引出了下文。最后一句中的"回到眼前灿烂的现实中来"一语，与开头的"光辉的时代"相呼应，使文章显得很紧凑。

以上是第一部分，也是文章的开头部分。它的主要作用是点明中心话题，抒发作

思想内容分析第一部分

复习题和作业：

教师：

一九八　　年　　月　　日

者的激情，引起读者的深思，为展开下文作准备。 授课日期

第二部分，五至十八自然段，具体叙写关于土地的种种联想，是文章的主体。 思想内容分析第二部分

这一部分又可分为四个层次。

五至九自然段是第一层。这一层主要写三件事：1.二千六百多年前在北方平原上发生的一幕怪剧；2.古代中国皇帝把疆土分给公侯时的一种仪式；3.十九世纪，殖民主义者残酷屠杀和疯狂掠夺太平洋各岛屿上的土人的情景。这三件事共同说明一个问题：历史上的剥削者、反动统治者，都在贪得无厌地霸占土地，掠夺土地。因为他们知道，土地是"财富和权力"的象征，只要掌握了土地"就可以永无休止地榨取农民的血汗"。从这里，我们可以清楚地看出那些剥削者、反动统治者的贪婪、残暴的本性，也可以从侧面看出土地的重要性。

十至十三段是第二层。这一层写了四个方面的事迹：1.在旧社会，中国农民被迫飘流海外时，身上常怀着一撮"乡井土"；2.在福建、广东沿海一带，流传着许多保卫土地的抗敌爱国的故事；3.今天，许多被压迫民族正在为驱逐侵略者、保卫国土而斗争；4.海岛上的人民战士，正日夜守卫着海岛、勤奋地建设着海岛。这四个方面的事例共同说明：广大劳动群众和爱国志士都是热爱国土，并决心保卫国土的。他们把"土地当成命根子"，"比喻成哺育自己的母亲；为了保卫国土，他们不惜"英勇地献出了生命"。

第一层和第二层，分别写出了少数反动统治者和广大人民对待土地的两种截然不同的态度。作者通过生动的描写，形成了十分鲜明的、尖锐的对比，从而有力地鞭挞了反动统治者，歌颂了广大劳动者和爱国人民。

第十四自然段是第三层。这一层概括叙述了数十万年来人们在土地上进行的斗争。是按时间顺序写的。大体分五个阶段：

1.从"在几十万年之间"到"使他们畏惧颤栗"写原始公社阶段。

2.从"几十万年过去了"到"杀死在这些土地上面",写奴隶社会和封建社会阶段。

3.从"到了近代"到"在这上面鏖战过",写近代资产阶级民主主义革命阶段。

4.从"我本世纪二十年代以来"到"成了土地的主人",写中国新民主主义革命阶段。

5.从"我们热爱土地"到"使它变成一片锦绣",是写目前社会主义建设阶段。

这文章这样写条理十分清晰。它有力地说明:"看来很平凡的一块块田地,实际上都有极不凡的经历。"这句话是这一层次的核心。

这一层的最后,写到了我们目前正在进行着"改造土地"的社会主义建设,就又引出了文章的第四层意思。

十五至十八自然段,是第四层。这一层有四个自然段,每一段又各有侧重点。

十五自然段主要说明:土地一旦回到人民手里,变化就特别迅速,特别惊人,广大劳动者使本来荒凉单调的地面变得象苏绣广绣般美丽。这里不仅赞美了改天换地的劳动者,也特别赞美了社会主义的新时代。

十六自然段主要说明:社会主义新时代为改造土地创造了前所未有的有利条件,千千万万的人组织起来了,象一个人一样"从容做着开天辟地的工作",从而"以全部已解放的九百多万平方公里土地作为一个整体来规划和工作着,因此,改造土地的工作特别富有成效。

十七自然段主要说明:人们对土地的感情更加深沉,更加浓烈了,因而,工作也更加认真、精细、踏实。

十八自然段,主要说明人们的理想和决心——"千呵千呵,向土地夺宝,把我们所有的土地都利用起来。我们这一代人一定要用自己的双手,搬掉落后和穷困这两座大山!"

把四个自然段联系起来看,它们共同写的是:在社会主义新时代,人们迅速改造旧土地、精心建设新土地的情景。

这一个层次,是第二部分的高潮,也是全文的高潮,它通过丰富的联想,和具体的描写,热情歌领了优越的社会主义制度，正确的党的领导和党领导下的广大劳动人民。

第三部分，即十九自然段，是文章的结尾。这个结尾很好。

思想内容分析第三部分

第一和第二句是感叹句，表示作者感情激烈。“捧起”“流出来仔细端详”，说明作者对大地爱得深沉。“这是我们的大地呀！”这一句中的我们的三个字要重读。作者的意思是：这土地已从剥削阶级手里夺过来了，已成为人民的了，我们要特别珍惜它。这两句话不仅抒发了作者热爱大地的激情，而且表现了作者在人民成为土地主人后的强烈自豪感。第三和第四句是疑问句，作用是引起读者的思索，这时，读者自然会想到，古代的爱国者是如何英勇地保卫每一寸国土的，现代的劳动者是如何勤奋地建设每一寸国土的。这些联想，无疑会引导读者得出正确的结论。第五句是叙述句，虽然只有十个字，但很重要，它说明我们有正确的党的领导，有优越的社会主义制度，建设的条件十分有利，它说明了问题的一个重要方面，真是言简意深。答案虽未明确写出，但已包含在文章之中，读者是能体会得出来的。我们若仔细读完全文，一定会受到感染，受到教育和鼓舞，我们一定会决心更加努力地工作，为建设更加美好的生活而奋斗。所以说，这个结尾很好，它内容深刻，语意含蓄，耐人寻味。

艺术特色：

写作特点之一

（一）联想丰富，主题集中

本文以土地为题，写了很多有关的人和事。作者从古代想到现代，从中国想到外国，从剥削者想到劳动人民，从“掠夺”土地想到保卫和建设土地，真好像是“骑着思想的野马”在上下数千年，纵横数万里的时间和空间领域内任意驰骋，似乎没有中心。但是，仔细阅读之后就会发现，中心十分明确，主题十分集中。不论思想的野马”跑到哪里，不论作者的笔端写到那里，都离不开“赞美土地、赞美耕种土地的劳动人民，激励人们去保卫和建设土地”这样一个中心。

我们常说，散文的特点之一是"形散而神不散"。这篇文章就是如此。

二、知识性强，生动有趣。 写作特点之二

这篇文章不仅表达了感情，说明了道理，而且叙述了许多与土地有关的知识。例如，关于社会发展的历史知识，关于剥削者祈求土地和掠夺土地的历史故事以及民间的风俗习惯等等。由于文章的知识丰富，所以读起来觉得生动有趣。作者在《思想和感情的火花》一文中曾说："丰富的知识所以重要，不仅在于它可以帮助作者说明道理，而且这些材料还能够满足读者的求知欲，使人们在阅读的时候获得新鲜感"。作者在"艺海拾贝·新版前记》中又说："有的人以为知识性、趣味性是资产阶级的口号，这未免太抬举资产阶级了。难道资产阶级有它的知识性、趣味性的东西，无产阶级就没有知识性、趣味性的读物？……在无产阶级革命导师的极其严肃的经典著作中，不是就穿插着许多妙趣横生的文笔吗？"作者认为，文章如果思想正确，再加上有知识性和趣味性，就可以收到更好的教育效果。我觉得这个看法是对的，知识性和趣味性是秦牧散文的一个重要特点。

三、感情充沛，表达方式灵活。 写作特点之三

这是篇抒情散文。抒情散文就要有浓烈的感情；否则，就不能感染读者，引起共鸣。

这篇散文所表达的感情是十分充沛的。作者对土地的爱、对祖国的爱以及对剥削者统治者的憎恨、厌恶之情，都表现得十分强烈。

充沛的激情是怎样表达出来的？如果是空喊口号，是决不会感动读者的，感情的抒发，要借助于对具体的人和事的叙写。因此，就要灵活运用记叙、描写、议论、抒情等多种表达方式。

如十五自然段，这段重点表达了作者赞美祖国新貌，赞美劳动人民的激情。第一、第二句是议论，是作者的看法，但在议论中又表现了作者的赞叹、惊喜之情——"变化是多么神速啊"，

"多么惊人"。第三句是具体叙述。作者选用几个典型例子，用不多的文字，勾画出了一幅祖国新貌图，字里行间也透露出了作者的无限喜悦之情。第四句、第五句，是叙述和描写。作者从飞机上向下看珠江三角洲，"水网和湖泊熠熠发光，大地竟象是一幅碧绿的天鹅绒，……"。这些描写象电影的特写镜头，更具体，更细致地写出了祖国美丽的景色，也更充分地表现出了作者赞美祖国新貌的激情。这些美丽景色是从那里来的？是劳动人民创造的。所以，作者在最后几句，又用饱含激情的笔墨，用议论的方式，赞美了建设祖国大地的劳动人民。由于作者灵活运用记叙、描写、议论等多种方式，并使之相互配合，就充分表达了自己的革命激情。

〔作业〕

一、这是一篇抒情散文。作者以饱满的激情歌颂了辽阔无垠的祖国大地，歌颂了自古以来世世代代在祖国大地上辛勤劳作，并为保卫每一寸大地而进行英勇斗争的劳动人民，引述了一连串"劳动者为大地而进行连绵不断的悲壮的斗争"故事。文章最后说："让我们捧起一把泥土来仔细端详吧！这是我们的土地啊！怎样保卫每一寸大地呢？怎样使每一寸土地都发挥它的巨大的潜力，一天天更加美好起来呢？党正在领导和率领着我们前进。青春的大地也好象发出巨大的声音要求每一个中国人都作出回答。"读了这篇散文，说说你所受到的思想教育。

二、本文语言准确鲜明，句式整齐。注意学习下列几组词语：

光芒四射的朝阳　挺拔的白杨　追逐着野兽

四季常青的松柏　明亮的灯火　放牧着牛羊

庄严屹立的山峰　奔驰的列车　捡拾着野果

澎湃翻腾的海洋　崭新的日历　播种着五谷

定西地区卫生学校课时教案

编号：　　　　　　　　　　　　　　　　　　　　　　周次：

教研组长批准：

198　年　　月　　日

授课日期	198　年　月　日	班次	检验一〇八	节次	

课题与教学目的

茅屋为秋风所破歌　杜甫

杜甫是我国伟大的现实主义诗人。这首诗表现了他所遭受的乱灾难贫困的生活和他关怀广大人民痛苦的热情；也反映了唐代腐败政治所给予人民的痛苦和它造成的灾难。通过这首诗的讲授，学习诗人爱祖国、爱人民的精神，并初步了解其杜诗的人民性、艺术性及其在文学史上的价值。

教学内容和方法：

教学方法：讲解

教学时间：三课时

教学内容：

第一课时

题解：《茅屋为秋风所破歌》选自《杜少陵集详注》。

杜甫生于公元七一二年，死于七七〇年，字子美，唐朝巩县（现河南省巩县人），是我国唐代一位杰出的现实主义诗人。

他生在富有文学教养的家庭里（诗人杜审言是他的祖父）。二十岁左右，开始漫游吴越齐赵间，过了十多年“清狂适意”的生活，并结识了李白、高适等，常和他们在一起饮酒作诗。

从三十五岁，到四十四岁，他都寄居在长安，应考总不得意，生活一天天的穷困下来。“朝叩富儿门，暮随肥马尘，残杯与冷炙，到处潜悲辛”（奉赠韦左丞丈二十二韵）是他十年帝都生活的写照。然而就在这穷愁潦倒的生活中，使他更接近了人民，看清了现实。他写出《丽人行》，讽刺宫廷人物的荒淫无耻；写出《兵车行》，讽刺权臣边将的穷兵黩武；并以“朱门酒肉臭，路有冻死骨”（自京赴奉先县咏怀五百字）的名句，反映了当时的阶级矛盾。

“安史之乱”爆发了，战火烧到了关中地区，他领着家属避住鄜州（今陕西鄜县）不久，又被贼兵劫送长安，过了大半年的沦陷生活。在这期间，他不只保持着个人的气节，而且还经常以国事民生为念。后来冒着危险，从长安逃出，在凤翔见到了唐肃宗，并被任为"左拾遗"（八品的小京官）。因为他忠直耿介，不为皇帝所喜，不久就被遣回家（鄜州）。一路上看到了战后的凄惨景象，就写出了《北征》《羌村》两首名诗。

两京收复后，他改任为华州司功参军。在往返洛阳、华州的路上，亲眼看到了许多贪官暴吏压榨人民的悲惨事实，就写成了《三吏》《三别》的不朽诗篇；同时，他对当时的政治也越发绝望了。当年（七五九年）秋天，他毅然舍弃官职，携家到了秦州，又移住同谷，赶上灾荒，生活更艰苦了。

七五九年的冬末，他到了成都，依靠亲友的资助，过了一段时期的安定生活，后来蜀中屡次发生变乱，又迫使他在川东、川东北流寓了好几年。就在这贫困多病的暮年，他依然为国事焦虑，为人民的生计发愁，《茅屋为秋风所破歌》、《闻官军收河南河北》都是在这期间写成的。七六八年他出川到了岳州，赶上变乱，又不能达到北归的愿望，七七〇年，他在旅途飘泊去逝去了。

杜甫具有"致君尧舜上，再使风俗淳"（奉赠韦左丞丈二十二韵）的政治抱负，也具有"穷年忧黎元，叹息肠内热"（自京赴奉先县咏怀五百字）的深厚情感，但在腐朽黑暗的政权下，他的理想被现实碰得粉碎了。不过，他的热爱祖国、热爱人民的感情并没有因而冷却相反的更加炽热起来；同时，又因为他具有高度的艺术修养和严肃的创作态度，所以能写出大量永远为人民所爱好的不朽诗篇。

杜甫生活在唐代由盛转衰的时期，同广大人民一起遭遇战乱饥荒，深刻地体验到人民的苦痛。他的诗真实地反映了现实，表现了对人民的同情和爱国主义精神，有深刻的思想内容和高度的艺术价值，对后来的诗人有深远的影响。作品都收在《杜工部集》里。

复习题：简介杜甫的生活与创作

复习题和作业：

授课老师：朱训德

一九八　　年　　月　　日

定西地区卫生学校课时教案

编号： **周次：**

教研组长批准：

198 年 月 日

授课日期	198 年 月 日	班次	检验-〇八	节次	

课题与教学目的

茅屋为秋风所破歌 杜甫

教学目的同上页

教学内容和方法：

第二课时

提 问：简介杜甫的生活与创作

教学内容：串讲分析课文

八月秋高风怒号，卷我屋上三重茅。（八月秋深风像发怒似的大声吼叫，把我屋子上的几层茅草都刮走了。）

秋深　像发怒似的大声吼叫　几层茅草，三，表示多数。

茅飞渡江洒江郊，高者挂罥长林梢，下者飘转沉塘坳。（茅草飘过江去，散落在江边野地里。飘得高一些的，挂在大树林的树梢上，飘得低一些的，飘来飘去落在水洼里。）

飘　散落江边野地里　挂　大树林的树梢　飘来飘去落　有水的洼地

这一段写我"茅屋为秋风所破的情景。（写狂风吹破茅屋的情景）

南村群童欺我老无力，忍能对面为盗贼。（南村的许多孩子欺侮我年老没有力气，忍心这样当着我的面抢我的东西。）

许多　欺侮　年老无力　忍心　当着我的面　抢我的东西

公然抱茅入竹去，唇焦口燥呼不得；归来倚杖自叹息。（他们大胆的抱着茅草跑到竹林里去，我喊他们回来，喊得唇焦口干，也没有效果，回到屋子里只好倚着拐杖唉声叹息）

公开、大胆，放肆。　竹林　口干　喊　不回来，没有效果。

这一段写我"被"群童欺侮，抱茅入竹去，"我"奈何不得的愁苦心情。（写一群孩子抱走茅草的情景和诗人无可奈何的心情。）

俄顷风定云墨色，秋天漠漠向昏黑。（一会儿风不刮了浓云密布，天气昏蒙蒙的渐渐黑暗下来。）

一会儿　昏蒙蒙的

布衾多年冷似铁，娇儿恶卧踏里裂。（盖了多年的被子象铁一样冰冷，我那可爱的孩子睡相不好，两脚乱蹬，把被里子也蹬破了。）

布制的被子　可爱的孩子　睡相不好　两脚乱蹬　破

床头屋漏无干处，雨脚如麻未断绝。（由于屋子漏水，床头也没有一点干的地方，秋雨连绵下个不停。）

自经丧乱少睡眠，长夜沾湿何由彻！（自从国破家亡的战乱发生以来我很少睡眠，屋子里整夜上滴下湿的，怎能挨到天亮呢！）

自从"安史之乱"爆发以来　怎能　彻夜

这一段写，由于"雨脚如麻"、"床头屋漏"、"长夜沾湿"、"娇儿恶卧"、"布衾冷似铁"，和"自经丧乱"使我总是不能入睡的凄凉、痛苦的生活。（写屋漏床湿和诗人由此引起的对丧乱的忧虑，表现了诗人更大的痛苦）

安得广厦千万间，大庇天下寒士俱欢颜，风雨不动安如山？

哪能有　宽大的房子　庇护　穷人　都　欢乐　不怕风吹雨打　像山一样安定

（哪能有宽大的房子千万间，庇护天下所有的穷人，使他们个个都欢乐生活，这样的房子再也不怕风吹雨打，像山一样安定。）呜呼！何时眼前突兀见此屋，吾庐独破受冻死亦足！

啊！　什么时候　高　耸　同现　这样　我的房子　也甘心

（啊！什么时候这样的房子会高耸在我眼前，那时候，即使我一个人的房子破了，我在破房子里冻死了，也是甘心的！）

这一段写"我"从"受冻"联想到"天下寒士"的没有"欢颜"，从当下的破漏"茅屋"想到广厦千万间，表现了作者关心人民疾苦的感情。（写诗人因屋破而产生的理想和愿望）

（一）公元七五九年的冬末，杜甫到了成都，靠着亲友的资助，得在浣（huàn）花溪盖起了草堂。他经历了大半生的颠沛流离的生活，到这时才稍稍感安定下来，但安定只是短期的（在几次的蜀兵变乱中，又迫使杜甫在川东、川北流离了数年），而贫困多病却一直侵袭着他的暮年。从本诗的素材来看，他住着秋风可破的"茅屋"盖着冰冷"似铁"的"布衾"，"床头屋漏"、"长夜沾湿"，在"漠漠""昏黑"的雨声中，老人总是不能入睡

复习题和作业： 复习题：译讲课文最后一段

授课老师： 朱训德

一九八　　年　　月　　日

定西地区卫生学校课时教案

编号：　　　　　　　　　　　　　　　　　周次：

教研组长批准：					
198　年　月　日					
授课日期	198　年　月　日	班次	检验一〇八	节次	
课题与教学目的	茅屋为秋风所破歌　杜甫 教学目的同上页				

教学内容和方法：

这是怎样的凄凉、痛苦！

第三课时

教学内容：继续分析课文

二、但是，作者的忧虑，并没有停留在个人的生活上面，那时，"安史之乱"虽已接近尾声，但大唐帝国却从此衰败下来。吐蕃、回纥（he）的连年侵扰，藩镇边将的彼此攻伐，统治阶级的骄奢淫逸与加重剥削，这都给人民增加了更大的痛苦。人民的痛苦正是作者经常关心的大事，因而也就不能不使他"自经丧乱少睡眠了"。

三、就在这愁苦不能入眠的时候，作者的感情激动起来。他从自己的"受冻"联想到"天下寒士"的没有欢颜，从当下的破漏"茅屋"想到千万间广厦能在"眼前突兀"出现，这种真挚、强烈和激昂的情调，也就成为本诗的顶点。

这首诗以质朴的笔调，描写了作者所遭受的战乱，贫困的生活，和他关怀广大人民痛苦的热情，体现了诗人热爱人民的精神。

这首诗在艺术技巧上用了夹叙抒情的写法。感情的发展层层深入，波澜起伏。"唇焦口燥呼不得，归来倚杖自叹息"是不愉快的开始；"自经丧乱少睡眠，长夜沾湿何由彻"是极端低沉；"安得广厦千万间……"是感情转趋高昂的变化。

关于练习：领会《茅屋为秋风所破歌》中"安得广厦千万间，大庇天下寒士俱欢颜，风雨不动安如山"这几句诗的深刻含义，它表现了诗人怎样的思想感情？

这几句诗的意思是，哪能有宽大的房子千万间，庇护天下所有的穷人使他们个个都欢乐的生活，这样的房子再也不怕风吹雨打，像山一样安定。作者在愁苦不能入眠的时候，感情激动起来，他从自己的受冻联想到"天下寒士"的没有欢颜"，从当下的破漏"茅屋"想到"千万间广厦"能在眼前"突兀"出现，这种真挚、强烈和激昂的情调，成为本诗的顶点。他表现了诗人关怀广大人民痛苦的热情，体现了诗人热爱人民的精神。

复习题和作业：背诵默写《茅屋为秋风所破歌》

授课老师：朱训德

一九八　年　月　日

定西地区卫生学校课时教案

编号：　　　　　　　　　　　　　　　　　　　　周次：

教研组长批准：) [signature] 198 年 月 日					
授课日期	198 年 月 日	班次	检验—〇八	节次	

课题与教学目的

鸿门宴　史马迁

这篇课文写范增与项羽划策要杀死沛公，但由于项羽骄傲轻敌，用人不能知人善任，遇事简单粗暴，不讲策略，对刘邦当战不战，应杀不杀，该追不追，他的计划却处处由主动变为被动，终于全盘失败。通过学习吸取教训，领会毛主席"宜将剩勇追穷寇，不可沽名学霸王"的深刻含义。

学习本文情节曲折，波澜起伏，对比映衬，形象生动的写作特点。

教学内容和方法：

教学方法：以讲解为主，结合启发教学。

教学时间：四至五课时

第一课时

题解：

司马迁：（公元前145—？）字子长，龙门（今陕西韩城县北）人。他的父亲司马谈，是汉武帝初年的太史令，学问很渊博。司马迁从小受到很好的文化教养，十岁随父亲到长安，二十岁开始漫游全国，探访古迹，采集传说，考察风土人情。三十八岁继任父职太史令，博览国家的藏书。四十岁开始写史记。四十七岁时，因替被迫投降匈奴的李陵辩解获罪下狱，次年，受腐刑（即宫刑）。出狱后，任中书令，发愤著述，大约在五十三、四岁时写成了《史记》。卒年不可考。他是我国古代伟大的史学家和杰出的文学家。　司马迁简介

《史记》体例，分做本纪、年表、书、世家、列传五种。本纪是记载帝王一生事迹的，是给在一定的时期以内掌握最高统治权有写的传记。《项羽本纪》，从项羽起兵反秦的胜利一直写到他被汉军所败而自杀这一时期的历史。其中特别写了对项羽一生成败有决定意义的"钜鹿之战"、"鸿门宴"、"垓下之围"等重大事件。本篇节选了项羽、刘邦两个军事集团在鸿门宴上斗争的一个动场面。　《史记》简介

范读课文。

第二课时

思想内容
分析第一
大段

课文分析：

全文可分为三个大段。

第一大段（第一、二自然段），写鸿门宴前的形势和项、刘双方暗中争斗的一些活动，突现了对刘邦"战"与"不战"的矛盾，为故事拉开了序幕。这一大段可分为两层。

第一层（第一自然段），写了曹无伤去项告密，项羽飨士击刘、范增出谋献策三件事。曹无伤告密的话中，"沛公欲王关中"一句，既暴露了刘邦想独霸关中的野心，又触动了项羽要想取代秦王的疼处，于是火冒三丈，怒不可遏，立即下令飨士，欲破沛公。当时项军四十万，刘军仅十万，相形之下，悬殊很大，刘邦处极其不利的地位。加之范增出谋献策，如同烧火上浇油，更加激化了矛盾。范增献策抓了两点：一是从沛公入关前后对财色的两种截然不同态度中，得出了其志不小（意即想当王）的结论；二是"望其有天子气"建议"急击勿失"。"志不小"、"天子气"，深深刺痛了项羽称王的心，加紧了紧张气氛。项羽以四十万大军压境，对刘邦来说，大有泰山压顶之势。读到这里，使人不得不为刘邦的命运捏一把汗。这一层突出了一个"战"字。

第二层（第二自然段），写了项伯报信、刘张密谋、项伯说情、项王许诺四件事。正当项羽胜利在握，马上要全歼刘邦的关键时刻，项羽的叔父项伯，为了"素善"的朋友私情，去关系集团的机密，连夜向张良通风报讯。张良是很有头脑的谋士，一听到项羽要攻打刘邦，马上随机应变地说："臣为韩王送沛公，沛公今事

复习题和作业：

教师：

一九八　　年　　月　　日

授课日期

有急，亡去不义，不可不语。”送沛公，就是随从沛公。张良的这几句话，一方面说明自己是奉韩王命令跟随刘邦的，一非自愿，二非深交，把自己与刘邦的距离拉开，以便减少怀疑；另方面说明自己很重义气。“亡去不义”中的“不义”二字，在项伯、项羽后面的行动中，起了连锁反应。

刘邦的“称王欲”是非常矛盾的。他深信鲰生“秦地可尽为王也”的说法，和张良在他面前称自己为“臣”称他为“大王”的情况看，他对于“称王”是跃跃欲试的，甚至可以说是默认的，可是一想到项羽的强大力量，却又提心吊胆。因此，当张良告诉了项羽要进攻时，便大吃一惊，两次提出“为之奈何”，说明内心十分惊恐。但由于有张良的空谋，仍然巧妙地应付了项伯。刘邦对项伯，采取了谦卑恭敬、步步为营的策略，用兄事、“奉酒为寿”、“约为婚姻”和一些谎言，打动了项伯，使项伯干了内奸的事。

项伯夜来夜返，迫不及待地连夜见了项羽，又利用刘邦的谎言“日夜望将军至”、“不敢背德”来劝说项羽，并提出“今人有大功而击之，不义也”。“不义”二字是套用张良的，沽名钓誉的项羽，经不起用谎言“捧”，又受不住用“不义”的激，终于答应要友好地接待刘邦。这就为鸿门宴的斗争定下了基调，使得本来一触即发的战斗气氛，又缓和下来。这一层突出了一个“和”字。

第二大段（第三、四自然段）写宴会上的斗争情况。通过刘邦谢罪、范增举玦、项庄舞剑、樊哙闯宴四件事，写出了双方斗争的紧张场面，实现了对刘邦“杀”与“不杀”的矛盾。

思想内容分析第二大段

机警圆滑的刘邦，为了摆脱困境，采取以退为进的策略，主动向项羽谢罪。一见面就口口声声称项羽为“将军”，称自己为“臣”。把自己的抢先入秦，说成是“不自意”，把派兵守关，欲王关中引起的双方矛盾，说成是“有小人言，令将军与臣有隙”，轻轻一句，掩饰了双方矛盾的根由。驾祸于“小人”身上，既把自己推得一干二净，又给项羽一个转身的余地"。这种以屈求伸的手法，最容易麻痹敌人。刚愎自用的项羽，果然上当，放松了警惕，减轻了对刘邦的怀疑，不仅脱口说出了告密的曹无伤，还"当日留饮"。这个"饮"字，把项、刘矛盾冲突，引到特定场合——宴会上。

宴会上，项羽自己东向坐，居于最尊位，自己的谋士范增居次，客人刘邦居再次，客人的谋士张良处于卑位，而且是陪侍。这种坐次的安排，反映出项羽的骄横十足，在宴会进行过程中，范增多次举玦示意，要项羽下令杀掉刘邦，使本来缓和了的气氛，顷刻加剧，矛盾又尖锐起来。项羽由于听信了项伯"击之不义"而要"善遇"的话，相信了刘邦的花言巧语，所以"默然不应"，气氛由紧张变为沉闷。这里显示出的"杀"与"不杀"的两种态度，暴露出项羽集团内部项羽与范增之间的矛盾。

范增看出项羽已改变了主意，便召项庄以祝寿舞剑为名，"欲击沛公于坐，杀之"，使宴会上的气氛又骤然紧张，矛盾发展到了高潮。在这间不容发的危急时刻，项伯也拔剑起舞，成为杀刘的障碍，使矛盾错综发展。通过"杀刘"与"保刘"的举动，又暴露出项羽集团内部的另一矛盾——项伯与范增之间的矛盾。

张良见势不妙，出见樊哙，引出了樊哙披帷闯宴的情节，使矛盾双方发生了新的、转折性的变化。樊哙披帷、怒视等举动，引起项羽"按剑而跽"的警备，但当张良说出樊哙的身分后，项羽又赞赏樊哙的豪爽行为，口称壮士，赏酒赐肉，矛盾开始转化。樊哙也乘机对项羽进行责问和劝告。樊哙责问的话语中，说到刘邦"还军霸上，以待大王来"、"劳苦功高如此，未有封侯之赏，而听细说，欲诛有功之人"几句，和项伯、刘邦的说法如出一辙，切中了项羽沽名钓誉急切称王的要害，使对刘邦深信不疑。所以，对樊哙的责问，不仅"未有以应"，还命他就坐，就等于对责问的默许。樊哙闯宴，把宴会上的视线从刘邦引向樊哙身上，从根本上搅乱了范增杀刘的计划，使剑拔弩张的局势又一次缓和，也为刘邦的逃走创造了条件。然而对项羽集团来说，则是由主动转向被动，处于失利地位。

第三大段（五、六自然段）记刘邦脱身回营的经过和宴会的结果。写了刘邦逃走、张良献礼、杀曹除奸三件事。樊哙闯宴后，宴会上的空气缓和了，刘邦借入厕之机脱身回营。行前，留张良入谢献礼。在献礼问题上，张良是颇费了一番心机的。在时间上，他遵守了刘邦的"度我至军中，公乃入"的嘱托，估计刘邦已到军中，才去献礼，这就使得项羽陷入无可奈何的境地，断绝了再生变故的可能。在献礼的言词上，作了精心选择，先说"沛公不胜杯杓，不能辞。"一句话把刘邦不辞而别的实情掩饰过去，进而以"闻大王有意督过之"一语，把刘邦逃回的责任全部推到项羽身上，转守为攻，变被动为主动。 思想内容分析第三大段

项羽发现刘邦逃走，该追不追，反接受了礼物，说明他目光短浅，虑事不周。具有远见的范增却不然，他撞碎了玉斗，指桑骂槐，哀叹前景不佳。不仅反映了项羽集团内部矛盾激化，而且预示出必然失败的结局。刘邦回营后立即处死了内奸曹无伤，纯洁了内部，为以后的胜利打下了基础。

文章从曹无伤告密开始，到诛杀结束，首尾相应，结构完整。

第三课时

写作特点：

一、情节曲折，波澜起伏。故事围绕项、刘两家主要矛盾，又穿插了项羽集团内部的一些矛盾，情节曲折复杂。故事一个高峰接一个高峰，波澜起伏地向前发展。如一开头曹无伤告密，项羽犒士，加上范增献策，火上浇油，给人一种激战马上就要暴发的感觉，但由于项伯报信和说服项王，使矛盾趋于缓和。在宴会上，范增举玦和项庄舞剑，使得气氛骤然紧张，刘邦的命运，危在顷刻， 写作特点之一

可是由于项伯起舞和樊哙闯宴，使气氛又平静下来。最后刘邦逃走，张良献礼时，本来就可以结束了，范增却撞碎玉斗，发大怒骂，又产生了波折。作者正是运用这种一张一弛的手法，来扣人心弦的。

写作特点之二

二、对比映衬，形象生动。作者通过相互对比，前后映衬的手法，塑造了四组性格各有特色的人物。

(1)项羽和刘邦。两人都是本集团的主帅，但思想性格截然不同。

项羽恃强自负，目中无人，依仗自己军事上的优势，根本不把刘邦瞧在眼里，宴会上的座次安排，就是充分的证据。他有勇无谋，易怒易喜，简单粗暴，不讲策略。当他听说刘邦欲王关中时，便怒火三丈，马上传令犒卒，要去攻打；后经项伯劝说，立即转怒为喜。他目光短浅，缺乏远见，容易上当受骗，经刘邦几句花言巧语，便飘飘然起来，不仅不攻打，反而请刘邦饮宴；最后刘邦出逃，他也不考虑后果，反接受了礼物。他思想上最大的问题是沽名钓誉。由于这个思想支配，用人，则不能知人善任，广泛采纳意见；遇事，则优柔寡断，举棋不定。对项伯的行为不能察觉，对范增忠实而具有远见的献策，不能采纳。正因为如此，对刘邦采取了一系列错误对策。宴前，当战不战；宴上，应杀不杀；宴后，该追不追。以致错过良机，变主动为被动，最后惨遭失败。

刘邦却恰好相反，他伪装谦恭，善于随机应变，始终采取以退为进，以屈求伸的策略。项伯通风报信，他以“兄事”“奉酒为寿”、“约为婚姻”等手段，投其所好，使其替自己说服项羽。谢罪时，一再表白自己对项羽的“忠心”，掩饰了“欲王关中”的谋算。他善于采纳意见，团结下级，如听到项羽要进攻他时，他能和张良商量；出逃前考虑到“入谢”，但听了樊哙的话，便迅速逃脱。临逃前还安排张良献礼，争取主动。回营后，立即杀了内奸曹无伤，纯洁了内部。这一切都是项羽所不及的，所以他赢得了主动，为以后的胜利奠定了基础。

(2)张良和范增。两人都是谋士，他们的共同特点是有谋略、有远见，各自忠于自己的主帅，但性格又有不同。张良精明机智，沉着谨慎，替刘邦出谋划策时，常以商量、询问、建议的口气出发，并能剖析利害，启发刘邦采纳，所以和刘邦配合得十分协调。他能相机行事，如宴会中召樊哙闯宴，改变了被动地位；献礼时把刘邦的逃走，说成是项羽"有意督过"，把责任推到项羽身上。范增则是精细中有粗鲁，急躁易怒，不能事先说服项羽。如当刘邦逃走后，他不是劝谏项羽发兵追赶，而是怒骂，造成集团内部步调不一，意见分歧，虽有远见良策，都不能实现。

(3)樊哙和项庄。两人都是勇士，但思想行为悬殊很大。樊哙是一个有勇有谋粗中有细的勇士形象。也是本文塑造得最生动的一个形象。作者把他放在矛盾最尖锐时出场，也是有意义的。"与之同命"的豪言，披帷闯宴的行为，表现了他的勇敢；瞋目怒视的神态，饮酒啗肉的举动，表现了他的粗犷；那明劝暗斥、使得项羽无言以对的慷慨陈词，说明他粗中有细，善于言辞；他对刘邦劝说时说的"大行不顾细谨，大礼不辞小让，如今人为刀俎，我为鱼肉"的话，说明他具有远见，对周围环境有清醒的认识。项庄和樊哙相比就显得大为逊色。他是一个有勇无谋的勇士形象，他出舞剑，是范增精心安排的，是被动的，不象樊哙闯宴那样主动，当他起舞击刘，遇到项伯的阻挡时，便一筹莫展。

[布置作业]　　布置作业

一、这篇课文写范增为项羽画策，要杀沛公，他的计划却处处由主动变为被动，终于全盘失败。课文中是怎样有层次地写出这种发展的？

二、用现代语改写第四段。

定西地区卫生学校课时教案

编号：　　　　　　　　　　　　　　　　　周次：

教研组长批准：

1983年3月26日 邵宏德

授课日期	198　年　月　日	班次	检验八○八	节次	

课题与教学目的

智取生辰纲　施耐庵

一、认识人民在反抗残酷腐败的封建统治的斗争中所表现的智慧；

二、了解本文善于从矛盾斗争中刻划人物的方法；

三、学习本文生动精炼的语言。

教学内容和方法：

一、关于课文和作者

这篇课文是从七十一回本《水浒》第十六、十七回里节选的。

《水浒》简介

《水浒》是以历史故事为题材的一部章回小说。据《宣和遗事》的记载，故事的开始是在北宋徽宗宣和二年（公元1120年）。当时北宋统治者内部已经腐朽不堪，横征暴敛，扰害人民，人民不堪其苦，纷纷起来反抗。《水浒》就是以宋江等梁山泊聚义的故事为主，描述了一百零八个英雄好汉被逼上梁山"，反抗当时残暴的统治阶级的经过情形。《水浒》写人民反抗封建统治阶级有许多精彩章节，这篇课文就是其中的一个故事。

这部书是经过许多人、很长时间、很多次修改才完成的。它的创作大约经过三个阶段：最初是人民大众的口头传说，继而是民间艺人的讲述演唱和纪录，最后是作家的编辑加工。这三个阶段，经过了二百多年的时间。在《水浒》的整理过程中，不止一人做过加工改写的工作，而首先把宋江他们的故事连缀成篇，成为今天我们所看到的整部《水浒》的样子，却开始于施耐庵。

施耐庵简介

施耐庵（1296—1370）元末江苏白驹镇（现在江苏省兴化县）人。曾在钱塘为官，不久弃官回家，闭门著书。他一生是在蒙古人和色目人的野蛮统治和元末农民起义中度过的。他看到了当时中国社会种种不合理的现象，因而激起对压迫者的反抗思想。他所编的《水浒》就表现了他对封建统治者的深恶痛绝，对人民反抗封建统治者的斗争的无限同情和歌颂。

二、课文分析

这篇课文写杨志押送生辰纲，中途被吴用等人"智取"了去的故事。

全文可分四个部分。

第一部分（从开头到"取大路投东京进发"），写押送生辰纲出发以前的准备经过。

思想内容分析第一部分

课文一开头，就交出梁中书要物色"了事的人"押送价值十万贯的生辰纲到东京去，给他的丈人——蔡京祝寿。他们夫妇的对话和他同杨志的谈话中，可以知道这样的重礼祝寿是每年都有的事。为了防止半路上被劫，选派得力的干员，他一再"踌躇"，杨志就是经过梁中书几次"踌躇"才决定选派的得力人才。杨志对于梁中书谦卑有礼，明明知道上年生辰纲"已被贼人劫去了"，这次途中关难又多，恐怕"枉结果了性命"，也曾表示"其实去不得"，却经不起梁中书用"重重保你，受道诰命回来"的笼络，终于接受了使命，要了领状，并且在运送的具体办法上竭力献殷勤，显示自己的才智，他建议不要明目张胆地护送，要大家装扮成行客商人，偷偷混过去，"悄悄连夜上东京交付。可见他很机智谨慎，向上爬的心情是很迫切的。

由梁中书执辞叫奶公谢都管和两个虞候陪他同去，可见杨志并未得到梁中书的完全信任。杨志为了顺利地完成任务，怕老都管和虞候不听指挥，又故意推辞，及至听到梁中书答应"叫他三个听你提调便了"，他才

复习题和作业：

教师：

一九八　　年　　月　　日

表示"倘有疏失，甘当重罪"。这个时候，他和老都管、虞候之间已经埋下了矛盾的种子。

在这一部分里，作者通过梁中书和杨志二人简炼生动的对话，着重写押送人员的选择、配备和运送方式，不但写出了封建统治阶级压榨人民、剥削人民的残酷性和他们生活豪奢、内部存在矛盾的腐败情况，而且从人物的出身写出了杨志一心向上爬的思想和他的机智精细的性格。从人物的对话中也侧面写出来人民反抗力量的壮大和路途上的艰险，这些都为下面故事情节的发展创造了条件。

第六部分（从"此时正是五月半天气"到"天下怎地不太平"），写押送生辰纲上路以后的情况。

这部分开始的第一句话，就写当时的天气，"只是酷热难行"。天热是故事情节发展的重要因素之一，因为天热才需要休息，不许休息，就构成矛盾，又因为天热，口渴难忍，所以要买酒喝。天热这个因素对这一部分和下一部分故事的发展，都有着重要的作用。

在这一部分里，也用人物的行为表现、动作和对话突出杨志向上爬的思想。他为了"要赶六月十五日生辰，只得在路上趱行"，到了"人家渐少，行路又稀"的山路，为了怕出事，杨志却要"辰牌起身，申时便歇"，只在日中热时赶行。对军健们挑着重担，杨志一点也不体贴，拿着藤条又打又骂地逼赶。他对两个虞候也不留一点情面，老都管本来内心就和杨志有矛盾，听了虞候和军健的诉苦就劝他们"权且耐他"；为了孤立杨志，更拉拢他们："巴到东京时，我自赏你"。这里写军汉们，仅用"雨汗通流"、"叹气吹嘘"八个字就勾画出一群疲惫不堪、痛苦难忍的人的形象，又用"都是一般父母皮肉，我们直恁地苦"几句话充分描绘出他们的痛苦心情和怨恨情绪。此外，用"喃喃讷讷地怨怅"写军健们心里怨恨不敢反抗，用"絮絮聒聒地搬口"写两个虞候在老都管面前挑唆，用"心内自恼他"写老都管的老奸巨猾、用心狠毒，这些语言都是非常精炼生动的。从此他们十四个人已经无形中合在一起，和杨志的矛盾更深了一步。

这样走了十四天，到了六月初四日，他们直接和杨志顶起嘴来，矛盾开始表面化了。

里，着意写这一天的热："一轮红日当天，没半点云彩，其实十分大热"，又写了路途的难走，"都是山僻崎岖小径，南山北岭"，这里的描写为下文情节的发展准备了条件。军汉们走到黄泥冈时，就走去松林树下睡倒，并且说："你便剁做我七八段，也是去不得了！"但是杨志这时不顾己是"四下里没半点云彩，其实那热不可当"，也不顾"日色当午，那石头上热了脚疼，走不得"只是"拿着藤条，劈头劈脑打去"。这就使得军汉们用行动表示消极反抗，"打得这个起来，那个睡倒"，最后更"一齐叫将起来"。其中还有一个大胆争辩，斥责杨志"端地不把人当人"。这就表示出军健们所受的痛苦已经到了忍无可忍的地步，因而爆发起火样的愤怒和反抗。老都管和杨志本来就有矛盾，在受到杨志的抢白之后，就由"心内自恼他"变为大声喝斥。在老都管的对话中可以看出封建大官僚的家奴姿态：他夸耀自己的威势，大骂杨志"遭死的军人"，讥讽杨志"比得芥菜子大小的官职"；特别杨志指出"如今须不比太平时节"时，老都管好象抓住杨志的把柄似的，立刻斥责杨志"大逆不道"，"该剜口割舌"。这里写军健们的反抗，用"你好不知疼痒！只顾逞辩"，写杨志的蛮横任性，用"这畜牲不呕死俺！只是打便了！"写老都管的自夸权势，用"门下军官见了无千无万，都向着我喏喏连声"。这些语言，都生动精炼，由这些对话可以看出他们与杨志的矛盾更尖锐了。

在这一部分里，不但写出了杨志这个封建小军官为了讨好上司而凌虐下属和他随时都怀着戒心精细谨慎的复杂性格，而且反映出杨志他们内部的矛盾已经非常尖锐，这就为下面故事情节向高潮发展，创造了更有利的条件。

第三部分（从"杨志却待要回言"到"这个唤做'智取生辰纲'"）写吴用等人智取生辰纲的经过。

这一部分，开头用"杨志待要回言"一句话，就把矛盾斗争的中心由杨志等人（统治阶级内部的矛盾，转移到杨志同"贩枣客人（统治阶级同人民群众）的矛盾，展开了故事的主要矛盾。用"看见对面松林里影着一个人，在那里舒头探脑价望"，来说明"贩枣客人"首先用一种疑惧的姿态把杨志引进到斗争里来，这种姿态和他们的全部伪装是一致的。杨志立刻拿了朴刀赶来，可以看出他是很机智谨慎的。那些"客人"故意"脱得赤条条的，在那里乘凉"和"见杨志赶入来，七个人齐叫一声'阿也'都跳起来"的动作，一方面表示天热难忍，更重要的是暗示自己毫不戒备，全无能耐，故意装作胆小吃惊，使对方不发生疑惑。他们并不回答杨志的询问，倒来反问杨志"你是甚么人"这是为了争取主动。经过双方简单的对话，杨志便相信他们是"小本经纪人"，并想拿"偏俺有大本钱"虚应一句，借此收场。"客人"们都又故意引导杨志问他们的来历，然后把编造的一套话说得仿佛真有其事，麻痹对方，使杨志信以为真："原来如此，也是一般的客人"这里用"也是"写出了杨志以自己的装扮真的瞒过了这批"客人"暗自得意的神情，所以，他回来以后，已经放松了戒备，不再把这群"客人"放在心上。在人民群众的智慧面前，杨志的精细和警惕都已经失效了。

接着，一个汉子挑着桶唱着山歌悠悠闲闲地走上岗子来，越发和缓了刚才紧张的局面，这四句山歌，前两句形象地写出当时的景物，加强了天热的感觉，后两句把统治阶级和人民群众的不同生活，对比地表现出来；情调和故事内容是完全一致的。杨志方面的人再也没有想到这正是真正战斗的开始。虽然这时杨志的戒心又起来了，并且警告了军汉们，但卖酒汉子的冷嘲争闹和"贩枣客人"的出面劝解，故意加深杨志和军健们之间的矛盾，分化了他们。这里正是写双方智慧的斗争，"卖酒汉子"和"客人"们的每一句话，每一个动作，都是说给杨志他们听，做给他们看的，利用他们心理上的弱点，挑逗军健们吃酒的欲望，动摇杨志禁止军健们吃酒的决心，使杨志他们看来，觉得很自然。特别是杨志，他在"客人"们这些迅速紧凑的动作中，简直看不出一点破绽，因而始终未起疑心。这里的情节是复杂的，斗争是紧张的，作者却只用三五句话，就把这一连串的故意做作的行动，有

条不紊地描叙起来，非常生动真实。 授课日期

以下一段写军健们和老都管要买酒吃，卖酒的反倒假装坚决不卖了，并且故意用"这酒里有蒙汗药在里头"来反激杨志，贩枣的客人也讥讽刺杨志。这样的拖延，也利用了对方心理上的弱点扩大对方内部的矛盾，把杨志抓得更紧，把他心里剩下的一点疑心也给驱散了，这就更迅速地促成这个斗争的胜利。这里连用了"推出"、"装"、"遮盖"、"推去"几个动词，写出吴用等人动作的迅速敏捷，用"叫声聒噪"写出他们胜利斗争中的幽默风趣；而写杨志等人的失败，只用"起不来，挣不动，说不得"，就生动有力地刻划出他们醉倒后瘫软无力、无可奈何的神情。杨志虽然精细谨慎，准备巧妙，但是比起晁盖、吴用等人的智慧，真是相差悬殊，这批不义之财就是这样地被"智取"去了。这次智取之所以成功，一方面是由于吴用等人事先缜密的计划、妥当的安排和密切的合作，另一方面也由于他们善于利用天气的炎热、山路的艰险和杨志他们内部的矛盾，并且相机加深他们的矛盾，分化他们，麻痹他们，使他们于不知不觉之中失去了戒心，中了计谋。这正是人民群众运用智慧同统治阶级斗争的胜利结果。

这一部分最后用很少的笔墨交代一下七个贩枣的客人和挑酒的汉子是谁，他们在斗争中担任了什么任务，下蒙汗药的经过怎样。这些情况在前面都已接触，不过是暗写，到这里才用补叙的方法明写出来，使真相大白。最后并且用"这个唤做'智取生辰纲'"来结束整个故事，这是我国民间艺人常用的一种手法。

第四部分（最后一段）写杨志的逃走。

作者用简练的语言，描述了杨志醒过来的时候悔恨苦恼的心情。他畏罪，扯破领状，想跳岗自杀，但又猛然醒悟，不愿白白地死去，终于狠狠地骂了那醉倒未起的十四个人几句话以后，走下岗逃走了。这种复杂心理状况和简单行动的描述，暗示了杨志这个小军官对自己的出路的打算已经有了转变，同时也为他将来终于走上梁山作了准备。

本文的中心意思是：歌颂人民在反抗残酷腐朽的封建统治阶级的斗争中所表现的智慧。

艺术特点：

授课日期

这篇课文的四个部分的关系：第一部分是故事的开端，第二部分是故事的发展，这两部分的描述都是为下一部分故事的展开创造条件，第三部分是故事的高潮，也是全文的重点部分，第四部分是故事的结局。本文从开头到结尾，语言非常生动精炼，作者把这个比较复杂的矛盾斗争描述得有条不紊，有声有色，步步逼紧，引人入胜；同时也善于从矛盾斗争中刻划人物性格。这种严谨完整的组织结构，刻划人物的方法和生动精炼的语言，都是值得我们学习的。

关于杨志这个人物，据《水浒》第十一、十六回的介绍，他是将门之后，做过殿前制使，一直为封建统治阶级服务，因为运送花石纲失事和杀死一个泼皮，二次犯罪，被判充军。后来梁中书抬举"他，让他在阶下做个提辖。从他的出身和经历看，他甘心为梁中书奔走效忠，企图得到较高的官职，这是很自然的。课本节选这一段里的杨志，他的主导思想是幻想依附着统治阶级向上爬，企图完成这次运送任务达到升官的目的。他的任务是与人民为敌，他的表现是谄媚上司，无情的打人骂人，而被打的又是一群劳苦的、被压迫的军健们。他这种思想行动当然是不应该被肯定的。只有在他遭受严重的打击，受到沉痛的现实教育之后，他才逐渐转变过来。不过他和封建统治阶级的上层分子如梁中书等，还是不完全相同的，他们之间存在着矛盾，这一切都是他将来可能转变的基础和条件。

〔作业〕

一、课文里叙述押送生辰纲和智取生辰纲两方面人物的活动，哪方面写得详，哪方面写得略？为什么要这样写？为什么对买酒的情节写得那么详细？

二、缩写，不超过一千字。

定西地区卫生学校课时教案

编号： 周次：

教研组长批准： [illegible] 1983年3月12日

授课日期	198 年 月 日	班次	检验一○八	节次	

课题与教学目的

贺新郎 读史 毛泽东

一、这首词评论了整个人类社会的漫长历史，闪烁着马列主义、历史唯物主义的灿烂光辉。通过本文的学习，教育学生树立人民群众创造历史的历史唯物主义观点，为实现四个现代化和崇高的共产主义理想贡献力量。

二、学习本文把形象思维和逻辑思想、议论和抒情完美结合起来的艺术手法。

教学内容和方法：

（旁注：阅读、分析）

毛主席的《贺新郎 读史》光焰万丈，笔力千钧。我们反复学习，受到了深刻的教育和巨大的鼓舞。

这首词发表于一九六四年春，在这首鸿词里，毛主席站在时代的高峰，以无产阶级革命家的雄伟气魄和广阔眼光，回顾并展望了整个的人类发展史。人类脱离动物界后，经历了漫长的艰辛的石器时代，那不过是自己的幼年时期。（人与动物的根本区别、新、旧石器时代的特征）后来，人类掌握了青铜冶炼技术，这既标志着生产力水平的飞跃发展，同时也推动了阶级分化和阶级对立，因而冶炼青铜的熊熊炉火，就非常生动又非常深刻地象征了尖锐激烈的阶级斗争。人们究竟何时开始炼铜，进入奴隶社会，又在何时开始冶铁，进入封建社会，现在虽然还搞不十分确切，但距今总不过几千年而已，"为问何时猜得"，是期望我国奴隶社会起迄时期的历史问题的研究早日得到解决。这几千年时间，马克思主义创始人早已论定为阶级斗争史。资产阶级启蒙思想家所鼓吹的博爱和平等，当时虽有进步意义，但毕竟不是科学，后来更变为虚伪反动的了。事实上，解决对抗阶级之间的矛盾冲突，决不是什么开心的事情，不能笑脸相迎，握手言欢，只能在战场上刀兵相见。战争当然是严酷的，不免血流遍地。

几千年的史籍浩如烟海。人们从年轻时阅读史籍，直到满头白发，往往只摸摸糊糊记得一些枝节文字，都弄不清上述历史发展的基本事实和规律。关于三皇五帝的传说，被层层加码，越来越吹得神乎其神。（三皇：传说中的古帝王。有六种说法：(一)天皇、地皇、泰皇；(二)天皇、地皇、人皇；(三)伏羲、女娲、神农；(四)伏羲、神农、祝融；(五)伏羲、神农、共工；(六)燧人、伏羲、神农。实际都是象征性的人物。五帝：中国传说中的上古五位帝王。有三种说法：(一)以黄帝、颛顼、帝喾、唐尧、虞舜为五帝。(二)以太皞（伏羲）炎帝（神农）黄帝、少皞、颛顼为五帝。(三)以少昊（皞）颛顼、高辛（帝喾）、唐尧、虞舜为五帝。据考证，这是原始社会末期部落或部落联盟的领袖。）全部历史也被歪曲成了帝王将相的家谱。谬种流传，使世代相承的人们也跟着上当受骗。究竟谁是历史的主人，谁是真正的英雄豪杰，那是人民，是人民的代表和领袖。春秋战国时期的盗跖（音质）（先秦传说中反抗贵族统治的领袖。名跖，"盗"是贵族诬蔑的称号。）庄跻（楚国的起义军领袖。楚怀王二十八年，公元三〇一年，齐、韩、魏三国大败楚军于垂沙，他率众起义，展开了激烈战斗，并战领一些地区。）敢于率众起义，"横行天下，侵暴诸侯，赢得了人民群众的拥护、赞扬和怀念，因而"名声若日月，与舜禹俱传而不息"。秦末雇农出身的陈胜，敢于率众揭竿而起，反对貌似强大无比的秦王朝的残暴统治，撼动起象征王权的金斧，揭开了中国封建社会数百次农民起义威武雄壮活剧的第一幕。只有这样的群众斗争和人民起义，才是历史发展的动力。他们前赴后继，浴血奋战，唱出了一曲千古震响的战歌。毛主席把马列主义的普遍真理与中国革命具体实践相结合，领导中国人民进行了不屈不挠的斗争，终于推翻了三座大山，建立了新中国，胜利进行社会主义革命和建设，把历史上的悲壮战歌唱成了响彻云霄的凯歌，迎来了人民当家作主的新时代的曙光。

下阅
分析

复习题和作业：

教师：

一九八　　年　　月　　日

《读史》与毛主席的其他诗词一样，把革命的思想内容与完美的艺术形式高度统一了起来。从思想方面说，它是人类发展史和阶级斗争的艺术体现，是我们批判林彪"四人帮"唯心史观的锐利武器。从艺术方面说，在百把字的篇幅里，既能包括这样深奥广阔的内容，又能这样形象生动，一气呵成，天衣无缝，具有如此巨大的感染力和说服力，确是社会主义文艺创作的光辉典范。

写作特点之一

首先，诗人精深掌握艺术创作规律，把形象思维与逻辑思维完美地统一了起来。用典型的形象表达精深的思想，这是优秀的诗歌以及全部艺术的特点和优点。如用"铜铁炉中翻火焰"表现生产技术的进步和社会制度的更替；用"上疆场彼此弯弓月"表现阶级斗争的事实和规律，用"更陈王奋起挥黄钺"表现农民起义的决心和气魄，都比一般的抽象议论更生动、更精炼，也更耐人寻味。"歌未竟，东方白"更是由形象思维和逻辑思维统一所产生的艺术神品。它妙语双关，把鲜明的形象与深刻的思想，平实的白描与有力的象征，完美地结合了起来。从字面上看，它是描写诗人深夜读，思考人类命运，浮想联翩，发为歌吟，直到夜色消逝，东方欲晓（著名的《送瘟神》诗也是在类似情况下写成的）。而在这亲切感人的形象描绘里，却又寄寓着深远的象征意义：无产阶级通过共产党领导革命人民，继续唱着历代劳动群众的战歌，结束了历史上人民世世代代备受剥削和压迫的漫漫长夜，进入了人民翻身解放，得见天日的崭新时代。

写作特点之二

其次，诗人把议论与抒情完美地统一了起来，加强了文章的感染力和说服力。在词里，"上疆场彼此弯弓月"等形象并不是互不关联的。诗人以阶级斗争史这个集中的主题来统率形象，又以浑然一体的形象体系来抒发奔放的革命激情。这激情步步高昂、强烈，到"陈王奋起挥黄钺"一句达到了高峰，而在"歌未竟、东方白"的刚劲结尾处又转而变得极为深沉和含蓄，真是言有尽而意无穷。同时，在美妙的抒情中又体现着透辟的议论，淋漓尽致地表达了思想主题。我们作为读者，通过生动感人的激情发生了强烈的共鸣，进而从《读史》的主题受到深刻地教育和启示。这正充分体现了诗歌艺术的不可代替的美学作用和社会意义。

写作特点之三

再次，要达到上述成就，必须对古典诗词批判继承，推陈出新，必须进行艰苦的创造性的艺术劳动。历史上喜写《贺新郎》词调的韩元吉、辛弃疾、刘过、刘克庄等豪放派词人，慷慨激昂，以天下为己任，这是好的，应该吸取。但他们说不完的牢骚和伤感，又是过去统治阶级人物不可避免的局限性，必须剔除。从《读史》一词可以清楚看出，毛主席对古典诗词正是如此，从而又一次给我们作出了批判继承的榜样。就是在对待个别词句上，也有同样情况。如杜牧的"尘世难逢开口笑"（《九日齐山登高》）是说应该抓住良辰美景，及时娱乐。而《读史》的"人世难逢开口笑"，则是表现严酷冷峻的阶级斗争。较之杜牧，思想境界自然高得不可比拟。至于说到艺术劳动，从《读史》的手迹中，我们也可窥一斑而知全豹。如"洒遍了郊原血"的"洒"，改为"流"，"一遍读罢头飞雪"的"遍"改为"篇"，是为了符合平仄要求，声律谐和。"骗了无涯过客"的"涯"改为"穷"又改回"涯"，是为了"唯陈言之务去"，为了创新。"歌未竟"的"竟"、"尽"改为"竟"，则使词中表现的无产阶级革命的气势得到大大加强，使词的结尾更为刚劲有力。

总之，认真学习《读史》对于我们进行新的长征，实现四个现代化，对于启示我们创造无愧于我们时代和人民的生气勃勃的文学艺术，都有巨大的意义。

作业

作业题：

（一）"人世难逢开口笑，上疆场彼此弯弓月。流遍了，郊原血"的深刻含义是什么？

（二）"一篇读罢头飞雪，但记得斑斑点点，几行陈迹"在全词的结构上分别起什么作用？

教学过程

授课日期

一、通过提问导入新课：

提问：《沁园春·雪》的主题是什么？

新旧课文联系：《沁园春·雪》通过对祖国大好河山的赞美和对显赫一时的封建帝王的评述，歌颂了在中国共产党领导下英勇斗争的无产阶级和人民群众。《贺新郎·读史》评说了整个人类社会的漫长历史。这两首词闪耀着马列主义、历史唯物主义的灿烂光辉。

二、范读课文，并强调说明对"阶级斗争史"的正确理解，以澄清模糊认识。

三、分析课文的思想内容和艺术特点，布置作业。

板书设计

贺新郎　读史

一九六四年春

这首词通过高度的概括和生动形象的描写，评说了整个人类社会的漫长历史，闪耀着马列主义、历史唯物主义的灿烂光辉。

这首词在艺术技巧上有以下三个特点：

首先，诗人精深掌握艺术创作规律，把形象思维和逻辑思维完美地统一了起来。其次，诗人把议论与抒情完美地统一了起来。再次，诗人对古典诗词批判继承、推陈出新，进行艰苦创造性的艺术劳动，为我们作出了榜样。

定西地区卫生学校课时教案

编号：　　　　　　　　　　　　　　　　　　周次：

教研组长批准：　1983年10月5日					
授课日期	198　年　月　日	班次		节次	
课题与教学目的					

教学内容和方法：

海洋是海洋学研究的对象，生命是生物学研究的内容。这里以海洋与生命为题，说明仅谈海洋与生命的关系，这就限定了文章的范围，突出了文章的重点。

全文共分四个部分，前三部分分别立有小标题，第四部分和前三部分是隔行段，是文章的总结。

第一部分《浩瀚的海洋》，"辽阔的海洋，昔日是生命的摇篮，如今是天然的牧场"，在海洋与生命这一矛盾中，没有海洋便不会产生生命，没有海洋，就没有天然的牧场。可见，海洋是矛盾的主要方面，因此文章首先写《浩瀚的海洋》。"浩瀚"是广大的意思，用浩瀚形容海洋是抓住了海洋的特点——大而深。作者以形象生动的语言和海陆对比的写法介绍了浩瀚的海洋。这部分共有五个自然段，前两段是形象的描绘。第一自然段，写站在海滨观赏海洋的景色，第二自然段，写从地图上看到的地球全貌；"辽阔、无垠、无数"是形容海之大，"海茫茫，水汪汪"和"（陆地）不过是露出海面的一些岛屿、一些群山"，对比衬托海洋之大。第三自然段，以数字来对比说明"海洋确实浩大"。第四自然段，写海洋不仅大，而且很深。一至三段是写大，这一段是写深，通过海洋平均深度与世界大陆的平均海拔高度对比，海洋最深的地方和世界最高的山峰对比，可以看到"如果把整个地球表面铲平，水深将有2440米，如果将珠峰移到马利亚纳海沟，峰顶距海面还有二千多米，说明海洋之深。

作者在这部分，先从观赏到的辽阔海洋景色和从地图上看到的状况写起，直接地判断海洋浩瀚，接着便以确凿的数字加以证实，令人信服。这就很自然地得出第五自然段"地大不如海大，山高不如水深"的结论。通观全文很清楚，作者写"浩瀚的海洋"这部分的目的，就是为下文打下基础。

第二部分《生命的摇篮》，这是全篇的重点。它说明了海洋与生命关系的一个重要方面，这句话省略了主语，什么是生命的摇篮呢？联系上文知道，海洋是生命的摇篮，虽然主语省略，意思却很明白，使语言更简洁、凝练。和第一部分标题相对称，这是作者的匠心安排。这部分作者以准确、精炼的语言，极其通俗地说明了海洋是生命的故乡，说明生物由原始经低级到高级，由海洋到陆地的产生、演变、进化、发展的全过程。这部分共有十六个自然段，可分四个层次：第一层即第一自然段，它是这部分的总起段，这段描述性文字承上启下，上面写了海洋与陆地，那么生命究竟是产生于海洋呢，还是陆地呢？依照人们的感觉，因为人类祖先辈辈在陆地上生活，总是把陆地看作是自己的故乡，作者以两个转折性语句告诉读者"但是不要忘记""其实则不然"，而我们的祖先却生活在海洋。这是为什么呢，发人深思，不得不看下文。第二层包括第二、三自然段，第二段指出原始生命产生的时间是"32亿年以前"，地点"在海洋里诞生"，接着用"根据化石所见"加以引证，说明原始生命产生的过程。第三段说明原始生命诞生的意义"像一声春雷，打破了地球的沉寂，开辟了地球历史的新纪元，接着叙述原始生命向高级发展的方向。第三层，包括四至九自然段，从海水的物理和化学性质分析说明海水是原始生命得以产生和发展的必要条件，第四层是第十自然段，说明原始海洋的海水是淡的，以人体血液是半咸的为例证，这是对必要条件的补证。第五层，包括十一至十六自然段，说明高等动植物只有在陆地上才能诞生，海洋里的高等动植物是由陆地返回的道理。

复习题和作业：

教师：

一九八　　年　　月　　日

第三部分，《天然的牧场》，这个句子在结构上和《生命的摇篮》一样，是省略了主语，意思上说明了海洋与生命的另一个重要关系。海洋不仅产生生命，而且要靠海洋来维持和发展生命，它是生命的天然牧场。这一部分说明今日的海洋还是鱼类——人类的重要的副食品的产地。海洋动物的牧草是肉眼看不见的单细胞藻。这部分有七个自然段，可分为四层：第一层，即第一自然段，承上启下，昔日是生命的摇篮，如今是天然的牧场，这是这一部分的概括与总起。第二层，包括二、三自然段，说明海洋中大量繁多的动物是人类副食品的重要来源。第三层，包括四、五自然段，说明海洋中的植物——海藻，有的是人类的食物，有的是工业原料，但却不是海洋动物的食品，不是海洋的牧草。第四层，包括六、七自然段，广阔海洋里的单细胞藻，它们通过光合作用，制造有机物，它们是海洋中的真正牧草。这部分和第二部分一样是本文的重点部分。

第四部分是本文的结尾部分。说明我国发展海洋事业的优越条件和光辉前景。阐明海洋与我国社会主义建设事业的关系。本文不是为写海洋而写海洋，主要说明海洋为社会主义建设服务，为人类造福，这是写作本文的主旨和目的。这部分共有四个自然段，前三个自然段，说明我国面临太平洋，海域辽阔；海岸线绵长，海域地处温带和亚热带，水产资源丰富，这就为我们进行社会主义建设，具备了重要的物质条件。第四自然段歌唱祖国辽阔的海洋，让海洋和海产事业为祖国的社会主义建设发出光和热。"多少人为您歌唱，多少人为您奔忙"音调铿锵，豪情激荡，增强文章的感染力。

艺术特点

一、结构严密，层次清晰：本文恰当地运用了小标题分段和隔行分段的方法。就整篇说来《浩瀚的海洋》是本文的基础部分，《生命的摇篮》和《天然的牧场》是重点部分，第四部分隔行断开，是本文的总结部分。这样安排结构，就突出说明海洋与生命这个中心，收到段落清楚，层次分明的效果。

二、语言灵活而富于变化。有的地方用了描写性的语句。如文章一开头介绍海洋的外貌时写道："辽阔的海洋，无尽的碧波在荡漾，在金色的阳光下，象无数面银镜闪闪发亮。海渐远，天渐低，在海洋的远方和蓝天接壤。这样描写海洋的雄伟壮观的景象，就避免了单纯说明的枯燥，而增强了文章的形象性和生动性。有的地方用了对偶和排比句。如"海茫茫，水汪汪"；"夏季烈日曝晒，冬季寒风扫荡"；"昔日是生命的摇篮，如今是天然的牧场"；"哪里森林成阴，哪里就有百鸟齐鸣。哪里牧草丛生，哪里便牛羊成群"；"有的细胞外面有一个由硅质组成的硬壳，这是硅藻；有的细胞长着细长的鞭毛，在水中游来游去，这多半是甲藻"。这些语句增强了文章语言的和谐性和音乐性。有的地方用了比喻。如把辽阔的海洋比做"生命的摇篮"和"天然的牧场"又比做"天然温箱"、"孕育原始生命的温床"等，增加了文艺色彩，使读者感到海洋与人类的关系至为密切，真是把没有生命的海洋写活了。有的地方用了对比。如陆地与海洋对比，异养生物与自养生物对比，印象鲜明，感觉具体，认识明确，体会深刻，收到了良好的表达效果。

定西地区卫生学校课时教案

编号： 周次：

教研组长批准： 郭宗光 198 年 月 日					
授课日期	198 年 月 日	班次	检验一〇八	节次	

课题与教学目的

伐檀

一、使学生理解课文所反映的奴隶社会中阶级剥削和压迫的现实，理解劳动人民反对剥削和压迫的斗争精神。

二、使学生领会诗中运用"兴"揭露反动统治阶级罪恶的写作方法，通过"反复咏叹"抒发深沉强烈的感情的表现技巧；掌握诗中出现的一些文言词语和特殊句式。

㈢ 使学生了解关于《诗经》的常识。

教学内容和方法：

第一课时

一、《诗经》简介

《诗经》是我国最早的一部诗歌总集，产生的时代大约在公元前十一世纪到公元前六世纪，即从西周初期到春秋中叶的五六百年之间。这是我国奴隶制社会由鼎盛到衰落的时期。对这时期的各种社会矛盾，各个阶级的社会生活及其政治要求，《诗经》都有所反映。

《诗经》共收录了三百零五篇诗歌，在当时，它们都是可以演奏的乐章，根据体裁和乐调的不同，分为"风"、"雅"、"颂"三大类。

"风"是各地的民歌，由诸侯采之以贡于天子，天子受之而列于乐官。"风"诗共160篇，按地区分为周南、召南、邶（bèi）、鄘、卫、郑、齐、魏、唐、秦、陈、桧、曹、豳（bīn）（分布在今陕西、山西、山东、河南、河北、湖北一带）十五部，又称十五"国风"。"风"诗反映的社会生活面十分广阔，有对统治阶级进行揭露讽刺的，有写生产劳动的，有写徭役兵役的，有写爱情婚姻的，大都表达了劳动人民的思想感情，是《诗经》的精华部分。

"雅"是正乐，即周代京都的音乐，多系统治阶级文人的作品。"雅"诗又分"小雅"（其中有少量民歌）"大雅"两类，前者74篇，后者31篇。一般地说，"雅"诗的价值不如"风"诗，其中较有价值者是一些政治讽刺诗和历史叙事诗。

（旁注：《诗经》简介）

"颂"是统治阶级祀神祭祖的乐歌，共40篇，包括"周颂"31篇，"鲁颂"4篇，"商颂"5篇（后两者是鲁国和宋国的祭祖诗）。"颂"诗多数为统治阶级歌功颂德，仅可作为了解当时社会的历史资料之用，没有多大文学价值。

《诗经》以四言为主，隔句押韵，但也有三言、五言、六言、七言、八言以至九言的。篇章结构上，"国风"和"小雅"多重章迭句，回环往复，以使淋漓尽致地表达思想感情，并使诗歌富于节奏感。它的表现手法，根据传统说法，归纳为"赋"、"比"、"兴"三种。宋朝朱熹解释说：赋者，敷陈其事而直言之也。比者，以彼物比此物也。兴者，先言他物以引起所咏之词也。说得通俗一点，"赋"就是直接铺叙，它的好处是明白通晓，例如《国殇》。"比"就是打比方，它的好处是使所描写的事物更加具体、形象，有时刺责的对象不便明言，还可通过"比"的手法来寓意，如《硕鼠》。"兴"是借助其他事物先写一个印兴式的开头，用以引出正文，如《伐檀》（有人认为是"赋"）"赋"、"比"、"兴"三者都是形象思维的表现手法，它对后代诗歌创作具有深远的影响。毛泽东同志在给陈毅同志的一封信中，也谈到了诗歌一定要用"比"、"兴"的问题。

《诗经》在我国文学史上占有很高的地位，它是我们伟大祖国宝贵的文学遗产。早在二千五百多年前，我们的祖先就创造了如此光辉灿烂的文化，是我们中华民族的骄傲。《伐檀》是从十五国风中的"魏风"里选来的。

六、范读课文

第二课时

一、分析课文

复习题和作业：

一、《诗经》创作于什么年代？按它的体裁和乐调，可分为哪三类？这三类诗的大致内容怎样？以哪类诗价值为最高？

二、《诗经》的表现手法有哪几种？什么叫"赋"、"比"、"兴"？

教师：

一九八　　年　　月　　日

坎坎（砍木头的声音）伐檀（伐，砍。檀，树名，质地坚硬，其木可以造车）兮（语气词，相当现代"啊"字），寘（同"置"，安放）之（代词，指檀树）河之（结构助词"的"的意思）干（岸的意思）兮。河水清（清彻）且涟猗（"涟"是水上的波纹，"猗"是语气词，与"兮"同）。

用斧子坎坎地砍檀树，把它砍倒放在河岸上，河水是清的，又有连环状的波纹。

这一层包括开头三句。勾勒了一幅奴隶们伐木造车的劳动场景，借景起"兴"，不仅自然地引出正文，而且跟下文所要斥责的对象构成鲜明的对比，有力地突出了作品的主题。"坎坎"这个象声词，表达了斧子伐木的沉重感，表现了奴隶们劳动的艰辛；砍好木以后，再从山上运到河边，劳役是何等繁重！卸下檀木后，他们站在河边，看到清澈的河水被微风吹起波纹，仿佛感到河水是多么自由自在，而自己的处境却是这么的悲苦，不自由；触景生情，他们对现实的不满，对奴隶主的反抗心情，就如河水一样不可抑制地倾泻而出了。

——不稼不穑（"稼"，播种谷物，"穑"，收获谷物，"稼穑"，农事的总称），胡（为什么）取禾三百廛（chán蝉）（一夫所居之地，广百亩）兮！不狩不猎（"狩"是冬天打猎，"猎"是夜间打猎，现泛指打猎），胡瞻（望见）尔（你）庭有县貆（huán桓）（县，同"悬"，貆，一种像狐狸的小兽）兮？

你既不播种，又不收获，为什么要去了那么捆的庄稼？你不打猎，为什么看到你的院子里挂着猪獾（huān）？

第二层为中间四句，抓住奴隶主仓库中囤积的粮食和庭院中悬挂的野味这两事，发出愤怒的质问，两个"胡"字，问得十分有力，鲜明地揭露了劳者不获，获者不劳的不合理现象，深刻揭示了阶级剥削、阶级压迫的不合理制度，明确地反映了奴隶们的反抗思想。

译

彼君子（指统治者）兮，不素（空，白白地）餐兮！

那些君子们啊！是不白吃饭的啊！

第三层是最后两句。借"不素餐"的"君子"，来讽刺斥责不劳不获的奴隶主，形成鲜明对比，进一步突出了主题。（这两句如果用课文的注释，那就是用反语来讽刺奴隶主，撕去"君子"的伪装，揭穿他们坐享其成的本质。但这种解释，似觉牵强，因为"不素餐兮"是很难释为反语的。

坎坎伐辐（车轮中的直木）兮，寘之河之侧兮。河水清且直猗（指直的波纹）。不稼不穑，胡取禾三百亿（"十万为亿"，这里指禾束（禾穗连茎捆成的把儿）的数目）兮！不狩不猎，胡瞻（zhān）尔庭有县特（三岁的野兽）兮！彼君子兮，不素食兮！

用斧子坎坎地砍取做辐的木材，把它砍倒后放在河边。河水是清的又有直的波纹。你既不播种又不收获，为什么你拿了那么多捆的庄稼？你不打猎，为什么看到你的院子里挂着野兽？那些君子们啊，是不白吃饭的啊！

坎坎伐轮兮，寘之河之漘（chún纯）水边兮！河水清且沦（细小的水纹）猗。——不稼不穑，胡取禾三百囷（qūn逡）圆的谷仓兮！不狩不猎，胡瞻尔庭有县鹑（chún纯）鸟名，今名鹌（ān安）鹑。兮！彼君子兮，不素飧（sūn孙）熟食兮！

（用斧子砍砍地砍取做车轮的木材，把它砍倒后放在河边　河水清清的又有圆形的波纹　你既不播种又不收获　为什么取了那么多的庄稼　你不打猎　为什么看到你的院里挂着鹌鹑　那些君子们啊　是不白吃饭的啊！）

这是一首嘲骂剥削者不劳而食的诗。它唱出了奴隶们对奴隶主阶级无比的愤恨。奴隶们在伐木造车的艰苦劳动时联想起奴隶主贵族们既不种地，又不打猎，粮仓里却积贮着大批粮食，厅堂里挂满了猎物。诗歌用质问的口气深刻地揭露了奴隶社会里那种不劳而获的不合理现象，反映了当时两个对立阶级的尖锐矛盾，突出地表达了奴隶们的愤怒和反抗心情。（这首诗反映了奴隶和奴隶主两个阶级尖锐的对立，揭露了奴隶主不劳而获，残酷剥削奴隶的罪恶，表现了奴隶们的反抗精神。）

这首诗的写作特点：(一)运用质问的方式。只有稼穑，才能获得粮食，只有狩猎，才能获得兽皮，这是谁都知道的真理。那些君子“不稼不穑”却获得粮食，“不狩不猎”却获得兽皮，答案自然是从稼穑者和狩猎者那里取来的。这个答案不是由作者直接说出，而是通过质问让听者和读者思考以后得出。这样就启发人们的思考，使人们认识到阶级剥削的不合理。这种表现手法，具有强烈的说服力和感染力。(二)运用反语。“彼君子兮，不素餐兮！”对奴隶主的不劳而获，运用反语讽刺，真是入木三分。(三)长短不齐的句式。以四言为主，杂以五言、六言、七言、八言，这就使诗歌形式自由活泼，显示了民歌的特色。(四)重章迭句，反复咏叹，充实和扩展了诗的内容，加深读者的印象。如“伐檀”、“伐辐”、“伐轮”，标志着奴隶们干的活没完没了，“不百廛亿囷”、“县貆、特、鹑”，表明了奴隶主的财富越积越多，这就进一步揭露了阶级剥削严重，和阶级对立的尖锐。另一方面便于淋漓尽致地抒发自己的思想感情，增强了节奏感，激发读者的共鸣。

〔作业〕

参考《伐檀》赏析刘禹锡《浪淘沙》之六：日照澄洲江雾开，淘金女伴满江隈。美人首饰侯王印，尽是江中浪底来。

附：刘禹锡《浪淘沙》之六　　授课日期

日照 太阳照射 澄(chéng) 清亮、洁净 洲 江河中的陆地，这里指沙滩。江雾开，雾散去

淘金女伴 伙伴 满江隈(wēi) 江岸弯曲处。因为依此为生所以出来淘金的妇女很多，所以用"女伴"、"满江隈"来表明。

早晨，作者来到江边，举目望，四处被迷迷蒙蒙的雾气笼罩着。一会儿，太阳出来了，雾气消散，看到江边满是淘金的女子。这两句写淘金小景。

美人 贵妇人 首饰 佩戴金子做的首饰。侯王 王侯将相 印，用金铸成的印。

尽是 都是 沙中浪底来。从沙里水里一点一滴辛辛苦苦地淘出来的。

在封建社会，贵妇人都佩戴着金子做的首饰，王侯将相都用金铸成的印，这些金子不都是劳苦人从沙里水里一点一滴辛辛苦苦地淘出来的吗？这两句抒发作者即景生情的感慨。

古代淘金，十分艰苦。淘金者先要去挖矿沙，然后再一点一点地放进木制的淘金工具里去淘洗，利用金子比重大的特点，让水冲刷掉泥沙，留下金沙金屑。这些金子往往只有针尖或橡皮大小。而且也不是经常可以得到的。淘金的妇女们成年累月，遭受着寒风烈日的折磨，千淘万漉，辛勤劳动，可是她们却不得温饱。这使作者不由得想起那些过着豪华奢侈生活的达官贵人来。这里通过具体的形象，鲜明的对照，自然的联系，把当时社会上这种贫富对立的现象尖锐地揭露出来了。作者不是作为象超然的旁观者来看待这种社会现象的。"尽是"，这两个字带有浓厚的感情色彩，它流露了作者对于大官僚地主的强烈不满和对于劳动者的深切同情。这首词所表现的深刻的思想内容，在唐代作家写的词中是少有的。

刘禹锡(七七二——八四二)，字梦得，洛阳(今河南省洛阳)人。他是唐代著名的诗人和思想家。他早年曾和柳宗元一起参加政治改革。不久改革失败，遭到残酷打击，长期在穷乡僻壤作官，对人民的生活有较多的接触和了解。

定西地区卫生学校课时教案

编号： 周次：

教研组长批准： 1984年10月26日 郭宏之					
授课日期	198 年 月 日	班次		节次	

课题与教学目的

认真学习语文　叶圣陶

通过本文的学习，使学生认识学习语文的重要性，端正学习态度，掌握正确的学习方法，为完成本学期语文教学任务打下良好的思想基础。

教学内容和方法：

教学方法：启发、讨论。

教学内容：

一、语文是怎样的一门学科？为什么要学习语文？

语文就是语言文字，语是口头语言，文字是书面语言。口头语言和书面语言连在一起说，就叫语文。这个名称是从一九四九年下半年用起来的。解放前，这个学科的名称，小学叫"国语"，中学叫"国文"。解放以后才统称为"语文"。

语言是一种工具。就个人说是想心思的工具，是表达思想的工具，思想和语言是分不开的，想心思得靠语言想，不能凭空想，除音乐、绘画、舞蹈外，表达思想都要依靠语言；就人与人之间说，是交际和交流思想的工具。同时又是普及文化教育的工具，是各门学科的基础，无论是学习社会科学还是学习自然科学，都需要具有一定的运用语言文字的能力。

当前我们伟大祖国正处在一个社会主义革命和社会主义建设的新的发展时期，搞好语文课教学，使学生获得必要的语文基础知识和运用语言文字的基本技能，对他们学好医药卫生专业，攀登~~技术~~科学高峰，

（旁注：语文就是语言文字）

（旁注：语言是表达思想交流思想的工具）

促进医药卫生事业的发展，以适应四化建设的需要，具有重要的意义。

中等卫生学校语文教学的目的是：用马克思主义的立场、观点和方法，指导学生学习课文和必要的语文知识，进行严格的读写训练和口头表达能力的训练，使学生在受到必要的、生动活泼的思想教育的同时，着重提高他们的读写能力和口头表达能力，要求他们能够正确地理解和运用祖国的语言文字，能阅读一般的政治、科技、文艺读物，能写记叙、说明、议论等类文章，做到观点鲜明、内容充实、结构完整、中心明确、合乎逻辑和语法并注意修辞。

八、怎样才能学好语文？学习语文应抱怎样的态度？

学习语文大约指两个方面，一方面是阅读，一方面是写作，阅读是吸收，写作是表达，阅读和写作，吸收和表达，一个是进，即从外到内，一个是出，从内到外。这两件事无论做什么工作都是需要的，如果学不好，就会影响个人，还会影响社会。

学习语文，思想是一方面，表达思想内容的工具又是一方面。工具有好有坏，有的是锋利的，有的是迟钝的，有的合用，有的不合用，这是一方面。思想有好有坏，有的是正确的，有的是错误的，有的很周密，很深刻，有的很粗糙，很肤浅，这又是一方面。有些人认为只要思想内容好，用来表达的语言好不好无所谓。有些人认为只要学好了语文，思想内容的问题也会随之解决，因而就想专在字词语句方面下功夫，这两种认识都是不对的，既要在语文方面下功夫，也要在思想和实践方面下功夫。半通不通的文章就反映半通不通的思想。学习语文，这两方面都要正确对待，认真地做，切实地做。

中等卫生学校语文教学的目的和要求

阅读和写作

思想和表达思想的工具之间的关系

复习题和作业：

教师：

一九八　　年　　月　　日

学习语文，认真不认真，是学得好不好的关键。毛主席说："语言这东西，不是随便可以学好的，非下苦功不可。"要充分认识学习语言的艰苦性，树立勤学苦练风气，引导学生踏踏实实地打好基础，无论读和写都要认真。课文要仔仔细细地读，字要规规矩矩地写，练习要踏实地做，作文要认真地完成。经过坚持不懈地刻苦磨炼，养成良好的读写习惯，获得较好的读写能力。

认真不认真是语文学得好不好的关键

学习语文要练基本功。写一篇文章，就语文方面说，用一个字，用一个词，写一个句子，打一个标点，以及全篇的结构组织，全篇的加工修改，这些方面都要做到家才算好。这些方面都得下功夫，都得养成好的习惯。这样，写起文章来就很自由，没有障碍，能够从心所欲。培养这些方面的能力，养成好的习惯，就叫练基本功。

学习语文要苦练基本功。

学语文的基本功，大体上说有以下几方面。

第一，识字写字。识字要知道字的写法、念法和用法。这一个字往往有几个意义几种用法，要知道得多些，个个字掌握得恰当，就得下功夫。譬如《孟子》上有一句话："弃甲曳兵而走"，用现代话说，就是"丢了铠（kǎi，铠甲，古代兵士打仗穿的护身服装，多用金属片缀成）甲拖着武器逃跑"。这里面有些字的用法，现代和古代就有所不同。写字要写得清楚，合乎规范，不能乱造字，要把字写得正确熟练。

识字写字

第二，用字用词。用词要用得正确、贴切，就要比较一些词的细微的区别。如与"密"字配合的，有"精密""严密""周密"等词，"精密"跟"周密"不同，"精密"该用在何处，"周密"该用在何处，都要仔细想一想，用起来就有分寸。用词，有时也表现一个人的立场。比方有人说，在土改时候，某村地主很"活跃（yuè 跳起）"，这是立场不对头。"活跃"往往用在对一件事表示赞美的场合。对地主用"活跃"不合适，要用猖獗（jué）。否则人家会认为你是站在地主的立场呢。用词还有个搭配的问题。比方"成绩"，可以说"取得成绩"，"做出成绩"，如果说"造出成绩"就不合适。所以用字用词也有基本功，无论阅读或是写作都要注意。

用字用词

第三，辨析句子。句子是由许多词组成的。许多词当中有主要的部分和次要附加的部分。读句子，写句子，要分清主要部分和附加部分，还要辨明主要部分和附加部分是什么关系。比方"在党的领导下，我们取得了中国革命的胜利"。这句话的主要部分是"我们取得了胜利"，取得了什么胜利？取得了"中国革命"的胜利，"在党的领导下"是"取得"的条件，虽然放在头里，但关系到后面的"取得"。 辨析句子

读文章，写文章，最好不要光用眼睛看，光凭手写，还要用嘴念。读人家的东西，念出来，比光看容易吸收。有感情的文章，念几遍就更容易领会。自己写了东西也要念，遇到念来不顺的地方，就是要修改的地方。一边想一边读有好处。

第四，文章结构。看整篇文章，要看明白作者的思路。思想是有一条路的，一句一句，一段一段，都是有路的，这条路，好文章的作者是绝决不乱走的。看一篇文章，要看它怎样开头的，怎样写下去的，跟着它走，并且要理解它为什么这样走。譬如一篇议论文，开头提出问题，然后从几个方面来说，而着重说的是某一个方面，其余几个方面只说了一点儿。为什么要这样安排呢？一定有道理。读的时候就得揣摩这个道理。再往细处说，第二句跟头一句是怎样连接的，第三句跟第二句又是怎样连接的，第二段跟第一段有什么关系，第三段跟第二段又有什么关系，诸如此类，都要搞清楚。 文章结构

总之，许多基本功都要从多读多写来练。读人家的文章，要学习别人运用语言的好习惯，自己写文章，要养成自己运用语言的好习惯。要多读，才能广泛地吸收。要多写，越写越熟，熟极了才能从心所欲。多写，还要多改。

三、学习了这篇课文后，你受到了什么启发？打算怎样努力学好语文？

四、本学期语文教学计划： 简介本学期语文教学计划

本学期共授课六十课时。

课文讲授十篇，共四十六课时（参教学提纲）

定西地区卫生学校课时计划

编号：　　　　　　　　　　　　　　　　周次：

教研组长批准：

1984年10月26日 [illegible]

授课日期	198　年　月　日	班次		节次	

课题与教学目的

促织　蒲松龄

通过教学，使学生认识封建统治者荒淫贪暴的腐朽本质和人民群众在封建制度统治下的悲惨遭遇。学习本文围绕主题生动曲折地安排情节和通过细节描写刻画人物内心活动的写法。了解"然"的六种用法。

教学内容和方法：

题解：

本文选自《聊斋志异》。作者蒲松龄。　　　　本文出处

蒲松林（1640—1715）字留仙，一字剑臣，别号柳泉，山东淄川县人。他出身于一个渐趋没落的地主兼商人的家庭。他曾应童子试，但由于屡试不中，遂绝意科举，专心致力于文学创作。他把个人的一生坎坷不遇，潦倒落魄，以及他生平所碰到的社会上种种丑恶现象，都一一寄托在他的作品中。他著述甚多，有文集四卷，诗集六卷，《聊斋志异》八卷，通俗俚曲若干种。　　　　蒲松林生平简介

《聊斋》全书共431篇，是作者在相当长时间内搜集民间故事和传说写成的。

《聊斋》的内容非常丰富，它反映了社会上各个阶层，特别是中下层社会的生活，广泛细致，生动具体，是作者最脍炙人口的著作。它深刻地揭露了当时的民族矛盾和阶级矛盾，反映了对统治阶级的不满，表现了作者具有强烈的正义感和民族意识。　　　　《聊斋》简介

《促织》这篇文章是通过一个善良的乡民成名，因为皇宫责令他为进贡促织一事的前后遭遇，暴露了当时宫廷贵族们生活的纵恣，皇家奴才们的谄媚逢迎，贪暴无耻，彻底地揭露了封建专制统治者压迫和剥削人民的反　　　　《促织》的主题思想

动本质。

原文及注释：

宣德 明宣宗朱瞻基的年号，公元1426—1435年。间，宫中尚 尚，崇尚，这里有"嗜好"和风行的意思。促织 蟋蟀。之 结构助词"的"。戏，游戏。岁每年 征 征收 民间。——明朝宣德年间，皇宫里流行玩蟋蟀的游戏，每年都要向民间征收。此 这。物 东西，这里是指蟋蟀。故 本来。非西 西，陕西 产，出产。有华阴 陕西有华阴县。令 县令，即县官。

欲 想要 媚 献媚，讨好。上官，上司。以 介词，用 一头进，进，动词，进献。试使 使，让。斗而 而，连词 才 (才)，才能，因 这里指 献给上司 责 责令 常供。经常供给。——这东西本来也不是陕西的名产，可是有个华阴县的县官想巴结上司，便进献了一只蟋蟀，试着让它斗了一下，见它本领不小，因而就责成华阴县令经常供应。令以 以，介词，把，"以"后面省略"之"字。责之 之，助词。里正。里长，即保甲长之类。——

县官又把供应的差使派给各乡的里正。市中游侠儿 游手好闲不务正业的年轻人。得佳 佳，好。者 代词，相当于"……的"。笼养

之，代词，"它"。昂 抬高 其 指示代词"它的"。直，同"值"，价钱。居 积，储存。为奇 奇，稀少，奇特。货 货物。里胥 (xū)管理乡里事务的公差。猾 huá 狡猾。黠，xiá 奸诈。假 借 此科敛 科敛，摊派 liǎn聚敛。丁口 人口，指老百姓。每责 责令 一头，辄 (zhé)往往。倾 倒，这里引申为搞垮、破败。数家之产。

——于是市上的那些游手好闲的人，得到好蟋蟀就用竹笼装着喂养它，抬高它的价格，当作奇珍贵宝一样等待高价出售。乡里的差役们，狡猾奸诈，便借这个机会向老百姓敲诈勒索，每供应一只蟋蟀，就常常使好几户人家破产。（这一段概述征收促织的原因，以及这种征收给人民造成的严重灾难。）

全文分为六个部分：

第一部分(第一段)交代故事发生的社会环境。小说开始就以"岁征"促织入题，尖锐地点出"宫中"和"民间"的对立。接着一层进一步暴露华阴令媚上贡下、游侠儿昂价居奇，里胥借端勒索，百姓为"常供"所苦。短短一段文字，揭开小说序幕，为故事提供了广阔的社会背景。

复习题和作业：

教师：

一九八　　年　　月　　日

邑（yì）县城。有成名者，操从事童子业，童生。科举时代对还没有考取秀才的读书人，不论年纪大小，都称为“童生”。久不售。售，原意物卖出手，引申为成功，达到，这里指被考取。——县里有个叫成名的，是个念书的人，长期未考中秀才。为人迂讷（nè）拘谨，不善于说话。遂为为，介词，被。猾胥报报，呈报。充充，充当。里正役，百计千方百计。营谋想尽办法。不能脱。脱，摆脱。——为人忠厚老实，不善言辞，就被刁滑的小吏报到县里，叫他担任里长，他想尽了办法还是不能摆脱这个差事。不终岁不到一年薄产微薄的家产累渐渐尽。赔尽。——不到一年，一点微薄的家产都赔光了。会适逢征征收促织，成不敢敛户口敛户口，按户口摊派。而又无所所，指示代词，钱物。赔偿，忧闷欲死。——刚好又碰上征收蟋蟀的时候，成名不敢勒索老百姓，而自己又无法赔偿，忧愁苦闷得想要寻死。妻曰：“死何裨（bì）益？利益，益处。不如自行自行，自己去。搜觅（mì），寻找。冀冀，希望。有万一之得。”——他妻子说：“死有什么益处呢？不如自己去寻找，也许还有一线希望能得到一只好的。”成然然，对的。认为之。之，代词，代上面说的话。早出暮归，提竹筒丝笼丝笼，用铜丝编的笼子。于介词，在败堵残破的墙。丛草处，探掏。石发发，挖。穴，靡（mǐ）没有计办法。不施施，采用。迄（qì）始终无济。济，成功。——成名认为很对，就早去晚归，提着竹筒、丝笼，在破墙脚下，荒草丛里，挖石头，掏土洞，各样方法都用尽了，到底还未得到一只。即捕得三两头，又劣弱不中（zhòng）符合于款。款，款式规格——就是得到两三只，也是又弱又小，不合规格。宰县令的别称严限严定的限期追比，封建时代官府限令吏役办事如不按期完成，就打板子以示警戒。旬余，旬，十天为一旬。杖刑具，这里作动词“杖责”。至百，两股股，大腿。间脓血流离，同“淋漓”。并连。虫亦亦，也。不能行捉矣。矣，语气助词，了。——县官限期逼迫，成名在十几天中就被打了上百的板子，两条腿脓血淋漓，连蟋蟀也不能去捉了。转侧翻来覆去。床头，惟只。思自尽——在床上翻来覆去，只想着自杀。（这一段通过写成名的迂讷以及所受的迫害，具体表现了征收促织给人民造成的灾难。）

时这时村中来一驼背巫，巫，巫婆。能以神。以，介词，凭借神卜。神卜，bǔ占卜（bo）成妻具资具资，准备了钱。诣（yì）到问。见红女红颜少女白婆白发的老婆婆。填塞挤满门户。——这时，村里来了个驼背巫婆，能借鬼神预卜吉凶。成名的妻子准备了礼钱，到巫婆那里去求神。只见红颜的少女和白发的老婆婆们挤满门口。入其舍，则是。密室垂帘，帘外设设，摆设。香几。烧香的桌子。问者爇（rè）点燃。香于鼎鼎，香炉。再拜。巫从旁望空代祝，祝，祈祷。唇吻翕（xī）翕，合辟，辟，开。不知何词。各各竦（sǒng）立恭敬地站着。以连词，而听。——进了巫婆的屋，有一间暗室挂着帘子，帘外摆着烧香的小桌子。问卜的人在香炉里把香点上，一拜再拜。巫婆在旁边替她们向空祷告，嘴唇一张一合的，也不知在说些什么。~~的，也不~~每个人都静肃地站在那里听着。少间，一会。帘内掷（zhì）掷，扔。一纸

第二部分（第二段）是故事的开端。写成名因缴不上促织而惨遭杖责，惟思自尽。

成名为人迂讷，被迫充当里正，“薄产累尽”。到征收促织时，他既不敢敛户口，又“无所赔偿”；自行搜觅，都又“劣弱不中于款”，结果就遭官府杖责，出现不能行捉，在走投无路的情况下，他“转侧床头，惟思自尽”。

这段文字揭开矛盾，构成情节发展的初阶。

第三部分（第三、四段）是故事的发展。写成妻问卜获图，成名按图觅得佳虫，举家庆贺。

成妻问卜获图，给成名带来一线生机。这一节作者把成名寻捕促织时的神态、

出，即道道，说出。人意中事，无毫发爽爽，差错。成妻纳纳，放。钱案上，焚(fén)烧香。拜如前人。——一会儿，从帘子内掷出一张片纸，上面就写着人的心里想问的事情，没有丝毫差错，成名的妻子把礼钱放案上，也象前边的人一样烧香跪拜。食顷顷，吃一顿饭的工夫帘动，片纸抛落。拾视之，非字而画，中绘殿阁，类类似兰若；兰若，即梵语"阿兰若"，寺庙。后小山下怪石乱卧，针针丛棘，青麻头伏焉；焉，代词，在那里。旁一蟆，若将好象。欲跃舞。——约吃一顿饭的工夫，帘子动了，一片纸被抛落下来了。拾起一看，并不是字，而是一幅画。画上绘着殿阁，就象寺院一样，殿阁后面的小山脚下，横着一些奇形怪状的石头，着长着一丛丛带刺的荆棘，一只青麻头蟋蟀就伏在那里，有一只癞蛤蟆，好象就要跳起来的样子。展展开。玩玩，仔细看。不可晓。然但是。睹促织，隐中胸怀。折藏之，归以以，连词。示成让成名看。——她展开看了一阵，不懂什么意思。但是看到上面画着蟋蟀，正跟自己的心事暗合，把纸片折好藏起来，回家后交给成名看。

成反复自念，得无莫非。教我猎猎，捕捉，猎取。虫所所，处所，地方。耶？耶，语气助词，"吗"。细瞻瞻，看。景状，与村东大佛阁逼似。逼似，非常相似。——成名反复思索：这莫非是指我给我捉蟋蟀的地方吗？细看图上的景物，和村东的大佛很象。乃强起扶杖，执拿着。图诣诣，到。寺后，有古陵陵，坟墓。蔚草木茂盛的样子。起。高高隆起。循陵而走，循，沿着。走，跑。这里是快走。见蹲石蹲石，形容石头象蹲踞着。鳞鳞象鱼鳞那样排列着。俨然好象逼真的样子。类类，象。画。——于是他就忍痛爬起来，扶着杖，拿上图，到了寺后面，看到有一座古坟高高隆起，~~好象鱼鳞似的蹲着~~，上面长着茂盛的野草。沿着古坟向前走，只见一排排石头，好象鱼鳞似的蹲着，真象画中的一样。遂于蒿莱蒿莱，蓬蒿野草。中侧听徐徐，慢。行，似寻针芥。芥，芥菜子。而连词，表示转折。心目耳力俱俱，都。穷，穷，用尽。绝无踪响。踪迹，声响。——他就在蓬蒿野草中一边听一边慢慢走着，象寻找一根针一粒芥子似的专心，然而累得眼睛也花了，耳朵也听不清了，结果还是一点踪迹响动都没有。冥搜用尽心血地搜索。未已，一癞头蟆猝然猝然，突然。跃去。成益愕愕(è)，惊讶。急逐趁逐，趁，追赶。之，蟆入草间。蹑追随，追踪。迹踪迹。披求，寻求，披，拨开。见有虫伏棘根。——正在用心搜索，一只癞蛤蟆突然跳过去了，成名越惊奇了，急追过去，癞蛤蟆已经跳入草中。他便跟着蛤蟆的踪迹，分开丛草去寻找，只见一只蟋蟀趴在棘根下面。遽急忙。扑之，入石穴中。掭(tiàn)撩拨。以介词，用。尖草，不出；以筒水灌之，始出。状极俊健。逐而得之。——他急忙伸手扑它，蟋蟀跳进了石洞。他用细草杆挑逗，蟋蟀不出来；又用竹筒取水向洞中灌，才灌出来了。形状极其粗壮，便追赶着抓住了它。审视仔细看。巨身身子大。修细长。尾，青项项，颈子。金翅。大喜，笼归，举举，全。家庆贺，虽连城拱璧拱璧，大璧，极言其珍贵。不啻也不止。啻，止。也。——仔细一看，只见蟋蟀个儿大，尾巴长，青色的脖项，金黄色的翅膀。成名特别高兴，放入笼中提回家，全家高兴庆贺，把它看得比价值连城的宝玉还珍贵。上于盆而养之，蟹白蟹肉。栗黄，栗黄，

和心理均得波澜起伏，形象逼真。开始，"侧听徐行，似寻针芥"，以致"心目耳力俱穷"，结果"绝无踪响"，这是第一层。成名"冥搜未已"，忽见癞头蟆"跃去"，"急逐趁之"，"蹑迹披求"，发现了促织，这是第二层。经过一"扑"，一"掭"，一"灌"，终于得到一只"状极俊健"的促织，这是第三层。这些迂回曲折、引人入胜的细节描写，巧妙地揭露了宫廷"尚促织之戏"的罪恶和官府"追比"的凄惨，突出了成名为摆脱苦难所作的挣扎。接着作者以"大喜""笼归""举家庆贺"极写成名得虫后的喜悦心情，与上文"忧闷欲死""惟思自尽"相映照，又用"备极护爱"说明这只小虫关系着成名全家

22

肉。指蟋蟀吃的精美饲料。备极十分。护爱，留待等待。限期，以塞塞搪塞应付。官责。责，责令。——养在盆子里，用蟹腿肉栗子粉喂它，爱护得周到极了，只等到了限期，拿它到县里去缴差。（这两段写成名得到巫婆暗示，终于捉到了蟋蟀的情况。求神问卜表现了成家在严限追比下的焦急心情，也表现了他们的软弱。）

成有子九岁，窥偷偷地看。父不在，窃偷偷地。发揭开。盆。虫跃掷径径直。出，迅不可捉。及等到。扑入手，已股落腹裂，斯须一刻功夫，一会儿。就毙。毙，死。——成名有个儿子，年九岁，看到他爸爸不在的时候，偷偷地打开盆子去看。蟋蟀一下子跳出来了，快得来不及扑捉。等捉到手后，蟋蟀的腿已掉了，肚子也破了，一会儿就死了。儿惧，啼告母。母闻之，面色灰死，大惊曰："业根祸种，惹祸的东西。业，业障，佛教用语，罪恶的意思。死期至矣！而同"尔"，你的。翁父亲。归，回来。自与汝复再算算账，追究。耳！"儿涕而去。——孩子害怕了，就哭着告诉妈妈。他的妈妈听了，吓得面色灰白，大惊说："祸根，你的死期到了！你爸爸回来，自然会跟你算账的！"孩子哭着跑了。

未几，不多时。成归，闻妻言，如被（pī）通"披"，披盖。冰雪。怒索儿，儿渺然渺然，无影无踪。不知所往。——不多时，成名回来了，听了妻子的话，全身象冰雪浸透。生气地去找儿子，可儿子无影无踪不知到哪儿去了。既而后来得其其，人称代词"他的"。尸于井，因而化怒为悲，抢头撞地。呼号呼。欲绝。几乎要绝命。夫妻向隅（yú）隅，面对墙角。茅舍无烟，相对面对面地坐着。默然，不复聊赖聊赖，无所凭借，无以为生，引申为没有一点生趣。——后来在井里找到了他的尸体，因而转愤怒为悲痛，呼天撞地，伤心欲死。夫妻二人对着墙角流泪哭泣，茅屋里连做饭的烟火都不冒了，只是相对默然，感不到有一点点生趣了。日将暮，取儿藁（gǎo）葬，藁葬，用席裹着草草埋葬。近抚抚，抚摸。之，气息惙（chuò）然。惙然，呼吸微弱的样子。喜置置，放。榻（tà）床。上，半夜复苏。苏，苏醒。夫妻心稍慰，但儿神气痴（chī）痴，傻、呆。木，奄奄气息微弱。思睡。——直到傍晚时，才拿上草席准备把孩子裹着去埋葬，走近一摸，还有一点微弱的气息，又高兴得把他放在床上，半夜里才苏醒过来，夫妻二人心里才稍有一点安慰，但是孩子神气呆呆的，气息微弱，直想睡觉。成顾蟋蟀笼虚，虚，空虚。则气断声吞出不来气，说不出话，形容极度悲伤。亦不以儿为念。自昏达曙，曙，天亮。目不交睫交睫，闭上眼睛要睡。——成名回头看见蟋蟀笼空着，就急得气也透不出，话也说不上来，也不再把儿子放在心上了，从晚上到天明，连眼睛也没合一下。东曦（xī）既驾，东方的太阳已经升起来了。东曦，指日神东君。曦，日光。既驾，已经乘车出来。古代传说，日神乘着六龙驾驭的车。僵卧直挺挺的躺着。长愁，忽闻门外虫鸣，惊起觇（chān）视，觇视，窥视。虫宛然宛然，好象，仿佛。尚在。喜而捕之，一鸣辄（zhé）就。跃去，行且且，而且。速。复罩住。之以掌，虚若无物；手裁裁同"才"。举，则又超忽超忽，突然。而跃。急趋趋，追赶。之，折转。过墙隅，迷其所往。——东方的太阳已经升起的时候，他还直挺挺地躺在床上发愁。忽然听到门外有蟋蟀的叫声，慌忙起来细看时，那只蟋蟀仿佛还在。就高兴地去捉它，那蟋蟀一叫便跳走了，跳得非常快。他

性命，为后面情节进入高潮作铺垫。

第四部分（第五至七段）是故事的高潮。写成子发盆毙虫，惧责投井，魂化为矫健善斗的促织，终于解救了全家的苦难。

成子斗死促织，儿惧母惊，气氛更转紧张，预示了成子可悲的后果。

接着写成名夫妻因为痛子亡而悲痛、绝望的情景。成名得知儿子斗死促织先是"如被冰雪"，继则"怒索儿"。及得尸于井，家庭惨景进一步深化，成名化怒为悲，"抢呼欲绝"，"夫妻向隅"……"相对默然"。后来成名夫妻发现儿子"气息惙然"，生命复苏，心就稍慰。但回头见"蟋蟀笼虚"，又"气断声吞"。在这里，成名的悲喜，随着促织的得失而转移，失子与失虫，两相对照，儿子的生

用手掌去盖住，可又觉得手内空空的，什么也没有，手刚举起，却又突然跳开了。急忙追它，转过墙角，就不知它向哪去了。徘徊(pái huái)走来走去。四顾，

见虫伏壁上。审谛(dì)之，仔细地(看)它。短小，黑赤色，顿立刻非前物。成以以，因为。其小，劣之。认为它不好。惟只。彷徨走来走去，游移不决。瞻顾，寻所逐者。壁上小虫忽跃落襟袖间。视之，

若土狗，土狗，蝼蛄的别名。梅花翅，方首，长胫，胫，腿。意看样子。似良。——他东张西望，四下寻找，才看见蟋蟀趴在墙壁上。仔细一看，只见它个儿短小，黑红色，立刻觉得它不象先前的那只。成名因为它小，看不上，仍是不住地来往寻找，找到所追扑的那一只。这时墙壁上的那只小蟋蟀，忽然跳到他的衣袖上了。他仔细一看，只见它的形状象蝼蛄，梅花翅膀，方头长腿，觉得好象还不错。喜而收入。将献公堂，公堂，官府。惴惴(zhuì)担忧，害怕。

恐不当意当意，中意。思试之斗以觇之。——便高兴地收养它，准备献给官府，但是心里还很不安，怕不合县官的心意，他想先试着斗一下看它怎么样。（这一段，写成名子的灵魂幻化促织的情况，说明封建压迫这子魂魄，进一步表现了征促织为害之烈。）

村中少年好事者驯养一虫，自名取名。"蟹壳青"，日每日。与子弟子弟，少年们。角，斗。无不胜。——村中有个好事的年轻人养着只蟋蟀，取名叫"蟹壳青"，每日跟其他少年们的蟋蟀斗着，没有一次不得胜的。欲居之居，占。以为以为，作为。利，而高高，抬高其值。同"值"。

亦无售者。——他想用它来发财，便抬高价格，但是也没有人要。径造庐造庐，到家。造，到访成，视成所蓄，所蓄，储存，引申为畜养。掩捂着。

口胡卢笑的样子。而笑。因出己虫，纳放进。比笼比试蟋蟀的笼子。中。成视之，庞然大的样子。修伟，修，长。伟，大。自

增增，越加。惭怍(zuò)，惭愧。不敢与较——他直上门来找成名，看到成名所养的蟋蟀，只是捂着口大笑。接着取出自己的蟋蟀，放进比大小的笼子里，成名一看他那蟋蟀，又长又大，自己觉得很不好意思，不敢和他的较量。少年固固，坚决。强强迫。之。之，指代上句的"与较"。顾但。念心想

蓄劣物终终，终究。无所用，没有什么用处。不如拼搏博，博得。一笑，因因而。合纳斗盆。——少年一再要斗，不如让它斗一斗，换得一笑了事。因而把两个蟋蟀放在一个斗盆里。小虫伏不动，蠢若木鸡形容神貌呆笨。《庄子·达生》里说，养斗鸡的把斗鸡训练得镇静沉着，仿佛是木头雕的，才能够不动神色，战胜别的斗鸡。少年又大笑。试以猪鬣(liè)鬃。撩拨虫须，仍不动。少年又笑。

——小蟋蟀趴着不动，呆呆的象个木鸡，少年不禁大笑。又他用猪鬃拨它的须，蟋蟀仍然不动，少年又大笑。屡撩之，虫暴怒，

暴，猛烈。直奔，直往前冲。遂相腾腾，跳起。击，扑打。振奋奋，奋起。作声。俄时间很短，忽然。见小虫跃起，张

尾伸伸，竖起。须，直龁(hé)咬。敌领。脖子。少年大骇，骇，吃惊。急解解，分开。令休止。虫翘然

矜鸣鼓起翅膀得意叫着翘，举。矜，夸耀。似报主知。——撩拨了它几次，小蟋蟀突然大怒，直往前冲，于是互相斗起来，腾声举足，彼此相扑，振翅叫唤。忽而见小蟋蟀跳起来，张尾伸须，一口直咬着对方的脖项。少年大惊，急忙分开，让它们停止扑斗。小蟋蟀抬着头振起翅膀得意地鸣叫着，好象给主人报捷一样。成大喜。方共瞻玩，

玩，玩赏。一鸡瞥(piē)本指短时间内眼睛看一下，这里引申为突然看见。来，径进以啄。(zhuó)成骇立愕(è)愕，惊愕。

命竟比不上一只促织宝贵。至此，封建社会的吃人本质，封建统治者对人民肉体到精神残酷的蹂躏和摧残的罪恶得到了无比深刻的揭露。

正当举家悲痛绝望的时候，作者笔锋一转，用"忽闻门外虫鸣"一句引出成名再捕促织的情节。成名先是"惊起觇视"，"见虫宛然尚在"，"喜而捕之"，却"一鸣跃去"，"覆之，虚若无物"，"随之，又迷其所往"，"旋之，却自落衿袖"。文章把捕虫的情景写得迷离恍惚，变幻莫测，全为下文成子"自言身化促织"埋下伏笔。最后，用"惴惴恐不当意"造成悬念，把情节发展推向高潮。

紧接着写两虫相斗的场面，气氛又复紧张，从外表看，小虫"蠢若木鸡"，"蟹壳青""庞然修伟"，对比之下，成名自愧不如，而

呼。幸啄不中，(zhòng) 虫跃去尺有 有，又 咫。(zhǐ) 八寸。鸡健进，逐逼之，逼，近。虫已在爪(zhǎo)下矣。——成名大喜，两人正在观赏，突然来了一只鸡，直向小蟋蟀啄去，成名吓得高叫了起来，幸喜没有啄中，小蟋蟀一跳有一两尺远。鸡又大步地追逼上去，小蟋蟀已被压在鸡爪下了。成仓猝(cù) 仓猝，匆忙。莫知所救，顿足 跺脚。失色。旋 时间很短，立刻。见鸡伸颈 颈，脖子。摆扑。临 靠近。视，则虫集冠上，蟋蟀落在鸡冠上。力叮不释。释，放。成益惊喜，掇(duō) 拾取。置笼中。（这一段，写成子所化促织显示本领的情况。在灾难无法解脱时，寄希望于幻想。这也是软弱的表现。）

成名吓得惊慌失措，不知怎样去救它，跺着脚，吓白了脸。忽而又见鸡伸长脖子摆动着，到跟前仔细一看，原来小蟋蟀已停在鸡冠上面用力叮着不放，成名更加惊喜，连忙把它捉下放到笼中。

翼(yì) 同翌。日 第二天 进宰，宰见其小，怒呵 呵，呵叱。成。成述其异，异，特殊。宰不信。试与他虫斗，斗，搏斗。虫尽靡。靡，倒下。又试之鸡，果 果真 如 象 成言。——第二天，成名把蟋蟀献给了县官，县官见它小，怒斥成名，成名讲述了小蟋蟀的奇特本领，县官不信。试着和别的蟋蟀搏斗，所有的都被斗败了。又试和鸡斗，果然和成名所说的一样。乃赏成，献诸 诸，兼词，"之于"的合音。抚军 官名，清朝巡抚的别称。总管一省的民政和军政。作者写的是明朝的事，用的是清朝的官名。抚军大悦，以金笼进 进，献给。上，上，皇帝。细疏 仔细地陈述。疏，封建时代臣下向君主陈述事情的一种公文。这里作动词。其能。能，本领。——才奖赏了成名，县官把蟋蟀献给了巡抚。巡抚特别喜欢，用金笼装着献给皇帝，并且写了一份表章，仔细地叙述了它的本领。既入宫中，举天下所贡 贡，进献。蝴蝶、螳螂、油利挞、(tà) 青丝额 均为蟋蟀名。一切异状 各种各样的蟋蟀！遍试之，无出其 出，超过。右 右，上。者。每闻琴瑟之声，则应 应，按照。节 节拍 而舞。益奇之。更加认为它奇特。——到了宫里后，凡是全国各地贡献的蝴蝶、螳螂、油利挞、青丝额等各样蟋蟀，都斗过了。但都不能占它的上风。每当听到琴瑟的声音，就能按照节拍跳舞，越发觉得去奇。上大嘉 嘉，赞许，表扬。悦，诏 zhào 诏书，皇帝下的命令。赐 (cì) 赏赐。抚臣名马衣缎。缎，锦缎。——皇帝更加喜悦，便下诏赏给巡抚名马和锦缎。抚军不忘所自，自，始。引申为原因。无何，没多久。宰以卓异 卓异，才能优越。闻，闻名。宰悦，免 赦免。成役。役，差役，指里正的职务。又嘱 嘱，嘱咐。学使 专管教育的官。俾(bǐ) 使 入邑庠。(xiáng) 邑庠，县学。——巡抚不忘好运道的来由，不久县官也以才能卓越而闻名了。县官很高兴，就免了成名的差役，又嘱咐主考官，让成名中了秀才。后岁余，成子精神复旧，复旧，复原。自言身化促织，轻捷 捷，敏捷。善斗，今始苏 苏，醒过来。耳。语尾助词"了"。抚军亦厚赉(lài) 赏赐。成。——过了一年多，成名的儿子精神复原了。他说他变成了一只蟋蟀，轻快而善于搏斗，现在才苏醒过来。巡抚也重赏了成名。不数岁，田百顷，楼阁万椽(chuán) 房屋间数的代称。牛羊蹄躈(jiào) 马的口。躈，同嗷。各千计；牛羊马均为四蹄一躈，"千计"二百头，此极言其多，不是实数。一出门，裘(qiú) 皮衣。马 裘马，"乘肥马，衣轻裘"的略语，形容生活的豪华。过世家 世家，世世代代做官的人家。焉。语尾助词"了"。——不到几年，成名就有一百多顷田地，很多高楼大房，还有成百成千的牛羊；每次出门，身穿轻裘，骑上高头骏马，比官宦人家还阔气。（这段，写成名因献促织受到赏赐而荣华富贵。）

斗争由失自负，一笑再笑三笑。但争出意外，小虫"张尾伸须，直龁敌领"，喜获大胜至此，情节进入高潮。最后写小虫斗鸡的场面，更是惊险离奇，曲尽妙处。文章还着意描写成名在斗促织过程中的感情变化，他见"蠢若木鸡"而惭怍，见小虫得胜而大喜，见鸡进啄而骇立愕呼，见虫在爪下而顿足失色，见虫集冠不释而益惊喜。作者这样写，意在说明成名与促织的命运休戚相关，从而进一步对吃人的封建制度提出了有力的控诉。第五部分（第八段）是故事的结局，写成名向官府进献促织得到皇帝欢心，因而致富。因于所献促织有异能，"上大嘉悦"，于是抚臣、县宰得奖，发家的结局也是悲剧。从而成名操童子业久不售，而今宰"嘱学使"俾入邑庠；过去如猾胥报充里正役，百计营谋不能脱，现在因宰悦而免成役；先前不终岁，薄产累尽，现今不数岁田百顷，楼阁万椽，牛羊蹄躈各千计。小说就这样从今昔到官场，当然也是对整个社会进行了讽刺。

异史氏 作者自称。《聊斋志异》里边有许多怪异的事，所以称异史。曰：天子 皇帝。偶（ǒu） 偶然。用一物，未必不过此已忘；而奉行 奉行：遵命办事。者即为 为，作为。定例。规距。加以官贪吏虐（chüà） 暴虐。民日贴 贴，典当。妇卖儿，更无休止。——异史氏评论说：“皇帝偶尔用过的一件东西，未必是用一下也就忘了；而下面奉行的人就作为一种固定的惯例。加以官吏们贪污暴虐，百姓每天都出现妻子去佣工作抵押、卖掉儿子的事，更是没完没了。故天子一跬（kuǐ）步 跬，半步。跬步，一举脚。皆关民命，不可忽 忽，疏忽。也。——所以皇帝一举脚都关系着百姓的命运，这是不能疏忽大意的。独是 唯独这个。成氏子 子，对成名的尊称。以 因为。蠹（dú）贫，因胥吏侵耗而贫穷。以促织富，裘马扬扬。——唯独这个成名一家因受到胥吏的迫害贫穷了，因促织而又发家致富，穿着名贵的皮衣，骑着高头大马而得意洋洋。当其为里正、受扑责 用板子打。扑，刑具，板子。时，岂意 意，想到。其至此哉！哉，语尾助词，吗！——当他作里正受到责打的时候，难道还能意料到了今天这样的好命运吗？天将以 以，凭借。酬长（zhǎng）厚 长厚，年高德重（的人）者，遂 才。使抚臣、令尹，（yǐn）古代县的行政长官名称。这里是沿用古称。并 一齐。一起。受促织恩荫。得到恩惠，受到荫庇。意思是得到好处。——这是上天用它来酬谢宽厚的人，同时也使巡抚、县官们一起得到促织的好处的。闻之：一人飞升，仙及鸡犬。一个人升天，连他的鸡犬也成仙。比喻一个人发迹了，同他有关系的人都跟着得势。信 确实 夫！语尾助词“啊！”——听说有过这样的话：‘一个人得道升天，连他家里的鸡狗都成了神仙！’确实是这样啊！”（最后一段，作者抒发感想。）

课文分析：

本文通过写成名为初因征促织以致倾家荡产，成子幻化促织终于发家致富的故事，暴露了封建统治者的罪恶，当时政治的腐败黑暗，反映了在封建政权统治下人民所受的深重苦难。

“宫中尚促织之戏”，皇帝同贵族们喜欢斗蟋蟀玩，于是地方官就来巴结，奸滑的里胥也就趁机摊派勒索。这就暴露并讽刺了当时宫廷贵族们生活的纵恣，皇家奴才们从督抚到吏胥们的隐媚逢迎，贪暴无耻。篇末一段，写成名只不过献上了一只小小的蟋蟀，得到了皇帝的欢喜，结果自上而下，都得到超升。抚军得名马衣缎，县官被许为才能优越，成名也因此中了秀才，发家致富。这高超的讽刺，深刻地揭示了封建社会中升官发财的奥秘。当时封建政治的腐败黑暗已不言而喻了。

另一方面，篇中还写了仅仅因为统治者的一笑游遗给人民造成很大的灾难，往往为了一头促织，弄得好几家为之倾家荡产。因捉不到一头好促织，竟使成名“薄产累尽”、“忧闷欲死”，两股间

民的伤痛和辛辣的讽刺故事。临了，表明有异能的促织是成子魂化而成，与前面小虫种种奇迹相照应。

成子魂化促织在现实生活中是不可能有的，但我们从这个虚幻离奇的情节中看到封建统治者不仅对人民进行超经济的剥削，摧残人民的肉体，蹂躏人民的精神，而且还残酷迫害一个九岁的幼童——他投井自尽后，还要魂化促织供皇帝玩乐，这对黑暗残暴的统治者是有力的控诉，起着深化主题的作用。

第六部分（第九段）是作者的评论。

篇末由作者就故事本身直接出面评论，说明写作本旨。作者在评论中，对官贪吏虐的指斥具有一定的人民性，对最高统治者“天子一跬步皆关民命”的评点也表现了一定的叛逆性。结“一人飞升，仙及鸡犬”等语，分明带有讽刺意义，但按“天将以酬长厚者”这一宿命论加给成名一个升官发财的结局，是不符合历史的真实性的，是消极的，不过作者的愿望是善良的。

被打得脓血流滴，"转侧床头，惟思自尽"。成子弄死了好不容易捕来的促织，吓得跳井；成名"如被冰雪"，"抢呼欲绝"。当时一家的悲惨情景是："夫妻向隅，茅舍无烟，相对默然，不复聊赖"。由征促织的祸害之烈，反映了在封建统治下人民所受的深重灾难。

本文在写作上，情节波澜起伏。整个故事讲的是征、捕一只蟋蟀的经过，情节却十分曲折生动。尤其是从"捕蟀"到"献蟀"的部分，真是一波三折，张弛有道，引人入胜，扣人心弦。有些情节是读者难以意想到的。如成名受"神"的指示，好不容易才捉来一只蟋蟀，却又被儿子弄死了，而且儿子竟然吓得跳井。在"自昏达曙，目不交睫"的景况下，"忽闻门外虫鸣"，几经周折，捉到的却是一只小得不象样的蟋蟀。后勉强拿它和常胜的著名蟋蟀"蟹壳青"试斗，竟意外地获得大胜。就在成名欢喜之余，却闯来一只公鸡，虫落爪下，眼看九死一生，想不到的是"虫集冠上，力叮不释"，公鸡竟然败在小虫的脚下。作者就是这样巧妙地驾驭着故事的发展，扣住读者的心弦，让读者跟随故事里的人物一起担忧、着急、惊慌、高兴。由此可以看出他艺术技巧的高超。

善于围绕主题来安排材料故事情节。小说一开始就点出"宫中尚促织之戏"，接着叙述征促织；成名捕得促织，又被他的儿子弄死；其子"身化促织"，使促织失而复得，直至最后进献促织。整个作品的情节紧扣捕捉促织而展开，而这一系列的描写都是从各个侧面逐层深入地揭示主题。

善于通过细节描写来刻画人物的内心活动。例如，写成名回到家里听到他的儿子扑死促织时，先是"如被冰雪"；接着"怒索儿"，等到发现其子投井而死，"化怒为悲，"抢呼欲绝"；后来其子苏醒，才又化悲为喜，"夫妻心稍慰"；但当他看到"蟋蟀笼虚"，无法缴纳促织时，又由喜而悲；随后听到"门外虫鸣"，又转忧为喜；当成名捉到促织后，仔细看，"以其小，劣之"，又化喜为忧。通过这些细节的描写，把成名从悲到喜，由喜转悲，悲而复喜的内心活动和精神面貌，刻画得活灵活现。

这篇小说，叙述了主人公成名因被迫缴纳促织而几乎家破人亡的故事。造成成名一系灾难的直接原因是各级封建统治者的荒淫、残暴。小说开头，点明此事发生于明代宣德年间，但不能机械理解，实际上他所写的社会现实，在封建时代有极大的普遍意义。与作者所处的清代王朝也有着密切的联系。

小说在叙述成名的悲惨遭遇中，始终把矛头指向封建统治者及其走卒，如里胥、县令、抚军，而且还把问题归结到封建时代的最高统治者——"宫中"。这就能比较深刻地揭露封建制度的反动本质，从而对人民群众寄予深切的同情。

作品安排驼背巫的神卜和成名儿子魂化促织这两件事，是幻想的情节，这些情节虽然有涉迷信，但跟有意识地宣扬迷信不同。有了这些幻想情节，就使故事很自然地得到了喜剧性的结局。

《促织》这篇作品总的来说有它的积极意义。但是，由于历史的阶级的局限，它不可避免地包含有若干消极的成分。例如，作者对封建社会的最高统治者仍然抱有幻想，把罪恶主要地归咎于"奉行者"，希望皇帝从征促织所暴露出来的事实中，引以为戒。作者还通过巫婆的"神示"和成名儿子的"魂化"来解决作品中所揭示的矛盾，按照"天将以酬长厚者"的愿望来给成名安排一个升官发财的结局，这些在客观上宣扬了神道迷信、因果报应的落后思想，削弱了谴责封建统治者的力量。我们学习本文，对这些消极的因素，也必须有清醒的认识。

关于思考和练习

一、"然"在本课中有三种用法：

1. 作动词用，意思是"以为然"，例如"成然之"。

2. 作转折连词用，相当于现代汉语的"然而"，例如："然睹促织，隐中胸怀，折藏之，归以示成"。

3. 附在描写声容情态的词语之后，作结构助词，与现代汉语中的"的"、"地"相当。例如："循陵而走，见蹲石鳞鳞，俨然类画"，"冥搜未已，一癞头蟆猝然跃去"，"怒索儿，儿渺然不知所往"，"夫妻向隅，茅舍无烟，相对默然，不复聊赖"，"近抚之，气息惙然"，"成视之，庞然修伟，自增惭怍，不敢与较。

二、填上下列句子省略的字，并说明意思。

1.令以[之]责之里正。——"之"~~代驼背巫从帘内掷出的纸片~~代供应蟋蟀的差事。

2.折藏之，归以[之]示成。——"之"代驼背巫从帘内掷出的纸片。

3.当待限期，以[之]塞官责。——"之"代蟋蟀。

4.喜置[之]榻上，半夜复苏。——"之"代成名的儿子。

5.将献[之]公堂，惴惴恐不当意。——"之"代蟋蟀。

定西地区卫生学校课时教案

编号：　　　　　　　　　　　　　　　　周次：

教研组长批准：

1984年10月　日　郭家之

授课日期	198　年　月　日	班次		节次	

课题与教学目的	华佗传　　范晔

教学内容和方法：

作者简介：

范晔（yè叶）（公元398—445年），南朝宋代史学家。顺阳（今河南淅川）或（湖北襄阳附近）人。字蔚宗。博览经史，长于写作，初任尚书吏部郎。元嘉初年，因参加贵族丧礼，醉后取乐，被贬为宣城太守，不得志。当时统治阶级内部矛盾扩大，地方官谋叛，因他参与策划，在元嘉二十六年被杀。后汉书本有几家的作品，经过范晔的删订，成为一家言。本文选自范晔著的《后汉书·方术列传》。陈寿写的三国志也有华佗传，范晔的华佗传多取材于陈作。

解释分析：

一 华佗，字元化，沛国谯 〔qiáo〕沛国，今安徽省宿县西北一带。谯，在安徽省亳县（bō泊）。 人也。一名旉 同"敷"，"敷"古字。

游学徐土 今徐州一带（江苏和山东接壤处）。 兼通数经 数经，几种经书，这里指诗、书、易、礼、春秋等儒家经典著作。汉制，通一经者为博士。

晓养性之术，年且百岁而犹有壮容，时人以为仙。——华佗，字元化，沛国谯人。又名旉。游学徐州一带，还精通几种儒家经典著作。通晓保养身心的方法，年纪已近百岁还有象壮年人一样，当时的人们认为是神仙。

沛相 沛国丞相

举陈珪举推荐。孝廉 地方官荐举出来，录用后为皇家服务的人。太尉掌管武事位于丞相 黄琬辟征召。皆不就。——沛国丞相陈珪推举和太尉黄琬征召华佗去做官，他都拒绝了。精于方药，处剂不过数种。——精通处方治病，所用的药物不过几种。心识分铢分辨 汉制十黍为一絫，十絫为一分，四分为一钱，分铢极言量的细小。不假称量。——不假借称量，便能看出药的细小分量。针灸不过数处，裁同"才"七八九，指针灸用穴不多。——针灸不过七八九个穴位。若疾发结于内，针药所不能及者，乃令先以酒服麻沸散华佗发明的一种全身麻醉剂。既醉无所觉，因刳(kū)于是剖开 破腹背外科剖腹手术。抽割积聚；若在肠胃，则断截湔(jiān)洗。洗，除去疾秽；既而缝合，傅同"敷"，涂；贴。以神膏。——如果疾病发生于内里，扎针灸吃药治不了的，那就先以酒服麻沸散，当麻醉到没有知觉时，于是剖开腹背，割取溃烂的东西；如果疾病发生在肠胃，就断截洗涤。除去聚积的脏物，再进行缝合，贴上膏药。四五日创愈，一月之间皆平复——四五天刀口愈合，一月时间即可痊愈。

二、佗尝行道，见有病咽塞者遇有咽喉阻塞病的人。因语之曰："向刚才来道隅经过的路旁有卖饼人，萍齑(jī 基)萍，浮萍，是水面浮生的植物，可供食用，齑，切碎的食物。萍齑：用切碎的萍制成的酸菜。甚酸，可取三升饮之，病自当去。"——华佗常在路上，看见患有咽喉阻塞病的人，就说："刚才经过的路旁有卖饼的人，再喝三升用切碎的萍制成的酸菜，病当然会好的。"即如佗言，立吐蛇指一种寄生虫。乃悬于车而候佗。时佗小儿戏玩耍于门中，逆见自相谓曰逆作"迎"解，迎见，对面看到。自相谓曰：是小儿们自己在说。："客车边有物，必是逢我翁也。"一定是遇见我们父亲的。逢，遇。——正如华佗所说的，（病人）立时吐出一条虫，于是悬挂在车上等候华佗，这时华佗的小儿们在门中玩耍，对面看到客人就说："车上有虫，他一定是遇见我们父亲的。"

复习题和作业：

教师：

一九八　　年　　月　　日

及客进，顾视壁北，悬蛇以十数 挂着的蛇有十几条。乃知其奇。——直到客人进去，看见北面墙壁上，挂着的蛇有十几条，才知道华佗惊人的医术。

三、又有一郡守笃（dǔ）一作"忠实"，一作"病势沉重"。病久，佗以为盛怒则差 差同"瘥"（chài）病愈。乃多受其货而不加功 多接受他的财物，却没有进一步给他治疗。无何 不多时，无几时。即历时很短的意思。弃去，又留书骂之。——又有一个郡守病势沉重很久，佗以为使他大怒，病才会好的，于是多接受他的财物，却没有很好地进一步给他治疗。不多时，离他而去，又留一封信骂他。太守果大怒，命人追杀佗，不及，因瞋恚（chēn huì）瞋，睁大眼睛瞪人；恚，恨，怒。吐黑血数升而愈。——太守果然大怒，派人追杀华佗，没有赶上，因此怒目愤恨，随吐黑血数升病就好了。

四、又有疾者，诣求（yì）一作（学业、技术）所达到的程度，如"造诣"。一作到某个地方去看人（多用于所尊敬的人）。佗求疗。佗曰："君病根深，应当剖破腹，然君寿亦不过十年，病不能相杀 相害也。"——又有一个患病的人，请求华佗治疗。华佗说："你的病根很深，应当剖腹治疗，但你的寿命也不过十年，但这病在十年内也不会致死。病者不堪其苦，必欲除之。佗遂下疗，应时愈 即时，立刻。十年竟死。——病人忍受不了疾病的折磨，一定想治好它，华佗就给他治疗，立刻便好。但十年后病人果然死了。

五、广陵 今江苏扬州。太守陈登，忽患胸中烦懑 "懑"同"闷"，"烦闷"。面赤不食。佗脉之曰："府君胃中有虫，欲成内疽，指脏腑的肿疡。疡发内部，而外表有红肿的为内痈，痈发内部，外部无红肿，隐晦的痈为内疽。腥物所为也。"——广陵太守陈登忽然患胸中烦闷，面红不食，华佗切脉说："你胃中有虫，已成肿疡，这是因为你吃肉食所发生的。即作汤二升，再服，须臾吐出三升许虫，头赤而动，半身犹是生鱼脍 生鱼丸。所苦便愈。——立即作汤药二升，再服二次，一会儿便吐出三升多虫，头红而动，半身好像是生鱼丸，疼痛后便好。

佗曰："此病后三期（jī）期，一周年。当发，遇良医可救也。"登至期疾动，时佗不在，遂死。——华佗说："这病三年后又要发作，碰到良医可以得救。陈登三年后疾病果然发作，因当时华佗不在，就死了。

六、曹操闻而召佗，常在左右。操积苦头风眩 头痛目眩的毛病，佗针，随手而差。——曹操听说并召唤华佗，常在他左右，曹操苦于头痛目眩（相当三叉神经痛）的毛病，华佗给他随便扎几针就好了。

七、有李将军者，妻病，呼佗视脉。佗曰："伤身 损伤身体而流产，伤身，伤胎，身，身孕。而胎不去。"将军言："间实 间，近来。实，确实。伤身，胎已去矣。"——有个叫李将军的，妻子有病，请华佗切脉。华佗说："伤胎，而孩子没有下来。"将军说："近来确实伤胎，但胎儿已死了呀！"

佗曰："案脉，胎未去也。"将军以为不然。妻稍差。百余日复动，更呼佗。佗曰："脉理如前，是两胎，先生者去血多，故后儿不得出也。胎既已死，血脉不复归，必燥著母脊。”——华佗说：“按脉，胎儿未死。”将军以为不是这样。妻稍好一些，一百多天感到腹动，再请华佗。华佗说：“脉理跟以前一样，是有胎，先生前失血多，因此后儿不得产出。胎儿已死，失血多，必然影响母体脊骨枯燥。”~~为了下针，并给进汤~~

乃为下针，并令进汤。妇因欲产而不通。佗曰：“死胎枯燥，势不自生。”——为了下针，并让进汤，妇人因临产而不通。华佗说：“胎死，血不再滋养，自当枯燥，不能自生下来。”

使人探之，果得死胎，人形可识，但其色已黑。——使人检查果然是死胎，人的形体可辨认，但肤色已变黑。

佗之绝技，皆此类也。——华佗高明的医术，都是这样啊！

八、为人性恶，难得意，性恶，指个性孤高，因而难得意（对现实不满） 且耻以医见业，认为使自己的医术，专为统治阶级个人服务是可耻的。——华佗个性孤高，对现实不满，不能达到自己的意愿，并且认为使自己的医术，专对统治阶级个人服务是可耻的。

又去家思归，乃就操求还取方。因托妻疾，数期不反。数（shuò）屡次。期，期约，订期，作动词用。几次请假期满，不回任。操累书呼之，又敕郡县发遣。再命令郡县官府打发他走。佗恃能厌事，佗仗着自己有本领不愿服侍曹操。犹不肯至。——又想回家去，就对曹操要求回家去取药方。因托妻子有病，几次请假期满，不回任。曹操几次去信催他，再命令郡县官府打发他走，佗仗着自己有本领不愿服侍曹操，还不肯回任。

操大怒，使人廉之，叫人暗中察看实情。廉，察。知妻诈疾，乃收付狱讯，（把他）关进监狱里去审讯。考验首服。承认有罪。——曹操大怒，派人暗中察看实情，知道妻子没有病，就把他关进监狱去审讯，考问，华佗承认有罪。

荀彧（yù）东汉人，有文才，是曹操的谋士，后为操所忌，被杀。请曰：“佗术实工，医药本领确实高明。人命所悬，人命所系。宜加全宥。”应当宽待保全他的生命。操不从，竟杀之。——荀彧请求说：“华佗的医药本领确实高明，人命所系，应当宽待保全他的生命。”曹操不听，竟杀了华佗。

佗临死出一卷书与狱吏曰：“此可以活人。”吏畏法不敢受，佗亦不强（qiǎng）不勉强。强同强。索火烧之。——华佗临死拿出一卷书给狱吏说：“这书可以救人。”狱吏害怕犯法不敢受，华佗也不勉强，要火把书烧了。

（这段，陈寿《三国志·华佗传》的原文是：荀彧曰：“佗术实工，人命所悬，宜含宥之。”太祖（即曹操）曰：“不忧天下当无此鼠辈耶？”遂考竟佗。佗临死，出一卷书与狱吏，曰：“此可以活人。”吏畏法不受，佗亦不强，索火烧之。佗死后，太祖头风未除。太祖曰：“佗能愈此。小人养吾病，欲以自重，然吾不杀此子，亦终当不为我断此根原耳。”及后爱子仓舒病困，太祖叹曰：“吾悔杀华佗，令此儿强死也。”）

九、初，军吏李成苦咳，昼夜不寐。佗以为肠痈，肠内痈疡。与散两钱，服之即吐二升脓血，于此渐愈。乃戒之曰：“后十八岁疾当发动，若不得此药，不可差也。”复分散与之。后五六岁，有里人如成先病，有同乡人，患了和成先前一样的病。请药甚急。成愍，“愍”同“悯”，怜惜。与，与，给。与之。乃故往谯，更从佗求，适值见收，恰巧碰到（佗）被拘押。意不忍言。后十八年，成病发，无药而死。——起初，军吏李成苦于咳嗽，昼夜睡不着觉。华佗以为肠内痈疡，给散两钱，服后即吐二升脓血，病渐渐好起来。又告诫说：“以后十八年这病又要发作，如果得不到这药，就治不好呀！”又分散给他。以后五六年，有同乡人，患了和成先前一样的病，要药紧急，成怜惜给他。因此往谯再求华佗要药，恰巧碰到华佗被拘押，不好意思开口，后十八年，成病复发，因没有药而病死。

十、广陵吴普、彭城汉代为郡治，今江苏铜山县。樊阿皆从佗学。普依准佗疗，多所全济。——广陵的吴普、彭城的樊阿都从华佗学习。吴普准确的依照华佗的方法治疗，大都治好了。佗语普曰："人体欲得劳动，但不当使极尔。动摇则谷气饮食经肠胃消化提炼出来的精气，是滋养身体的。得销，血脉流通，病不得生。譬犹户枢，终不朽也。是以古之仙者，为导引之事，熊经鸱顾熊经，象熊攀树直立而引气。鸱（chī 吃）顾，象鸱鸟一样身不动而头回顾。引挽腰体，动诸关节，以求难老。——华佗对吴普说：人体须得活动，但不应当过度。活动能使饮食经肠胃消化提炼出来的精气得到运行，血脉流通，疾病不得发生。就象门大的转轴，常不腐朽。因此古代有修养的人，为引导气血流通，摸仿熊攀树直立而引气，摸仿鸱鸟一样身不动而头回顾的动作。运动腰体，活动关节，达到长寿。

我有一术，名五禽之戏，一曰虎，二曰鹿，三曰熊，四曰猿，五曰鸟；亦以除疾，兼利蹄足，以当导引古代操练气功之术。主要是呼吸吐纳，运动肢节。体有不快，起作一禽之戏，怡（yí）快乐愉快：心旷神怡、怡然（形容喜悦）而汗出，因以着粉，身体轻便而欲食"。——我有一种法术，叫做五禽的玩法，一叫虎，二叫鹿，三叫熊，四叫猿，五叫鸟；也可以治疗疾病，同时使四肢手脚得到锻炼，能促身体，为治病打基础。如果有身体不畅快、舒服，摸仿做其中一种动物的动作，直到大汗淋漓，身体感到轻快而想吃东西了。普施行之，年九十余，耳目聪明，齿牙完坚。——吴普按五禽的玩法锻炼，年纪九十余岁，耳清目明，牙齿完坚。

十二、阿善针术。凡医咸（都）言背及胸脏之间，不可妄针，针之不可过四分——樊阿特长针灸方法。凡是医家都言，背到胸脏之间的疾病，不可轻率扎针，扎针不能超过四分。而阿针背一二寸，巨阙穴道名，在脐上六寸。胸脏乃五六寸，而病皆瘳。chōu 病愈痊愈——而樊阿在背上扎针一二寸，巨阙、胸脏五六寸，病都好了。阿从佗求方，可服食益于人者。佗授以漆叶青黏（nián 年）散滋补身体的药方。漆叶，即漆树叶，可治虚劳能杀虫。青黏是黄精的别名，一名黄芝，又称葳蕤（wēi 委），益精气治风湿。散，漆叶屑一升，青黏十四两，以是为率。（lǜ）以这个做比例。率，比率。言："久服去三虫泛指人体寄生虫。利五脏，轻体，使人头不白。"阿从其言，寿百余岁。——樊阿从华佗求取服食而有益于人体的药方。华佗授给漆叶青黏散，漆叶屑一斗，青黏十四两，以这个做比例，说："常期服可以杀灭人体寄生虫，有利于五脏，轻快身体，头发不白。"樊阿按照华佗的话去做，活了一百多岁。漆叶处所而有，青黏生于丰、沛、彭城及朝歌间沛，沛县。丰，丰县在江苏沛县之西，现属于徐州专区。朝歌，古为殷都，在今河南省淇（qí）县。——漆叶到处都有，青黏生长在丰县、沛县和朝歌一带。

课文分析：

华佗（141—208）是我国后汉时一位杰出的大医学家，历代劳动人民都给以很高的评价。在戏曲和民间传说中，也常出现他的形象。他首先使用"麻沸散"麻醉全身，进行剖治肠胃的外科手术。在公元二三世纪，我国劳动人民就积累了这样丰富的医疗经验，在世界医学史上也是领先的。

他不仅是个外科圣手，对内科、儿科、妇科以及药物学都有研究。此外，他还很重视运动，创出"五禽之戏"，认为适当的运动可以预防疾病，增进健康。他轻视功名富贵，在医疗工作中和群众结下了深厚的情感。因此他坚决反对为曹操个人所御用，结果遭到杀害。他临刑前，还一心关怀着人民的病痛，想把自己的医术留传下来，由于封建统治者的淫威而未能实现。这些事实充分反映了在阶级社会中医生的不幸遭遇，也说明了那种社会制度是阻碍着医学科学的进步的。

全文可分自然段为四个部分。

第一部分：即第一自然段，简略介绍了华佗生平和他高明的医术，特别指出，他首先使用"麻沸散"麻醉全身，进行剖治肠胃的外科手术，这在世界医学史上也是领先的。

第二部分：第二至第七自然段，即"佗甚行道……皆此类也。"通过华佗为曹操、太守等人治病的事例，说明华佗精深的医疗技术，他不仅是个外科圣手，对内科、妇科以及药物学都有研究。

第三部分：即第八自然段，他坚决反对为曹操个人所御用，结果遭受杀害，表现了他轻视功名富贵，刚直不阿的品质。

第四部分：第九至十一自然段，从吴普、樊阿从佗学习和李成"适值见收，竟不忍言"反映了华佗在医疗工作中和群众结下了深厚的感情，他临刑前，还一心关怀着人民的疾痛，想把自己的医术书留传下来，但由于封建统治的淫威而未能实现。

作业：课讲分析《扁鹊传》（节）

定西地区卫生学校课时计划

编号　　　　　　　　　　　　　　　　　　　　首　页

科目	语文	授课教师	朱训德
班次			
日期、节次			
课题	第一单元　华佗传　　范晔		
教学目的、要求	《华佗传》记述了华佗的一生，表现了华佗高明的医术和他厌恶功名富贵、刚直不阿、同情人民的品质。通过本文的学习，使学生了解华佗对祖国医学的杰出贡献，并学习他刚直不阿、同情人民的思想品质，联系自己的学习实际，勤奋学习专业知识，树立良好的医疗道德，为四化建设贡献他的力量。学习立意和选材的方法。		
基本内容			
重点、难点			
教具			
教研组长审查意见	[illegible]　　签字：　　1985年12月18日		
课后回忆			

课文分析：

全文十八个自然段，可分为四部分

第一部分（第一自然段）总括介绍华佗的生平及其高超的医术。

"兼通数经，晓养性之术"使用麻沸散，表现出精湛医术。

"沛相陈珪举孝廉，太尉黄琬辟，皆不就"表现淡于富贵名利的思想性格。

第二部分（第二至八自然段）通过六条医案具体记述华佗的一些医疗活动，反映了他在医学上的巨大成就。

第二段记述治疗"咽塞"病，重在说明善用偏方。

第三段记述为某郡守治病，重在说明善用精神疗法。

第四段记述为患者剖腹治病重在说明华佗外科手术的高明。

第五段记述治疗肠疥胀胃寄生虫，重在说明善用汤剂。

第六段记述为曹操治疗头风病，重在说明善用针术。

第七段记述明断双胎，重在说明精于脉理。

第八段用一句话对第二部分段作了小结。

第三部分（第九至十自然段）记述了华佗被杀的经过及其影响。

"为人性恶，难得意，且耻以医业"这句话表面上写华佗性情孤僻、高傲，但纵观他行医的一生，实际上却反映了他不愿为统治阶级个人充当医侍，淡于富贵名利、刚直不阿的高尚情操。

第四部分（第十一至十八自然段）用华佗两个徒弟的事迹来衬托华佗医术特别是针术的高明，同时补充说明了华佗精于养生之道。

创"五禽之戏"，使用"漆叶青黏散"，对医疗体育和药物学都有精深的研究。

对于表现主题起了烘托和补充的作用。

主题：本文通过对华佗生平事迹的记述，突出表现了他高超的医疗技术和杰出的医学成就，以及他同情疾苦，认真从医，不畏权势，威武不屈的思想性格。

写作特点：

一、围绕主题，选择安排材料，详略得当，重点突出。

二、衬托方法的运用。

定西地区卫生学校课时教案

编号：　　　　　　　　　　　　　　　　周次：

教研组长批准： 1984年10月26日　（签名）					
授课日期	198　年　月　日	班次		节次	
课题与教学目的	《伤寒论》自序　张机				

教学内容和方法：

作者简介：

张机（约150—219）字仲景，东汉南阳郡涅（niè，蘖①可做黑色染料的矾石，②染黑。）阳（今河南南阳县）人，是我国古代著名的医学家。学医于同郡张伯祖，当时兵荒马乱，疫疠流行，人们死于疾病的甚多。为了帮助人们战胜疾病和死亡，仲景进一步钻研医药，获得卓越的成就。他的著作很多，可惜已大部散失，流传后世的只有《伤寒杂病论》，后人又把它编集为《伤寒论》和《金匮要略》（匮kuì，缺乏：匮乏，匮竭。古又同"柜"guì）两书。书中有关辨证论治和理法方药的论述，对发展中医理论和临床应用都有重大贡献，为后世所重视。仲景所以有这样巨大的成就，是和两汉以来劳动人民与疾病作斗争中积累起来的丰富经验，和当时社会生产的发展，以及其他科学的成就分不开的。

本文选自通行本《伤寒论》，有删节。

原文与注释

余每览越人入虢（guó国）春秋时的一个国名之诊、望齐侯之色 指扁鹊为虢太子和齐桓（huán还）姓）公治病的故事。说明其医术的精深。详见《扁鹊传》。未尝不慨然叹其才秀也。——我每当看到扁鹊去为虢太子和齐桓公治病的那种精深的医术，未尝不佩服赞叹他那高超的才能啊！怪当今居世之士，曾(从来)不留神医药，精究方术(一般指医技(医药卜筮、占验等)这里指处方治病技术)上以疗君亲之疾，下以救贫贱之厄，(厄，è，①险要的地方，②灾难，困苦：厄运：不幸的遭遇。③受困：海船厄于风浪。)——~~奇怪的是生活在今天的医生，从来不注意医药~~，中以保身长全，以养其生。——奇怪的是生活在现在的医生，则从来不注意医药，精心研究处方治病的技术，在上治疗皇帝亲属的疾病，在下挽救贫民百姓的生命，在中来保护自己的身体，健康生活。

但竞逐荣势，(但，只是，限制性副词，只争着去追求荣华权势。)企踵权豪，(踵，脚后跟。企踵，踮起脚后跟远望，企望自己能接近有权有势的人物。)孜孜汲汲，(汲，jí，肌。这字形容词急急忙忙，心情急切的样子。)惟名利是务；崇饰其末，忽弃其本，华其外而悴(cuì，瘁。憔悴。)其内。——只争着去追求荣华权势，企望自己能接近有权有势的人物，急急忙忙，只追求名利，崇拜装饰不重要的东西，而忽视抛弃最根本最重要的东西，追求外表华丽而不注意身心的健康。

皮之不存，毛将安附焉？——皮子不存在，毛将生长在什么上面呢？这句意思是说：一个人如果~~失去生~~丧失生命，怎能谈到思想荣势名利等等呢！卒然遭邪风之气，(卒，同猝，突然，骤然。邪风之气，指外来的足以引起疾病的气。)婴非常之疾，(婴，遭受。)患及祸至，而方震栗，降志屈节，(降志，降低自己的意志。屈节，丢掉自己的节操，即低首下气的意思。)钦望巫祝，(钦，恭敬。巫祝，古代的迷信职业者，这里指用迷信方法来治病的人。)告穷归天，束手受败。——突然遭到邪气，遭受严重疾病，祸患来到，而才震惊害怕，降低自己意志，丢掉自己的节操，请求巫祝看病，力量用尽，结果死亡，无可奈何听凭命运的摆布。赍(jī，持拿。)百年之寿命，持至贵之重器，(重器，指身体。)委付凡医，恣其所措。(恣，zì ①放纵，没有拘束，任意。②舒服：适恣，恣得很。)——舒着本来可以活到百年的生命和宝贵的身体，给庸医任意摆布。咄嗟(duō jiē 吆喝，叹叫唤。)呜呼！(叹息声。两个都是感叹词，这里连用以加强语气。)厥(jué 他的)身已毙，神明消灭，变为异物，

复习题和作业：

教师：

一九八　　年　　月　　日

幽潜重泉 幽：深。潜：埋。重泉：即九泉地底下，这句说人死后深埋九泉之下。徒为啼泣。——唉，身体失去知觉而死，灵魂消灭，转变为其他东西，深埋在九泉之下，空空地耗费精神哭泣。

痛夫！举世昏迷，莫能觉悟，不惜其命，若是轻生，彼何荣势之云哉？——

痛心呀！世人昏迷，不能觉悟，不爱惜生命，象这样轻率地对待自己的生命，那还谈什么荣华权势呢？而进不能爱人知人，退不能爱身知己，遇灾

值 遇到，碰上。祸，身居厄地，蒙蒙昧昧，蠢若游魂。——而进不能热爱人了解人，退不能爱惜

身体认识自己，遇到灾祸，面临险境，则糊糊涂涂，愚蠢得好象游荡的灵魂。哀乎！趋世之士，驰竞浮华 追求浮夸虚华的名利权势。不

固根本，忘躯徇 xùn ①依从，曲从；徇私。②对众宣示。③同"殉"，以身殉职。这里当徇私讲。物，危若冰谷 喻很危险的境地，即如临深渊，如履薄冰之意。

至于是也！——悲哀呀！那些趋炎附势的人，只知追求浮夸虚华的名利权势，不顾根本的事情，忘记身体去徇私谋取财物，危险得如临深渊，如履薄冰，直至于这样啊！

余宗族素多，向余二百 向来有二百多人。建安 汉献帝刘协的年号，起自公元196年，终于公元220年。纪年以来 犹未十稔（rěn稔）还不到十年。稔本意指谷物成熟，古代谷物一年一熟，故称一年为稔。其死亡者三分有二，伤寒十居其七。——我宗族的宗族人本来就多，向来有二百多人，自从建安以来，还不到十年，死去的人就有三分之二，绝大部分的人死于患伤寒。

感往昔之沦丧 沦亡丧失。大批死亡的意思。伤横夭 横遭夭折 之莫救，乃求古训 古书的意义。这里指研究古代医书的真实含义和正确解释。博采众方，撰用 指撰（zhuàn，篆）著作。撰用，这里指撰书时参考和引用各种文献。《素问》内经的部分共九卷，故称素问九卷。《九卷》即《灵枢》。一说九卷是书名，即灵枢。枢 shū ①门上的转轴：户枢不蠹。②事物的重要或中心部分：中枢、枢纽。《八十一难》，即《难经》。传说为战国时秦越人（扁鹊）所著。该书讨论了八十一个医学理论问题，故称"八十一难"。难，问难，也可理解为疑难问题。《阴阳大论》，古代书名。一说就是指《素问》中专讲运气的几篇，即是此书。

《胎胪药录》一般认为是古代关于妇科和儿科方面的医书。并平脉辨证 这句话可作两种~~解释~~理解，一为切脉辨证，指临床实践经验，平作辨解；二是把"平脉辨证"理解为古代脉法诊断方面的专书。为《伤寒杂病论》合十六卷。——有感于过去的人沦亡丧失，横遭夭折不能得救，于是我研究古代遗留的医书，广泛采取大家的良方，参考引用各种文献，如：《素问》、《九卷》、《八十一难》、《阴阳大论》、《胎胪药录》，并结合自己切脉诊断的实践经验，写成为《伤寒杂病论》共十六卷。

虽未能尽愈诸病，庶 副词，表示希望，有或许、大概的意思。庶几，将近，差不多，大约。可以见病知源。若能寻余所集，思过半 思，理解，想通，想通了一大半。这里是指问题已基本解决了。矣。——虽然不能完全治好各种疾病，但大概可以认识病的根源，如果能参考我的著述，那末问题就可以基本解决了。

夫天布五行，以运 运化、变化。万类，人禀 bǐng ①禀报，禀告。②禀儿 ③承受。这里依接受、承受讲。五常 即五行。以有五脏；经络府俞 经络是体内气血运行的通路。府同腑，俞通腧，指腧穴。阴阳会通；玄冥幽微 渺茫幽深微妙。这里指人的生理病理深奥难明。变化难极 难以穷尽。——自然界有五行，以运化万物，人秉承有五行，才有五脏，经络脏腑腧穴，都按阴阳双方矛盾运动，变化深奥，难以穷尽。

自非 除非 才高识妙，岂能探其理致哉？——除非有高超的才能和精深的学识，怎么能搞清楚它的道理呢？

上古有神农、黄帝、岐伯、伯高、雷公、少俞、少师、仲文，相传岐伯、雷、少俞、少师、仲都是黄帝的臣下，均通医理。中世有长桑、扁鹊，汉有公乘阳庆及仓公，下此以往，未之闻也。——上古有神农、黄帝、岐伯、伯高、雷公、少俞、少师、仲文，中世有长桑、扁鹊，汉有公乘阳庆及仓公，以后没有听过啊！

观今之医，不念思求经旨，经旨，指古代医书的中心意思和精神实质。以演，推演，引申，发挥之意。其所知，各承家技，终始顺旧；各人继承自己的家传（包括师传）技术，始终按照老办法治病。这里批判了墨守成规，因循守旧的保守思想，表现了张仲景的革新精神。省病问疾，务在口给，（省xǐng醒）口给：善辩，善于口头应付。给人看病和询问病情只满足于口头上应付几句。相对斯须，相当于“须臾”，即片刻。便处汤药。——看现今的医生他们不精心研究领会古代医书的中心意思和精神实质，推演发挥自己所掌握的知识，各人继承家传或师傅所传授的技术，始终按老办法治病，给人看病和询问病情，只满足于口头上应付几句。相对片刻，便随便处方下药。

按寸不及尺，握手不及足；古代看病切脉不单是按手上寸、关、尺三部，还要在脚背上诊脉，这两句是批评诊脉不全面、不周到。人迎、趺阳，趺，fū 风夫，同“跗”，脚背。颈部结喉两侧的动脉叫做人迎，后世把左手寸部也叫人迎。脚足背前的胫动脉叫趺阳。都是古代诊脉的地方。三部一指人身上、中、下三部，一指寸、关、尺三部。不参；动数发息，动数，脉的跳动次数。息，即一呼一吸为一息。医生调整自己的呼吸来计算病人脉搏跳动的次数。这句是指计数脉搏和呼吸的次数。不满五十。脉跳不足五十次就停止切脉，有的脉象（如代脉）就不可能掌握，言诊脉之草率。——切脉按寸不及尺，握手不及足，人迎、趺阳、三部不全面结合，计数脉搏和呼吸的次数不到五十就停止了。短期未知决诊，短期，时间很短或最近期间。这里有二说：一说时间很短，不可能作出确切的判断。二说在病人最近期间病情变化的趋向如何都不能诊断出来。九候曾无仿佛，九候，指诊脉的部位。据《素问·三部九候论》云：上部为头上两额、两颊、耳前；中部手桡（ráo，划船的桨）骨、天骨、虎口；下部足内踝（huái 怀，小腿与脚之间，左右两侧的突起）后、大趾内侧及大趾与次趾之等九处的动脉。髣髴，同“仿佛”。曾无仿佛，简直连一点模糊不清的印象也没有。明堂阙庭（阙 què，宫门前两边供了望的楼，泛指帝王的住所、宫阙。）据《灵枢·五色篇》所述，明堂即鼻子。阙为两眉之间，庭指前额及颜面。尽不见察，所谓窥管即从管中去看事物。喻观察事物不全面。而已。——连病人最近期间病情变化的趋向如何都不能诊断出来，九候诊脉的部位简直连一点模糊不清的印象也没有。鼻子、两眉之间、前额及颜面全不观察，这叫做从管中去看事物罢了。

夫欲视死别生，实为难矣！想使死亡离开生命，确实是很难的呵！

孔子云：生而知之者上，学则亚之；多闻博识，知之次也。余宿尚方术，请事斯语。余，我。宿，素来。尚，重视。事，允许。斯，这些。我素来重视医学，请允许我按照孔子这些话去做。孔子鼓吹“生而知之”是不对的，但张仲景并没有把自己看成生而知之的天才，而强调的是学而知之和“多闻博识”，他在医学上的突出成就正是他刻苦学习的结果。——孔子说：人生下来就靠天资懂得知识的人是上等的，通过学习而懂得知识的人是次等的，勤学好问掌握的知识是次要的。我素来重视医学，请允许我按照孔子的这些话去做。

课文分析：

全文分三段：

第一段：作者揭述了当今居世之士，不留神医药，精究方术，而只知钻营名利，追求权势的丑态。张机生当东汉末年，那是兵燹（xiǎn野火。）频仍、灾疫不断的年代，而当时的一般知识分子，只知"竞逐荣势，企踵权豪，孜孜汲汲，惟名利是务"，不去"留神医药，精究方术"其结果是"进不能爱人知人，退不能爱身知己"。一旦疾病临身，便"降志屈节，钦望巫祝"，或为庸医所误。张机在这篇序文中感慨之余，痛切的向读者呼吁："痛乎！举世昏迷，莫能觉悟，不惜其命，若是轻生，彼何荣势之云哉……。哀乎！趋势之士，驰竞浮华，不固根本，忘身徇物，危若冰谷"，说明关心和学习祖国医学的必要。

第二段：叙述了作者的治学方法和他撰写《伤寒杂病论》的动机与情况。序文中作者谈到他从医和写作的动机是"感往昔之沦丧，伤横夭之莫救，于是他一方面研究古代医学理论"勤求古训"，广泛采集历来各医家与民间的方剂"博采众方"，并将两者结合自己的临床经验平脉辨证，通过这种实事求是的苦心钻研，便写成了《伤寒杂病论》这部经典著作。

第三段：序文还批判了一般医生诊断和治疗的草率态度"观今之医，不念思求经旨，以演其所知，各承家技，终始顺旧，省病问疾，务在口给，相对斯须便处汤药"；切脉"按寸不及尺，握手不及足，人迎、趺阳，三部不参，动数发息，不满五十，短期未知决诊，九候曾无仿佛，明堂阙庭，尽不见察"，因此，"欲视死别生，实为难矣！"文中过分夸大了古代名医的作用，宣扬了医学神秘的观点。"夫天布五行，以运万类，人禀五常，以有五脏，经络府俞，阴阳会通，玄冥幽微，变化难极，自非才高识妙，岂能探其理致哉……"阴阳五行和疾病的变化自有它的规律性，人们通过反复的研究和实践是可以认识的，古代名医的高明医术也是不断总结前人的经验和自己临床实践的结果。张有宣扬医学神秘的观点，夸大古代名医的作用，反映了他的阶级和历史的局限性，是应当予以批判的。

定西地区卫生学校课时教案

编号：　　　　　　　　　　　　　　　　周次：

教研组长批准： 1984年10月26日 [illegible]					
授课日期	198　年　月　日	班次		节次	
课题与教学目的	过零丁洋　文天祥				

教学内容和方法：

时代背景：《过零丁洋》诗是南宋英雄文天祥用鲜血和生命写下的一首传世名作。南宋末年，蒙古军消灭金国，建立元朝，接着挥戈南下，临安小朝廷被迫投降。文天祥与张世杰、陆秀夫等奉益王赵昰登位。在江西福建一带继续率领军队与元军作英勇顽强的斗争。1278年底，文天祥在海丰兵败被俘。次年正月，元水军大举进攻南宋最后一个小朝廷所在的崖山，文天祥被押于船上。当船只经过珠江口外的零丁洋时，诗人想到当年在赣州起兵时经过的皇恐滩，不禁感慨万千，吟成了这首《过零丁洋》诗。其后，又书此诗答元军统帅张弘范的诱降。

分析：辛苦遭逢起一经，（指科举中精通一种经书的考试科目。文天祥二十岁起，以一经擢第，后官至右丞相，担负起挽救南宋危亡的重任，所以说"起一经"。）干戈（指战争岁月。）寥落（荒凉冷落）四周星。（本指年，这里诗人用这几个字容易造成四周星光寥落的错觉，巧借字）——首联前句

面双关，形象地勾出了那个时代里暗苍凉的特征。

写诗人从科目门径踏上仕途的经历，后句写自己度过的荒凉冷落的战争岁月。总写诗人从科举门径踏上仕途到带兵抗元的身世遭际。

山河破碎风飘絮，身世浮沉雨打萍。——这第二联比喻平直，并无惊人之笔。"山河破碎"，如被风吹散的飞絮；"身世浮沉"，如被雨打着的水上浮萍。"风飘絮"既是形容山河，也是表现人的飘忽不定，"雨打萍"既是讲人的身世浮沉，也是指风雨飘摇中的江山。两句比喻的含义互相穿插渗透，诗人的命运与山河的命运密切相关，个人的浮沉紧牵着祖国的安危。这里诗人虽然没有表述自己为救亡而艰苦奋战的业绩，但是那与山河共存亡的决心和战斗经历都清清楚楚地展示在读者眼前。

惶恐滩（惶恐滩在今江西省万安县，是赣江十八滩之一，水流急险，使人望而生畏，故有"惶恐"之称。）头说惶恐，零丁洋（在珠江口外。）里叹零丁。——第三联诗人巧用地名抒写身陷绝境的沉痛心情，并简练地概括了自己由起兵到失败的事实经过。1277年，文天祥在江西被元军打败，曾从惶恐滩一带撤退到福建。这里地名与诗人的经历以及当时情境的巧合，用词非但不显重复，反而生发出更深一层的含义：当初诗人从惶恐滩头的撤退注定了失败的结局，自不免惶恐之情；而今又目睹元军舰队围困大海孤岛上的赵宋最后一个皇帝，南宋朝廷气息奄奄，皇帝的恐慌和诗人的惶恐交相叠加，连说两个"惶恐"又何嫌其多？船过零丁洋，由自己孤苦零丁的处境联想到崖山上陆秀夫、张世杰和小皇帝孤苦零丁的情状，连说两个"零丁"也似不尽诗人满腔的悲愤和孤苦的情肠。诗人在这里表现的不是对个人命运的悲鸣，而是对救国危亡的壮志未酬的叹恨。地名与境遇的巧合触发诗人写作此诗的，而诗人有意运用这种巧合造成复沓，更加强了全诗一唱三叹、回肠荡气的效果。

人生自古谁无死，留取丹心照汗青。——诗人倾尽自己一生心事和无限沉痛，面对元军诱降和生死考验

复习题和作业：

教师：

一九八　　年　　月　　日

又以一腔热血道出了"人生自古谁无死，留取丹心照汗青"的时代强音。这光耀千古的诗句将全诗的激情升华到最高峰。自此，诗人向中华民族的史册捧出他那颗光芒万丈的丹心，表明了决心以死为国殉节的心迹。这正象他在《正气歌》中所说的那样，从春秋到唐代，许多生当乱世的英雄人物都用他们的高风亮节为祖国历史增添了光辉："时穷节乃现，一一垂丹青"，"是气所磅礴，凛烈万古存。"这一信念使这首诗的思想境界达到前人所未有达到的高度，激励着人们为爱国理想和正义事业奋斗献身。

主题：这首七律将诗人一生艰辛的历程与动荡的时势紧紧联系在一起，从个人的身世遭遇写出了一个山河破碎的时代，表现了诗人在生死考验面前大义凛然、视死如归的英雄气概和高风亮节。

定西地区卫生学校课时教案

编号：　　　　　　　　　　　　　　周次：

教研组长批准：

1985年4月2日

授课日期	198　年　月　日	班次		节次	

课题与教学目的

威尼斯商人

《威尼斯商人》具体而形象地反映了资本主义原始积累时期高利贷剥削者的形象，揭露了资产阶级的贪婪和残暴的本性。通过本文的学习，使学生认识资产阶级怎样运用残酷剥削的手段而发家致富进行原始积累的过程，和资产阶级吝啬、自私、贪婪、残酷的反动本质。从而教育学生，更加热爱社会主义制度，激发四化建设的革命热情。学习戏剧中使用丰富多采、符合人物性格的语言塑造典型人物形象的艺术手法。

教学内容和方法：

教学方法：讲解结合启发式教学

教学时间：四课时

第一课时

作者简介：

威廉·莎士比亚（1564—1616）是欧洲文艺复兴时期的代表作家，英国著名的诗人和戏剧家，也是世界文学史上影响较大的资产阶级作家之一。他生于英国中部斯特拉福镇富裕市民的家庭。少年时代他在当地文法学校学习拉丁文、希腊文。后因家庭破产，只得辍学，当过学徒和小学教师。二十岁左右去伦敦谋生，先在剧院打杂、看马，后来做过演员、导演、编剧，还当了剧院的股东和老板。一六一三年回到故乡，一六一六年逝世。　　生平　　辍 chuò 停止

莎士比亚一共写过三十七个剧本，两首长诗，一百五十四首十四行诗。他的创作，依据他本人思想发展的情况，可分为三个时期。初期从一五九〇年一六〇〇年，一般称为喜剧和历史剧创作时期。写出两首长诗、一百五十四首十四行诗和二十二个剧本，计有喜剧十个，历史剧九个，悲剧三个。代表作品有《威尼斯商人》（1597）《仲夏夜之梦》（1596）《皆大欢喜》（1600）　　作品

《第十二夜》(1600)和《罗密欧与朱丽叶》等。中期从一六〇一年到一六〇八年，一般称为悲剧创作时期，是莎士比亚创作的最光辉时期，莎士比亚创作了悲剧八个，喜剧三个。这个时期他的代表作品有《哈姆雷特》(1605)《奥赛罗》(1604)、李尔王(1605)《麦克佩斯》(1605)及《雅典的泰门》(1608)等。晚期从一六〇八年到一六一二年，可称为传奇剧创作时期，这时期共创作了《暴风雨》(1612)、《辛白林》(1609)和《冬天的故事》(1610)三个传奇剧。

提示： | 课文提示

莎士比亚的创作，广泛地描写了英国封建制度衰落、资本主义兴起时代各种巨大社会力量的冲突，深刻地反映了资本主义萌芽时期的精神面貌和时代特征，有力地宣扬了文艺复兴时期的人文主义的政治要求和生活理想，具有反封建的进步作用。他的创作和诗歌是文艺复兴时期文化艺术的高峰，是全人类珍贵文化遗产的一个不可多得的重要组成部分。

《威尼斯商人》这个著名喜剧是莎士比亚创作初期写成的。这时期正是伊丽莎白女王统治的盛世，中央集权的王权已比较巩固，资本主义经过较长时期的原始积累，已初步繁荣。一五八八年击败入侵英伦海峡的西班牙"无敌舰队"取得了海上霸权。莎士比亚写这个剧本时的倾向性在情节中自然而然地流露出来，那就是反对旧式资本即高利贷资本而歌颂新式资本即商人资本。前者收取高利，不利于工商业的发展，后者冒险于海外，推动了资本主义的发展。莎士比亚站在新兴资产阶级立场，嘲讽前者而美化后者，是合乎时代精神。但也明显受了时代的局限，他和他的

复习题和作业：

授课老师：

一九八　　年　　月　　日

同时代人只看到高利贷的剥削，却没有看到海上贸易的劫掠行为。

戏剧是一种综合艺术，它是文学、音乐、美术、舞蹈等各种艺术的综合体。戏剧文学的分类，因标准的不同有不同的分类法。根据容量的大小，可以分作独幕剧和多幕剧；根据表现形式的不同，可以分为话剧和歌剧；而根据戏剧文学所反映的矛盾冲突的性质和所运用的表现手法，以及它对读者的感染作用，则可分为悲剧、喜剧和正剧。（戏剧介绍）

悲剧，往往是表现重大的社会矛盾冲突，表现善恶两种社会力量的严重斗争中邪恶势力压倒了善的势力，善的、崇高、美好的力量在斗争中付出了重大的代价。鲁迅就曾经这样说过，悲剧是将人生的有价值的东西毁灭给人看。

喜剧是以嘲笑和揭露生活中的反面人物、落后现象和落后人物及其他一切不合理的现象为自己的任务。鲁迅说，“喜剧将那无价值的撕破给人看”。所以，喜剧一方面对落后的、丑恶的事物加以讽刺和嘲笑，一方面又歌颂和赞扬新生的、美好的事物。

正剧是指在一个剧里既有悲剧的因素，也有喜剧的因素，它既不属于悲剧，也不属于喜剧，所以谓之正剧。

第二课时

提问：简介莎士比亚的生平和作品。

课文分析：

《威尼斯商人》全剧共五幕二十场，有三条情节线索：第一条是威尼斯商人安东尼奥为了帮助朋友巴萨尼奥向一个名门小姐求婚，向高利贷者犹太人夏洛克借三千两银子，借期三个月。夏洛克出于妒恨，假意不收利息，但议定如果到期不还，则在安东尼奥“贴紧着心口”处割下一磅肉来抵债。安东尼奥是个商业资本家，他有很多条商船在海外进行贸易，到期还三千两银子不成问题，因此，就与夏洛克签（《威尼斯商人》全剧剧情线索简介。）

订了这个"肉契"。那知道安东尼奥的货船在海上遇难，使他到期不能还债。夏洛克根据契约去控告安东尼奥欠债不还。他不要偿金和利息，非要一磅肉不可。正当安东尼奥命在旦夕的紧急时刻，巴萨尼奥的未婚妻鲍西娅假扮律师登场了。鲍细亚严格按章办事，可以割肉，但不能流一滴血，而且不能多割或少割，不许伤害安东尼奥的生命，否则必给抵命，财产充公。结果夏洛克败诉，以破产而告终。第二条线索是鲍西亚选亲。她遵照先父的遗志，用金、银、铅做的三个匣子，里面放着骷髅、傻子的画像和小姐本人的肖像，求婚者选中了肖像便嫁给他。巴萨尼奥选对了，于是两人成了眷属。第三条线索是夏洛克的女儿杰西卡与基督教青年罗兰佐的爱情，由于夏洛克的阻止，二人被迫私奔。

本书所节选的第四幕第一场是全剧最精彩的一场，是全剧的高潮。这场戏以鲍西亚的上场为转机，分为前后两半，前半场主要是夏洛克的戏，他执意报复，一定要按约割肉，后半场则是鲍西亚的戏，她智挫夏洛克，取得胜利。

戏一开场，交代了公爵一再劝他取消契约，不要伤害安东尼奥的生命，可是夏洛克一味坚持"按约处罚"。巴萨尼奥也愿以六千两银子，加倍偿还夏洛克，但这一切都被夏洛克拒绝了。他要的是安东尼奥身上的一磅肉，他磨刀霍霍，准备动手杀人，气焰十分嚣张。而安东尼奥则束手无策，几乎陷入绝望的境地。

戏一开场夏洛克气焰嚣张，安东尼奥几乎陷入绝境。

但一到后半场，剧情突变，安东尼奥从绝境中得救，而夏洛克则阴谋破产，一败涂地。这个转折的关键，就是巴萨尼奥的未婚妻鲍西亚的出场，她女扮男装为律师，她了解案情的始末，随身带有击败夏洛克的法律条文。第一步，她先从劝导入手，劝犹太人"慈悲一点"，从法律的立场作几分让步。同时强调法庭执法无私，法律不容变通。第二步，她劝犹太人接受三倍原数的钱。第三步，她劝夏洛克在割肉时请一个外科医生，免得安东尼奥流血致命。鲍西亚的三步棋，表面看来被夏洛克顶了回来，实际上她把夏洛克一步一步地引进了死胡同。

后半场鲍西娅出场，剧情突变。

鲍西娅欲擒故纵

鲍西亚在夏洛克充分暴露的情况下，向夏洛克宣布判："那商人身上的一磅肉是你的。""你必须从他的胸前割下这磅肉来。"夏洛克以为这磅肉垂手可得，连声赞美"判得好"。戏剧发展至此达到了高潮。

但是聪明的鲍西娅运用她的智慧，果断地向夏洛克宣布："这约上并没有允许你取他的一滴血，条上只写明着'一磅肉'，……要是流下一滴基督徒的血，你的土地财产，按照威尼斯的法律，就要全部充公。"鲍西娅进一步说得更明确："要是你割下来的肉，比一磅略为微轻一点或是重一点，即使相差只有一丝一毫，或者仅仅一根汗毛之微，就要把你抵命，你的财产全部充公。" 鲍西亚智挫夏洛克

这些话既符合"契约"，又符合"法律"，正好击中夏洛克的要害。它使法庭形势发生了急剧的变化。

夏洛克不甘失败，仍以退为守，先企图搬弄法律条文为自己摆脱窘境，继而又想要钱，从三倍赔款到捞本，再退到放弃诉讼。但鲍西娅严正执法，宣布夏洛克有"危害被告生命的企图"，将财产半数"归受害的一方所有，其余的半数没入公库"。 夏洛克遭到惨败

公爵自动饶恕了夏洛克的死罪。公爵以"仁慈"了结案件，与这一场戏开头前后呼应，表现了人文主义所倡导的"仁慈"对贪欲的胜利。

夏洛克是这场戏的主要人物。他是资本主义原始积累时期高利贷吸血鬼的典型。他放高利贷，盘剥他人，他为人极为吝啬刻薄，像豺狼一样残暴贪婪，他不信基督，钱才是他崇拜的上帝，也是他活命的根本。他平常行动审慎，见人说话总装着谦卑的样子。然而在一磅肉的诉讼中，在法庭上，他凶相毕露，气焰十分嚣张，变成了一个残忍、固执、冷酷、无情的复仇主义者。他之所以痛恨安东尼奥，是因为安东尼奥借钱给人不取利息，阻碍了他的发财之路，因此他就施奸计，图报复。他敢于和威尼斯公爵开展辩论，绝不退让。他一心想置安东尼奥于死地，即使放弃赔款，也在所不惜，可以说，贪欲、嫉妒、阴 夏洛克的本质特征

险、残酷、灭绝人性”，正是夏洛克这个人物形象的本质特征。 授课日期

鲍西娅、安东尼奥、巴萨尼奥是一组与夏洛克根本不同的人物。莎士比亚在这组人物的身上寄托了自己的人文主义的理想。在这场戏里，莎士比亚竭力渲染他们在生死关头的深情厚谊，把他们写得纯洁无私。莎士比亚把他们与夏洛克对立起来，一褒一贬，歌颂了他们所幻想的真诚无私、和谐的人文主义的理想，鞭挞了资产阶级拜金主义的残暴和冷酷。

鲍西娅等人物寄托了作者的人文主义理想

总之，《威尼斯商人》具体而形象地反映了资本主义原始积累时期商业资产剥削者的形象。它有助于我们认识资产阶级怎样运用残酷剥削的手段而发家致富进行原始积累的过程，它也有助于我们认识资产阶级贪婪、自私、贪婪、残酷的反动本质。

主题思想

但是，喜剧却美化了资产者，把安东尼奥写得重视友谊、慷慨大度，而在这场戏中又把他刻划成软弱无力等待宰割的羔羊，引起人们对他的同情。实际上他却是一个经营海上贸易的原始积累时期的巨商大贾。他和夏洛克本质上完全一样。至于剧中一再提到的“仁慈”，只是当时人文主义者用以揭露社会现实的一种思想武器。而资产阶级本身，是从来也没有“仁慈”过的。

对安东尼奥的本质认识

第三课时

从艺术上说，这场戏也能体现莎士比亚喜剧的某些特色。

《威尼斯商人》四幕一场是全剧的高潮。法庭斗争写得波澜起伏，变化多端。戏剧冲突围绕着要不要“按约处罚”这一中心问题而进行。公爵、巴萨尼奥、葛莱西安诺三人从劝到骂，态度一个比一个激烈，夏洛克的反驳却振振有词，越来越占上风。到了夏洛克磨刀霍霍的时候，情节发展到了前半场的高峰。鲍西娅上场之初欲擒故纵，表面上似乎是站在夏洛克一边，夏洛克也以为但尼尔再世，乐不可支，安东尼奥则向朋友告别，陷入绝境，就在这个关键时刻，剧情直转急转直下，

写作特色之一：情节曲折，波澜起伏。

鲍西娅严正宣判照约执行，出人意外地使夏洛克陷入惨败的境地，使这个蓄意害人的人受到法律的无情的惩罚，剧情生动，具有喜剧效果。

莎士比亚善于塑造各种个性鲜明的典型人物，他总是在紧张激烈的矛盾冲突中，通过人物自己的语言和行动来刻划人物形象的。在这一戏中，夏洛克与鲍西娅的形象塑造得最鲜明突出。夏洛克是资本主义原始积累时期小贼高利贷的商人的典型。他性格的主要特征是贪欲、吝啬、狠毒，也表现出顽固、愚蠢和狡猾。莎士比亚先把他置于斗争的有利地位，表现他的固执、拒绝加倍还钱，磨刀示威，不肯请医生而要在安东尼奥紧贴胸口处割下那磅肉来，集中刻划他的贪吝和狠毒。接着又将他置于斗争的不利地位，表现他以退为守、讨价还价、显示唯利是图的商人的狡猾。与安东尼奥的软弱相比，他凶狠而残暴；而在鲍西娅过人的机智面前，则暴露其愚蠢和贪欲。

写作特色之二：人物形象鲜明。

鲍西娅是莎士比亚创造的人文主义的妇女形象。在这一场戏中，莎士比亚始终将她放在矛盾斗争的中心，表现她面对矛盾和解决矛盾的果敢、沉着、博学和聪明。她敢于斗争，善于斗争，一开始就运用智谋取得了法庭斗争的主动权，接着又一步步暴露了夏洛克的丑恶面目，用采用"以其人之道还治其人之身"的方法，给夏洛克以致命打击，智取顽敌，使"仁慈"战胜了贪欲。

莎士比亚在戏剧中使用的语言，丰富多彩，符合人物性格。如夏洛克在来前半场舌战中，有时用反诘的方法进行反驳，有时冷嘲热讽、刻薄挖苦，真是锋芒毕露，咄咄逼人，但语言鄙俗，充满商人口语，如"耗子"、"张开嘴的猪"、"忍不住要小便"等。判决之后，他的话处处不离一个钱字，如"难道我单单拿回我的本钱都不行吗？""你们夺去了我养家活口的根本，就是活活要了我的命"，表现了他拜金狂的本性。又如鲍西娅的语言是诗意化的哲理语言和明快简洁的口语相结合，既表现了人文主义者的深刻思想，也反映了律师身份的果断

写作特色之三：语言丰富多彩，符合人物性格。

授課日期

和干练、博学和聪明。

〔作业〕

一、读了这场戏，你对资产阶级的贪婪和残暴有怎样的认识？

二、剧本在对话中用了不少比喻，把这些比喻找出来，说说它们在塑造人物和表现主题上有什么作用。

定西地区卫生学校课时教案

编号： 周次：

教研组长批准：					
1985年4月2日 [signature]					
授课日期	198 年 月 日	班次		节次	
课题与教学目的	采药 沈括				

教学内容和方法：

一、题解

作者沈括十分重视中草药。在《梦溪笔谈》中有六十余条目，详细地辨析了草药的真伪、异同和疗效，并指出了不少沿袭的谬误，对我国药物学做出了有益的贡献，《采药》就是其中的一篇。

二、原文与注释

古法采药多用二月、八月 月，在本文中指农历。此殊 殊，很，根。未当 不恰当，不妥当。但二月草已芽，八月苗未枯，采掇 (duō) 采集，掇，拾取。者 人。……的 易辨识耳，耳，罢了。在对药则未为 为，是。良时。好时期。大率 (shuài) 大概，大体上。用根者，者，代词……的药物。若有宿根 宿根，指多年生草本植物的根。须取 取，选取。无茎叶时采，则 那么 津泽 精华 皆归其根。欲验之 之，它，但 只要。取芦服、萝卜。地黄辈 辈，等，类。观，无苗时采，则实 实，饱满。而沉；沉，重。有苗时采，则虚 虚，空虚 而浮。浮，轻。其无宿根者，即候就要等到。苗成而未有花时采，则根生已足而又未衰。如今之之，助词，的。紫草，未花时采，则根色鲜泽；鲜泽，鲜艳润泽。花过而采，则根色黯恶（wù）黯恶，暗淡难看。此其效效，效验。也。也，语助词。用叶者，取叶初长足时。用芽者，自从从，按照。本说。用花者，取花初敷初敷，初开。时。用实实，长成的果实或子实。者，成实成熟时采。皆不可限以以，拿。时月。缘缘，因为。土气地温有早晚，天时有愆（qiān）伏。愆伏，指寒暖失调。如平地三月花花，开花。者，助词，的。深山中则四月花。白乐天唐朝诗人。《游大林寺诗》云："人间四月芳芳菲，花。菲菲，茂盛。尽，山寺桃花始始，才。盛。"唐代诗人白居易，曾于元和十二年（817）四月九日游庐山大林寺，见桃花始开，即兴写《大林寺桃花》诗，"人间四月芳菲尽，山寺桃花始盛开。常恨春归无觅处，不知转入此山来。"盖发语词。常理也。也，助词。此地势高下之之，助词，的。不同也。如筀（guì）竹筀竹，竹名，叶细节疏，可作篾篓。笋，有二月生者，有三四月生者，有五月方生者，谓叫做之代词，它。晚筀，稻有七月熟者，有八九月熟者，有十月熟者，谓之晚稻。一物同一畦（qí）之间，自有早晚，此这是。物性性，指作物的特性。之不同也。也，用在句末，表示判断。岭峤（qiáo）五岭的别称，五岭在今广东、广西交界地区。岭，是很高的山。岭峤，是泛指广东广西一带。微草小草凌冬凌冬，刚到冬天。不凋；并并州，今山西太原附近地区。汾汾州，今山西汾阳地区。乔木，高大挺拔的树木。望秋秋天刚来临。先陨；陨，坠落。诸越

复习题和作业：

教师：

一九八　　年　　月　　日

古代称浙江以南的地区。则桃李冬实，朔漠北方沙漠地区。这里泛指北方。则桃李夏荣。荣，夏天开花。此地势之不同也。一亩之稼，则粪粪，动词施肥。溉灌溉。者助词，的。先芽；芽，发芽，动词。一丘量词，一块地。之禾，则后种者晚实。此人力之不同也。岂难道可一切拘拘，拘泥，限制。以而。定月哉。语气助词，呢。

三、课文分析

采药，即采集中草药。

沈括指出采药的季节，植物的本性，地理气候，栽培条件对药物都有影响，因此，要因时因地制宜，不能死定采药的时间。

作者不迷信古法。对前人关于采药的时间的说法，提出了新的见解，强调在采集中药时，应根据药物的需要，区分药物所用部分的根、茎、叶、花等的不同和植物的特性、地理、气候和栽培条件的不同情况，因时因地的来确定采药的时间，从而表现了沈括的朴素的辩证唯物思想。

从写作特点上看，首先用词准确。如："无苗时采，则实而沉；有苗时采，则虚而浮。"的"实""沉""虚""浮"，"未花时采，则根色鲜泽，花过而采，则根色黯恶"的"鲜泽""黯恶"等等，都是一字不能移易的。其次说理严密，层次清楚，中心明确。文章开头提出："古法采药多用二月、八月，此殊未当"作为全文论述的中心，然后从不同的方面分别进行论证。当提出中心之后，文笔立即转入根据药用部分的根、叶、花、茎的不同的要求，确定不同的采药时间。最后以"岂可一切拘以定月哉"总结全文，照应开头，这样使文章的结构安排上显得非常紧密，条理清晰，说理严密，文章显得干净利落。

四、译文

古法采药多在二月、八月，这很不妥当。只不过二月草已发芽，八月苗还未枯死，采药的人容易辨认罢了。对采药就不是好时期。大体上，用根的药物，如有宿根的，必须在没茎叶时采，这时精华都集中在根部。要证明这一点，就拿萝卜、地黄等来看，没有茎叶时采，根就饱满而沉重；有茎叶时采，根就空虚而轻浮。那些没有宿根的，就要等到苗长成而没开花时采，那么这时根已长足而又未衰老。譬如现在的紫草，没有开花时采，那么根的颜色就鲜艳光泽；花开过后采，那么根的颜色就黯淡难看，这就是不同时节采药的不同效果。用药叶的药物，在花初放时采。用果实的药物，在果实成熟时采，都不要限制在固定的月份采药。因为各地的地温上升有早有晚，每年的节气也有先后，天气的寒暖也会失调。如平原地区三月开花的，深山要到四月才开花。白居易《游大林寺》诗中说："人间四月芳菲尽，山寺桃花始盛开。"这是一般的道理，这是地势高低的不同造成的。如筀竹笋有二月出的，~~三月出的~~四月出的，有五月才出的叫晚筀。水稻有七月熟的，有八、九月成熟的，有十月成熟的叫晚稻。同一品种的植物，成熟也有早有晚，这是植物的特性的不同造成的。岭峤地区的小草，冬天不凋谢；并汾地区的乔木，临近秋天就凋谢，诸越地区桃李冬天结果实，北方地区的桃李夏天才开花。这是气候不同的原因。同一亩地的庄稼，但施肥灌溉的先收获；同一块的禾苗，后种的晚结果实。这是人力不同的原因。难道可以一切都限制在固定的月份吗！

五：布置作业

1. 分析《采药》的段落层次，说说作者是怎样阐明采药不可"拘以定月"这一道理的。

2. 指出下列语句中带点的词的词性及其用法：

中间以索连属之

古法采药多用二月、八月

花过而采

实而沉

定西地区卫生学校课时教案

编号： 周次：

教研组长批准：					
1985年4月2日					
授课日期	198 年 月 日	班次		节次	
课题与教学目的	永遇乐·京口北固亭怀古 辛弃疾				

教学内容和方法：

题解：

作者辛弃疾（公元1140——1207），是南宋著名爱国词人。字幼安，号稼轩，宋代历城（今山东济南人）人。他出生在金人统治下的济南，北方人民的灾难，在他童年生活中就留下了深刻的印记。二十一岁时，率众二千余人参加济南农民耿京为首的抗金义军，并在军中掌书记。金主完颜亮南侵失败后，他劝耿京归附南宋。叛徒张安国谋害了耿京，并劫持了部分起义军投降金人。辛弃疾得知消息后，率部下五十人驰骑直捣张安国五万人的大营，活捉叛徒，长驱渡淮，南归宋朝。他历任湖北、湖南、江西、福建、浙江安抚使等职。他一贯坚持主张抗金，~~要注重安定民生，训练军队，打击贪污豪强等主张~~曾在《美芹十论》、《九议》等文章中阐明自己力主抗金，要注重安定民生，训练军队，打击贪污豪强等主张。但遭朝廷当权者之忌，被主和派诬陷罢官，长期落职闲居。到宋宁宗嘉泰、开禧年间（1201——1207）韩侂（tuó）胄（zhòu）任宰相，面对崛起的蒙古部落对金国后方的重大威胁，韩侂胄想乘机对金用兵以提高自己的威望，便起用一些主张抗金的人。这时，六十四岁的辛弃疾又一度出任浙东安抚使、镇江知府等职。开禧二年（1206）年，南宋出兵北伐，由于韩侂胄不重视辛弃疾的意见而大败，辛弃疾受到流言蜚语的中伤，又被弹劾免职回家。晚年家居江西铅山，六十八岁时终因在政治上屡遭打击，满腔忠愤，怀抱着始终不能实现的政治抱负与世长辞了。

爱国词人辛弃疾的词，反映了南宋面临的严重的民族矛盾，批判了朝廷中的主和派和投降派，抒写了自己热爱祖国和抗金到底的豪情壮志。他的词热情洋溢，感慨深沉，意境阔大新奇，再加上生动而夸张的描绘与想像，构成辛弃疾词的豪放风格的独有特征。

他的词集有《稼轩长短句》（十二卷）与《稼轩词》（四卷）两种刊本。总计六百余首词。

《永遇乐·京口北固亭怀古》，"永遇乐"是词牌。"京口"在今江苏镇江，三国时吴国孙权和南朝宋武帝刘裕都曾在这里建都，是历史上有名的军事重镇。"北固亭"位于镇江北面的北固山上，北临滚滚的长江，形势险要，是镇江有名的游览胜地。"怀古"，对古人的事迹有所追念和感慨。"京口北固亭怀古"是这首词的题目，意思是：在京口北固亭想到过去……。

这首词是辛弃疾引退多年之后，被南宋皇帝重新起用，任命为江防重地镇江知府时所写。他这时已六十六岁，抱病登上了屹立江滨的北固亭，俯瞰滚滚东流的江涛，又眺望为女真贵族所侵占的北岸大地，感慨万千，于是借登临北固亭即景想起的历史人物、事件的经验教训，写了这篇作品来告诫南宋统治者。

原文与注释：

千古江山，英雄无觅（mì）觅，寻找。孙仲谋仲谋，是孙权的字。孙权是三国时候吴国的皇帝，他曾建都京口。

处。——千年来，江山依旧，但是已无处去找孙权那样的英雄了。舞榭（xiè）榭，台上的房屋。歌台，舞榭歌台，歌舞楼台。

风流英雄事业的流风余韵。总被，雨打风吹去。——当年的歌舞楼台，繁华景象，英雄事业，经受风吹雨打，已随着时光的流逝而消失了。

复习题和作业：

教师：

一九八　　年　　月　　日

斜阳草树，寻常巷陌，（mò）普通人家住的街巷。人道 道，说，动词。寄奴 南朝宋武帝刘裕的小名。他的先世由彭城移居京口，在此生长。他曾率大军北伐，打败鲜卑族，取得辉煌胜利。曾 曾经。副词 住。——这在夕阳照射下草木杂乱、荒凉普通的街巷，人们说这就是当年寄奴曾经住过的地方。

想当年，当年，指刘裕为了恢复中原，大举北伐的时候。金戈（gē）铁马，金戈铁马，原指金属制成的武器和披着铁甲的战马。这里指代兵强马壮的军队。气吞万里 指刘裕军队，驰骋于中原万里之地，先后消灭南燕和后秦，光复洛阳、长安等地。如虎。——回想那时，刘裕（寄奴）率领的大军兵强马壮，威势如虎，驰骋疆场，气吞山河，把盘踞在中原的敌人一下子赶回北方去了。

元嘉 南朝宋文帝刘义隆（刘裕之子）的年号。草草 草率从事，时间仓促，行动轻率。封 在山上筑坛祭神。狼居胥 古山名，在今内蒙古自治区内。汉武帝时（公元前121年），大将霍去病打败了匈奴，一直追到狼居胥山，在山上筑坛祭神，庆祝胜利。赢得 落得 仓皇 手忙脚乱。北顾。向北面看。——（而）元嘉年间，宋文帝刘义隆（刘裕的儿子），草草出兵北伐，想要建立功业，收复失地，结果只落得大败南逃。四十三年 作者于1162年从北南下，至1205年做镇江知府时写这首词，前后共43年。望中 中原。犹 还，副词。记、记得。烽火 战火，指金主完颜亮南侵。扬州路。指淮南东路，今江苏北部、安徽东北部一带，扬州为其首府，路，宋朝行政区域名。——四十三年过去了，现在瞭望长江北岸的扬州，还记得那时遍地燃烧着战火的情况。可堪 不堪，那堪表示难堪地感叹。回首，佛狸祠 佛狸祠，在现江苏六合县的瓜步山上。北魏太武帝拓跋焘，小名佛狸，击败王玄谟的北伐军，追到长江北岸的瓜步山，在山上建立行宫，即后来的佛狸祠。下，一片神鸦 神鸦，飞集在庙里吃剩余祭品的乌鸦。社鼓！祭神时敲的鼓。——唉！过去的事情真是不堪回首啊。现在江北的人们正在那异族皇帝佛狸的庙前迎神赛会，香烟缭绕，乌鸦争食，社鼓咚咚，都忘记了以前异族侵略的惨剧了。凭 指望，介词。谁问：问，过问，关心。廉颇（pō）战国时期赵国的名将，被人谗害，去奔魏国。老矣，矣，了，语气助词。尚 还，副词。能饭 饭，吃饭，动词。否？秦国要攻打赵国，赵王想起用廉颇，但因派去的使者受了廉颇仇人郭开的贿赂，说了他的坏话："廉将虽老，尚善饭，与臣坐，顷之，三遗矢矣。"于是赵王认为廉颇老过，就不再起用他了。——在这样的情况下，（自己虽然年老，但壮志不减当年，还想为国出力）谁还来问：廉颇老了，饭量还好吗？

课文分析：

这是首以古喻今，借古讽今的怀古词。

词的上阕，通过怀古，追慕古代英雄，抒发作者对当时执政的南宋统治者的愤慨。登上北固亭，遥望远方，祖国的大好河山尽收眼底。面对千秋依旧的大好河山，很自然地想到了古代的英雄人物。一个是在这里开国建都，打败曹操南侵大军的孙仲谋（即孙权），但这样的英雄现在已无处寻觅了。第二个人是词人从进入眼帘的荒草古树，冷落萧条的普通巷陌想到从京口起兵，两度北伐的、生擒燕、秦两王的刘裕，他的英雄业绩留传后世，他的英雄气概令人敬佩。作者赞扬孙权和刘裕，是对古代英雄的怀念，是对南宋朝廷苟且偷安，不能光复国土，成就英雄业绩的谴责和批判。作者深为今世没有英雄而感到遗憾，他忧思满腹，怀古伤今，为国事而忧虑，这又表现了他的爱国之心。

下阕是全词的重心所在。作者一生力主抗金，反对异族侵略，朝思暮想恢复中原。但他却坚决反对在思想上和物质上没有充分准备的轻举妄动。"元嘉草草，封狼居胥，赢得仓皇北顾。"是说南朝宋文帝刘义隆（刘裕之子）因为听了夫玄谟的话，一时好大喜功，使草率出师北伐鲜卑，结果只"赢得仓皇北顾"。这里作者借古讽今，借刘义隆的故事，警告南宋掌权韩侂胄不要为提高自己的威望而轻妄动，草率出兵，重蹈前人覆辙。此词作后第二年，韩侂胄果然贪功冒进，北伐失败，导致金人大举南侵。作者引用古代历史上的惨痛教训警告当权者，这里再次表现出他关心北伐，为国忧虑的爱国之心。"四十三年，望中犹记，烽火扬州路。可堪回首，佛狸祠下，一片神鸦社鼓"。这几句，通过追忆往事，抒发作者忧国伤时，壮志未酬的悲愤。从宋高宗绍兴三十二年（1162年）金主完颜亮南侵时算起到作者写这首词时已整整四十三年了。站在北固亭上，远望对面的扬州路，又唤起了对四十年前扬州路上连天烽火的战事的回忆。当时，自己年轻力壮，血气方刚，一心要收复中原。于是和广大的起义军驰骋疆场，英勇抗金，为国效力。这些战斗的情景今日回忆起来记忆犹新。可是，现在看到的却是异族侵占的国土上，他们（包括腐朽的堕落的南宋统治者）在佛狸庙前敬神祭佛，香烟缭绕，乌鸦争食，社鼓咚咚，一片"太平"景象。不难看出，他们早已忘记了扬州路上的烽火，忘记了异族的侵略，忘记了丢失国土的奇耻大辱！作者通过过去和现实的对比，慨叹人心竟如此麻痹，他用回忆要激发人们的斗志，激励人心，同仇敌忾。作者在这里以极其悲愤的心情抗议、斥责，鞭挞了南宋的腐朽统治者，对长期沦陷土地上的人民寄予极大的关怀和同情。这时的作者虽已年迈，但仍关心着国家的兴亡，伺待有一天能被朝进起用，奔赴深国。但对于面对现实，他不能不感到惆怅、失望、怨恨，他期望着能在不远的反攻作战中得到重用，于是发出"凭谁问：廉颇老矣，尚能饭否？"的诘问。这悲愤不平的责问以廉颇自喻，抒发壮志未酬的忧愤，也是对昏君、对朝廷、对一切夫和派投降派的斥责。综上所述，可看出下阕的中心是借古讽今，表明自己对国事的关心。

通过以上简析，可总结出本这首词的中心思想是，通过怀念古人，感叹今世，批判了南宋统治者的腐败昏庸、苟且偷安，表现了作者对国事的关心和壮志未酬的忧愤。

作者处在封建社会中，本人又是统治阶级中的一员，所以在词中表现了他的阶级局限。他把南宋朝廷看成民族兴亡命运的主宰者，认识不到只有依靠人民才能赶走异族，恢复中原，使国家兴旺发达。

这是一首怀古词，通篇用典是其显著的艺术特色。词中运用了与当地有关的历史人物和历史事实，联系自然，用典贴切，因而反映了现实问题，丰富和深化了主题。

作业：

《永遇乐·京口北固亭怀古》运用了一些典故，举出了一些历史上的英雄人物，说说这种写法对表达这首词的思想内容有什么作用。

定西地区卫生学校课时教案

编号： 周次：

教研组长批准：					
1985年4月2日 [signature]					
授课日期	198 年 月 日	班次		节次	

课题与教学目的

医论 孙思邈

这篇课文论述了大医修养的两个方面：专业要精，品德要诚。通过本文学习，教育学生建立良好的医德，加强救死扶伤的责任感，准备做一个又红又专的医务工作者。

掌握本文翻译技巧。

教学内容和方法：

第一课时

一、范读课文

二、作者简介：

孙思邈（581—682）华原（今陕西耀县）人，是唐代的一位大医学家。他通儒释道三家的学说，在医学上的成就尤其高。隋唐两代的帝王要他出来做官，替封建王朝装饰门面，都被他拒绝了。他用毕生的精力，在民间行医，人们尊称他为孙真人。

他总结了唐代以前的医学成就，先后写成了千金方和千金翼方这两部巨大的著作。在书中，他把小儿病和妇科病列居首要地位，并采用了许多个民间药方，这充分体现了他和人民的亲密关系，也说明了他怎样关心妇女的疾苦和下一代新生的成长的。

《医论》选自千金方里的大医精诚论，略有删节。

三、学习课文

第二课时

一、串讲分析：

张湛(zhàn)东汉平陵人，字子孝，撰养生要集十卷。曰："夫经方之难精，由来尚矣。"由来已久。尚，久远。

——张湛说："处方治病难以精通，由来已久啊。"今病有内同而外异，亦有内异而外同，故五脏即心、肝、脾、肺、肾。精藏于肾，神藏于心，魂藏于肝，魄藏于肺，志藏于脾，此谓五藏。六腑谓胆、胃、膀胱、三焦、大小肠。之盈虚，血脉营卫之通塞，固非耳目之所察，必先诊候诊察症候以审之。——现在的病有内里相同而外表不一样，也有内里不一样而外表相同的，所以五脏六腑的强健衰弱，血液循环的畅通阻塞，根本不是耳目所能察觉的，必须先以诊察症候来判断。而寸口关尺诊脉的部位叫寸口，腕后高骨为关，关前为寸，关后为尺，意即切脉诊断。有浮沉弦紧之乱；俞穴流注俞即腧，输通。穴，孔隙。俞穴，指全身的穴道。流注，指经气有规律的运行。有高下浅深之差；肌肤筋骨，有厚薄刚柔之异。——而脉膊的跳动，有浮沉紧缓的不同，全身穴道的输通和经气运行的规律，有高下深浅的差别，肌肤筋骨也有厚薄刚柔的区别。唯用心精微者，始可与言于兹矣。与读去声，参与，作动词用。兹，同此，代词。与谈论有关医道这方面的事。——只有专心精细的人，才可参与谈论有关医道这方面的事。今以至精至微之事，求之于至粗至浅之思，其不殆(dài)危险哉！——今天对这样非常精微的事，而抱之以非常粗浅的态度，岂不危险吗！若盈有余而益补益之，虚不足而损之，通而彻之，塞而壅(同拥塞)之，寒而冷之，热而温之，是重加其疾，而望其生，吾见其死矣……。——如果有余应

大医修养的两个方面之一：精，就是专业。作者认为医务是极为精细的工作，学医的人，必须有精细的头脑，粗枝大叶是不行的。他痛斥了当时那些一知半解而有自满情绪的医生，要他们勤精不倦的钻研业务，要具有广博的知识。

复习题和作业：

教师：

一九八　　年　　月　　日

泻而反补益，不足而反损。通者宜塞而再通，塞者易通而反塞，寒者宜温而反冷，热者宜清而反温，这是加重疾病，表面看是生，我看是死呀……。世有愚者，读方三年，便谓天下无病可治；及治病三年，乃知天下无方可用。——世上有愚蠢的人，读医书三年，便说天下无病可治，直到治病三年，才知天下无方可用。故学者必须博极医源，广泛地穷究钻研医学的渊源。精勤不倦；不得道听途说，而言医道已了，说有关医学方面的知识都已尽于此。深自误哉！——所以学医的人，必须广泛地穷究钻研医学的渊源，勤学不倦，不能道听途说，而认为有关医学方面的知识都已尽于此，深深地贻误自己！

凡大医品德医术都很高的医生。治病，必当安神定志，无欲无求，先发大慈恻隐大慈，泛爱众生，佛家语。恻隐，怜悯关切别人的苦难。之心，誓愿普救含灵指人类。之苦。——但凡品德医术都很高名的医生治病，必须集中思想，排除私欲杂念，先发泛爱众生，怜悯关切别人苦难之心，誓愿普救人类之苦。若有疾厄来求救者，不得问其贵贱贫富，长幼妍媸（yán chī）妍，美貌，媸，丑陋、怨亲善友，华夷愚智，普同一等，皆如至亲之想；亦不瞻前顾后，自虑吉凶，护惜身命。——如果有严重疾病来求救的人，不得问他贵贱贫富，年长年幼，美貌丑陋，有怨仇的亲戚友好的朋友，中外愚智，应一视同仁，都以亲人对待，也不得思前想后，考虑吉凶得失，护惜生命。见彼苦恼，若己有之，深心凄怆悲痛，勿避崄巇（xiǎn xī）险阻、昼夜、寒暑、饥渴、疲劳，一心赴救，无作功夫形迹之心，如此可为苍生人民大医；反此则是含灵巨贼。——看见他人的苦恼，就象自己的苦恼，同情悲痛，不避险阻、昼夜、寒暑、饥渴、疲劳，一心赴救，不借此表现自己，如果这样就能成为被人民所欢迎的医德高尚的医生，相反那就是人类的大贼。

其有患疮痍疮、疡，痍，伤。、下痢、臭秽不可瞻视，人所恶见者，但发惭愧凄怜同情忧恤之意，不得起一念蒂（dì）芥之心，（蒂，同蒂。蒂芥也作芥蒂。不称心或想不开的疙瘩。）是吾之志也。——要是有患疡、伤、下痢臭秽等的人们不愿看见的病人，但发惭愧

大医修养的两个方面之二。诚，就是品德。张青劝告学医的人首先立下大志，要有舍己救人的大慈恻隐之心，其是待人接物应有的大医态度，治病要认真负责，待人要谦虚，尤其不能计较个人名利。

立下大志要有舍己救人之心。

同情忧恤之意，不得产生厌弃之心，这是我的愿望啊。夫大医之体，欲得澄神内视 精神专注反复琢磨 望之俨然，看起来外表很庄严 宽裕汪汪 气度宽宏的样子。不皎不昧。皎光明。

不皎，不要有个人突出的表现，昧，暗昧，不昧，态度要明朗 ——简明医生诊病的态度，须得精神专注，反复琢磨，看起来外表很庄严，气度宽宏，不要有个人突出的表现，态度要明朗。省病诊疾，至意深心；详察形候，纤毫勿失；处判针药，无得参差。(ci)参差，差错不一致。——诊断病疾，要意诚心实，仔细诊察病状，不可丝毫疏忽，施用针灸还是吃药，不得错误。虽曰病宜速救，要须临事不惑；唯当审谛(di)仔细。覃(tan)深。思 深思熟虑。不得于性命之上，率尔自逞俊快 率，草率，逞表现，俊快，快捷(诊治)草率，只图表现自己。邀射 追求贪图。名誉，甚不仁矣！——虽说对病应该快速治疗，但要沉着冷静；特别要深思熟虑，不得在危关性命的事情上，只图表现自己的快捷，而草率诊治，追求名誉，这是很不道德的啊！」

待人接物应有的大医态度，诊病要认真负责。

又到病家，纵绮罗(qi)华丽的陈设满目，勿左右顾眄(mian)斜视。丝竹凑耳 凑，cuo 聚也。无得似有所娱(同误)错误。珍羞(xiu,馐)膳也 迭荐，珍贵的食品，不断地送到席上来。食如无味；醽醁(ling.lu美酒)兼陈 美酒都摆出 看有若无。——又到家人病人家中，纵然陈设华丽，不要左右观看；丝竹声贯耳，不得象有所娱觉；珍贵的食品，不断地送到席上来，吃饭就象没有味道，美酒都摆出，看做没有一样。所以尔者 尔，如此，这样，所以要这样。夫一人向隅(yu)，满堂不乐；而况病人苦楚，不离斯须；而医者安然懽(欢)娱，傲然自得，兹乃人神之所共耻，至人 优秀的医生。内经中把医生分为真人，至人，圣人，贤人四类。之所不为。斯盖医之本意也。——所以这样，因一人面向墙角而坐，满座的人都不高兴，况且病人有苦痛，更一会儿都离不开这些。而医生安然欢娱，傲然自得，这是人们和神仙共同斥责的，是一个优秀的医生不应该有的行为。以上这些是一个医生的根本品德。

待人要谦虚

夫为医之法，不得多语调笑，谈谑 诙笑 諠哗，道说是非，议论人物，衒耀声名，訾毁(zi)诋毁，用坏话来攻击。诸医，自矜己德。——做医生的方法，不得多语调笑，戏闹喧哗，道说是非，议论别人，宣耀声名，诋毁同行，夸弄抬高自己。偶然治差一病，则昂头戴面，而有自许之貌，谓天下无双，此医人之膏肓也。偶然就治错一病，则就骄傲自大认为自己天下第一。这对一个医生来说是最危险的呀！

所以医人不得恃(shì)己所长，专心经略营谋财物；但作救苦之心……又不得以彼富贵，处以珍贵之药，令彼难求，自衒(xuàn)功能 表现自己的功绩和技能。谅非忠恕之道——所以医生不得依靠自己的特长，专心营谋财物，要从救苦出发，又不能以他人富贵，便处以珍贵的药物，使他难以找到，来表现自己的功绩和技能，这显然不是诚实的态度。志存救济，故亦曲碎论之，学者不可耻言之鄙俚(lǐ)也。我从救死扶伤着想，所以谈了这些琐碎认识，读者且不要笑话我这些粗俗的看法呀！

不能恃己所长专心营谋财物不计较个人名利。

作者关目的

第二课时

分析课文

在本文里，作者提出了有关大医修养的两个方面：一是精，一是诚。

(一)精就是专业。作者认为医务工作是极为精细的工作，学医的人，必须有精密的头脑，粗枝大叶是不行的。他痛斥了当时那些一知半解而有自满情绪的医生，要他们精勤不倦的钻研业务，要具有广博的知识。

本文提出大医修养的两个方面：专业要精，品德要诚。

(二)诚就是品德。作者劝告学医的人，首先立个大志，要有舍己救人的"大慈恻隐之心"，其次是待人接物应有的大医态度：诊病要认真负责，待人要谦虚，尤其不能计较个人名利。

当然，作者的看法不能不受到他的阶级和所处时代的局限，但是在历史上，还是有进步意义的。

〔作业〕翻译《医论》为现代汉语。

定西地区卫生学校课时计划

编号： 首 页

科目	语文	授课教师：	朱训德
班次			
日期、节次			
课题	改造我们的学习　毛泽东		
教学目的、要求	认识在学习上马列主义的态度和主观主义的态度的根本区别，树立理论联系实际的革命学风的重要性。 理解本文提出问题、分析问题、解决问题的逻辑思维过程，学习正反对比的论证方法。 学习生动形象的语言，体会比喻、排比和对偶的修辞方法对加强论证的作用。		
基本内容			
重点、难点			
教具			
教研组长审查意见	签字：　　1985年12月18日		
课后回忆			

课文分析：

本文一开头就开门见山地提出中心论点："我主张将我们全党的学习方法和学习制度改造一下。"然后分四个部分来写。前三部分反复论述为什么要改造学习，第四部分说明怎样改造学习。

第一部分，肯定我党二十年来的成绩，说明我们的学习必须理论联系实际。第一句提出论点，第二句用"幼年"和"现在"的认识来对比，说明"日益结合"的情况，第三至七句，用"一百年来"、"十月革命之后"、"抗日战争以来"三个时期的中国革命史，说明"日益结合"的进程。

第二部分，分析现状，指出党内还存在着主观主义学风，说明我们的学习必须改造。分四层论述：先总的说明存在缺点和不纠正缺点的危害性（第一自然段）；再分别就"研究现状"、"研究历史"、"学习马克思列宁主义"三方面的缺点作具体说明（第二至第五自然段）；接着仍从三方面分别阐述坏作风带来的影响（第六至第九自然段）；最后总结前文，指出这种极坏典型的危害，唤起人们的重视。

第三部分，对比说明主观主义的态度和马克思列宁主义的态度的原则分歧，进一步证明我们必须坚持理论和实际统一的态度。这是第二部分内容的深化，也是全文的重点。

在论述主观主义态度时，首先用"若明若暗"、"漆黑一团"、"无的放矢"概括其在研究现状、研究历史、应用马克思列宁主义方面的缺点；其次用"从客观存在着的实际事物出发，""详细地占有材料，加以科学的分析和综合的研究"这一马克思列宁主义原则，指出许多"做研究工作的"和"做实际工作的"忽视客观实际，进一步揭示主观主义者的表现、动机、实质；最后指出主观主义的危害，说明打倒主观主义的必要。这一段句式活泼、多变、生动形象。

在论述马克思列宁主义态度时，注意和紧上文，揭示两种态度的对立状况，进行理论上的分析概括。其层次是：先说明马克思列宁主义者对待现状、对待历史和以及应用马克思列宁主义的态度；再通过解释"有的放矢"、"实事求是"两个成语，说明中国共产党人只有从实际出发去工作，才能抛弃主观主义，得出科学的结论；最后概括说明这就是个共产党人应具有的态度。

第四部分，明确提出改造学习方法和学习制度的建议。这建议分三点，是针对前面所指出的三方面的缺点来提的。它贯彻了理论联系实际的原则，使问题得到了彻底解决。

全文在论述过程中，始终贯串着"理论和实际统一"这一条红线。第一部分肯定成绩，是为了证明理论联系实际的伟大成就；第二部分指出缺点，是为了说明理论不联系实际的危害；第三部分以两种对立的态度作对比，是为了说明理论不联系实际的错误，证明理论联系实际的正确；第四部分提出建议，是为了具体指出理论联系实际的学习方法。全文结构严谨，逻辑性强，各段紧密相连，一线穿珠。

在语言运用上，本文也是我们学习的典范。

一是用词准确形象，丰富多采。(1)准确：用"何等肤浅、何等贫乏"和"深刻得多、丰富得多"来对比说明我党过去和现在对革命的认识；用"是进一步了"、"也有些开始"来说明我党研究今天的中国和世界、研究中国历史、(2)形象：用"言必称希腊，对于自己的祖宗，则对不住，忘记了"来讽刺大谈外国文化的人；用"向导"一词也十分恰当，它不仅只是给你指示方向，而且亲自带领你到达目的地，它比"指南"一词所表达的意义要形象得多、深刻得多。(3)合理地使用一些文言词语。如"为之一新""谬种流传"，误人不浅、"等闲视之"、"若明若暗"，言简意赅，富于表现力。运用成语也十分确切。如"粗枝大叶"说明不细心调查研究，"夸夸其谈"表明空洞想说，"一知半解"说明知道得很少而又不认真钻研。三个成语就把三种不同类型的坏作风简练而深刻地表现出来了。

八是运用比喻、排比和对偶的修辞手法，加强论证的作用。(1)比喻。用大家熟悉的"留声机"来比喻留学生回国后所起的"按原样演唱外国一切"的作用，就活灵活现，给人一种难忘的印象。用"钦差大臣"、"生吞活剥"、"瞎子摸鱼"、"闭塞眼睛捉麻雀"等成语、谚语作比喻，把抽象的概念或事理通俗而形象地表现出来了。(2)排比。把同范围同性质的事物，用结构相似的句法逐一表示出来，能使人读起来气势畅通，感情强烈，增强语言的表达效果。如："这种作风，拿了律己，则害了自己；拿了教人，则害了别人；拿了指导革命，则害了革命"。层层深入，揭示了主观主义作风的危害性，反映了作者对这种作风的憎恨。"……是共产党的大敌，是工人阶级的大敌，是人民的大敌，是民族的大敌，是党性不纯的一种表现"。像连珠炮似的，击中了主观主义方法的要害，戳穿了它的反动实质，表现了作者对它的深恶痛绝。(3)对偶。引用明人解缙的对联替教条主义勾画出一幅肖像。"墙上芦苇"、"山间竹笋"比喻没有科学态度的人；"头重脚轻根底浅"、"嘴尖皮厚腹中空"，用双关手法讽刺了这些人的不学无术。真是维妙维肖，入木三分。用反义词或反语成语构成对偶句，也能鲜明尖锐地揭示出事物的对立面，如"不以为耻，反以为荣"、"有实事求是之意，无哗众取宠之心。"

定西地区卫生学校课时计划

编号　　　　　　　　　　　　　　　　　　首　　页

科目	语文	授课教师	[illegible]
班次			
日期、节次			
课题			
教学目的、要求	医家行方智圆心小胆大论　李中梓 "行方智圆，心小胆大"，是孙思邈对医家提出的临床条件，作者在本文中正确地解释了它们之间的相互关系，详尽地各方面阐述了它的理论的实践的意义。学习本文使学生正确认识"行方智圆、心小胆大"的辩证关系和意义，是对于增长中医理论知识是有启发和帮助的。		
基本内容			
重点、难点			
教具			
教研组长审查意见	签字：[illegible]　1987年3月10日		
课后回忆			

串释课文：

孙思邈之祝医者曰："行欲方而智欲圆，心欲小而胆欲大。"嗟乎，医之神良，

（孙思邈：唐代杰出的医学家。祝：叮嘱，希望。行：行为作风。方：正大，公正。智：思想。圆：圆通，周密。嗟乎：唉！神良：灵魂，根本。）

孙思邈叮嘱医生说："行为要正大而思想要圆通周密，用心要谨慎而胆要大胆。"唉，这是医生医疗的根本品德，

尽于此矣！

（尽：完全在）

完全在于此呀！

宅心醇谨，举动安和，言无轻吐，目无乱视，忘心勿起，贪念罔生，毋忽贫贱，

（chún）（宅心：居心，存心。醇谨：忠厚）

居心忠厚，一举动要稳重，说话要慎重，眼不乱看，不起妄心，不生贪欲念头，不轻视贫贱的人，

毋惮疲劳；检医典而精求，对疾苦而悲悯。如是者谓之行方。

（毋：不。惮：怕。检：学习，选择）

不怕疲劳；选择学习医学著作要精益求精，对患病的人要同情怜悯，象这样的就是叫做行为正大。

禀赋有厚薄，年岁有老少，身形有肥瘦，性情有缓急，境地有贵贱，风气有柔强，天时有寒热，

（禀赋：人本来的体魄和资质。风气：指各地的风土气候。）

人本来的体魄和资质有厚有薄，年龄有老有少，身体有肥有瘦，性情有缓有急，境地有贵有贱，风俗气候有柔有强，气候有寒有热，

昼夜有重轻，气色有吉凶，声音有高下，受病有新久，运气有太过不及，知常知变，能神能明，

白天黑夜有轻有重，气色有好有坏，声音有高有低，得病有短有长，天运天气有超过和不及（以上情况）要了解，掌握其正常规律和变化情况，掌握精神和智能。

如是者谓之智圆。

象这样的就叫做思想圆通周密。

望、闻、问、切宜详，补、泻、寒、温须辨。当思人命至重，冥报难逃，一旦差讹，永劫莫忏，乌容不慎！

（切：切脉。冥报：迷信的人称人死后进入的世界即阴间。讹：（é）错误。劫：（jié）灾难。忏：（chàn）忏悔。乌容：怎能允许）

望、闻、问、切应该详细，补、泻、寒、温必须辨明。应当考虑到人命是非常重要的，阴间报应是难以逃脱的，一旦出现了错误，就会永远不可补救的灾难而忏悔不及，怎能允许不慎重呢！

如是者谓之心小。

象这样的就叫做心小。

补即补而泻即泻，热斯热而寒斯寒，抵当、承气，时用回春；姜附、理中，恒起拯死，

即：就

斯：则，乃，作"就"讲。

抵当、承气：都是方剂名，中医用来治重病的泻下方剂

回春：即病愈的意思"妙手回春"。

姜附、理中：都是方剂名，中医用来治重病的温补方剂。

起拯：把绝症挽救过来，起，拯起。

补就补而泻就泻，热就热而寒就寒，运用用抵当承气方剂，可使病愈；运用姜附理中方剂，即可把绝症挽救过来，

析理详明，勿持两可，如是者谓之胆大。

分析病理详细明白，不要模棱两可，象这样的就叫做胆大。

四者似分而实合也。世未有详谨之士，执成法以伤人；灵变之人，败名节以损己。行方者，

(以上)四方面表面看来分离而实际上紧密联系在一起的，世界上没有细详谨慎的人士执现成的方剂去伤害人，(也没有)思想灵活多变的人，败坏名誉气节去损害自己，行为端正的人，

智必圆也。心小则惟惧或失，胆大则药如其症，或大攻，或大补，似乎胆大，不知不如是则病不解。

思想必然周密。心小则唯恐出现错误，胆大则能依照患者的病症下药，或者大攻，或者大补，(表面看)好象胆大，(实际上)如果不这样病就不能得治疗。

是胆大适所以行其小心也。故心小胆大者，合而成智圆者；心小胆大智圆者，合而成行方也。

这胆大正好是赖以说明行动上的小心呀。所以心小胆大的人结合而成思想上的圆通周密。心小胆大思想周密的人(又)结合而成行为的端方。

世皆疑方则有碍乎圆，小则有碍乎大，故表而出之。

世人都怀疑行方(则)有碍于圆，心小则有碍于胆大，这是因为从表面看问题的结果。

全文分三部分：

第一部分(第一段)提出论点："行欲方而智欲圆，心欲小而胆欲大"为"医之神良"。

第二部分(二、三、四、五段)分别阐明"行方"、"智圆"、"心小"、"胆大"四个方面，

第三部分(第六段)阐述"行方"、"智圆"、"心小"、"胆大"之间的辩证关系。

定西地区卫生学校课时教案

编号： 周次：

教研组长批准：

1983年9月13日

授课日期	198 年 月 日	班次		节次	

课题与教学目的

小儿则总论 张介宾

一、理解辨证施治小儿疾病的原理。
二、学习简单明了、深入浅出的论证方法。

教学内容和方法：

作者简介

张介宾（约1563—1640或1561—1639或1555—1632）字景岳，号会卿，（又说号景岳，字会卿），山阴（今浙江绍兴县）人，明代著名的医学家。十多岁他就跟父亲到北京，从当时的名医金英（梦石）学习，博览群书，成为很有学问的一位医学家。明末，一般的医生辨证用药，模棱两可。颇有林帮愤慨地说："庸医治病，置病人于不死不活之间，终至于死。"张介宾为着补偏救弊，采用辨证重剂的办法，救活了不少人，对社会作出很大的贡献。

他主张温补固正，即使外感病，也力主"攻邪应先扶正"，进一步发展了温补学说。他钻研《内经》数十年著成《类经》、《类经图翼》、《类经附翼》、《质疑录》等书；后又结合自己一生的临证经验，复辑成《景岳全书》等。

原文串释

小儿之病，古人谓之哑科。——小儿的病，古人叫做哑科。以其言语不能通，病情不易测，故曰："宁治十男子，莫治一妇人，宁治十妇人，莫治一小儿。"此甚言小儿之难也。——由于小儿还没有学会说话，病情不容易了解，所以说"宁治十男子不治一妇人，宁治十妇人不治一小儿，这是以说明小儿疾病最为难治。

然以余较 较本为明白之意，比类而后明，所以引申为比较、比类。之，则三者之中，又惟小儿为最易。——然而以我比较的看法，认为三者之中，又只有小儿的疾病最容易治疗。何以见之？盖 凡是，大概。小儿之病，非外感风寒，则内伤饮食，以至惊风 小儿因热、痰、风、惊等出现抽搐、惊厥等症状，小儿特有的常见疾病，分急惊、慢惊两种类型。吐泻及寒热、疳痫 gānxián 疳是疳积，指小儿脾胃运化失职，营养失调，形体消瘦，毛发枯槁，肚胀泄泻等现象的慢性病，同时也包括小儿虫积在内。痫，癫痫，是一种临床上表现为口吐泡沫，全身痉挛，意识丧失的一种神经系统的病，俗称为羊痫风之类。之类，不过数种，且其脏气清灵 指小儿脏腑纯洁，机能灵敏，感受性强，反应快。随拨随应 指用药以后效应迅速。——从那些地方可以看出来呢？凡是小儿疾病，不是外感风寒就是内伤饮食，以至于惊风、吐泻及寒热、疳痫之类，不过数种，并且小儿脏腑纯洁，机能灵敏，感受性强，反应快。但能确得其本而撮取 只要能确切地掌握病的根本而处方用药。之，则一药可愈——只要能确切的掌握病的根本而处方用药，那么一付（一种）药就可以治好。非若男妇损伤，积痼 指经久难治的疾患。痴顽 神经方面的疾病。者之比，余故谓其易也。——并不象男妇损伤、积久难愈的顽疾相比，我所以说我说比是容易治疗的啊！

第 副词。但，只是。人谓其难，谓其难辨也；余谓其易，谓其易治也。——但人们所说的难，是指难以辨明，我所说的易，是指容易治疗！设或 假设，如果。辨之不真，则诚然难矣。——假若识辨不真确，那确实就难了。然辨之之法，亦不过辨其表里寒热虚实，六者洞然 了解得清楚透彻。

复习题和作业：

教师：

一九八　　年　　月　　日

又何难治之有？——然而识辨的方法，也不过就是疾病的表里寒热虚实，只要把这六种症候搞清楚了，那又有什么难治的呢？

凡外感者，必有表证，而无里证，如发热头痛，拘急四肢拳曲难以屈伸。无汗，或因风搐搦chù nuò手足抽搐。之类是也。——只要是外感的病，必有表证，而没有里证，如象发热头痛四肢拳曲无汗，或者因中风抽搐之类的病，就是这种因外感引起的病。

内伤者，止（同只）有里证，而无表证，如吐泻、腹痛、胀满、惊疳指因饮食积滞，未能及时恢复而转成的慢惊风。、积聚指脏腑中有积滞聚结不散的气。之类是也。——内伤的病，只要有里症，而没有表证，如吐泻、腹痛、胀满、惊疳、积聚就是这种内伤的病。

热者必有热证，如热、渴、躁、烦、秘结、痈疡之类是也。——热病必有热的症候，如热、渴、躁、烦、秘结、痈疡就是这类病。

寒者必有寒证，如清冷、吐泻、无热、无烦、恶心、喜热者是也。——寒病必有寒的症候，如清冷、无热、无烦、恶心、喜热就是这类病。

凡此四者，即表里寒热之证，极易辨也——大凡这四类病，即表里寒热的症状，是很容易辨识的呀！

然于四者之中，尤惟虚实二字，最为紧要。盖有形色之虚实，有声音之虚实，有脉息之虚实。——然而在这四类之中，尤其是虚实二字，最为紧要。大概体有形色的虚实，声音的虚实、脉息的虚实。

如体质强盛与柔弱者有异也，形色红赤与青白者有异也，声音雄壮与短怯者有异也，脉息滑实滑脉是脉形往来流利圆滑实脉是脉来充实有力，大长而坚实。与虚细虚脉是脉来浮而迟软，不耐寻按。细脉是脉来细如线，细而软，但较微脉为显著。者有异也。——如体质强盛与柔弱有差别，形色红赤与青白有差别，声音雄壮与短怯有差别，脉滑实与虚细有差别。

故必内察其脉候，外观其形气形是整个人体，气是指生命活动能力，形气即是人的精神活动表现。，中审其病情，参此数者参考以上这几种（情况）。而精察之，又何虚实之难辨哉？——因此必须内察其脉搏跳的情况，外观其人的精神活动表现，再审察其病情，参考以上这几种情况而精心观察，又有什么虚实难以辨别呢！

必其果有实邪必，肯定。果，果真，确实。肯定病人果真有实邪。，果有火证，则不得不为治标病的显著症状。标和本相对。；然治标之法，宜精简轻锐指用药简单药力专注。，适当其可，及病则已，毫无犯其正气，斯为高手。——肯定病人果真有实邪，果真有火证，不得不治病的显著症状，但治显著病状的方法，应注意用药简单，药力专注，药量适当，能治病就可以了，丝毫不损伤正气，这才能成为高手。

但见虚象，便不可妄行攻伐，任意消耗。若见之不真，不可谓姑暂时。去其邪，谅（料想）亦无害（虚弱）。——但见到虚象，不可乱加攻伐，任意消耗正气，如果诊断不真确，不可以说暂时去其病，料想也不会有什么害处。

不知小儿以柔嫩之体，气血未坚，脏腑甚脆，略受伤残，萎谢极易。——不知小儿身体柔嫩，气血未足，脏腑功能不健强，略受伤残，萎谢是很容易的。

一剂之谬，尚不能堪，而况其甚乎！矧shěn况且，何况。以方生之气，不思培植，而但知剥削，近则为目下之害，远则遗终身之羸léi 當，瘦，羸顿，消瘦困顿，羸弱（瘦弱）。

良很。可以也！——一剂药吃错，尚且不能忍受，何况更严重呢！以小儿正在生长的身体，不去想增强培育，而但知削弱，近则当时就造成伤害，远则造成终身瘦弱病残。很悲叹呀！

凡此皆实求本之道，诚幼科最要之肯綮。qìng 筋骨结合的地方，比喻关键所在。——上面所谈的这些实在是最根本的道理，诚然也是幼科的关键所在。

虽言之若无奇异，而何知者之茫然也！故余于篇端。首以为言，然非有冥冥之见者 具有深奥见识的人。冥冥，幽深。 固 本来，不足以语此，此其所以不易也。——虽然这些话好象没有奇异的地方，而对于那些不知道的人来说是模糊不清的！所以我才写这篇文章。首先要说明的是，但对那些具有深奥见识的人，本来就不限于这些内容，~~这篇文章~~本文所谈还是不容易掌握的啊！

《阴阳应象大论》曰："善诊者，察色、按脉，先别阴阳，审清浊而知部分；视喘息、听声音而知所苦，喘：chuǎn ①急促呼吸，②气喘呼吸困难的症状，也叫哮喘。观权衡规矩而知病所主。"察四时的脉就知病属何脏何腑。权、衡、规、矩，脉学术语。春应中规、夏应中矩、秋应中衡、冬应中权。主，隶属。按此说虽通言 一般的论述。诊法之要，然尤于小儿为最切也。——《阴阳应象大论》说："善于诊断的医生，察色、按脉，先判别阴阳，审察清浊而知道病发生在~~那里~~什么地方，视喘息、听声音而知道病人的苦痛在哪里，察四时的脉就知病属何脏何腑？"按照这种理论，虽然谈的是诊断疾病的一般要领，但对小儿来说尤其显得重要。

翻译

一、小儿之病，古人谓之哑科，以其言语不能通，病情不易测，故曰："宁治十男子，

小儿所患的病，古人把它叫作哑科。因为小儿不能用言语明白表达，病情不容易确定，所以有这样的说法："宁肯医治十个男子，

莫治一妇人；宁治十妇人，莫治一小儿"，此甚言小儿之难也。

也不要医治一个妇人；宁肯医治十个妇人，也不要医治一个小儿。"这是夸大小儿病的难治啊。

二、然以余较之，则三者之中，又惟小儿为最易。何以见之？盖小儿之病

然而根据我对它们的比较，那么这三者之中，实在是只有小儿的病算是最容易。根据什么这样说呢？一般小儿的疾病

非外感风寒，则内伤饮食，以至惊风，吐泻及寒热，疳痫之类，不过数种，

不是外感风寒，就是内伤饮食，以至造成惊风、吐泻和寒热、疳痫这类病症，不过几种，

且其脏气清灵，随拨随应。但能确得其本而撮取之，则一药可愈。

而且他们的脏腑清灵，随拨随应疗效立竿见影，只要能准确地找到病本而拿住它，那么，一治就好。

非若男妇损伤，积痼，痴顽者之比。余故谓其易也。

绝不能与成年男女的损伤、积痼、痴顽那样的病相提并论，这就是我所以说小儿病易治的道理啊。

三、第人谓其难，谓其难辨也；余谓其易，谓其易治也。设或辨之不真，

但是人们说它难，是说它病症难辨；我说它容易，是说它容易治疗。假如辨之不确，

则诚然难矣。然辨之之法，亦不过辨其表里寒热虚实，六者洞然，

那就真是难了，然而辨识它的方法，也不过分辨它是属于表证，还是属于里证，是寒证还是热证，是虚证，还是实证，这六种证状都清楚了，

第一、二、三段为第一部分：比较说明男、妇、幼三科中，"惟小儿为最易"，提出本文的论点。

又何难治之有？

还有什么难治的呢？

四、故非外感者，必有表证，而无里证，如发热头痛，拘急无汗，或因风搐搦

所以凡是外感病，一定有表证而无里证，比如发烧头痛 四肢拘挛无汗 或有因中风邪

之类是也。内伤者，止有里证，而无表证，如吐泻，腹痛，胀满，燥渴，积聚之类是也。

而引起的手足抽搐 这一类病状都是；凡是内伤病，只有里证而无表证，比如吐泻腹痛，胀满，燥渴，积聚这一类病状都是；

热者必有热证，如热渴，躁烦，秘结，痈疡之类是也。寒者必有寒证，

热病一定有热证，比如热渴、烦躁、便秘、疮疮这一类病状都是；寒病一定有寒证，

如清冷，吐泻，无热，无烦，恶心，喜热者是也。凡此四者，即表里寒热之证

比如清冷、吐泻、无热、躁烦、恶心、喜热这一类病状都是，总括这四种，也就是表里寒热的证状，

极易辨也。然于四者之中，尤为虚实二字，最为紧要。盖有形色之虚实，

是很容易分辨的。然而在这四者之中，尤其是虚实二字，最为紧要。一般说来有形色的虚实，

有声音之虚实，有脉息之虚实。如体质强盛与柔弱者有异也，形色

有声音的虚实，有脉息的虚实，比如体质强壮与柔弱的人是有差别的，而色

红赤与青白者有异也，声音雄壮与短怯者有异也，脉息滑实与虚细者有异也。

红赤与青白的人是有差别的，声音雄壮与微弱的人是有差别的，脉息滑实与虚细的人是有差别的。

第四段为第二部分：清晰透彻地阐述中医关于辨证施治的原理。先谈表里寒热之辨，后谈虚实之辨。

故必内察其脉候，外观其形气，中审其病情，参此数者而精察之，又何虚实之难辨哉？
所以内察他的脉象，外观他的形气，然后仔细分析他的病情，参照这几个方面的情况再加以精确地研究，又有什么样的虚实难辨呢？

必其果有实邪，果有火证，则不得不为治标。然治标之法，宜精简轻锐，
如果小儿确有实邪，确有火证，那就不得不替他治标。然而治标的方法，应该挑选量少质优的药物，

适当其可，及病则已，毫无犯其正气，斯为高手。但见虚象，便不可妄行攻击，
准确恰当处，一旦消除病症就停止使用，丝毫不要损伤小儿的正气，这才称得上治病的高手。如果只看到一些表面症状，便不可胡乱地用药攻击，

任意消耗。若见之不真，不可谓姑去其邪，谅亦无害。不知小儿以柔嫩之体，
任意消耗。假如看得不准确，不能说姑且驱除病邪，估计也不会有什么损害，岂不知小儿的机体柔嫩，

气血未坚，脏腑甚脆，略受伤残，萎谢极易。一剂之谬，尚不能堪，而况
气血尚未坚实，脏腑非常脆弱，稍微受到点伤残就很容易造成死亡，一剂药的错用尚且经受不起，何况

其甚乎！矧以方生之气，不思培植，而但知剥削，近则为目下之害，远则遗终身
比这更严重的摧残呢？何况，小儿正在生长发育时元气不去想办法培植它，且只知摧残，这种作法，近的将造成眼前的伤害，远的就会遗留下终身

之羸（累）良可叹也！凡此者实求本之道，诚幼科最要之肯綮（qìng）
之患，真是令人痛惜呀！所有这些都是求本的方法，实在是幼科的关键所在，

虽言之若无奇异，而何知者之茫然也！故余于篇端，首以为言。然非有
虽然说起来好象没有什么奇特别的地方，但是为什么明了这些的人那么少呵！所以我在这篇的开头，先以此作为对这个问题的概述，然而如果，是缺乏

第五、六段为第三部分：结合小儿一般诊治纲要，说明幼儿诊治之特点，特别强调培植方生之气更是儿科之关键。

冥冥之见者，固不足以语此。此其所以不易也。

深奥见解的人， 本不值得对他谈论这些道理， 这就是我说它不易的原因。

六、《阴阳应象大论》曰："善诊者，察色按脉，先别阴阳；审清浊而知部分；

《阴阳应象大论》里说："擅长诊断的人，察色，按脉，先分阴阳， 审定清浊就可以推断患病的部位，

视喘息、听声音而知所苦；观权衡规矩而知病所主。"按此论虽通言诊法之要，

观察患者的呼吸， 听听患者的声音就能推断病症所在， 观察春夏秋冬的四时脉象就能推断病之所主， 总之，此论虽是一般通言的诊法纲要，

然尤以小儿为最切也。

然而对尤其对小儿是最切近的。

全文六自然段，可分三部分：

第一部分（第一、二、三段）比较说明男、妇、幼三科中"惟小儿为最易"，从而提出本文的论点。

第二部分（第四段）清晰透彻地阐明中医关于辨证施治的原理。先谈表里寒热之辨，后谈虚实之辨。

第三部分（第五、六段）结合中医一般诊法纲要，说明幼儿诊治之特点，特别强调培植生生之气是儿科之关键。

本文在提出一个与众不同的论点（治病"惟小儿为最易"）之后，即用分层论证的方法，由浅入深地论证中心论点，条理清晰，脉络分明，这是本文写作方法上的一个特点。

结构分析

语文教案集

甘肃省定西地区卫生学校

朱训德

目录

定西地区卫生学校课时教案

编号：　　　　　　　　　　　　　　　　　　　　周次：

<table>
<tr><td colspan="6">教研组长批准：
198　年　月　日</td></tr>
<tr><td>授课日期</td><td>198　年　月　日</td><td>班次</td><td></td><td>节次</td><td></td></tr>
<tr><td>课题与教学目的</td><td colspan="5">悼列宁　　斯大林
这篇演说，从列宁创建和领导苏联共产党，创立巩固世界上第一个无产专政的国家，巩固并扩大全世界劳动者的联盟等三个方面，颂扬了列宁同志在无产阶级革命事业中建树的丰功伟绩，抒发了对伟大领袖列宁无比敬爱的深厚的无产阶级感情。学习本文，使学生学习列宁同志的伟大革命精神，为祖国的四化建设而奋斗；学习议论与抒情相结合的写作方法。</td></tr>
</table>

教学内容和方法：

一、题解

《悼列宁》是斯大林同志一九二四年一月二十六日在全苏维埃第二次代表大会上为悼念列宁而作的著名演说。

一九二一年至一九二五年，苏维埃国家处在从战争过渡到和平建设时期。在列宁的英明领导下，实行从战时共产主义到新经济政策的巨大转变，在新经济政策实施的基础上巩固了工农联盟，加强了无产阶级专政，国民经济得到了较快的恢复。一九二二年春，列宁得了重病。一九二四年一月二十一日晚上六时五十分，伟大的革命导师列宁在莫斯科附近的哥尔克村逝世。

《悼列宁》这篇演说，从创建和领导苏联共产党，创立巩固世界上第一个无产阶级专政的国家，巩固并扩大全世界劳动者的联盟等三个方面，颂扬了列宁同志在无产阶级革命事业中建树的丰功伟绩，明确地指出了维护党的纯洁和统一，巩固无产阶级专政和加强无产阶级国际团结的重要意义，表达了以斯大林为首的苏联共产党人继承和捍卫列宁主义的坚强决心，抒发了对伟大领袖列宁无比敬爱的深厚的无产阶级感情。

二、课文分析：

《悼列宁》全文共十五节，可分为七个段落。根据段落内容的性质，又可概括为三部分。

第一部分（第一、二两个段落），论述必须保持党的纯洁和维护维护党的团结统一，赞颂列宁创建和领导苏联共产党的伟大功绩，表达忠实执行列宁遗嘱的决心。

第一个段落（第一、二两个自然节）论述必须保持党的纯洁性。

第一自然节，在以呼语开头之后，先用生动的语言论述共产党员这个称号为什么是光荣的和高尚的。"我们共产党人是具有特种性格的人，我们是由特殊材料制成的"一句突出了共产党人的先进性。文中把党的组织称之为军队，则突出了共产党人向旧世界冲锋陷阵的战斗精神。"在这个军队里做一个战士，是再光荣不过的了。以列宁同志为创始人和领导者的这个党的党员称号，是再高尚不过的了。"这两个肯定判断句又突出了作为一个布尔什维克党的党员是光荣而高尚的。同时，也称赞了列宁创建的布尔什维克党的伟大，革命导师列宁的伟大。接着，论述什么人才能成为这个党的党员。作者用两个"并不是"的否定句说明，做一个共产党员是有条件的，党员必须能经受任何苦难和风暴的考验，为实现共产主义而英勇奋斗。用三个"儿女"为中心词的偏正词组明确地指出了共产党员应该是无产阶级的先进分子。回应了开头说的共产党员具有特种性格，用特殊材料制成的含义，说明了共产党的阶级性和先进性。然后，再用极其精炼的语言，从理论基础、奋斗目标和阶级基础等方面集中地说明了共产党的性质："列宁主义者的党，共产主义者的党，同时，也叫做工人阶级的党"。

从上面的简要分析可以看出，第一自然节论述了党的性质，强调指出了党的性质取决于共产党人的阶级性和先进性。这正是共产党纯洁的表现，

复习题和作业：

教师：

一九八　　年　　月　　日

也又是党员称号的光荣、高尚之所在。保持思想上政治上的先进性和组织上的阶级性，就能保持党的纯洁性，也就能维护党员的光荣称号。正因为这样，所以第二自然节就以誓词的形式，强调了共产党党员要珍重党员的光荣称号并保持它的纯洁性，集中表达了忠实执行列宁遗嘱的决心。誓词中的"永别"、"嘱咐"等词语，写出了对革命导师列宁同志不幸逝世的无比沉痛、无比怀念的深情；"宣誓"、"光荣"等词语，表现出庄严高昂的情绪。

第二个段落(第三、四自然节)，论述必须维护党的团结统一。

这一个段落主要是通过概述历史来论证维护党的团结统一的重要性。文章先用五个短语揭露了国际国内的阶级敌人对布尔什维克党的仇视与攻击，从反面说明了布尔什维克党经历了残酷的斗争和严峻的考验。接着，用"可是"一转，再用"石山"巍然屹立的生动比喻，表现了布尔什维克党坚如磐石的雄伟形象，说明它不仅没有被气势汹汹的敌人吓倒，而且在斗争中胜利前进。最后一句点明本段论证的中心：布尔什维克党在同敌人的战斗中，"依靠统一和团结战胜了工人阶级的敌人"。

在论述的基础上，又以誓词作结。誓词中的"如同保护眼珠一样"这个比喻，生动地说明了维护党的团结和统一的极端重要性。

在第一部分的论述中，体现了列宁关于无产阶级政党的建党学说的几个基本观点：共产党是工人阶级的先进的、觉悟的、马克思主义的队伍，共产党是工人阶级有组织的队伍，共产党是工人阶级一切组织中的最高组织形式，党必须有统一意志和铁的纪律。

第二部分(第五至第八四个段落)，论述苏联无产阶级专政是建立在工农联盟、各民族劳动者联盟以及红军和红海军这三个基石上的；赞颂列宁领导苏联人民创立并巩固世界上第一个无产阶级专政国家的伟大贡献；表达坚决执行列宁的遗嘱、巩固无产阶级专政的决心。

第三个段落(第五、六自然节)，赞颂列宁领导苏联人民创立世界上第一个无产阶级专政国家的伟大贡献，论述保护并巩固无产阶级专政的重要意义。

第五自然节有两个层次。

第一层(从开头到"或者旧枷锁只是被一些同样沉重同样侮辱人的新枷锁所代替")，论述劳动人民受剥削、受压迫的痛苦和他们反抗斗争的失败。文中用"奴隶和奴隶主、农奴和农奴主、农民和地主、工人和资本家、被压迫者和压迫者等五个联合词组，阐明了社会上严重的阶级斗争，揭示了劳动者追求解放的强烈愿望和英勇顽强的斗争精神。用"不得不退却"、"不得不把委屈和耻辱、愤怒和绝望埋在心里，仰望茫茫的苍天，希望在那里找到救星"，写出了劳动人民的斗争屡遭失败，反映出以往劳动人民反抗斗争的历史局限性。这一层论述劳动人民的痛苦和斗争失败旨在衬托第二层。

第二层(从"只有在我们国家里"到"这也就说明为什么列宁的名字成了被剥削的劳动群众最爱慕的名字")，着重论述列宁创立第一个国际个无产阶级专政的国家的伟大意义，就在于给全世界被压迫群众指出了依靠自身的努力以争取解放的道路。文中有四个分句回应了大一层所描绘的劳动人民渴望解放而进行斗争的情景："得救的希望并没有丧失"与"绝望"相呼应；"地主和资本家的统治是不会长久的"与"奴隶制的枷锁依然如故"相呼应；"劳动天国是可以靠劳动者自身的努力来建立的"与"仰望茫茫的苍天，希望在那里找到救星"相呼应；"劳动天国是应该建立在地上，而不应该建立在天上的"与"仰望茫茫的苍天，希望在那里找到救星"相呼应。通过这样的呼应，使一、二两层文字，丝丝入扣，对比鲜明，互相映衬，突出了列宁创建苏维埃的共和国的伟大意义。这就赞颂了列宁同志的伟大历史功绩，表明了保护并巩固无产阶级专政的重要意义。最后一句不仅抒写了劳动人民对列宁同志的敬仰和爱戴，也再次突出了列宁伟大的历史功绩。

第六自然节在第五自然节论述的基础上，又以誓词作结，表示共产党人忠实执行列宁的遗嘱，保护并巩固无产阶级专政的决心。

由五、六自然节所组成的这个段落，提出了要巩固无产阶级专政的问题，起着提领作用。下面三个段落分别从三个方面论述怎样巩固无产阶级专政。

第四个段落（第七、八自然段），论述工农联盟是无产阶级专政的第一个和根本的基石，阐明巩固工农联盟对巩固无产阶级专政的重要意义。

第七自然节开头的两句，点明无产阶级专政和巩固工农联盟的紧密关系，指出无产阶级专政的第一个和根本的基石是工农联盟，用"第一个""根本的"来修饰"基石"，有力地揭示了工农联盟对巩固无产阶级专政的重要意义。接着，概括地用国内战争的历史经验论证了工农结成巩固的联盟是必要的。然后，再从巩固无产阶级专政的需要出发，说明了在不同的历史时期工农联盟有不同的形式和内容。这是由当时的阶级斗争形势所决定的，也都是巩固无产阶级专政的需要。这就进一步论证了工农联盟对巩固无产阶级专政的重要意义。由此可见，要巩固无产阶级专政必须巩固工农联盟。

第八自然节还是在第七自然节论述的基础上，以誓词作结。表达一定要巩固工农联盟的决心。

第五个段落（第九、十自然节），论述各族劳动者结成联盟~~的重要性~~是巩固无产阶级专政的第二个基石，阐明巩固并扩大共和国联盟对巩固无产阶级专政的重要意义。

本段以阶级、阶级斗争的观点，论证了各民族劳动者结成联盟的重要性。文章的第九自然节首先明确地指出各民族劳动者的联盟是苏维埃共和国的第二个基石。接着先用选择典型的方法，列举了十八个民族作为苏联一百多个民族的代表，进而指出各族人民都同样和无产阶级专政的巩固休戚相关，生死与共。然后，用"不仅……而且……"这个递进复句具体阐明了各族人民与无产阶级专政的相互关系：无产阶级专政使各族人民摆脱枷锁，各民族使无产阶级专政得以巩固。最后，以列宁同志的教导说明各族人民联盟的必要性。由此可见，要巩固无产阶级专政必须扩大共和国联盟。

第十四自然节还是以誓词作结，表达一定要巩固并扩大共和国联盟的决心。

第六个段落（第十一自然节），论述红军和红海军是无产阶级专政的第六个基石，阐明巩固红军和红海军对巩固无产阶级专政的重要意义。

这一个段落的开头，明确地指出红军和红海军是无产阶级专政的第六个基石。接着以列宁的教导，说明十月革命胜利后，苏维埃国家仍然被资本主义国家所包围，因而，巩固红军和红海军"是我们党的最主要的任务之一"。然后，再举出"寇松最后通牒"和"德国危机前夕的事变"等国际阶级斗争的严重情况，证实列宁的教导是无比正确的。列宁主义认为只要国际上还存在着资本主义、帝国主义，无产阶级专政就有被颠覆的危险，因此要巩固无产阶级专政必须巩固红军和红海军。最后向列宁宣誓："我们一定不遗余力地来巩固我们的红军，巩固我们的红海军！"

整个第二部分，论述了无产阶级专政的重要性和必要性，以及怎样巩固无产阶级专政的问题，给人以深刻的教育。

第三部分（即第七个段落，包括第十二到十五四个自然节），赞颂列宁在巩固并扩大全世界劳动者的联盟方面的伟大贡献，阐明加强无产阶级国际团结的重要意义。

第十二自然节，论述苏维埃共和国坚强有力的原因。

这一节的头两句，用生动的比喻来说明苏维埃共和国经受住了严峻的阶级斗争的考验，坚不可摧。"处在资产阶级汪洋大海包围中的我国"，点明当时苏联的险恶处境。"波浪一个接着一个地向它冲去，声势汹汹地要把它淹没，把它冲毁"。写出了帝国主义对苏维埃共和国的仇视和破坏。"象一座巨大的石山一样屹立着"，"这座石山仍然屹立不动"，写出了苏维埃共和国经受住了斗争的考验，任何敌人都不能战胜它。接着，以设问自答的方式，点明苏维埃共和国坚强有力的原因，不仅在于有工农联盟、共和国联盟，红军和红海军的保卫和支持，而且得到全世界工人和农民的深切同情和大力支持。这就既突出了国际支持的重要性，又使文章很自然地进入到下文对全世界工人和农民的支持、保护苏维埃共和国原因的分析。对此，文章连用三个形象的比喻，写出了各国无产阶级和劳动人民对苏维埃共和国的认识，把各国革命人民和苏维埃共和国休戚相关的关系表现出来了。句中的"射入敌人阵营的一支箭"，点明列宁领导的十月革命打开了资本主义世界缺口，在世界上创立了第一个无产阶级专政的社会主义国家。"靠山"、"灯塔"点明了苏维埃共和国在世界人民心目中的地位和作用，表现出各国人民对苏维埃共和国的极大信赖和敬仰。这样写，就照应了第五自然节的后三句，赞颂了列宁创立第一个无产阶级专政国家对于世界革命的伟大贡献。正因为全世界人民充分认识到列宁缔造的苏维埃共和国的伟大意义，所以都想保全苏维埃共和国。这就是力量之所在，也就是苏维埃共和国雄厚的国际的阶级基础。

这一个自然节，在结构上起了小结上文，引出下文的作用。

第十三自然节，论述列宁如何处理苏联革命和世界革命的关系，赞颂列宁在巩固并扩大全世界劳动者联盟方面的伟大贡献，阐明了加强无产阶级国际团结的重要意义。

文章先叙述列宁在苏维埃革命和世界革命的关系方面的见解。这两句说明列宁始终把苏联革命看作世界革命的一部分，建立苏维埃共和国不是最终目的，而是要在全世界实现共产主义。然后，用两个"列宁知道"领起，从国际和国内两个方面论证了上述列宁关于国际主义原则的观点，从而阐明了加强无产阶级国际团结的重大意义。

接着，举出事例来说明列宁在实践上是如何加强国际无产阶级的团结的。文章用两个"正因为如此"领起，高度评述了列宁在建立共产国际方面的伟大实践："奠定了工人国际的基础"，"始终不倦地扩大并巩固全世界劳动者的联盟——共产国际"。

这一个自然节，从理论与实践两方面，赞颂了列宁在巩固与扩大全世界劳动者的联盟方面的伟大贡献。

第十四自然节，举出苏联人民和全世界劳动者沉痛悼念列宁的事实，说明列宁是全世界无产阶级和劳动人民的伟大领袖。

这一个自然节的末尾，有个"不仅是……不仅是……而且是……"的递进排比句，从俄国说到欧洲，再从殖民地东方扩展到整个世界，说明列宁"是全球整个劳动世界的领袖"。由此可使读者从世界革命的广阔背景上来理解列宁对于无产阶级解放事业的伟大贡献。

第十五自然节，以庄严的誓词点明第三部分的中心，并以此作结终篇。

这篇悼词，不仅内容丰富、深刻，而且在写法上也有很多值得学习的地方。其写作特点主要有：

一、按照列宁遗嘱，逐点论述，逐点小结，给人以深刻的印象。

这是一篇悼念列宁同志的誓词。布尔什维克党人对列宁同志的最好悼念，是遵照列宁的遗嘱，继承和捍卫列宁的革命事业，化悲痛为力量，沿着列宁主义的路线奋勇前进。这就决定了本文在写作上的显著特点是：按照列宁的遗嘱，逐点论述，逐点小结。例如：文章的第二部分，包括第三到第六四个段落。第三个段落，按照列宁的遗嘱，先论述了要保护并巩固无产阶级专政的问题，再以誓词的形式对所论述的内容作高度的概括，并表达忠实执行列宁遗嘱的决心。第四、五、六三个段落，论述怎样巩固无产阶级专政的问题。每一段落的论述方式，都是按照列宁的遗嘱，先提出论点，再展开论证，最后以誓词的形式小结本段的内容。这样写，层次清楚，重点突出，使人易于理解，印象深刻。

二、议论和抒情紧密结合。

本文每论述一个问题，都是摆事实、讲道理，加以论证之后，再以誓词作结。每段誓词既是每段论述成分的总结，又是抒情成分的集中表现。因为抒情是以坚实的议论成分作基础，所以，有很强的感染力。由于抒情的作用，又增强了议论的说服力，二者相得益彰。还有很多地方则是在议论中饱含着深厚的无产阶级感情。既是议论又是抒情，水乳交融，浑然一体。例如，第二部分中有这样的句子："你们知道，没有一个人象列宁同志那样坚决地执行过这个任务。"这种议论成分的言词里饱含着对伟大领袖列宁的无比敬仰之情。又如，在叙述劳动人民遭受折磨和向剥削者进行斗争的情形时说："千百年来，劳动者数十数百次地企图推翻压迫者，使自己成为自己生活的主宰。但是他们每一次都遭到失败，受到侮辱，不得不退却，不得不把委屈和耻辱、愤怒和绝望埋在心里，仰望茫茫的苍天，希望在那里找到救星。"这段话，既为论证巩固无产阶级专政的必要性提供了论据，又抒写了劳动人民悲愤与失望的心情。在论述各族人民的团结与无产阶级专政休戚相关时说："不仅使无产阶级专政使这些民族摆脱枷锁与压迫，而且这些民族也以他们对苏维埃共和国的无限忠诚，以他们愿为苏维埃共和国牺牲的决心来使我们苏维埃共和国免遭剥削阶级的敌人的暗算和袭击。"这段话，既写出了苏维埃共和国和各民族的亲密关系，又充满着热爱自己民族的自豪感。这种议论和抒情的有机结合，增强了文章的感染力量。

三、运用了排比、反复、比喻等修辞手法，增强了文章的表达效果。

〔思考与练习〕

一、在这篇悼词中，斯大林同志从哪些方面论述了列宁对革命事业的伟大贡献？

二、辨析下列词语：

爱慕、爱戴　依赖、信赖　拜谒(yè)、拜见　基石、柱石　基石、基础

屹立、矗立、耸立

三、解释下列词语，并各造一个句子：

休戚相关　奠定　不遗余力　接踵而至　依然如故

四、背诵："工人阶级的命运痛苦不堪，……列宁的名字成了被剥削的劳动群众最爱慕的名字。"

定西地区卫生学校

教案首页

周次：　　　　　　　　　　　　　　　　编号：

课程名称		教研组长	[illegible]
班　次		任课教师	
课　型		教学方法		计划学时	
		授课时间	年　月　日　节次

教学目的

《水调歌头·游泳》　毛泽东

这首词通过游泳长江的所见、所感，表现了毛主席横渡长江的豪迈胸襟和改造自然的远大理想。学习本文，使学生能理解并学习毛主席的这种豪迈胸襟和革命精神，为祖国的社会主义建设贡献力量。

授课内容

"水调歌头"，词牌名。水调本是一种曲子，歌头是曲子的开头的部分。这个词牌是根据水调的开头部分做成的。相传隋炀帝开凿运河时自制《水调歌》。

时代背景：一九五六年我国生产资料所有制方面的社会主义改造出现了突飞猛进的大跃进局面，城市的手工业和资本主义工商业的社会主义改造也掀起了新高潮。人民群众的社会主义觉悟大大提高，劳动热情空前高涨。规模宏伟的武汉长江大桥这时已经全面施工。改造长江、根治黄河的伟大计划正在酝酿（yun niang 娘的去声。酝酿：原意是造酒，这里指事情实现之前的逐步准备工作）。我国社会主义建设呈现出一派空前大好的形势。

就在这一年六月一、三、四日，毛主席连续三次横渡长江，并在横渡长江

教具

附注

之后，写下了这首《水调歌头·游泳》。毛主席在这长江里游泳，很自然联想到长江大桥的建设，进而想到改造长江，使它为人民服务。

串讲分析

才饮长沙水，又食武昌鱼

才	饮长沙水	又	食武昌鱼
表明行程快	代表长沙	表明行程快	代表武昌

这两句的意思是：刚刚离开长沙，便来到了武昌。一起叙述行踪。

①这两句是从古童谣"宁饮建业水，不食武昌鱼"变化而来的。三国时的吴国从建业（南京）迁都武昌（今鄂城县，不是现在的武昌），官僚绅士反对迁都，便编了一首童谣："宁饮建业水，不食武昌鱼。宁还建业死，不止武昌居。"

②不说"才别长沙市，又到武昌城，"而说"才饮长沙水，又食武昌鱼"，这样"鱼"与"水"能自然引出"万里长江横渡。意味隽（juàn肴，肥肉）永（隽永：言论、文章意味深长），情趣浓厚。

③这短短两句，给我们以极为丰富的内容，不仅表明行程是由长沙来到武昌，我们又可以从字句的深意，领会毛主席对于两地感情的深厚。也从这里见出毛主席为了建设祖国为人民辛勤操劳而巡视各地，席不暇暖，与普通的游览迥然不同。毛主席生长湖南湘，旧地重游，不写胜景古迹，而独举长沙"水"和武昌"鱼"，故乡风物的可爱已意在言外，这正是毛主席对伟大祖国热爱的感情流露。说饮水，食鱼，就显出亲切之情。

④武昌是毛主席横渡长江的起点，所以上一句的武昌，点出了横渡长江的地点，紧接着谈到游泳。

万里长江横渡，极目楚天舒

万里长江	横渡	极目	楚天	舒
万里长江，自西向东浩荡奔流，气象雄伟	指游泳过长江	极尽目力放眼望去	楚地的天空，武昌一带是战国时楚国的地方，故称楚天。	宽阔舒展

这两句的意思是，从万里的长江横渡过去，极尽目力放眼望去，只觉楚地的天空舒展无尽，一望无际。

①这两句写明游泳的地点是长江，游泳的路线是横渡而不是沿江而下。

②"舒"字不仅写出了无比广阔的境界，而且显示了毛主席精神的舒畅，胸怀的广阔，我们仿佛看见伟大领袖毛主席神采奕奕，在那"惊涛拍岸，卷起千堆雪"的江面上破浪前进！

③古代写黄河、长江的名句很多，如李白的《将进酒》："黄河之水天上来，奔流到海不复回，"黄河的雄伟形象、气势、性格，一下子真实地浮现在我们眼前，并且似乎听到了黄河奔

腾的声音，这是出神入化，富有特征的诗句。杜甫的《登高》："无边落木萧萧下，不尽长江滚滚来。"写出长江浪涌滚滚的形象和汹涌澎湃的气势。苏轼的《念奴娇·赤壁怀古》："大江东去，浪淘尽，千古风流人物。"也写出长江滚滚向东流去的奔腾气势。但是这些诗句都是客观的描写。晋代左思的《咏史》："振衣千仞（rèn 仞，古代八尺为一仞）冈，濯足万里流。"虽然作者把自己与长江结合起来写，只是表现自己的清高的"濯足"而已。以上这些诗句，哪能比得上毛主席的"万里长江横渡。万里长江，向西向东，浩荡奔流，气象雄伟。毛主席却迎着这浩荡奔流的长江横渡，显示了征服自然，改造自然的伟大气魄。这句词表现出毛主席游过长江的豪迈气概，反映了他充沛无穷的精力，写出了长江奔流到海的浩浩荡荡的气势，表现出横渡长江是何等的壮举，写得极为雄伟有力，这是对长江学独当段的艺术概括，给我们的感受是祖国的河山多么雄伟壮丽！

不管风吹浪打，胜似闲庭信步，今日得宽余。

不管	风吹浪打	胜似	闲庭	信步	宽余
关联	意味着斗争	关联肯定前者胜过后者，胜过。	清静的庭院。	随意散步	心情舒畅。

这三句的意思是，不管那风吹浪打，在风浪滚滚向东流的江水里游泳，胜过在清静的庭院里随意散步，今天有空余时间游泳，觉得海阔天空心情舒畅。

①"风吹浪打"充满了斗争，"闲庭信步"则是闲适清静，这两种不同的境界用"不管"与"胜似"联系起来形成鲜明的对比，肯定前者胜过后者，用"得宽余"的感受作具体说明，进一步写出毛主席无产阶级革命家需要的是大风大浪的战斗生活，毛主席舒畅的心情不从"闲庭信步"得来，而从与风浪搏斗中得来，这就写出毛主席健壮的体魄，酣畅淋漓的兴会和藐视困难的战斗精神。"不管"二字，充分显示了毛主席在险风恶浪面前泰然自若的雄伟气概。毛主席说："大风大浪也不可怕，人类社会就是从大风大浪中发展起来的。"毛主席游泳那天，长江里并不是风平浪静的，当时和毛主席一同游泳的同志，请毛主席上船休息一会再游，毛主席说："没有关系还没有到汉口，还有半个钟头呢？"刚说完，一个浪头打在毛主席身上，一下把毛主席卷入水中去了，当同志们正在担心的时候，毛主席却又泰然地出现在同志们的面前了"（见《中国青年》一九五七年十期所载《万里长江横渡》。

②在波澜壮阔的长江里乘风破浪前进，气魄多么伟雄伟，这里充分表现出毛主席蔑视风险和游泳时舒畅心情，并且形象地表现了毛主席游泳时从容不迫，镇定自若的神态。

③当毛主席横渡长江以后，向上仰视，楚天无垠，向下俯视，滔滔江水向东流去，在这种情况下，使想到孔子站在河边上说的话。

子在川上曰：逝者如斯夫！

子	川上	曰	逝者	如	斯	夫
孔子	河川边上	说，讲	光阴的过去	象	这指流水	文言助词

这两句的意思是：孔子曾在河边叹息说：光阴的过去就象这流水一样的啊！

①这两句是引用《论语·子罕篇》上的话："子在川上曰：逝者如斯夫，不舍昼夜"。意思是，孔子在河川上说：光阴的过去就象这流水一样的啊，日夜不停。这是孔子看了河水发出的感叹。二千四百多年前他只能站在河边无可奈何地望水兴叹，感叹年华已逝，浮生若梦。毛主席是伟大的马克思主义者，在横渡长江的游泳里，自然深刻地感到长江的水，无尽地不间断地向东流去，象时光的消逝一去不复返，必须自强不息，这就想到孔子的话。但是毛主席这里的思想情绪和孔子不同。这里的意思是："多么美好滚滚的长江啊！"含意非常丰富：(一)赞美祖国的伟大，"江山如此多娇。"(二)想到这巨大的河流应该怎样利用它。(三)从江水的日夜奔流想到人生也应自强不息，要不断为革命事业，为社会主义建设而努力。下阕所写的思想内容，也就是由此而产生的。

②毛主席用这话激励人们以正确的态度对待生活，自强不息地积极地投入社会主义的伟大建设事业中去，这是伟大领袖的宏伟抱负，鼓舞我们积极地去建设社会主义祖国

③这两句词是全词的枢纽，不但意义深长地结束了上阕，过渡到下阕对"起宏图"的社会主义建设景象的描写，而且对游泳说来非常贴切，运用得自然，更重要的展开了下阕。毛主席正在领导全国人民进行社会主义建设，这样就很自然地想到长江大桥和三峡水库的宏伟建设去了。下阕说的长江大桥的建设，三峡水库的宏伟计划，正是中国人民自强不息的具体表现。这两句放在上阕的末尾，也起承上启下的作用，把全词的上下阕连为一体。

上阕写横渡长江的豪迈气概和乐观情绪。

风樯动，龟蛇静，起宏图。

船上挂帆的樯(wéi)杆　龟山 蛇山　静穆　兴起　宏伟的建设计划。

这三句的意思是，江上张帆的船在风中行驶，龟蛇二山静穆地屹在长江两岸，在这壮丽山河的江面上，一个宏伟的建设计划兴起了。

①"风樯动"的"动"字，是出了在万里长江中，无数船只顺风扬帆行驶，显示出经济的繁荣运输的繁忙，社会主义建设正在热火朝天地进行，透露了浓重的时代气息。"龟蛇静"的"静"字，则写出了在长江两岸(龟山在汉阳、蛇山在武昌，这两山静穆地屹立在长江两岸，长江大桥的两头就建筑在这两座山上。)昔日"锁大江"的龟蛇二山，今天显得特别安静，特别驯服，充分显示了革命人民征服自然的威力。"风樯动"来陪衬"龟蛇静"，风樯往来，龟蛇静穆，一动一静描述了江上景色的美丽，在这样美的自然环境里，自然联想到"起宏图"，想到长江大桥和三峡水库的建设，毛主席所以要写长江大桥，因为它是以显示时代特点和新中国建设成就，在武汉什么也不能比长江大桥更突出更重要了。"起宏图"有领起下文的作用下面描述的长江大桥和三峡水库，都是"起宏图"的具体内容，一个"起"字生动地表现这个宏

伟规划正在变成现实的过程。接下去，用简练的语言来写长江大桥，写出它的宏伟气魄和巨大作用。

一桥飞架南北，天堑变通途。

一桥：指长江大桥
架：架设
南北：南北两岸
堑："堑"，壕沟。这里指长江，即造成隔断南北的天然壕沟。
通途：畅通大道

这两句的意思是，一座长江大桥，象飞一样架设在长江南北两岸，古人一直称为难越的天堑，变成了畅通无阻的大道。

①这是写游泳中见到宏伟的长江大桥正在兴建，是"起宏图"的具体描写。毛主席在描写长江大桥的社会主义建设远景时，不但描写它的今天，而且还预示明天，展望将来。在毛主席游泳时，武汉长江大桥才建成一半，但毛主席并不拘泥于照像式的真实，而是从现实出发，又高于现实。一九五七年十月十五日大桥竣工，正式通车，桥长一千一百五十六公尺，桥高三十多公尺，上行汽车，中行火车，下行船只。长江滔滔，长桥如画，"飞架"的"飞"字，仅传神地写出了长江大桥长桥卧波的雄伟形势，而且淋漓尽致地反映了建设的神速。~~用"天堑"说明~~

②南北朝（南朝：宋齐梁陈。北朝：北魏、北齐、北周）时陈朝的孔范说："长江天堑，古来限隔，虏军岂能飞渡？"（见《南史·孔范传》）这里用"天堑"说明古人以长江为天然壕沟，隔断了南北交通，把天堑变成通途，就更有力地说明长江大桥的巨大作用，说明宏图的意义在于改变自然的面貌。用"变"字表现了工人阶级改造自然的巨大力量和英雄气概。这里透露出中国人民在党的领导下自强不息地从事社会主义建设的精神，这就跟"逝者如斯夫"的含义相呼应。

③这两句，表现了中国人民无比高涨的劳动热情与高度的智慧和创造力，是对长江大桥最恰当的评语，是对无比优越的社会主义制度的热烈赞扬，是对社会主义建设最美丽的歌颂。这座大桥闪耀着社会主义的光芒，社会主义之美，表现了新中国的精神面貌。美丽的大桥在述说我们美丽的社会主义生活，美丽的社会主义现实，美丽的社会主义远景。

④但是，毛主席的愿望还不止此，还有更大的宏图，接着又指出另一个美好的图景：

更立西江石壁，截断巫山云雨，高峡出平湖。

更立：更再，还要，更进一步，"更立"，不只建一座桥，还要建立其它。
西江：长江的西部，即长江上游。
石壁：拦河大坝，把拦河坝称石壁，更突出它的坚固。
巫山云雨：巫山在四川巫山县，长江在巫山中经过，那里称为巫峡。~~云雨指雨水~~巫山上有神女峰。《文选》上宋玉的《高唐赋》称楚襄王梦见神女，神女说她出来时"旦为行云，暮为行雨"，即早晨为云，晚上为雨，所以说巫山云雨。
高峡：高山中的峡谷，指长江三峡：即瞿塘峡、巫峡、西陵峡。
平湖：指水库。

这三句的意思是，我们还要在长江上游的三峡里，筑一道拦河大坝，截断长江上游的水，让高高的三峡上出一个水光潋滟（liàn yàn 恋厌，水流波动的样子）的平湖——三峡水库。

①一九五八年毛主席查勘了三峡。据初步计划，三峡水库的大坝高二百公尺，有六十层楼高。发电一千五百亿度，输送到北京、上海、洛阳、重庆、广州和广大乡村。万吨巨轮可以从上

海溯（su素，逆着水走）江而上，经过三峡的巨大阶梯形船闸，直达重庆，这是一幅多么有意义的图画！让水势汹涌的长江按照人的意志去利用，这是多么巨大的变化！不说兴建拦水坝"，而说"更立西江石壁"，不说"拦住长上游江水"，而说"截断巫山云雨"，不说修成人造湖而说"高峡出平湖"这都是不平常的说法，有着高度的表现技巧。"更立"二字，紧接上文，充分显示了不断革命、胜利前进的光辉思想和永不满足于既得成就的伟大气魄。"出"字传神地描写出这一神奇的伟迹，仿佛一夜之间在高峡中出现了一个宽阔的平湖。这里毛主席不说截断長江上游的水，却说截断巫山的云雨是有用意的。说"截断巫山云雨"，突出地写拦河坝的高，高到把巫山上的云雨截住了，这是用的夸张手法。同时又使人想起古代美丽的神话，给词句涂上一种瑰丽的色彩。

②在三峡地区建立一道拦水坝，造成世界上最大的人工水库，最大的水力发电站，给航运、灌溉、发电等方面带来无比巨大的效益，这个改天换地的"宏图"，在毛主席如椽的大笔下描绘得十分雄伟壮丽。这也是中国人民自强不息的精神表现。

③修建长江是现实，建设三峡水库是计划。这三句则是展开想象的翅膀，由现实想到更雄伟更壮丽的远景，是"起宏图"的进一步描写，和长江大桥一实一虚，一现实一理想，相映成趣。

神女应无恙，当惊世界殊。

神女	应	无恙	当	惊	殊
古代传说中的神女住在巫峡的神女峰上，楚襄王梦见过神女，毛主席用了这个典故。	料想。	恙，指病痛、疾病。"无恙"，没有疾病安好的意思。	一定，该会。	惊讶。	不同，两样。这里含有巨大变化的意思。

这两句的意思是，料想那巫山的神女无忧无病还健在吧，果真如此，她该会惊讶世界跟从前完全不同了。

①词中讲神女，实际上还是讲水库的建设。我们常说世界变得这么快，简直象神话一样，可是词中说就连神话中的神女也惊讶于这个世界的变化之大，毛主席把巫山神女作为一个目击祖国繁荣的见证人了。古往今来，神女阅尽人间的变化，当她看到浩浩长江，大桥飞架，拦河大坝，耸入天际；当她看到长江三峡湖平如镜的社会主义建设瑰丽图景时，比较今昔，对于祖国面貌这种空前的变化，定要为之惊叹不已，承认新中国的建设是一日千里。

②用神女惊讶于这个世界的变化之大作结束，将古代的神话与现代的伟大工程相糅合，使这首词的色彩情调更加优美动人，而且也大大加强了诗的主题的鲜明性，它如洪钟巨响，发出振撼人心的伟力，又余音缭绕，给人深刻隽永的启示，恰好显示了祖国社会主义建设的"不尽长江滚滚来"的蓬勃景象，这是对英雄人民所从事的伟大事业最热烈的赞颂。

下阕描写武汉长江大桥的兴建及三峡水库的远景规划，歌颂祖国宏伟的社会主义建设。

这首词的题目是游泳，说了许多社会主义建设工程，似乎超出了范围，但实际上这些都是毛主席游泳时所见到、所想到的，而且都是毛主席所经营管理的，写进来正是非常自然的事。

这首词的内容是不断加深丰富和发展的。首先由横渡长江的游泳，而联想到滔滔东流的江水，要自强不息地进行建设长江大桥、三峡水库，而至于巫山神女惊讶于世界变化之大，好象奇峰突起，引人入胜。

这首词虽然是写了游泳并歌颂了长江的建设，但实际上是对社会主义建设的最美丽的歌颂，表达出中国人民在党的领导下改造自然的宏伟规模和雄心壮志。

这首词的主题思想是，通过游泳长江的所见、所感，表现毛主席横渡长江的豪迈胸襟和改造自然的远大理想。

译述：

刚刚离开长沙，便来到武昌。从万里长江横渡过去，极尽目力望去，放眼望去，只觉楚地的天空舒展无尽，一望无际。不管那风吹浪打，在风浪滚滚东流的江水里游泳，胜过在清静的庭院里随意散步，今天才有空余时间游泳，觉得海阔天空，心情舒畅。孔子曾在河边叹息说：光阴的过去，就象这流水一样的啊！

江上张帆的船在风中行驶，龟蛇二山静穆地屹立在长江两岸，在这壮丽山河的江面上，一个宏伟的建设计划兴起了。一座长江大桥，象飞一样架设在长江南北两岸，古人一直称为难越的天堑，变成了畅通无阻的大道。我们还要在长江上游的三峡里，筑一道拦河大坝，截断长江上游的水，让高高的巫峡上出现一个水光潋滟的平湖——三峡水库。料想那巫山的神女无忧无病还健在吧，果真如此，她该会惊讶世界跟从前完全不同了。

这首词的写作特色是，用词精当，极富有表现力，并活用神话、典故，对表现中心思想起了很好的作用。

八、用词精当，极富有表现力。如"一桥飞架南北"的"飞"字，不仅传神地写出长江大桥长桥卧波的雄伟气势，而且淋漓尽致地反映了建设的神速。"高峡出平湖"的"出"字，传神地描写出这一神奇的伟迹，仿佛一夜之间在高峡中出现了一个宽阔的平湖。"起宏图"的"起"字，生动地表现出这宏伟规划从在变成现实的过程。

六、活用神话、典故。毛泽东把巫山神女作为一个目击祖国繁荣的见证人，古往今来，神女阅尽人间的变化，当她看到浩荡长江，大桥飞架，拦河大坝，筑入苍天际；当她看到长江三峡湖平如镜的社会主义建设瑰丽图景时，比较今昔，对于祖国面貌这种空前的变化，定要为之惊叹不已，承认新中国的建设是一日千里。用神女惊讶于这个世界的变化之大结束，将古代的神话与现代的伟大工程相揉合，使这首词的色彩、情调更加优美动人，而也大大加强了词的主题的鲜明性。

〔作业〕

背诵默写《水调歌头·游泳》

定西地区卫生学校课时教案

编号：　　　　　　　　　　　　　　　　周次：

教研组长批准： 198　年　月　日					
授课日期	198　年　月　日	班次		节次	

课题与教学目的

沁园春·长沙　　　毛泽东

这首词表现了毛泽东同志瞻望革命前途无限乐观的豪情壮志，也体现了毛泽东同志无产阶级革命的远大理想。通过本文的教学，教育学生了解并学习在湖南的民主运动中，革命青年生气蓬勃壮志凌云的风貌，学习毛主席的革命精神，为祖国的社会主义建设事业贡献自己的力量。

教学内容和方法：

题解：

"沁（qìn 亲的去声）园春"，词牌名。沁园是东汉明帝的女儿沁水公主的园林，为外戚大将窦宪所夺，曾因此引起一场风波。乐工本此作歌，唱公主园林的沁园春调，词家据以填词，本词牌因此得名。

《沁园春·长沙》是毛主席发表的诗词中最早的一首，写作地点在湖南长沙。湖南是毛主席的故乡，长沙是中国工农革命的发源地，毛主席中学时代就在这里的湖南第一师范学校读过书和从事革命活动。

在五四运动前后，到大革命期间，我国国内极其混乱和黑暗，北洋军阀勾结帝国主义，不断地出卖国家和民族利益，加紧对人民的残酷剥削。当时广大先进青年迫切要求政治革新改革，革命风暴席卷全国。一九二一年中国共产党的成立，标志着中国革命已进入了新的阶段。一九二三年二月，爆发了京汉铁路大罢工，一九二五年爆发了震惊中外的五卅（sà 撒的去声，三十）惨案和广东二十五万工人的省港大罢工，使香港（十六个月）变成死港。这一切都为即将进行的轰轰烈烈的北伐战争作好了准备，这就是当时波澜壮阔的大好革命形势。毛主席以长沙为中心，组织和领导了湖南的爱国民主运动。为了团结进步青年，毛主席在一九一七年就组织了新民学会，后来又办《湘江评论》，组织了马克思主义研究会，就这样团结了一批进步青年，成为领导湖南革命运动的核心，驱逐反动军阀（张敬尧、赵恒惕等），领导工人进行罢工。若干年后，毛主席又来到长沙，面对着眼前的景色，回忆过去不平常的岁月，感情象湘江的波涛汹涌澎湃（pēng pài 烹派，形容大浪翻去）写成了这首词。这首词是在一九二五年十月离开湖南去广州创办农民运动讲习所之际写的。从这首词中，约略可以窥见大革命前夕，在湖南的民主运动中，革命青年的生气蓬勃、壮志凌云的风貌。

串讲分析：

独立 指一个人卓然特立（或巍然挺立）的意思、这里主要地表现毛主席的雄伟气概。**寒秋**，即晚秋、深秋，已有寒意。**湘江北去**，“湘江”，也叫湘水，源出广西兴安县的海洋山，是湖南最大的河流，流经长沙，北入洞庭湖，所以说“北去”。**桔**（jié（桔槔—gāo）汲水的一种工具，在井旁树上或架子上用绳子挂一杠杆，一端系水桶，一端坠大石块一起一落。另作jú，“橘”俗作“桔”。这里当“橘”讲”）**子洲头**。桔子洲在长沙市西的湘江中，因多产美桔，所以叫桔子洲，又叫水陆洲、长岛。——在寒凉的秋桔子洲头，就是桔子洲的南头。

天，我独自站在桔子洲的头上。眼前湘江之水滚滚地向北流去。毛主席全神贯注地展望着革命的前途和人民的命运，思潮汹涌澎湃好象眼前滚滚北流的湘江之水

复习题和作业：

教师：

一九八　年　月　日

一样奔腾不息。（开头三句不仅点明了来游的时令是“寒秋”，地点是湘江的“橘子洲头”，也勾画出毛主席当时独立橘子洲头，面对湘江远眺的高大形象。“独”字点明这次是毛主席一人来游，没有跟同学在一起。这个“独立”与下阕的“百侣曾游”相对照，联系了前后两阕的开头。这三句为以下各句作好了伏笔；“寒秋”是“万山红遍”、“层林尽染”之所本，“湘江北去”是“漫江碧透”、“百舸争流”的由来，“独立寒秋”句却总领了全词。毛主席在“寒秋”的湘江上，给我们展开了一幅色彩瑰丽的图画。）

看万山　“万”表示很多。“万山”是山峦很多，指湘江西岸的岳麓（lù 路）山和附近的许多山峰。

红遍，　从橘子洲头遥望岳麓山，万山为美丽的红叶红遍了。

层林，　从橘子洲头远望上，树林随着山势一层层高上去，所以说“层林”，正好写出山上林木一层层的景象。

尽染，　“尽染”，山上一层层经霜的树木，叶子都象给霜染红了，红得象二月的花朵。唐杜牧《山行》：“停车坐（因）爱枫林晚，霜叶红于二月花”也是写的这种景象。岳麓山上有“爱晚亭”。

——————这两句的意思：看到万山上一层层的树林，都给霜染、染遍。这是向高处看，写的近景。

（“看”是领字，直贯以下七句。“看”与“忆”是贯穿全词的两根总线。下边的山、林、江、舸、鹰、鱼，是独立于深秋江畔洲头时，所看到的具有特征性的景物。）

漫江　“漫江”就是“满江”。

碧透，　“碧”，水深而绿，“透”，水清见底。“碧透”，江水碧绿，清澈见底。

百　“百”，这指很多。

舸　（gě 葛），大船。

争流。　“流”，江流。“争流”，在江流里竞争着行驶。

——————这两句的意思：看到满江碧绿，澄（chéng 成）清透明的江水里，有成百只的大船竞争着行驶。这两句写出了江上热闹的情况，这是向低处看，写的是动景。（万山的红叶与满江的碧波上下映照，构成一幅壮阔绚（xuàn 眩，有文彩的）烂的图画。“红遍”、“碧透”都与“寒秋”相应，“尽染”的“尽”字，“红遍”的“遍”字，“碧透”的“透”字，正说明确已到了“寒秋”。过去在深秋时节，诗人们多是悲秋伤感，而在毛主席看来，却显得这样绚烂美丽，这正是富有革命精神的表现。以上写的是山川，毛主席的眼光并不停留在壮丽的河山上，他跟着给我们描绘出更有深沉意味的景象。）

鹰击　“击”，搏击，形容鹰的飞腾，矫健有力。

长空，　广阔的天空。

鱼翔　“翔”，不动翅膀回旋的飞，这里用“翔”来写鱼的游动时，轻灵自如，极其活跃象飞一样。正用唐柳宗元《小石潭记》所说：“皆若空游无所依，用一“翔”字而神态毕露。

浅底，　是指湘江的水清澈见底，所以觉得浅，并非真浅，唐储光羲《钓鱼湾》诗，有“潭清疑水浅”句。

万类　包括很广，不只是上文所写的枫树、鹰、鱼等，许多未写的也统统在内，指世界一切生物。

霜天　代秋天，深秋时节。

竞自由。　竞争似的自由的生活。

——————这三句的意思：鹰在广阔的天空中矫健飞腾象搏击一样，鱼在清澈见底的湘江中游动象飞翔一样，世界万物，都在这个秋高气爽的季节里竞争似的自由的生活着。（“浅底”与“漫江碧透”相呼应，“鹰击长空”、“鱼翔浅底”，一是仰观，写天上所见，一是俯察，写水中所见，写的是动景。这是毛主席独立眺望时所得的总的印象，也是对景物描写高度的艺术概括。“看”字直贯穿到这里，用这句作一小结，总写所见的一切。这种一气流注的句式，造成了犹如长江大河，浩浩荡荡一泻千里的气势。使得上面那些出色的描绘，得到鲜明的意义，更提高这首词的思想性。在这七句之中，除最后一句外，对要求对仗，而前四句（领字“看”不算）要求隔句对仗（也叫扇对），就是第一句“万山红遍”与第三句“漫江碧透”对，第二句“层林尽染”与第四句“百舸争流”对，然后第五六句“鹰击长空、鱼翔浅底”自成对。这样对以写景就更显得五彩缤纷、斑烂绚丽，令人目不暇接。毛主席对饱蘸革命豪情的彩笔，有力地描绘祖国大地的辽阔壮丽，刻画了自然万物富有无限活力的栩栩（xǔ 许，形象生动的样子）神态，静的描写和动的描写，互相映衬，构成一幅色彩瑰丽、绚烂壮观、气象万千的湘江秋景图，表达了毛主席热爱祖国山河的感情和深思。“万类霜天竞自由”这个有力的句子，把我们的精神视野由眼前的景物扩展开来，扩展到万物，扩展到人类社会，这样就赋予所描写的事物景物以鲜明而深广的社会意义。世间万物，在这个秋高气爽的季节里，竞争似的自由的生活着，我们的人类社会也正是这样，一九二五年前后，那如火如荼（tú 途，一种开白花的茅草。如火如荼，比喻气势旺盛）的工人运动，轰轰烈烈的农民斗争，就象烈火一样燃遍了全国各地。正如毛主席所说：“中国是全国都布满了干柴，很快就会燃成烈大。"万山红遍，层林尽染"就是当时蓬勃发展的工农革命运动的真实写照。在这明媚而斑斓的秋光里，毛主席对当时的大好形势高唱赞歌。因而触景生情，借物咏怀，通过对湘江秋色的有力描绘，形象地表达了当时蓬勃发展的革命形势，和工农群众争取自由解放的斗争精神。当时祖国各地，尤其是南方湖南，到处红旗飘扬，确有"万山红遍，层林尽染"之势，人民起来了！革命高潮掀起来了！

以上七句为下文发问设下伏笔，毛主席的思想并没有在这里停止，他又从万物的自由自得，联想到当时处在漫漫长夜的中国，因此紧接着又发出深沉的感慨。"万类霜天竞自由"是过渡，由写景转入抒情，把读者带到更为深远的意境中去。）

怅 chàng 唱，本意惆怅，这里指感慨，怅恨，是指愤慨不平的思想感情。寥廓，"寥"通"辽"。寥廓（kuò扩）广大无边，这里指宇宙，即"万类"活动着的整个世界。问苍茫大地，"苍茫"，旷远迷茫，形容广大，形容广大。谁主"主"，主宰、领导、掌握。沉浮？原是沉没和浮起，指人世的盛衰兴亡，升沉得失，这里指政权或领导权。——这三句的意思，我感慨地对着广阔的宇宙，问一问这个辽阔无边，旷远迷茫的大地的盛衰兴亡，升沉得失（政权），究竟由那个阶级来领导、来掌握呢？（是由无产阶级来领导，还是由资产阶级来领导）（毛主席怀着革命的宏伟理想，面对祖国的壮丽山河，想到当时人民的苦难，就联想到大地是应该由谁主宰，中国的政权由那个阶级掌握领导的问题，毛主席怀着火山爆发般的炽（chì斥，形容热烈旺盛）烈的感情，向广阔的世界（大地）愤然发问道：权由谁来夺？印由谁来掌？谁，那就是应该由真正的马克思主义者、革命的无产阶级先锋队、革命的人民来主宰。当时中国人民还在黑暗统治的重压下，还是极其不自由的，所以才愤然发出"怅寥廓"这样的问话。这句话是疑问句，实际是肯定句，正是表现了瞻望革命前途无限乐观的豪情壮志；这是起而战斗的号角，是对无产阶级和劳动人民发出的庄严号召。这三句，把写景的意义提高了一步，进一步体现了毛主席无产阶级革命的远大理想和雄心壮志。因而就想到了如何挽救国家危难的问题，也引起了对青年时代的革命同志和革命活动的怀念，这样就把上下阕很自然地联系起来了。

定西地区卫生学校课时计划

编号　　　　　　　　　　　　　　　　　首　　页

科　　目	语　　文	授课教师	朱训德
班　　次			
日期、节次			
课　　题	项链　莫泊桑		
教学目的、要求	引导学生从路瓦栽夫人这一妇女形象中，批判爱慕虚荣，追求享乐的资产阶级思想，认识资本主义社会的腐朽本质。 了解本文曲折的情节、精巧的布局和细腻深刻的心理描写。		
基本内容			
重点、难点			
教　　具			
教研组长审查意见	签字：　　　　年　　月　　日　12.18.		
课后回忆			

一、作者介绍

莫泊桑(1850-1893),法国著名的批判现实主义小说家。他出生于诺曼底一家没落的贵族家庭,自幼受到母亲和舅舅的文学熏陶。他十三岁开始练习写诗,诗作进步很快。后来,结识了法国的大作家福楼拜、左拉和侨居法国的俄罗斯名作家屠格涅夫,开始专门从事小说写作。青年时代,他参加过1870年的普法战争,并先后在海军部和教育部任职。从1880年起,短短十年间,除一部处女作《诗集》外,共著有《羊脂球》《项链》等近三百篇中短篇小说和《俊友》等六部长篇小说。这些作品在世界文学史上,都有重要的地位。

他创作的中心题材是暴露资产阶级道德堕落和资本主义社会的丑恶风气。他憎恨鄙视庸俗的资产阶级,怜悯被侮辱和被损害的小人物,无情地揭露了资本主义社会的黑暗与不平。但受自然主义的"纯客观"主张影响,有时对所描写的事物缺乏明朗的态度,限制了思想的深度,削弱了批判的锋芒,甚至产生有害的影响。在艺术构思和描写手法上,他善于刻画人物的内心活动,有新颖独到之处。

莫泊桑一生勤奋写作,由于过度疲劳,得了神经衰弱症。一八九一年底,他患精神错乱症。一八九三年七月六日死于疯人病院,年仅四十三岁。

二、课文分析:

《项链》是一篇精心结构的作品。作者用简练形象的文笔刻画了个小职员的妻子路瓦栽夫人借项链、失项链、赔项链的不幸遭遇,尖锐地嘲讽了爱慕虚荣、追求享乐的资产阶级思想,深刻地揭露了资产阶级思想意识给人的毒害,有力地抨击了资本主义社会的腐朽本质。

全文由五个部分组成。

第一部分（从开头到"接着就带着这件宝物跑了"）写路瓦栽夫人为参加夜会添置新衣服，向佛来思节夫人借项链的原因和经过。这是故事的开端。

第二部分（从"夜会的日子到了"到"她照他说的写了封信"）写路瓦栽夫人在夜会上狂热舞蹈，美貌超人，而后乐极生悲，发现丢失了项链。其中路瓦栽夫人在夜会上戴着项链，大出风头，是故事的发展。丢失项链，从感情的沸点突然降到冰点，是故事的高潮。

第三部分（从"过了一个星期"到"她不会把她的朋友当作一个贼吗？"）写路瓦栽夫人为了赔偿项链，债台高筑，倾家荡产。

第四部分（从"路瓦栽夫人懂得穷人的艰苦生活了"到"也可以成全你"）写路瓦栽夫人历尽十年的艰辛，终于偿还了债务。

第五部分（从"有一个星期天"到结尾）写路瓦栽夫人十年后在公园里偶遇女友，才知道钻石项链原是假的。这是故事的结局。这个结局，把女主人公遭遇的悲剧性推到新的高潮。

路瓦栽夫人出身于贫寒的小职员家庭。她凭自己的姿色、聪明伶俐，满以为有了向上爬的资本，时刻梦想着成为上流社会中受人奉承和追求的"贵妇人"，成为女性中的佼佼者。但是，她的境遇并不像她所希望的那样一帆风顺。婚姻问题使她很不得志。夜会请柬使人出乎意料，她着意打扮，"狂热"、"沉迷"、"陶醉"于别人对自己美貌的倾倒之中，这充分表现了一个爱慕虚荣，追求享乐的小资产阶级出身的妇女典型性格特征。正当她得意忘形之际，祸从天降，丢失了佛来思节夫人的项链。为了赔偿项链，她不得不忍受精神上的极度苦痛，承受经济上的沉重压力。她过了十年的困窘生活，还清了一切债务。但是，她并没有忘记当年那个招惹人们注意的舞会，没有忘记那个令人倾倒的场面。这是对路瓦栽夫人资产阶级虚荣心的辛辣讽刺。后来公园之中，女友道出"我那一挂是假的"这对路瓦栽夫人已经挫伤了的虚荣心又是沉重的打击。

路瓦栽夫人既是资产阶级社会风气的体现者，也是资产阶级社会的受害者。从她的不幸遭遇中，我们可以清楚地看到小资产阶级那种追求享乐、奢华和虚荣心理，上流社会的生活方式和高利贷商人的盘剥，以及一切依金钱、地位为转移的资产阶级社会的罪恶。

小说在艺术构思和人物心理活动的描写方面，也匠心独运，造诣极深。

1. 情节曲折布局巧妙。

小说围绕女主人公借项链、失项链、赔项链这条线索，情节步步展开。例如：正当路瓦栽夫人感到生活很不幸和痛苦的时候，突然接到一张邀请参加夜会的请柬；正当路瓦栽夫人为参加夜会而郁闷苦恼的时候，丈夫和女友忽然应允了她的要求；正当路瓦栽夫人在舞会"狂欢""陶醉"的时候，不料大祸临头，项链丢失；正当路瓦栽夫人苦熬十年，历尽艰辛，还清债务的时候，却意外得知女友的项链原是"假的"。作者通过精巧的情节安排，写得跌宕起伏，引人入胜。

小说还细致地描写了路瓦栽夫人与女友佛来思节夫人的三次会见：第一次是借项链，第二次是还项链，第三次是在"极乐公园"。特别是第三次在"极乐公园"里相见，由女友道出失去的那串项链是赝品，是"假的"至多值五百法郎！"不仅活现出女主人公那种啼笑皆非的神情，而且以她"带着天真的得意的神情"的"笑"来反衬她得知真相后的"悲"，深化了主题，有力地鞭挞了资本主义社会的罪恶。

2. 细腻、深刻的心理活动描写。

小说的夫人公形象鲜明，个性突出，这与作品细腻、深刻的心理描写分不开。例如，写她平时不能够讲究打扮，只好穿得朴朴素素，因而"她觉得很不幸，好象降低了她的身份似的，看着那个替她做琐碎家事的小女仆，她"心里就引起悲哀的感慨和狂乱的梦想"。写夜会的日子近了，衣服虽然有了，但没有珠宝首饰，她"显得郁闷、不安、忧愁"。丈夫叫她戴上几朵鲜花去赴会，她不依，认为在阔太太中间露穷酸相，再难堪也没有了。"在晚会上，"她陶醉于自己的美貌胜过一切女宾，陶醉于成功的光荣，陶醉在人们对她的赞美和羡妒所形成的幸福的云雾里，陶醉在妇女们所认为最美满最甜蜜的胜利里。"所有这些都把人物的内心世界维妙维肖地揭示出来，淋漓尽致地表现了路瓦栽夫人极端的虚荣心，空虚的精神世界，以及庸俗的资产阶级世界观。

〔思考题〕

一、路瓦栽夫人的悲剧是怎样酿成的？原因是什么？作者认为"极细小的一件事可以败坏你，也可以成全你"对此你有什么看法？作者对路瓦栽夫人抱什么态度，你对这个问题是怎样认识的？

造成路瓦栽夫人不幸遭遇的根本原因是资本主义社会和资产阶级虚荣性。"极细小的一件事可以败坏你，也可以成全你"这不是造成路瓦栽夫人悲剧的原因。作者对路瓦栽夫人的态度是既批评她爱慕虚荣的庸俗作风，又同情她在资产阶级虚荣心毒害下的不幸遭遇。从上面的话可以看出作者并未能揭出路瓦栽夫人的悲剧产生的社会原因，而是归结于偶然发生的细小事件。路瓦栽夫人出身在小职员家庭，又嫁给一个小职员，不属于资产阶级。但她跟一样地位的妇女不同，她拼命追求豪华生活，向往上流社会。然而在晚会上，她乐极生悲，丢失了项链，落得倾家荡产，过了十年困苦生活，最后成了"穷苦人家的粗壮耐劳的妇女"。路瓦栽夫人既是资产阶级思想的体现者，又是受害者。

二、这篇小说的线索是什么？作者是怎样围绕这一线索安排故事情节的？路瓦栽夫人和她的丈夫辛辛苦苦地干了十年，在还清债务之后才知道丢失的项链原是假的。这样的布局有什么好处？

小说的线索是"项链"。它是按照借项链、失项链和赔项链来安排情节的。文章最后说项链是假的，在情节发展上是又一次奇峰突起，能给读者留下深刻的印象，同时，尖锐地说明路瓦栽夫人因爱虚荣所付出的代价是多么高昂，从而有力地突出了作品的主题思想。

定西地区卫生学校课时教案

编号： 周次：

教研组长批准：

198 年 月 日

授课日期	198 年 月 日	班次		节次	

课题与教学目的

定风波二首 辛弃疾

教学内容和方法：

作者简介

辛弃疾（1140—1207）字幼安，号稼轩，历城（今山东济南）人。二十一岁时就参加抗金起义军，为掌书记。他曾经在三天内追擒起义军叛徒义端和尚，又曾深入敌营缚取叛徒张安国，足见他的英勇机智。南归后历任湖北、湖南、江西等地的安抚使。他的一生都是为抗金习耻，收复中原而努力，但始终得不到腐朽的南宋统治集团的支持。这位满腔热情的爱国主义者，终于壮志未酬与世长辞了。

在我国的词史上，辛弃疾是个伟大的高峰。在他的词里，洋溢着为国为民的爱国热情，和对侵略者的仇恨，对统治阶级的愤懑。他的词是时代的反响，在这个反响中可听到人民的声音，它将永远闪耀着不朽的光辉。

定风波词二首，以“双关”的方法，把药名运用到字里行间。与马医生言情述志，虽然所谈的是草木、泉石（水石）、风月、湖海、松竹、青碧、沙鸟、樟房、竹杖等一些自然的景物，以及泉石膏肓、湖海浮漫、松竹凄凉、平章风月、草玄、留句、作书等一些个人活动和个人心境，实则他的爱国忧时思想，从中有所透露。他壮志未酬，而雄心尚在，虽然多病，可是尚能自知保重，从"白发自怜心似铁"，"多病，提防风月费篇章"这两句中可以看出他再接再励，百折不挠，以及"爱其死以有待，养其身以有为"的豪迈气概，跟一般吟风弄月的篇什截然不同。

课文分析

定风波

词牌名

用药名招婺源（江西县名）马荀仲游雨岩（在江西永丰县博山一带），马善医。

山路风来草木香（影射中药"木香"）

一路山风吹来散发着草木香味

雨余凉意（影射中药"禹余粮"）到胡床。

雨过后留下的凉气使住处变得很冷

泉石膏肓（爱好泉石有如膏肓之疾）吾已甚（不可改变，石膏，中药名），

爱好泉石已经成了癖性，不能改变，

多病，提防（dī fáng）风月费篇章（耗神写文章，"防风"中药名）。

提防因风月的缘故，而去耗费精神写文章

孤负（同辜负）寻常山简（山季伦，西晋时任荆州（今湖北江陵）刺史，这里指不能象山简一样随意醉游。"常山"，药名。）醉，独自，

——象山简的寻常醉歌也孤负了。

故应知子草玄忙。（西汉杨雄闭门草拟"太玄经"，名清一时，知子，影射中药"栀子"）

所以知道你象杨雄草拟太玄经一样而忙碌起来。

湖海早知身汗漫，（意近浪漫，无拘束的样子）

早知道自己漫游湖海，毫无约束。

谁伴？只甘松竹共凄凉（甘松，中药名。）（海早，影射中药"海藻"）

只愿与松竹结伴，过着凄凉的隐逸生活

又用和前韵，药名

和前首韵脚

仄月（斜月）高寒水石乡，（水石之乡）

斜月照着高而寒的水石之乡，

倚空青碧（映入天空的青碧色）对禅房。（寺院）

映入天空的青碧色对着寺院。

白发（白发苍苍）

复习题和作业：

教师：

一九八　　年　　月　　日

自怜心似铁 自怜细的心肠似铁石一样的硬。“莲心”中药名

白发苍苍的高龄人自怜细的心肠似铁石一样硬，

风月，使君子细 同仔细 与平章 品评风月

使君与我仔细的品评风月。

“使君子”中药名。 平肯 平日 生涯节(qien)竹杖，节竹做的手杖

平日拄着节竹杖度时光，

来往，却惭沙鸟 沙鸥

却惭愧沙鸥笑人们来往忙碌

笑人忙， 使好剩留 多留 黄绢句，《世说新语·捷语》：魏武（曹操）尝过曹娥碑下，杨修从。碑背上见题“黄绢幼妇，外孙齑(jī)臼(jiù)”。修解曰：“黄绢，色丝也，于字为‘绝’；幼妇，少女也，于字为‘妙’；外孙，女子也，于字为‘好’，齑臼，受辛也，于字为‘辞’，所谓‘绝妙好辞’也。”“留黄”即“硫黄”，中药名。

使好好的多留下绝妙的句子，

谁赋？银钩小草 晋王羲之善草书，人称铁画银钩，远志苗为小草。 晚天凉。

用银钩小草写文章直到晚上。

〔作业〕自找材料仿定风波二首写诗或填词一首

定西地区卫生学校课时教案

编号： 周次：

教研组长批准：					
198 年 月 日					
授课日期	198 年 月 日	班次		节次	
课题与教学目的	用药如用兵论 徐大椿 一体会理解用药如用兵的道理。 二学习本文层次清晰文意贯通的写作方法。比喻的用法。				

教学内容和方法：

作者简介

徐大椿（chūn）（一指姓。二椿为椿树，香椿。）（1693—1771），字灵胎，晚号洄溪老人，清代江苏吴县人，精于医学，又善诗文。他对音乐、武术以至天文地理都有所研究。是一位既重视理论又重视实践的学者。医学著作有《难经经释》、《神农本草经百种录》、《伤寒内方》、《兰台轨范》、《医贯砭（biān）（古代治病用的石针。古代用石针扎皮肉治病，叫砭。）》和《医学源流论》等。在他的《神农本草经百种录》、《难经经释》等著作中，一面写下自己临床经验，一面也整理批判古代医药理论。本文选自《医学源流论》。

课文串讲分析：

圣人之所以全（保全，全民生，即保全人们的生命。）民生也，五谷（稻、黍、稷（jì）（①古代称一种粮食作物，有的书说是黍一类的作物，有的书说是谷子（粟）。②古代以稷为百谷之长，因此帝王奉祀为谷神：社稷。）麦、菽（shū）（豆类的总称。不辨菽麦。））为养（养，营养。），五果（枣、李、栗（lì）（栗子。乔木，果实包在多刺的壳斗内，成熟时壳斗裂开而散出，果实可以吃，树皮和壳斗供鞣皮和染色用。栗子是这种植物的果实，也指姓。））杏、桃。为助（助，辅助。），五畜牛、羊、鸡、犬、豕(shǐ)、猪，很养豕实。为益，益，补益。五菜，葵、韭(kuí)指某些开大花的草本植物，如锦葵、蜀葵、向日葵等。)韭(jiǔ，草本植物，叶子细长，是普通蔬菜。)薤(xiè，草本植物，地下茎可以吃，这种植物的地下茎也叫藠头jiào.tou)葱、藿(huò或，豆类作物的叶子。)

为充，充，充养。而毒药则以之攻邪。——古代为知识的所以能保全人们的生命，是以五谷为营养，五果为辅助，五畜为补益，为菜为充养，而毒药则是治疗疾病的。故虽甘草人参，误用致害，皆毒药之类也——所以象甘草人参，如果用错了也会带来害处，变成毒药的。这里讲了药与用药的辨证关系。古人好服食者喜欢服补养助阳药，如魏晋时人喜欢服五石散。必失奇疾，犹之好战胜者，必有奇殃。——古人喜古代喜欢服五石散一类药物的人，必然生奇怪的疾病，好象那些逞强好胜的人必然带来祸殃一样。是故兵之设也以除暴，不得已而后兴；药之设也以攻疾，亦不得已而后用，其道同也。——因此养兵是为了除暴，不得已而发展；药物是为了治病，也是因为不得已而用，这在道理上是一样的啊!

故病之为患也，小则耗精损伤人的精气，大则伤命，隐然暗藏的忧患。一说"隐然"犹"凛然"，威武的样子。隐隐中好象。一敌国也。——所以疾病给人带来的后果，小则损伤人的精气，大则伤害人的生命，隐隐中好象一个敌对的国家。以草木偏性，草木(药物)具有偏寒偏热的特性攻脏腑之偏性即脏腑之气偏亢。亢(kàng抗①高：不亢不卑②极，很亢旱，③二十八宿之一，④姓)这里是指临床表现为热象或寒象脏腑之气偏亢，就会引起疾病。必能知己知彼，多方以制之，而后无丧身殒yǔn允元：殒命，殒灭(丧命)命之忧——用药物偏寒偏热的特性治疗脏腑之气偏盛偏衰所引起的热症或寒症，

复习题和作业：

教师：

一九八　年　月　日

必须要知道药物和病侯病两方面的情况，从多方面研究治疗，才能解除死亡的忧虑。是故传经 病情沿着一定的规律发展叫传，例如太阳传阳明或传少阳等叫传经。之邪，而先夺其未至，则所以断敌之要道也。——因此，象传经这样的疾病，必先控制它不要发展，就象打仗截断敌人的要道一样。

横暴之疾，而急保其未病，则所以守我之岩疆 岩，险要。岩疆：险要的疆界。也。——对于来势猛烈的疾病，防止它不要发生，就象防守自己险要的疆界。挟宿食而病者 挟，一读[xié]①用胳膊夹住②挟制要挟，一读[jiā]夹 宿食，也称"食积"或"伤食"。因积食不化而害病的人。先除其食，则敌之资粮已焚。——对于因积食不化而害病的人，可先除去食物，就象敌人的物资粮食已被焚毁。合旧病而发者，必防其并 并几种疾病的同时并发。则敌之内应既绝。——新病引起旧病复发的，必须防止几种病同时并发，这就象断绝了敌人的内应。辨经络而无泛用之药，此之谓向导之师 由向导带路的军事行动。——分辨经络而没有通用的药物，这就叫做由向导带路的军事行动。因寒热而有反用之方，此之谓行间之术 进行离间以瓦解敌人的方法。——因寒热而得的病有反用的药方，这就叫做进行离间以瓦解敌人的方法。

一病而分治之，则用寡可以胜众，使前后不相救，而势自衰；数病而合治之，则并力捣其中坚 重要部分 使离散无所统 统率指挥 而众悉溃。——一种病分开治疗，就象以少的兵力战胜众多的敌人，使他们前后得不到救援，而病势自然衰弱，几种病合起来治疗，就应集中力量治疗其重要的部分，就象敌人离散失去指挥，而众敌溃逃。病方进，则不治其太甚，固守元气，所以老其师 使敌方士兵很久，斗志渐渐丧失。病方衰，则必穷其所之 所之，所退守的地方。之，往，到达，这里作动词用。——病刚发作，不宜治疗太甚，保持精力，就象敌方士兵很久，让他们的斗志渐渐丧失；当病快好的时候，必须穷追到敌人所退守的地方。更益精锐，所以捣其穴。——更要以优势兵力，捣毁敌人的巢穴。

若夫虚邪 邪气伤人，而体质已虚弱。之体，攻不可过。本和平之药 性味和平的药物 而以峻药补之 用性味猛烈的药来补助和平之药。——如果体质已经虚弱的病人，治疗不可过猛，以性味和平的药物为主，以性味猛烈的药物为辅。衰敝 经济衰落，民生凋敝。之日，不可穷民力也。——正象一个国家经济衰落、民生凋敝的时候，不可搜尽民众的力量呵！实邪之伤 邪气伤人，而体质仍旺盛的 攻不可缓。用峻厉之药，而以常药和之；富强之国，可以振威武也。——邪气伤人，而体质仍旺盛的病人，治疗不可和缓，以性味猛烈的药物为主，以性味一般的药物辅助。这象一个富强的国家，可以更加表现出他的威武。

然而选材必当，器械必良，克期不愆 (qiān)约定期限不得延误。愆，耽误。布阵有方，此又不可更仆数也 即更仆难数。形容事物繁多，数不胜数。——但是选择的材料必须得当，器械必须精良，约定期限不得延误，布阵得力不可陷于忙乱。

孙武子十三篇 即孙子兵法十三篇。孙武，春秋时齐国人，著名军事家。曾助吴王阖(hé)闾(吴国国王)西破强楚，北威齐晋。《孙子兵法》是我国最早的一部军事学专门著作，具有朴素的唯物主义和辩证的思想方法。治病之法尽之矣。——孙武子兵法十三篇，把治病的方法说完了呀！

全文共分四段：

第一段：作者首先指出食物和药物的区别：一是保持生命的，一是用来攻邪的，因此，用药好比用兵除暴一样，有病才能用药，无病即当停服，否则，必有奇殃。并以人参、甘草为例说明药与用药的辩证关系。

第二段：其次作者把医术比作战术，从而论述了一系列的用药治病的法则。

以草木偏性攻脏腑之偏胜——知己知彼

传经之邪夺其未至——断敌之要道

横暴之疾而急保其未病——守我之岩疆

挟宿食而病除其食——焚敌之资粮

合旧病而发防其并——断其内应

辨经络而无泛用之药——向导之师

因寒热而有反用之方——行间之术

化整为零、各个击破——一病分而治之，则用寡可以胜众，使前后不相救，而势自衰。

集中优势兵力、打歼灭战——数病兼而合治之，则并力捣其中坚，使离散无所统，而众悉溃。

保存实力——病方进，则不治其太甚，固守元气，所以老其师。

消灭穷寇——病方衰，则必穷其所之，更益精锐，所以捣其穴。

第三段：作者又以"衰敝之日，不可穷民力"和"富强之国，可以振威武"道理，来说明攻补的原则和方法。

第四段：最后，作者说明治病如同作战，不仅要讲求战略战术"布阵有方，不可更仆数"，而且要注意物资条件"选材得当，器械必良"。最结尾一句回应题意，"孙武子十三篇，治病之法尽之矣"，补充点明"用药如用兵论"的题旨。本文虽是节选，但文意贯通，层次清晰，不失为一篇独立完整的好文章。

作业：分析《小儿则总论》

翻译：

圣人之所以全民生也，五谷为养，五果为助，五畜为益，五菜为充，而毒药则以之攻邪。

圣人用来保全人民生命的方法，是用五谷作为养料，五果作为辅助，五畜作为滋益，五菜作为补充，而毒药则是用来攻邪治病的。

~~所以，~~故虽甘草人参，误用致害，皆毒药之类也。古人好服食者，必有奇疾，犹之好战胜者，

所以即使是甘草、人参，误用也会招致祸害，因为它们都是毒药一类的东西。古人喜好服食丹药的，一定要患稀有特的病，这就犹如好战逞强的人，

必有奇殃。是故兵之设也以除暴，不得已而后兴；药之设也以攻疾，亦不得已而后用，

必有大祸一样。所以，建立军队是为了剪除强暴的，不得已然后才诉诸武力；制备药物的目的是为了治病，也是不得已然后才使用。

其道同也。

其中的道理是一样的。

第一段：作者首先指出食物和药物的区别：一是保持生命的，一是用攻邪的，因此用药好比用兵除暴一样，有病才能用药，无病即当停服，否则，必有奇殃。并以甘草人参为例说明药与用药的辩证关系。

故病之为患也，小则耗精，大则伤命，隐然一敌国也。以草木之偏性，攻脏腑之偏胜，

所以疾病造成的祸患，从小的方面说会损耗人的精气，从大的方面说将伤害人的生命，这种严重的情势就像面临着强敌压境一样。用草木药物的不同特性，来治疗各不相同的脏腑的疾病，

必能知己知彼，多方以制之，而后无丧身殒命之忧。是故传经之邪，而先夺其未至，

就必须充分了解药物和脏腑双方的不同特点，从多方面去控制病邪，然后才能排除丧身殒命的危险。因此，对于顺着六经传变的病邪，要抢先占领它尚未到达的地方，

则所以断敌之要道也。横暴之疾，而急保其未病，则所以守我之岩疆也。挟宿食而病者，

那是用以切断敌人进攻要道的方法；对于来势迅猛的疾病，就要赶紧保护好尚未致病的部位，那是用以守住自己险要阵地的方法；对于挟带积食而患病的人，

先除其食，则敌之资粮已焚。合旧疾而发者，必防其并，则敌之内应既绝。辨经络

就要首先除掉病人的积食，那就好象敌人的军需物资已被焚毁；伴随着旧疾一块发作的疾病，一定要防止新疾旧疾合并，那就好比敌人的内应已绝；

而无泛用之药，此之谓向导之师。因寒热而有反用之方，此之谓行间之术。一病而分治之，

明辨药物的归经而摒弃除泛泛使用的药物，这就象作战中所说的有向导的军队；根据疾病的寒热而采取反治的方法，这就叫对敌斗争中的离间之术；对同一种病而采取分而治之的方法

则用寡可以胜众，使前后不相救，而势自衰。数病而合治之，则并力捣其中坚，

那就象作战时用少量的兵力战胜众多的敌人，使其前后不能互相救援，其势焰必然自行衰败；对几种疾病而采取合治的方法，那就象集中优势兵力捣毁敌人的中坚，

使离散无所统，而众悉溃。病方进，则不治其太甚，固守元气，所以老其师。病方衰，

使其离散而无法统领，于是整个军队也就崩溃了，病情正在发展，就不要治疗它太过份，目的是固守元气，这就是作战中用以拖住敌人丧其锐气的方法，病情正在衰退，

则必穷其所之，更益精锐，所以捣其穴。第二段：作者把医术比作战术，从而论证了一系列的

就象作战一样，一定要穷追到敌人所逃往的地方，再增加一些精锐部队，以此捣毁敌人的老窝。用药治病的法则。

若夫虚邪之体，攻不可过，本和平之药，而以峻药补之。衰敝之日，不可穷民力也。

至于虚邪在身的人，攻治不能过分，应以性味和平的药为主方，而以峻厉的药作为辅助——这就好比一个处于衰弱不能竭尽民力一样；困乏时期的国家，

实邪之伤，攻不可缓，用峻之药，而以常药和之。富强之国，可以振威武也。然而选材

对于那些实邪患病，攻治就不能缓慢，要采用性味峻厉的药为主方，而以性味和平的药为辅助——这就好比一个富强的国家，可以扬威耀武。然而选材

必当，器械必良，克期不愆，布阵有方，此又不可更仆数也。孙武子十三篇，治病之法尽

一定要得当，器械一定要精良，限定时间不能延误，排列阵势要有法度，所有这些，又是纷繁复杂，难以在短时间内加以详述的，孙武子十三篇，虽然是讲军事的，而

之矣。第三段：作者以"衰敝之日，不可穷民力"和"富强之国，可以振威武"的道理，来说明攻补的原则和方法。最后作者说明治病如同作战，不仅要讲求战略战术"布阵有方，不可更仆数"，而且要注意物资条件"选材得当器械精良"。结尾句回应题意"孙武子十三篇，治病之法尽之矣"，补充点明"用药如用兵论"的题旨。本文虽是节选，但文意贯通，层次清晰，不失为一篇独立完整的好文章。

治病的方法也都包括在里面了。

定西地区卫生学校

第　　周　　　　**教案首页**　　　　编号：

<table>
<tr><td>课程名称</td><td colspan="2">语　文</td><td>教研组长</td><td colspan="2">[illegible]</td></tr>
<tr><td>班　次</td><td colspan="2"></td><td>任课教师</td><td colspan="2">朱训德</td></tr>
<tr><td rowspan="2">课　型</td><td rowspan="2"></td><td>教学方法</td><td></td><td>计划学时</td><td></td></tr>
<tr><td>授课时间</td><td colspan="3">198　年　月　日</td></tr>
<tr><td>教学目的</td><td colspan="5">荷塘月色　朱自清
这是一篇以写景为主的抒情散文。作者借月夜出游荷塘，抒发了自己颇不宁静的矛盾复杂心情。景写得美，情抒得真。讲授本文，学习借景抒情的写法。</td></tr>
<tr><td>授课内容</td><td colspan="5"></td></tr>
<tr><td>备注：</td><td colspan="5"></td></tr>
</table>

荷塘月色

作者简介：

朱自清，字佩弦，一八九八年十一月十八日生于江苏东海，祖籍浙江绍兴，因祖父、父亲定居扬州，他自称"我是扬州人"。一九一六年毕业于江苏省立第八中学（即扬州中学），一九二〇年毕业于北京大学哲学系，以后的五年里在江苏、浙江等地的中学教书。

在大学时代，朱自清先生就开始创作新诗，一九二三年发表长诗《毁灭》，在当时诗坛上发生很大影响，第二年出版诗集《踪迹》。

一九二五年，朱自清先生任清华大学教授，创作转向散文，同时开始古典文学研究。一九二八年，出版第一本散文集《背影》，成为文坛上著名的散文作家。他的散文《桨声灯影里的秦淮河》、《背影》、《荷塘月色》在当时有很大影响。

朱先生早期散文里的思想意识和政治态度是充满矛盾的，缓慢发展的、稳步向前的。散文思想内容中的进步倾向，形成了艺术形式上的现实主义创作特色。他是"文学研究会"的早期重要成员，文学研究会的"为人生"的现实主义创作思想，跟他的人生观和生活态度是十分合拍的。他在散文创作上提倡写实，要求深入观察生活，崇尚革新。作品主张"文以载道"，要求内容与形式的统一。他的散文贮满着诗意，不但美，更富有真情和风趣，这同他的人格是分不开的。

朱自清先生于一九四八年八月十二日病逝于北京。他的一生，经历了作家、学者、民主战士三个阶段，著作二十余种，逝世后整理出版有《朱自清文集》（四卷）、《朱自清诗文选集》。

《荷塘月色》是一篇以写景为主的抒情散文。写于一九二七年七月，那时作者在清华大学教书。一月从南方接来夫人和长女采芷、次男闰生定居北京，住清华园西院。文章里描写的荷塘就在清华园。

课文分析：

文章开头一句说："这几天心里颇不宁静。"是怎样"不宁静"呢？不妨读读同本文写作时间很近的标题为《一封信》（九月二十七日）的这篇文章里的两段话：

在北京住了两年多了，一切平平常常地过去。要说福气，这也是福气了。因为平平常常，正像"糊涂"一样"难得"，特别是在"这年头"。……现在终日看见一样的脸，板板的天，灰蓬蓬的地；大柳高槐，只是大柳高槐而已。于是木木然，心上什么也没有；有的只是自己，自己的家。我想着我的渺小，有些战栗起来；清福究竟也不容易享的。

这几天似乎有些异样。像一叶扁舟在无边的大海上，像一个猎人在无尽的森林里。走路，说话，都要费很大的力气；还不能如意。心里是一团乱麻，也可说是一团火。似乎在挣扎着，要明白些什么，但似乎什么也没有明白。"一部十七史，从何说起，"正可借来作近日我的注脚。

读了上面的话，就比较清楚地看得出作者对当时社会现实的不满情绪。在前年，北京发生"三·一八"惨案，作者怀着愤怒的心情写了《执政府大屠杀记》、《哀韦杰三君》（悼念"三·一八"死难的清华学生）。写文章的这一年，上海发生"四·一二"反革命政变，全国出现了白色恐怖的情景。以上种种，不都是作者"心里颇不宁静"的背景吗？可见《荷塘月色》写景抒情，并不是悠闲者的自我消遣之作。细读文章，"我"于夜深人静时出游荷塘，对那象征圣洁、光明的荷花、明月，赏心悦目，抒发个人淡淡的喜悦，借以消除"不宁静"的心情，也就是内心的矛盾、苦闷，表现了那一历史时期里部分知识分子不与世俗同流合污、高洁磊落的情怀。

高尔基说过："开头第一句是最困难的"，因为它决定全文的布局安排。本文以描述个人心情的句子开篇，似与《荷塘月色》题目有些悖谬，其实，这样以直抒胸臆起笔，就是为了同题目有机地联系起来。下面几句："月亮渐渐地升高了，……

我悄悄地披了大衫，带上门出去。”(1)趁夜深人静去游荷塘，不就清楚地交代了写《荷塘月色》抒情写景的用意所在吗？

文章循序展开，(2)先写荷塘的环境：沿着荷塘，是一条曲折的幽僻的路，夜晚更加寂寞。荷塘四周面多树，蓊蓊郁郁的。没有月光的晚上，阴森森的，有些怕人。从“幽僻”、“寂寞”、“蓊蓊郁郁”、“阴森森”这些词里，突出了夜晚荷塘环境的宁静。“今晚却很好，虽然月光也还是淡淡的。”好在有一个宁静的环境，月光又可人，可以在荷塘看花赏月了。这里流露出一种淡淡的喜悦心情。

文章推进一步，(3)正面抒写独处荷塘的妙处：“路上只我一个人，背着手踱着。”是说环境宁静，心情也闲得。且看作者的一段内心独白吧：

这一片天地好象是我的；我也象超出了平常的自己，到了另一世界里。今晚上，一个人在这苍茫的月下，什么都可以想，什么都可以不想，便觉是个自由的人。白天里一定要做的事，一定要说的话，现在都可不理。我却受用这无边的荷香月色好了。

这段话说得过于委婉似不易懂。其实呢，这依然露出他对那时的社会现实是极度不满的，幻想求得解脱，超出平常的自己，到另外一个世界，使自己成为一个“自由的人”，总得到个人的满足，求得个性解放、自由。

为了寄托这种情思，(4)文章第四段通过寓情于景的手法，着力描写了荷塘里的荷叶、荷花、荷香。从荷塘着眼，用比喻、拟人手法，形象生动地描写了荷叶、荷花。曲曲折折的荷塘上面，尽是荷叶，翠盖满塘，生意盎然。叶子象“亭亭的舞女的裙”，“亭亭”耸立的样子，比喻茎的高；“舞女的裙”，比喻荷叶的风姿。在层层迭迭、高高低低的荷叶中间，“零星地点缀着些白花”。荷花给荷塘增色添香。“有袅娜地开着的”，描写正开的荷花，体态轻盈，摇曳多姿。“有羞涩地打着朵儿的”则传神地形容荷花欲开而未开的动人姿态，宛若然是娇怯含羞的少女。有的“正如一粒粒的明珠，又如碧天里的星星”。千姿百态，是那么优美、可爱。对荷叶、荷花的比喻、拟人和形容，用的是静态描写的手法。接下去又写荷花的香了。"微风过处，送来缕缕清香，仿佛远处高楼上渺茫的歌声似的。"这种因联想而使用的比喻富有诗意，又形象生动地写出了"香远益清"的特点。这自然会想起宋代周敦颐《爱莲说》里的话："予独爱莲之出淤泥而不染，濯清涟而不妖，中通外直，不蔓不枝，香远益清，亭亭净植，可远观而不可亵玩焉。"以写景为主的《荷塘月色》同《爱莲说》里所寓之情也是相通的。再由荷花飘香扩展到荷塘景色的描写："这时候叶子与花也有一丝的颤动，像闪电般，霎时传过荷塘的那边去了。""一丝"微风掠过，引起荷叶与荷花"霎时"、"闪电般"的"颤动"这样细微的变化都被观察到，被捕捉住，写得活灵活现。以手看见荷叶"微颤"时的"一道凝碧的波痕"，听到叶子底下"脉脉的流水"。于是一个碧波荡漾、清丽如画的荷塘景色图呈现在我们的眼前了。凭添了文章的情致和风韵，这部分又都是动态描写的手法。

(5) 第五段荷塘的月色的描写。文学作品里描写月色的是比较困难的，也象绘画月色那样不容易。先看看文章里对月色的描写吧！

月光如流水一般，静静地泻在这一片叶子和花上。薄薄的青雾浮起在荷塘里。叶子和花仿佛在牛乳中洗过一样；又像笼着轻纱的梦。虽然是满月，天上却有一层淡淡的云，所以不能朗照；但我以为这恰是到了好处。

本段写月光继续从动态着眼。把月光比作"流水"，符合月光的特色。用"泻"这个动词来描写，更显其灵活。月光照在荷叶、荷花上，看去真象"青雾浮起"，"象牛乳中洗过"，象"笼罩着青纱的梦"。出现在人们的眼前的月色，随着投影的差异，有朦胧的，有清淡的，有洁白的，不仅看出颜色的浓淡有别，而且让人们感觉到月色的柔和、轻盈。作者描写月光，是把它放在特定的条件下的满月，"天上却有一层淡淡的云"，因而写出的月光，浓淡隐现不同，使人格外感到逼真柔美。作者之所以这样描写月光，又是按照自己的独特情趣——不能朗照，但我以为这恰是到了好处。上面所写的只是月色的一种情景。文章接着写出月色的另一种情景："高处丛生的灌木，落下参差的斑驳的黑影；弯弯的杨柳的稀疏的倩影，却又像是画在荷叶上。"这灌木的斑驳的黑影，杨柳的稀疏的倩影，完全是月色透射不匀的缘故。虽各有特色，"但光与影有着和谐的旋律，如梵婀玲上奏着的名曲。"文章从不同的角度，写出独特的情趣，描绘出独特的光影月色，显示出月色的优美，这正是作者写作技巧的高超所在。

写了荷塘的月色之后，回映前文（第二段），(6)再写荷塘四面的月色。这是荷塘月色描写的继续和发展。细写荷塘的四面，以树为着眼点，写了树色、烟雾、远山、灯光。但见树色阴阴，烟雾朦胧，远山隐约，灯光点点。荷塘四面，近树远山，葱葱郁郁，相映生辉，景色幽美，别有风味。在这月色的静谧中，也并不全然宁静。这时候最热闹的，要数树上的蝉声与水里的蛙声。"蝉声、蛙声"是热闹的，各自作乐，自有它们的"热闹"。而"我什么也没有"！作者的感情一下子被沉了下来。"我什么也没有"又勾起了自己的烦躁心情，思想的苦闷。纵然这荷塘月色有它暂时的宁静幽美，但到底也难以消除个人内心里的矛盾、苦闷与哀愁。

(7)作者再凭借想象的翅膀，为再度摆脱难耐的烦躁心情，忽然想起江南采莲的事情来了。回忆江南采莲的故事，仍然反映了作者内心矛盾的复杂心情。

文章结尾说："这样想着，猛一抬头，不觉已是自己的门前；轻轻地推门进去，什么声息也没有，妻已睡熟好久了。"这不仅从结构上照应首段，思想感情也回复到现实的环境里——那种"颇不宁静"的心情。因为无论"荷塘月色"也罢，"南塘采莲"也罢，都不能回避黑暗的现实，摆脱思想上的苦闷。所以，便只好回到那"什么声息也没有"的床上。

《荷塘月色》这篇文章，记游塘赏月，写景抒情，充满诗情画意，寓情于景。景写的美，情抒得真，作者"颇不宁静"的心情贯串全篇，是抒情的基调。文章以含蓄婉转见长，并不刻意追求景物的描写。在借景抒情中，常把个人心情的变化透过生动的画面和形象的描写显露出来，使读者不难看到现实世界、现实生活的影子，这都是作者胸中真情实感的自然流露。随着自然景物描写而流露出来的思想感情，这又是内容与形式的和谐统一，"文""道"统一的体现。本篇思想感情不外露，不直说，内容与形式互相映衬，咏物见志，含蓄蕴藉，相得益彰，这是作品思想与艺术的结晶。本文语言秀丽，字精句练，铿锵有声，富有诗意。文章层次清晰，结构严谨，艺术形式完美。先沿小路到荷塘，环顾凝思，抒发个人的情趣；到了荷塘，细写荷叶、荷花及花香；再铺写荷塘的月色；然后通过联想写江南采莲的情景。各段写景抒情，委婉细致，内心的感受得到充分展示，全文笼罩着一种"难得偷来片刻逍遥"的淡淡的喜悦，并夹杂着淡淡的哀愁。这样形成空间的顺序，把作者游荷塘时的所经、所想、所见、所感，逐层写来，情景逼真动人。

定西地区卫生学校课时计划

编号：　　　　　　　　　　　　　　首　页

科目	语文　　授课教师：郭宏[illegible] 9.13
班次	
日期、节次	
课题	前赤壁赋　苏轼
教学目的、要求	一、了解作者虽然在政治上失意，但在思想感情上仍然旷达乐观不重得失的宽阔胸襟。 二、学习本文语言流畅，情景交融并能寓说理于形象之中的写作方法。
基本内容	
重点、难点	
教具	
教研组长审查意见	签字：　　198　年　月　日
课后回忆	

串释分析：

壬戌之秋，七月既望，苏子与客泛舟游于赤壁之下。清风徐来，水波不兴。

壬戌：北宋神宗元丰五年（公元1082年） 既望：指旧历每月的十六日。 苏子：苏轼自称 赤壁：黄冈县的赤壁，孙曹鏖战的赤壁在湖北嘉鱼县东北。 徐：慢

北宋神宗元丰五年的秋天，七月十六日，我与朋友驾舟游玩在赤壁之下，习习清风慢慢吹来，水波平静。

举酒属客，诵明月之诗，歌窈窕之章。少焉，月出于东山之上，徘徊于斗牛之间。

属（zhǔ）：劝请。 窈窕（yǎo tiǎo）：《诗经·陈风·月出》有"舒窈纠兮"的"窈纠"，好的女子舒缓的样子。与"窈窕"音相近，所以苏轼说"窈窕之章"。 少焉：一会儿 斗牛：星宿（xiù）名，斗宿也称南斗。

劝请朋友喝酒，朗诵明月诗里的"窈窕"这一章。不多一会儿，月亮从东山顶上出来了，徐徐运行于斗牛二星之间。

白露横江，水光接天。纵一苇之所如，凌万顷之茫然。浩浩乎如冯虚御风，而不知其所止，

白露：水气 纵：任。 一苇：指象苇叶样的小船。 如：往。 凌：越过 万顷：形容江面广阔。 茫然：旷远的样子。 冯（píng）：通"凭"，乘风。 虚：天空，凌空。 御风：驾着风。

白茫茫一片水气横在江面上，江水波光和天连接在一起。任凭小船漂去，越过一望无际的茫茫江面。浩浩荡荡象凌空乘风而不知漂到什么地方。

飘飘乎如遗世独立，羽化而登仙。（以上为第一部分，由清风明月，写超然之乐）

遗世：脱离人世 独立：超然独立 羽化：传说成仙的人能飞升，象长了羽翼一样。 登仙：飞入仙境。

轻飘飘象脱离人世超然独立的仙人飞入仙境。

于是饮酒乐甚，扣舷而歌之。歌曰："桂棹兮兰桨，击空明兮溯流光。渺渺兮予怀，

舷（xián）：船边，扣打船边，此指打节拍。 棹（zhào）：船桨，桂兰做的桨，桂兰都是香木，以示高洁 空明：形容月亮映照下清澈见底的流水 溯：逆水 流光：指随着江水运动的月光。 渺渺：远的样子。 予怀：我的心

于是饮酒感到非常快乐，便扣打船边而歌唱。歌唱道："桂兰做的船桨啊，船桨划破象晴空般澄明的江水啊，小船在月光照耀下逆流而上。我的心怀念着遥远的地方。

望美人兮天一方。"客有吹洞箫者，倚歌而和之。其声呜呜然，如怨如慕，如泣如诉；

美人：指所思慕的人。 天一方：天的那边。 洞箫：单管直吹的箫为洞箫。 倚歌：依着歌声 和（hè）：同声相应。 呜呜然：象声词 怨：哀怨 慕：眷恋

思念的人在天的那一边，有一个吹洞箫的朋友，依着歌声同声应和，箫声呜呜，象哀怨又象眷恋，象苦泣又象倾诉；

余音袅袅，不绝如缕；舞幽壑之潜蛟，泣孤舟之嫠妇。

余音：尾声 袅袅（niǎo）：声音悠长宛转 缕：细丝 幽壑：深谷，此处指深渊 嫠（lí）：寡妇

尾声悠长宛转，如细丝不绝；又如潜藏的蛟龙在深渊舞动，荡着孤舟的寡妇在哭泣。

苏子愀然，正襟危坐，而问客曰："何为其然也？"

〔qiǎo〕忧愁的样子　整整衣襟严肃端坐

我感到忧愁，整一整衣襟端坐　而问朋友说："你吹的箫声为何如此悲凉呢？"

客曰："'月明星稀，乌鹊南飞'，此非曹孟德之诗乎？西望夏口，东望武昌，山川相缪，郁乎苍苍，

这是曹操《短歌行》里的话。曹操，字孟德。　城名在现湖北省武昌县。　现在湖北省鄂城县。　〔liáo〕缭绕盘绕　深青色

朋友说："'月明星稀，乌鹊南飞'，这不是曹孟德的诗吗？西望武昌，东望鄂城，山川互相连接，一片苍翠

此非曹孟德之困于周郎者乎？方其破荆州，下江陵，顺流而东也，舳舻千里，旌旗蔽空，

指汉献帝建安十三年（公元208）吴将周瑜在赤壁之战中击溃曹操号称八十万大军一事。周郎指周瑜，他任东吴攻拉中郎将时年二十四岁，人们称他为"周郎"。　公元二〇八年曹操南去荆州守将刘琮降曹　破荆州后曹操又击败刘备于当阳长坂进兵江陵。下，攻占。　船尾，船首

这不是曹孟德当年被周瑜围困的地方吗？当时曹操南去荆州，攻占江陵，顺江向东进发，战船首尾相接长达千里，旌旗遮天蔽日，

酾酒临江，横槊赋诗，固一世之雄也，而今安在哉？况吾与子渔樵于江渚之上，

〔shī又读shāi〕斟酒。　〔shuò〕长矛　〔qiáo〕打渔砍柴　〔zhǔ〕水中小块土地，小洲。

（曹操）面对大江斟酒，横执长矛吟诗，本来是一代的英雄啊，而今在什么地方呢？何况我与你打渔砍柴还在这小洲之上。

侣鱼虾而友麋鹿；驾一叶之扁舟，举匏樽以相属。寄蜉蝣于天地，渺沧海之一粟；

动词（以……为伴侣）　动词（以……为朋友）　〔mí〕鹿的一种。　〔piān〕小船　〔páo zūn〕用匏做的酒器，樽，酒器。　〔fú yóu〕一种昆虫，其成虫只能活几小时，古人说它朝生暮死。　大海

以鱼虾为伴侣，以麋鹿为朋友，驾一只小船　举杯互相祝福，寄托蜉蝣一样短促的生命于天地间，渺小得象大海中之一粟；

哀吾生之须臾，羡长江之无穷。挟飞仙以遨游，抱明月而长终。知不可乎骤得，托遗响

短暂　〔xié〕携同　伴同　句助词　快速　余音，指箫声。

感叹我们生命的短暂，羡慕长江长流不息，携同神仙一起遨游，伴同月亮一起永远存在，知道不能很快得到，于是在悲凉的

于悲风。"（第二部分，由历史人物的兴亡写现实的苦闷）

悲凉的秋风

秋风中奏下凄凉的乐曲声以寄托情思。

苏子曰："客亦知夫水与月乎？逝者如斯，而未尝往也；盈虚者如彼，而卒莫消长也。

苏轼说："朋友可知流水与月亮吗？流去的象这样（江水），但实际上它并没有流去，忽圆忽缺的像那月亮，但实际上终于没有圆缺。

盖将自其变者而观之，则天地曾不能以一瞬。自其不变者而观之，则物与我皆无尽也，

原来　眼睛一眨

原来从发展变化的情况看，那么天地间的事物在瞬间都不能停止。从永久长存的观点看，那么世界万物与我自身都是永远存在的，

而又何羡乎？且夫天地之间，物各有主，苟非吾之所有，虽一毫而莫取。惟江上之清风，

况且

然而有何羡慕的呢？况且天地间的（事物）都有各自发展的规律，并不是按我们的意志存在的，哪怕就是一点也不能违反。只有江上的清风，

与山间之明月，耳得之而为声，目遇之而成色，取之无禁，用之不竭，是造物者之无尽藏也，

大自然

与山间的明月，耳朵听到则发出声音，眼睛看到则出现颜色，取不尽，用不完，是大自然无穷的宝藏啊，

而吾与子之所共适。

享受

是我与你所共同享受的。

客喜而笑，洗盏更酌。肴核既尽，杯盘狼籍。相与枕藉乎舟中，不知东方之既白。

菜肴　果品　很散乱的样子。　互相为枕

朋友们快乐而欢笑。收拾了吃剩的杯盘。菜肴果品已吃完。杯盘散乱。你枕着我，我枕着你睡在船中，不知不觉东方发白，天已亮了。

（第三部分，以主客问答，阐明变与不变的哲理，以自解脱。）

苏轼（1036—1101）字子瞻，一字和仲，号东坡居士，四川眉州眉山（今四川省眉山县）人。父苏洵弟苏辙，都是北宋时期重要的散文家。宋仁宗嘉祐二年（1057）苏轼中进士。神宗时，因为反对王安石创立的新法被贬，先后到杭州、密州、徐州、湖州等地任地方官。谏官弹劾他诗文中和到湖州任谢上表中有毁谤朝廷之语，被捕下狱。后调黄州团练副使。元祐中，旧党执政，苏轼曾一度内调，任翰林学士等职，又与司马光的政见发生了某些分歧，为旧党所恶，再次外调杭州。到新党重新上台，苏轼受到了更重的打击，被谪惠州（今广东省惠阳县）再远谪为琼州（今海南岛）别驾。1100年，宋徽宗即位，大赦天下，

苏轼遇赦北还，在内移途中，死于常州（今江苏省武进县）。

苏轼一生的政治活动，正是新法一派和旧党之间的斗争，倾轧激烈的时期，他站在以司马光为首的旧党方面，代表大地主阶级的利益，激烈地反对新法，但在后期对新法的某些政策的看法，有所转变，因此和旧党之间也产生了一定程度的矛盾。（由于他对新旧两党都不休阿附，因而得不到任何一方的重用，屡遭贬黜。）他的勤政爱民的儒家思想，使他有同情人民的一面，在各地地方官上，也做了一些兴利除弊，有益于人民的事。这些在他的作品中也是有所反映的。

苏轼是一位全能作家，他在诗词、散文以及书法、绘画各方面都有很高的成就。他的作品，气势雄伟，感情奔放，具有独特的风格和强烈的艺术感染力，把北宋初期开始的诗文革新运动推向最高峰。

苏轼因与王安石新法政见不合被贬至黄州~~（旧址在今湖北嘉鱼东北之长江南岸）~~，曾两游赤壁，写了两篇《赤壁赋》。本文为前篇。但苏轼所游，实非三国赤壁之战的旧址（旧址在今湖北嘉鱼县东北之长江南岸）而是黄州的赤鼻矶。赋是一种有韵的文体。

本文写作者在黄州赤鼻矶月夜泛舟，联想古今人事，借题发挥，抒发了自己不重得失的宽阔胸怀。

全文分三部分，先由清风明月，写超然之乐（一、二自然段），再由历史人物的兴亡，写现实的苦闷，（第三自然段）最后以主客问答，阐明变与不变的哲理，以自解脱。

写作技巧高超，如行云流水，语言流畅，情景交融，并能寓说理于形象之中，读后回味无穷，历来脍炙人口

定西地区卫生学校课时计划

编号　　　　　　　　　　　　　　首　页

科　目	语　文	授课教师	[illegible]
班　次			
日期、节次			
课　题			

教学目的、要求	训俭示康　　司马光 本文是司马光写给他儿子司马康的家训，目的在于告诫家人应当崇尚俭朴，这虽然是作者从维护封建家族的利益出发的，但文中有些话在今天仍有一定道理。通过本文学习，联系实际，反对奢侈浪费，提倡勤俭节约，为建设社会主义的精神文明而努力，对青年学生来讲，是有其一定的借鉴意义的。学习对比的写法。
基本内容	
重点、难点	
教　具	
教研组长审查意见	签字：　　　　年　月　日
课后回忆	

吾本寒家，世以清白相承。吾性不喜华靡，自为乳儿，长者加以金银

贫寒　代代　豪华奢侈　婴儿　长辈

我家原来贫寒，世代以清白的家风相传。我的秉性就不喜欢豪华奢侈，从幼儿时候起，长辈人要给我穿上饰有

华美之服，辄羞赧弃去之。二十忝科名，闻喜宴独不戴花。同年曰：

(nǎn)害羞脸红。　(tiǎn)忝列、居中名、谦词　宋朝科举制度，凡新科进士赐"闻喜宴"，皆赐簪花（红衣插在帽檐上）　科举时代同榜及第者互称"同年"

金银的华美的衣服，我总羞愧地把它脱掉走开。我二十岁那年考取了进士，当赴（御赐）"闻喜宴"时，只我一人不戴花。同时被录取的人说：

（谦词）忝列入进士科名中。

"君赐不可违也。"乃簪一花。平生衣取蔽寒，食取充腹，亦不敢服

皇上御赐　违抗　于是　插　御寒　作动词用"穿"

"花是皇上御赐，不可违抗不戴！"于是我才（勉强地）插了一枝。我平生，穿衣只为御寒，吃饭只为充饥。更不愿穿

垢弊以矫俗干名，但顺吾性而已。

脏　破　违背世俗的常情　求名誉　按照　秉性

脏破的衣服以表示与众不同来取得声名，我只是按照我的秉性去做罢了。

众人皆以奢靡为荣，吾心独以俭素为美。人皆嗤吾固陋，吾不以为病。

节俭朴实　(chī)讥笑　固执而不通达。　缺点 毛病

一般人都以奢侈豪华为荣耀，而我心里只认为节俭朴素是美德。人们都讥笑我固执不通达，而我却认为这'不算缺点。

应之曰："孔子称'与其不逊也宁固'。又曰'以约失之者鲜矣'。又曰：'士

争辩　不谦让、骄傲　固陋　俭约　过失　少

《论语·述而》篇："子曰：'奢则不逊，俭则固，与其不逊也，宁固。'"　见《论语·里仁》篇

反而争辩地说："孔子曾称：'与其（奢侈豪华使人感到）不谦逊，宁可（节俭朴素让人认为）固陋、不通达'。又说'因为俭约而犯过失的，那是很少的'。又说'读书人

志于道而耻恶衣恶食者，未足与议也'。古人以俭为美德，今人

真理　粗陋　粗陋

见《论语·里仁》篇

有志于真理，却以穿得不好吃得不好为羞耻的人，是不值得跟他谈论的。　古代人把节俭当美德，而现在的人

乃以俭相诟病，嘻，异哉！

相诟病（gòu）：辱骂、责备　嘻：叹词　异哉：真奇怪呀

都把节俭当缺点相互讥讽，嘻，真奇怪呀！

以上为第一部分，（第一、二自然段）：作者以自己生平崇尚节俭，不喜华靡而遭世人讥笑的事，提出当时存在的世俗歪风——不以俭约为美，皆以奢靡为荣的社会问题。

一般说来，做为议论性的文章，它的写法总是要提出实际存在的问题，然后经过分析得出正确结论的。本文也没有例外，所不同的是这篇文章结合了训诫儿辈的特点没先提出论点，而是先以现身说法介绍自己俭约的事例来开篇的。

作者首先介绍了他在"清白家风"的影响下，"不喜华靡"的本性秉性，接着列举了他生平中崇尚节俭，不喜华靡的四个事例：自幼"长者加以金银华美之服，辄羞赧弃去之"；赴闻喜宴"勉强戴了一花的情况；他这些，穿衣只为御寒，吃饭只为充饥的节俭朴作风；从不冒昧地穿肮破的衣服而表示与众不同来求得名声。以此起到"身教示范"的作用。

然而他这崇尚节俭、不喜华靡的好风习，却遭到"世人"的讥讽，人们都耻笑他固执、不通达："人皆嗤吾固陋"。这样在正反两面的对比中（众人皆以奢靡为荣，吾心独以素俭为美）很自然地把当时社会存在的奢靡歪风做为问题提了出来。

作者为了进一步阐明自己反对奢侈的论点，接着又引用了孔子关于俭约的言论，来驳斥"以奢靡为荣"的世俗之见，并为这世俗之见的荒谬绝伦而感叹、惊怪。

近岁风俗尤为侈靡，走卒类士服，农夫蹑丝履。吾记天圣中先公为群牧判官，

近岁：最近几年　走卒：当差的人　类：大都　士服：士人的衣服　蹑（nie）：踩，是穿。　天圣：宋仁宗的年号（1023-1032）　先公：先父司马池　群牧判官：群牧司的高级官，群牧司是主管国家公用马匹的机构。

近几年的风俗，更是奢侈浮华：差役穿的衣服与士人穿的差不多。农民也穿丝织作的鞋。我记得在天圣年间，先父任群牧司判官，

客至未尝不置酒，或三行五行，多不过七行。酒酤于市，果止于梨、栗、枣、柿之类，

摆设酒席　有时（xíng），古代宴会依次斟酒称"行酒"　（gū）买酒

每有客人来，没有不摆酒席的，（席上）有时劝斟三次酒，有时劝斟五次，最多也不超过七次。酒是在市上买的，果品也仅限于梨、栗子、枣儿、柿子之类；

肴止于脯、醢、菜羹，器用瓷、漆。当时士大夫家皆然，人不相非也。会数而礼勤，

（yáo）同"肴"下酒的菜。　（fǔ）干肉　（hǎi）肉酱　汤　瓷器　漆器　讥评，认为不对　屡次，会聚的次数多而礼意殷勤。

菜肴也仅限于肉干、肉酱、菜汤；使用的器皿是瓷器和漆器。当时士大夫家请客都是这样，人们并不互相讥评。他们聚会的次数多，然而礼仪却很殷勤。

物薄而情厚。近日士大夫家，酒非内法，果、肴非远方珍异，食非多品，器皿非满案，

不丰盛　深厚　宫内，酒不是照宫内酿酒的方法酿造的　珍贵奇异之品

招待的食品虽不丰盛，但情意却很深厚。近来士大夫人家请客，如果酒不是按宫内的方法酿造的，果品菜肴不是远方的珍奇，食品的种类不那么繁多，器皿不能摆满桌面，

不敢会宾友。常数月营聚，然后敢发书。苟或不然，人争非之，以为鄙吝，故

张罗，准备　发请帖　如果　鄙陋，舍不得　没见过世面，花钱。

是不敢招待宾友的。通常要经过数月搜罗准备，然后才敢发出请帖。如果有人不这样做，人们争着批评他不对，认为他鄙陋吝啬，所以

不随俗靡者，盖鲜矣。嗟乎，风俗颓弊如是，居位者虽不能禁，忍助之乎！

跟着风俗顺风倒。　叹词　败坏　居高位有权势的人　忍心助长这种奢侈的风气吗？

不跟随这种坏风俗跑的人，大盖很少。唉！风俗败坏到这种境地，我们这些在位做官的人，忍心助长这种奢侈的风气吗？

以上为第二部分（第三自然段）：举出先父置酒待客的俭朴事例，与"今日士大夫家"宴客的奢侈之风相比较，指出"近岁风俗尤为靡侈"，来进一步展开本文的论点。

承接前文，为进一步展开论点，作者直接了当的指出："近岁风俗尤为侈靡。"其论据，除举出"走卒类士服"和"农夫蹑丝履"之外，主要是用先父置酒待客的俭朴事例与近日士大夫家宴客的奢侈之风相比较来加以论证的。

先父作群牧判官时，每逢宴客，都是用市上买来的酒和普通果品招待客人。但"近日士大夫家，酒非内法，果肴非远方珍异，食非多品，器皿非满案不敢会宾友"。有比较，才有鉴别，通过这一比较，使读者认识到：当时的习俗与宋朝初年确是大不相同

这样就会自然同意作者的"近岁风俗尤为侈靡"的看法。

又闻昔李文靖为相，治居第于封丘门内，听事前仅容旋马。或言其太隘，

李沆(hàng) 宋真宗宰相　修建　住宅　汴京(现开封市)的城门。　处理公事或接待宾客的厅堂　让马掉头　狭窄

又听说，过去李文靖公做宰相时，在(汴京)封丘门内修建一所住宅，(会客办公的)厅堂前仅有让马转身的面积，有人说这太狭窄了，

公笑曰："居第当传子孙，此为宰相听事诚隘，为太祝奉礼听事已宽矣。"

住宅　诚然 确实　太祝、奉礼郎 主管祭祀是小官

李公笑着回答说："住宅要传给子孙的，这地方做宰相的厅堂确实小了点，然而若做太祝和奉礼郎的厅堂已经够宽敞的了。"

参政鲁公为谏官，真宗遣使急召之，得于酒家。既入，问其所来，以实对。上曰：

鲁宗道，宋真宗时为右正言，仁宗时参知政事　右正言是谏官。　在酒馆里找到他　皇上，指宋真宗

副宰相鲁宗道公作谏官时，(有一次)宋真宗派人急急忙忙地召唤他，在酒馆里找到了他。进入宫殿后，真宗问他从哪儿来，他以真实情况回答。真宗说：

"卿为清望官，奈何饮于酒肆？"对曰："臣家贫，客至无器皿、肴、果，故就酒家

你所担任的官职属于清高有名望的官。　酒馆

你的官职是属于清高有名望的官，为什么到酒馆里去喝酒呢？鲁公回答说："我家贫穷，来了客人没有器皿、菜肴、果品相待，所以就在酒馆

觞之。"上益以无隐，益重之。张文节为相，自奉养如为河阳掌书记时，所亲

(shāng) 古代酒器，这里指请人喝酒。　真宗因为他不隐瞒实情。　张知白，仁宗初年为宰相，死后谥文节。　自己生活享受　同在河阳作节度判官时一样　亲近的人

招待他。"皇上因他没有隐瞒实情，越发尊重他。张文节作宰相的时候，自己的生活享受与在河阳作节度判官时一样，亲近的人

或规之曰："公今受俸不少，而自奉若此，公虽自信清约，外人颇有公孙布被

劝　你　虽然自己知道确实是清廉节俭。　外面却有人讥评你说你同公孙弘盖布被那样矫情做作的。公孙弘汉武帝时为宰相，封平津侯。

劝戒他说："现在你得到的俸禄不算少，然而自己的生活享受却弄得这样低，你自己虽然自信清廉节约，可外界有些人却讥评你说你象公孙弘盖布被那样故意做作。

之讥。公宜少从众。"公叹曰："吾今日之俸，虽举家锦衣玉食，何患不能？顾

应该　全　珍贵的饮食　愁　顾

你应该稍微随和大家一点。"张文节公叹息地说："依我今天的俸禄，就是全家人都穿绸缎吃美味，何愁不能实现，但

人之常情，由俭入奢易，由奢入俭难。吾今日之俸岂能常有？身岂能常存？

人之常情， 都是由俭朴往奢华上发展容易， 从奢华往俭朴上约束就难了。 我今天的俸禄难道能永远常有吗？ 身命难道能永久存在吗？

一旦异于今日，家人习奢已久，不能顿俭，必致失所。岂若吾居位去位身在身

如果有天（我罢官或者病死了）情况和现在不一样。 立刻 一定会（因为挥霍净尽而至于）饥寒无依 何以我作官或不作官，活着或者死去，家中的生活情况都一样呢？

如果有一天处境和现在不一样， 家人养成的奢侈习性已经很久， 不能立刻节俭起来， 一定会因挥霍净尽而招致饥寒无依。 怎如我不论作官或不作官，活着或死去，家中的生活常常如一呢”？

亡如一日乎？”呜呼，大贤之深谋远虑，岂庸人所及哉！

指上面所说的李、鲁、张三人。

唉！ 这些有才能的人对问题的深谋远虑，~~那里是一般人~~ 哪里是一般人所能做到的呢！

以上为第三部分（第四自然段）：赞扬宋初李、鲁、张三位宰相崇尚节俭的言行，联系上文有进一步批评近岁侈靡之风的意义。

作者所列举这三公的事例，都是宋真宗时的人和事，并非作者亲身目睹，故用“又闻有……”一语领起。

李文靖公做宰相，在京封丘门里修建了一所住宅，其会客办公的厅堂前，也仅有容马转身的一点面积，副宰相鲁宗道公做谏官时，因为家贫，来了客人没有器皿、菜肴果品应酬，只得到酒馆去招待他们；张文节已经做了宰相，可生活享受的水平仍与他做节度判官时一样。当亲人劝他适当提高时，他却叹息地说出“由俭入奢易，由奢入俭难”这样言简意深、千古传颂的名言，难怪作者对这些言行赞叹地说：“大贤之深谋远虑，岂庸人所及哉！”

这一部分，从内容上看，全部是颂扬三公崇尚节俭的文字，并没有提及奢侈华靡的事，但读起来却使我们有“颂处即有贬訾”之感。所以说这“表扬”与“赞叹”，联系上文通过正反比较，自有进一步批评近岁侈靡之风的意义。

御孙曰："俭，德之共也；侈，恶之大也。"共，同也，言有德者皆由俭来。夫俭则寡欲。

（御孙：鲁国的大夫）

鲁国的大夫御孙说："节俭是共有的美德，奢侈是最大的罪恶。"共，就是相同，是说有品德修养的人都是由节俭培养来的，那节俭就会使人减少欲望。

君子寡欲则不役于物，可以直道而行；小人寡欲则能谨身节用，远罪丰家。故曰：

（君子：有地位的人。不役于物：不为外物所役，不受外物的牵制。直道：行正直之道。小人：老百姓。谨身节用：约束自己，节省用度。远罪丰家：避免犯罪，丰裕家室。）

有地位的人欲望少了，就不为身外之物所役使，就能用正道去办事；没有地位的人欲望少了，就能约束自己节约用度，避免犯罪，丰裕家室。所以说：

俭，德之共也。"侈则多欲。君子多欲则贪慕富贵，枉道速祸；小人多欲则多求妄用，

（枉道速祸：不循正道而行，招致祸患。枉，屈。速，招。多求妄用：多方营求，随意浪费。）

"节俭是共有的美德。"（相反）奢侈就会使人增多欲望。有地位的人欲望多了，就羡慕和贪图富贵，用邪道去办事，会很快地遭到灾祸。没有地位的人欲望多了，就会多方搜求任意挥霍，

败家丧身。是以居官必贿，居乡必盗。故曰："侈，恶之大也。"

（必贿：贪脏受贿。居乡：不作官）

弄得家败人亡。因此（欲望多了）作官的人一定会贪脏受贿，住乡为民的就一定会盗窃他人财物。所以说："侈，是最大的罪恶"。

以上为第四部分（第五自然段）：引古人御孙的话并加以解说，从道理上分析，阐明"节俭"和"奢侈"所造成的各自必然结果。

这一部分，是由分析数导致结论的重要部分。

文中引用了御孙的话："节俭是共有的美德；奢侈是最大的罪恶"，然后作者分析说：有品德修养的人都是由节俭培养来的。因为做到节俭就会使人欲望减少，有地位的人欲望少了，就不为身外之物所役使和支配，就能用正道去办事；没地位的人欲望少了，就能约束自己节约用度，避免犯罪，丰裕家室。相反，奢侈就会使人欲望增多。有地位的人欲望多了，就羡慕和贪图富贵用邪道去办事，会很快遭到灾祸；没有地位的人欲望多了，就多方搜求，弄得家败人亡。所以，欲望多了，做官的人一定会贪脏受贿，住乡为民的人就一定会盗窃他人财物。

通过作者以上论述，就使得节俭和奢侈各自所造成的必然结果阐述得非常，

清楚。这样论述，不仅起到提倡节俭反对奢侈的作用，更重要的是给本文的结论打下理论基础。

昔正考父饘粥以糊口，孟僖子知其后必有达人。季文子相三君，妾不

宋国的大夫 孔子的远祖；稠粥，稀粥；饱肚子；鲁国大夫；显贵之人；鲁国大夫季孙行父 辅助；鲁宣公 鲁成公 鲁襄公

从前（宋国的大夫）正考父过着吃粥饭的朴素生活，（鲁国大夫）孟僖子就知道他的后代一定会有显达的人。（鲁大夫）季文子作了三代君主的国相，

衣帛，马不食粟，君子以为忠。管仲镂簋朱纮，山节藻棁，孔子鄙其小器。

当时有名望的人；忠于公室；齐桓公的国相；（guǐ）盛食物的器具；（hóng）在帽子下边打结的帽带；刻着山岳的斗拱；梁上画着水藻的短柱；鄙薄；器度大小

而他的妾不穿丝织品做的衣服，马不喂粮食，因此有名望的人都认为他是忠于鲁国公室的。（齐国的）管仲使用刻有花纹的簋器，用鲜艳的红色帽带，他家房柱上斗拱刻有山形的图案，房梁上短柱绘有水藻的画面。可孔子看不起他，批评他器量狭小。

公叔文子享卫灵公，史鰌知其祸，及戍，果以富得罪出亡。何曾日食万钱，

卫国大夫公叔发；请卫灵公到家中宴会；（qiū）卫国大夫；遭到灾祸；（shù）公叔文子的儿子公叔戍；晋国太傅

（卫大夫）公叔文子请卫灵公到家来赴宴，（鲁大夫）史鰌就知道他将要遭到灾祸。到了他儿子公孙叔戍时，果然因富得罪，被逐逃亡在外。（晋国的）何曾每天吃饭要耗费万钱，

至孙以骄溢倾家。石崇以奢靡夸人，卒以此死东市。近世寇莱公豪侈冠

字季伦，晋人；石崇被赵王伦所杀。；即寇准，北宋真宗时宰相，后封莱国公。

到他孙子时，就因挥霍而倾家荡产。（晋代的）石崇以过度奢华夸耀于人，结果以终于因此而死于东市。不久前，寇准的豪华奢侈也算

一时，然以功业大，人莫之非，子孙习其家风，今多穷困。其余以俭立名，以侈自

在当时堪称第一。；习染

为首一时了，但因为他对国家功绩较大，所以人们都不批评他，他的子孙后代习惯了这豪华奢侈的家风，如今多数贫困了。其余因节俭而成名，因奢侈而

败者多矣，不可遍数。聊举数人以训汝。汝非徒身当服行，当以训汝子孙，使

（shǔ）一个一个地列举，"偏"同"遍"。；不但；本身；履行

自取败亡的人多啦，我不能一一列举了，仅指出这几个人来教诲你。希望你不只自己按这些教诲去做，还应当用这些事例去教诲你的子孙，

知前辈之风俗云。

语尾助词

使他们知道老前辈的（良好的）风习啊！

以上为第三部分（第六自然段）：在上一段论述的基础上，举出一些正反事例来进一步证明崇俭去奢的论点。

通过上面分析，可见节俭和奢侈的结果是迥然不同的；凡是崇尚节俭的人就能立业成名；凡是放情奢侈的人就必定自取败毁。

在这里作者没有发议论，只是让事例"说话"作了本文的结论。

主题：这篇论说文是作者为教诲儿子司马康厉行俭约而写的，文中用正反两面的事例，阐明俭约与奢侈的利害关系，从而提倡节约俭朴的风尚，反对奢侈腐化的恶习。

本文中心突出，脉络清晰，既有分析议论，又有具体事例为证，很有说服力，无论在思想内容上，还是在表达形式上，至今仍值得我们借鉴。

[illegible][illegible]地区卫生学校

教案首页

周次：　　　　　　　　　　　　　　编号：

课程名称	语文		教研组长	邱宗光	
班次			任课教师		
课型		教学方法		计划学时	
		授课时间	年　月　日　节次		
教学目的	通过本文学习，使学生了解世界上第一个再造手的成功，在人类科学文明发展史上的深刻含义，学习骨科专家于仲嘉为解除病人痛苦，为祖国的医学事业勇于探索的可贵精神；学习复杂记叙文的写法				
授课内容					
教具					
附註					

本文选自一九八0年九月二十六日《光明日报》。《手》是一篇感人至深的报告文学。它生动具体地记叙了上海市第六医院骨科专家于仲嘉为解除病人痛苦,为祖国医学事业辛勤探索,创造了世界上第一只再造手的动人事迹。

文章的开头部分是个引子。虽只引用了信中的只语片言,却写出了一位家长为失去双手的孩子寻医呼救的焦灼心情及等待奇迹出现的一片虔诚。引起读者对再造手的关切,急于了解下文。

段末过渡句起承上启下接榫合缝的作用,为奇迹能否出现,谁能够创造这一奇迹埋下伏笔,自然引入正文的叙述,安排这段引子,给读者造成一种悬念,产生疑问,自然地过渡到"谁是奇迹的创造者"这一问题上来,既突出主题,又便于展开叙述。

正文共分四部分(以标题为划分依据)

第一部分(标题一)

小标题可拟为"大胆构思"。

这一部分的中心意思是,一个再造手的大胆想法在于仲嘉的脑中形成。

可分三层:

第一层"南下的列车……忧病人所忧"。简介于仲嘉的概况。

首先写于仲嘉是一位深通骨科医学,在骨科和手外科方面有着丰富经验的专家。

接着介绍于仲嘉在断肢再植手术中做出的贡献。

然后运用一个过渡句:"此刻,在这南下列车的窗前,他在静静地默想什么呢?"灵活巧妙地转入对于仲嘉心理活动的描写上来。运用排比修辞手法写出了他的所感所想(详写),通过心理变化来发掘人物内世界。

最后运用插叙法,补充说明了他的出身、工作、学习,成为一名真正的外科医生的情况(略写)

在这里,要很好体会"真正的医生"含义的真谛。

第二层"列车在行进……人类自由的开端"写再造手在于仲嘉心头萦绕。

(2)先写于仲嘉在列车上思索着"手"对于人类生活的重要性。继而产生"为什么不能给病人再造一只手"的问题。当写于仲嘉陷入沉思之中时,用"凝思"、"蜿蜒"等词语形容。这样写,更加增强了词的感情色彩,例如"凝思"生动地表现出一个人在思考问题时,注意力高度集中的神态。而"蜿蜒"一词,则形象地写出血管弯曲不直如蛇爬行的形状,给读者以真情实感。

第三层列车在飞驰……将播下发的希望的种子"。写一个再造手的大胆想法在于仲嘉脑中形成。

结尾是议论兼抒情,歌颂了于仲嘉这一大胆想法的重大意义。

第二部分(标题六)

小标题可拟为"精心设计"。

这一部分的中心意思是,一个合理的再造手方案在于仲嘉思考中形成。

可分二层。

第一层"七月的上海是炎热的……又是较好外形的手呢?"写于仲嘉在不眠之夜翻阅医学资料,思考设计再造手的方案。

其中以"为了更清楚地了解……概况"为过渡,转入插叙再造手在医学史上形成的过程。"不同凡响"这一成语的运用,用词准确有深度,形象地说明了这一事实的不寻常。写出了中外医学界的学者为患者在装配假手问题上下了不少功夫。

第二层"让我们再回到于仲嘉的家里……窗外,已是朝霞满天的时候了"写一个合理方案在于仲嘉的思索中形成了。

这一层开头又是一个过渡段,"让我们再回到于仲嘉的家里……"自然灵活地从插叙转回对主线的顺叙。

先是进行夜深人静的环境描写,有力地衬托于仲嘉陷入沉思,在精心设计着被人们视为奇迹的再造手方案。

接着写一个合理的方案在他思考中形成。

最后是议论兼抒情。作者深情地讴歌了这一方案非同小可，而是医学史上前所未有的再造手，是人类的奇迹，与前一部分的议论抒情相照应，使得结构严谨，意义更深刻。

第三部分（标题三）

小标题可拟为"辛勤探索"。

这一部分的中心意思是："于仲嘉选择了手术对象，进行了长达几个月的辛勤探索，做好手术前的准备工作。

可分三层。

第一层"到于仲嘉这里来挂号的……小高的眼里滴起了一泓泪水"。写于仲嘉选择高天社作为第一个实施对象。

先写于仲嘉选择手术实施对象。

接着描叙高天社失去双手的情况及痛苦心情。

第二层"其实……但比战时更紧张。"

写医疗小组在紧张地进行基本功的训练。

第三层"两天后……一九七八年十二月二十八日。"写决战时刻。

第四部分（标题四）

小标题可拟为"创造奇迹"。

这一部分的中心意思是，世界上第一个再造手在上海获得成功，这个奇迹的创造，显示了中国人民的智慧和力量。

可分三层。

第一层"手术整整进行了十六个小时……还须时间来检验，"写于仲嘉领导医疗小祖进行再造手术。

第二层"手术以后……生活对于他们重新变得富有魅力了！"写手术后的情况。

第三层"世界上第一个再造手在上海获得成功……也祝愿更多的于仲嘉式的创造者出现在我们四化建设的行列中。"写世界上第一个再造手在上海获得成功后在国内外引起的反响。

篇末是议论和抒情。赞颂了世界上第一个再造手的成功，在人类科学文明发展史上的深刻含义，祝愿这一辛勤探索能结出硕果，起到深化主题的作用。

本文的中心思想：通过创造世界上第一个再创手的叙述，歌颂了骨科专家于仲嘉为解除病人痛苦，为祖国的医学事业勇于探索的可贵精神。

二、本文写作上的特点：

(一)围绕中心展开故事情节的记叙方法。

全文以"手"为线索，然后围绕"再造手"这一中心事件展开了故事情节的记叙。从大胆构思、精心设计、辛勤探索到再创造奇迹，文章完整而有力地讴歌了主人公于仲嘉为创造再造手而辛勤探索的可贵精神。

(二)祖材详略得当，过渡自然，穿插灵活。

如写于仲嘉的心理活动时，写得详明，根据内容的需要，突出了主人公的精神品质。叙述中安排得有详有略，内容疏密相间，文章也就有了波澜，有助于推动情节的发展。在记叙中穿插着插叙情节，如第一部分中追忆了于仲嘉在断肢再植手术中作出过贡献；追忆了于仲嘉的出身、工作、学习、成绩。这样写，为创造再造手作了铺垫，使读者进一步了解到于仲嘉在为祖国医疗学事业付出的艰辛劳动。

定西地区卫生学校

第　　周　　　　教案首页　　　　编号：

课程名称	语　文		教研组长	郭宗光	
班　次			任课教师		
课　型		教学方法		计划学时	
		授课时间	198　年　月　日		

教学目的	冯谖客孟尝君 一、通过本文学习，了解冯谖帮助孟尝君巩固地位而出谋划策的故事。学习"先抑后扬"的写作方法。
授课内容	
备注：	

一、《战国策》简介和题解：

《战国策》是战国时代的一部历史散文集。它记录了当时策士们纵横捭阖的言行，描写了统治阶级内部尖锐的矛盾斗争，同时也反映了征伐战争和封建压迫给人民带来的痛苦。作者已无可查考。现存的本子是西汉刘向整理的，全书分东周、西周、秦、齐、楚、赵、魏、韩、燕、宋、卫、中山十八策，共三十三篇。本书描写些策士，形象生动，语言精炼流畅，常用比喻来说明道理，人物对话犀利鲜明，富有个性色彩。本书对后代散文有很大影响。

课文选自《战国策·齐策四》原来没有标题，这是编者加的。《冯谖客孟尝君》的"客"，用作动词，作"作客"讲。

战国时代是个社会大变动的时代，各个统治人物或集团为了维护扩大自己的统治范围，都大力网罗人才，一时"养士"的风气很盛。齐国孟尝君就是以"养士"最多而著称的。冯谖是他的食客。《冯谖客孟尝君》一文记叙了冯谖为孟尝君食客，为他奔走策划，经营"三窟"等事迹，塑造了冯谖这个足智多谋而又敢做敢为的人物形象。

二、课文分析

全文共九个自然段，可分为三部分。

第一部分（第一、二自然段）写冯谖初作客时因"无能"而受到冷遇，于是冯谖弹铗而歌，暗示自己不是真正"无能"。

先写冯谖到孟尝君门下作食客是因为"贫乏不能自存"，并从别人口中点出他"无好"、"无能"，所以"孟尝君笑而受之"。一个"笑"字，形象地刻划出孟尝君轻视冯谖的神情。

然后具体写出冯谖作客后受到冷遇的情况和他对待冷遇的态度。从"恶"到"笑"到"恶"，写出左右对冯谖的轻视。而冯谖一再弹铗而歌，提出要求，暗示他不是真正"无能"。

第二部分（第三至八自然段）写冯谖焚券市义、谋复相位、请立宗庙三件事，为巩固孟尝君的地位完成了"三窟"，从正面体现了冯谖的才能。这部分是全文的重点，可分为三层：

第一层（第三至第六自然段）写焚券市义。

先写冯谖从容自荐。其中，冯谖署曰："能"，孟尝君笑曰："客果有能也"。两个"能"字与前文呼应，起到释疑的作用。临行时，问孟尝君"以何市而反？"暗示冯谖对收债办法已胸有成竹了。

其次写冯谖在薛地收债的经过。烧券后"民称万岁"，为后文孟尝君就国于薛，民扶老携幼迎君道中埋下伏笔。

然后冯谖立即回来求见孟尝君。解释"为君市义"的道理。这一段描述，表现出冯谖用心深远，胸有成竹，做事果敢，确实是个"有能"的人。

最后写孟尝君因遭疾罢官去薛地，亲自看到了"焚券市义"的效果，对冯谖表示赞赏。证实了冯谖是个有政治远见，了解人民力量和作用的人。

第二层（第七自然段）写谋复相位。

孟尝君失位后，冯谖去梁游说，用"富而兵强"的道理说服梁王聘请孟尝君，为梁王"虚上位……"待聘孟尝君时，冯谖驱车返回，告诫孟尝君，坚辞不去，意在造舆论让齐王知道，促其恢复孟尝君相位。结果如愿以偿。这表明冯谖了解并善于利用诸侯各国之间的矛盾。

第三层（第八自然段）写请立宗庙。

这一段主要写冯谖设计使孟尝君固位。冯谖抓住了齐王"愿君顾先王之宗庙"这句话，要孟尝君向齐王请求以先王传下来的祭器去薛地建立宗庙，从而保证了封地的安全，段末以冯谖还报孟尝君说："三窟已就，君姑高枕为乐矣"作结，写出冯谖是个有胆识，有才能，见机而行，长于计谋的政治家。

第三部分（第九自然段）总结冯谖对孟尝君的贡献，结束全篇。

本文最大的特点是先抑后扬的写法。

文章开头叙述冯谖"贫乏不能自存"又"无好""无能"，受到冷遇，但他一再弹铗高歌要求优厚待遇，这是抑，后从容自荐去薛地收债，回来见孟尝君解释"市义"的道理，孟尝君不悦，说"先生休矣"，而不认为冯谖"有能"，这也是抑。后来写孟尝君失位去薛地，亲自看到"市义"的效果，又对其表示赞赏，再写冯谖为孟尝君"复凿二窟"，引出复谋相位和请立宗庙两件事来，这才进步表现和深化了冯谖的才能。这些都是扬。象这样先抑后扬的写法，是通过曲折的故事情节和巧妙的结构安排恰如其分地表现出来的。

总之，全篇结构巧妙，波澜层出，引人入胜。

下面谈谈对冯谖这一人物形象的认识。

冯谖为孟尝君收债焚券，买来义，为他经营"三窟"，可以"高枕为乐"。这些都是为孟尝君打算盘，留后路的，而冯谖自己，也从穷得活不下去的境地一跃而成为显贵人物。

冯谖"矫命焚券"的动机，虽说是为孟尝君收买民心，但这件事却表现了冯谖有魄力有远见。冯谖这样做，除了对孟尝君日后有好处，客观上略微减轻了薛地人民受高利贷剥削的痛苦。他提出的"三窟"办法，也说明了他有智有谋，他看出了贵族统治者之间存在着矛盾，便巧妙地利用并处理了这些矛盾，获得成功。

这篇历史散文反映的是战国时代齐国人冯谖帮助孟尝君巩固地位而出谋划策的故事。

甘肃省定西地区卫生学校

教　案　首　页

周次：　　　　　　　　　　　　　　　　　　　　　　编号：

<table>
<tr><td>课程名称</td><td colspan="3">语文</td><td>教研组长</td><td colspan="2">郭宏光</td></tr>
<tr><td>班　　次</td><td colspan="3"></td><td>任课教师</td><td colspan="2"></td></tr>
<tr><td rowspan="2">课　　型</td><td rowspan="2">综合</td><td>教学方法</td><td colspan="2"></td><td>计划学时</td><td></td></tr>
<tr><td>授课时间</td><td colspan="4">年　　月　　日　　节次</td></tr>
<tr><td>教学目的</td><td colspan="6">不要秘诀的秘诀　邓拓
学习本文，树立正确的学习态度，学习古人成功的几种学习方法和经验，而不应抱着侥幸的心理去找什么"秘诀"。
学习举例论证的方法。</td></tr>
<tr><td>授课内容</td><td colspan="6"></td></tr>
<tr><td>备注</td><td colspan="6"></td></tr>
</table>

一、题解

前一个"秘诀"是指解决问题的好巧妙方法。后一个秘诀是说不要这种巧妙方法便是"秘诀"。就是说解决问题要有正确的态度和方法，而不应抱着侥幸的心理寻求捷径。那么这正确的态度和方法，即后个"秘诀"是什么呢？文章围绕这一点进行了论述。

二、分析课文：

第一段(第一自然段)：文章首先指出了一种不正确的读书态度和方法，就是不肯下功夫，只是想找秘诀取得成功。作者否定了这种态度，毫不留情地指出"秘诀"之类的小册子目的只是骗人，而一心想寻找秘诀的结果只是上当。然后作者说明了本文的意图即向那些找秘诀的人敲一下警钟。

这一段作者否定了寻找秘诀的学习态度，明确地指出了学习是无捷径可走的。

第二段(第二至八自然段)：

承接上文，在否定不正确观点的基础上确定了正确的观点，那就是："历来真正做学问有成就的学者，都不懂得什么"秘诀"。至此，全文的中心议题明确了。文章围绕着这一观点，展开了论述。从具体事例即古人的几种学习方法和经验中找出真正的学习"秘诀"。

一是明代学者吴梦祥的一份学规。这份学规的基本精神乃是专心致志，痛下功夫，坚持不懈。作者评价了这份学规，认为抱着这种态度学习就一定会有收获。在基本肯定的基础上也指出了"不出门户"是不可取的。与这种态度相反的就是"或作或辍，一暴十寒"，特别强调这种缺乏恒心的态度是必须克服的。在论述中，文章就是这样，有正面的赞扬和肯定，又有反面的批评和否定；有对正确观点的"立，"又有对错误观点的"驳"，两者相互渗透，相得益彰。

二是陈善的经验谈。文章引了陈善《扪虱新话》里的一段话，陈善主张读书需知出知入，不可不知古人用心处，也不可死在古书的言下，要把书读活。同时陈善还主张读书需实际运用，作者充分肯定了陈善的主张，认为是值得推荐的。

三是陆九渊的读书经验。作者从陆九渊的一则语录和他写的一首诗中概括出其经验是“不求甚解”。这条经验有利于提高读书的效率，所以对青年读者似乎特别有用。

四是轮扁对读书的见解。春秋轮扁认为古人的书是糟粕，强调从生产劳动中去求得知识。作者客观地评价了他的这一主张，指出了它的片面性，也肯定了这种主张有其独到之处。在这里，作者的意图在于强调读书必须去取其糟粕，取其精华。

小结：文章第二大段采取举例论证的方法，通过对古人读书态度、学习经验的介绍，否定了寻找秘诀的读书方法，从而证实了做学问有成就的人是没有什么秘诀的。步步举例使得论证层层展开，显示了较强的说服力。

第三段（最后自然段）：概括全文，点明文章主题，不要秘诀也就是秘诀，并照应开头。

这是一篇在思想上很有鲜明性和尖锐性的文章。邓拓同志曾经说过：“我写《燕山夜话》都是谈所见所闻所感的。如果仅仅是所见所闻，那么只是录音机；必有所感才能成为自己的东西，成为有思想的东西。作者把它对于现实问题的思考，提到了读者面前，有感而发，言之有物，针对性强。

文章的说理采用了举例的方法，用充分有力的事实论据展开论证，逐层深入，增强说服力。

定西地区卫生学校

教案首页

周次：　　　　　　　　　　　　　　　　编号：

课程名称		教研组长	郭宏光
班　次		任课教师	
课　型		教学方法		计划学时	
		授课时间	年　月　日　节次		

教学目的

~~理解~~　　梦游天姥吟留别　　李白

理解本文运用对比、夸张等修辞方法，和通过丰富的联想来描绘梦境，以表达蔑视权贵的精神和豪迈的气概。

授课内容

简介李白：（公元701年—762年），字太白，唐代伟大的爱国诗人。原籍陇西成纪（今甘肃省秦安县），出生于唐代碎叶城（今苏联吉尔吉斯境内。五岁时随父亲迁居绵州（今四川绵阳县）

他早年遍游蜀中名山大川，二十五岁时出游全国各地。曾被召入京做官，因不与权贵同流合污，被排挤出京。晚年参加了永王李璘幕府。永王璘和其兄李亨（肃宗）争夺帝位失败，李白株连被捕，流放夜郎（今贵州省桐梓县一带），中途遇赦得归。往而漂泊东南一带，762年病逝于当涂（今安徽当涂县）。

李白幼年饱读经书，十五岁开始创作，后来漫游全国，给诗人开阔了眼界，积累了丰富的生活阅历。他的诗歌从多方面深刻地反

教具

附注

映了当时的社会现实，表现了他热爱祖国山河，同情劳动人民疾苦的感情和蔑视权贵，抨击社会的反抗精神，擅长大胆地运用夸张、比拟。他的诗歌热情豪放，语言清新自然而又华美传神。

《梦游天姥吟留别》是李白在天宝四年（745年）离开东鲁，南游吴越，告别朋友所作，别名为《留别东鲁诸公》。

课文分析：

这首诗的题意，"梦游"为向往之意；"天姥"，山名，在今浙江省新昌县东；吟，诗歌名称的一种。整个题目的意思是：把梦游天姥山的情景写成诗，留给朋友作别。

海客谈瀛洲，烟涛微茫信难求；越人语天姥，

海客：指航海的人；谈：谈论；瀛洲：传说中仙山，是神仙住的地方。烟涛：烟雾象波涛一样。微茫：迷茫；信：实在；难求：难寻找。越人：指浙江一带的人；语：说；天姥：天姥山，姥（mǔ）

海上来的客人谈论瀛洲仙岛，那里烟波迷茫实在难寻找。越人所说的天姥山的峻峭，

云霞明灭或可睹。（这开头四句，用"瀛洲"陪衬"天姥"，一"信"一"或"，使人油然而生神驰天姥之念。）

云霞忽明忽暗，或许可以看见

在云霞中时明时灭，或许可以看见。

天姥连天向天横，势拔五岳掩赤城。天台一万八千丈，

连：相接；天：天际；横：横行，形容山势绵延。势：气势；拔：超出；五岳：高大的山为岳，是东岳泰山，西岳华山，南岳衡山，北岳恒山，中岳嵩山。掩：遮盖；赤城：山名，在浙江省天台县北。天台：山名，在浙江省天台县北。

天姥山峰连着天并向天边绵延，山势高出五岳压倒了赤城。那一万八千丈的天台山，

对此欲倒东南倾。（这四句极力描绘天姥山气势。"连天向天横"是夸张，"势拔五岳掩赤城"是烘托，又以"一万八千丈"的天台山作垫衬，突出天姥山的高大雄伟。）

对此：指天姥山；欲：将；倒：俯倒；倾：斜倒

与天姥山相比，好象向东南倾倒，俯拜在它的脚下。

这一段写天姥山高大雄奇，令人向往，引起诗人梦游的兴趣。

我欲因之梦吴越，一夜飞渡镜湖月。湖光照我影，

欲：想　因：按照，凭借　之：代词，指越人关于天姥山的传说　梦：梦游　吴越：指今江苏浙江一带　渡：横渡　镜湖：又名鉴湖，浙江省绍兴县　湖月：指月光照耀　湖光：月光　影：身影

我想根据越人的话去梦游江浙，一夜间就飞越了明月照耀的镜湖。镜湖的月光照着我的身影，

送我至剡溪。谢公宿处今尚在，渌水荡漾清猿啼。

剡（shàn）溪：水名，在浙江省嵊县。　谢公：南朝诗人谢灵运，他喜欢游山玩水。　宿处：谢灵运游天姥山时曾在剡溪投宿。　尚在：还在。　渌：lù 清水　清：凄清的意思。　啼：（tí）

把我送到剡溪地方。谢灵运当年投宿的地方今天还在，那里清波荡漾，猿叫的凄凉声音不时传来。

（这六句，既写出梦之所自，也写到梦之所向，点明了题旨，交代了重点，承上启下，转换自然。一夜飞渡，湖月照送，一路上急切兴奋的心情，要言不烦，形象生动，跃然纸上。剡溪曾有山水诗人谢灵运居留之处，"渌水啼猿"，一派非凡景象。）集出天姥山所处的幽美环境。

脚著谢公屐，身登青云梯。半壁见海日，空中闻天鸡。

著：（zhuó）穿。　谢公屐：屐（jī）木鞋，《南史·谢灵运传》记载：谢灵运登山，必到幽深高峻的地方，他有一种特制木鞋，鞋底装有活动齿，上山时去掉前齿，下山时去掉后齿。　登：攀登　青云梯：指高入云霄的梯子似的山路山岭。　半壁：半山腰。　见海日：太阳从海面升起的景象。　天鸡：神话传说中的鸡，每天早晨它一叫，天下的鸡都叫起来。

我穿上谢灵运特制的游山木鞋，向高入青云的陡峭山路攀登。刚到半山腰就看到东海日出的景象，在空中还能听见天鸡的啼叫声。

千岩万转路不定，迷花倚石忽已暝。（层峦叠嶂，道路曲折。迷恋山景，流连往返。自日将出至已暝，山游终日，就觉"忽"然，游兴酣畅未艾。）

千岩万转：千回万转的山石　不定：去向不固定　迷：陶醉　倚：（yǐ）靠　忽：忽然　暝：（míng）昏黑

我在崇山峻岭中的曲折小路上无定向的迈进，靠着石头陶醉在玩赏奇花之中，不觉得天已昏黑。

熊咆龙吟殷岩泉，栗深林兮惊层巅。（游山须看险处，至此可称观止。）

咆：咆哮　吟：鸣叫　殷：象声词，雷声。这里当动词用，意为象雷声一样地在岩泉轰响。　岩泉：岩石泉水间　栗：（lì）发抖。　深林：幽深密林。　兮：古汉语助词。相当于"啊"。　惊：惊心。　层：层层。　巅：山顶。

山岩间泉水奔泻声象熊咆哮又象龙吟唱，走进幽静的树林使人战栗，攀上层层高峰使我惊心。

云青青兮欲雨，水澹澹兮生烟。（烟笼雾锁，借乎山雾水烟之势。以上写游天姥山所见的实景，幽美惊险，暗喻人世。）

青青：黑沉沉　欲：将要　雨：名动词用，下雨。　澹澹：荡漾的样子　生：腾起　烟：烟雾。

云色深青象要下雨，水波内闪笼罩着一层烟雾。

列缺霹雳，丘峦崩摧。洞天石扉，訇然中开。

列缺：电光。列同"裂"，缺，指云的缝隙。　霹雳：响雷。　峦（luán）：山峰。　崩摧：倒塌，毁坏。　洞天：道家称神仙居住的地方。　扉（fēi）：石门。　訇（hōng）：大声　中：当中

突然闪电雷鸣般的巨响，山峰倒塌下来，仙洞的石门轰地一声敞开。

（引开生面，转入仙境）青冥浩荡不见底，日月照耀金银台。（仙境）

冥（míng）：青空。　浩荡：空阔的样子。　不见底：看不到底。　金银台：神话中神仙住的地方。

洞里的青天辽阔得无边无际，日月交辉照耀着神仙居住的金银台。

霓为衣兮风为马，云之君兮纷纷而来下。虎鼓瑟兮鸾回车，

霓（ní）：虹。　为：做。　云之君：云神　纷纷：众多的样子　而：连词，无意义。　来下：下来　鼓：奏　瑟：古代乐器。　鸾（luán）：白鸾传说中凤凰一类的鸟。　回：运行，引申为驾。

采虹做华丽的衣服而风做快马，云里的神仙纷纷降下。白鸾驾车虎弹瑟，

仙之人兮列如麻。（以上写游天姥所见的幻景，虽然美妙，转瞬即逝）

之：助词，无意义。　列：排列　如麻：象乱麻一样，言其很多。

洞天仙境，建筑陈设，仙人衣着行止，格外富丽堂皇，光明灿烂，济济一堂，呈现出一种相敬相爱雍雍穆穆的极乐世界，是作者追求的乐土，理想，在封建社会里，这只是个幻想而已。

仙人们排列得多如麻。

忽魂悸以魄动，

忽：忽然　悸（jì）：受惊动而心跳。　以：承接连词，同"而"。　魂、魄：古人称"附形（躯体）之灵为魄，附气（精神）之神为魂。人睡觉时作梦时魂出游，魄留下守体。

我的心突然震动了一下。

恍惊起而长嗟。惟觉时之枕席，失向来之烟霞。（四句写梦醒后的情景。）

恍：同恍，恍惚。（huǎng）　嗟（jiē）：长长叹息。　惟：同唯，独只。　觉时：醒时　之：介词，于　失：失去　向来：指刚才说的梦中情景　之：助词，的。　烟霞：指仙境。

惊醒后失意地长长叹息。只身躺在枕席上，但往失去了刚才所到所见的神山仙境。

这一段写梦游天姥山的见闻及其飘忽即逝的过程，表现他对仙境的留恋和向往，反衬现实社会的丑恶，反映他在政治上的失意。

世间行乐亦如此，古来万事东流水，（写梦醒后的感慨。直抒失意情绪，表现对现实社会的不满。）

人间　寻欢作乐　也　像梦游一样虚幻　自古以来　指万事像东流的水一样，一去不复返。

人间寻欢作乐也是这样，自古以来万事就像江河的东流不复返。

别君去兮何时还？且放白鹿青崖间，须行即骑访名山。

君指诗人东鲁的友人。　还，返。　暂且　隐者的坐骑，传说仙人常骑白鹿。　青山石崖　动词，待。　立即　访问

我和你们分别，南游吴越何时能回来？暂且把白鹿放在青山石崖间，要走时就骑着它去游访名山。

安能摧眉折腰事权贵，使我不得开心颜！（紧扣留别，特设问答，突出主题）

疑问词，怎么。　低头　弯腰　侍奉　有权势的贵人。　舒展心怀笑颜。

我哪能低头弯腰侍候那些有权势的贵人啊，使我不能开怀展笑颜！

这一段表达作者蔑视权贵，憎恨现实，又想逃避现实追求理想世界的意向，点明主题。

课文分析：

李白基于壮志未酬，理想破灭的原因，更加痛恨昏愦的朝政和尔虞我诈的官场，思想愤懑，寻求解脱，所以写这首名篇，借以表达他蔑视权贵，反抗现实，向往仙境，追求个人精神解放的思想感情。

全诗分为三段。

第一段以虚带实写梦游原因。开头说仙境迷茫难求，而现实中天姥山却可以看到。继而采用对比的手法，将天姥山与天台山、赤城山相比，突出了天姥山"连天向天横"、"势拔五岳掩赤城"、"天台一万八千丈对此欲倒东南倾"的雄姿，令人向往，引起诗人梦游的强烈兴趣。

第二段先动记叙作者梦游天姥山的经过。这一段也是全诗的主要段落。作者用浪漫主义的彩笔，勾画出一幅令人目眩神迷的画卷。从谧静幽美的湖月到奇丽壮观的海日，从曲折离奇的千岩万转的道路到令人惊恐战慄的深林层巅，从电闪雷鸣般山峰倒塌的巨响到仙洞一望无际的碧空蓝天，又从日月交辉的金银台到车马纷壮仙人如麻的热闹场面，由梦境幻入仙境，处处奇光异境，绚丽多采，充分表达了诗人精神上的种种历险和追求。诗人在现实中精神上的压抑，在梦境里已获得彻底解放；在现实中的苦闷忧郁，在梦境里变成欢快舒畅；一切在现实中得不到的东西，不能实现的愿望在梦境里完全得到满足。这是诗人所渴望的、所追求的理想世界。

第三段写由梦境回到现实。"世间行乐亦如此，古来万事东流水。"诗人把梦境和现实一比较，更是憎恨黑暗的现实社会，心情忧伤，思想消沉。"且放白鹿青崖间，须行即骑访名山。"清楚地表现了诗人不愿意与丑恶的现实同流合污，仍然追求理想的世界。最后两句"安能摧眉折腰事权贵，使我不得开心颜！"是点明题意，充分表现出诗人刚直不阿、鄙视权贵，与黑暗现实彻底决裂的叛逆精神。

主题思想：全诗通过梦游的描绘，表现了作者憎恶封建现实，追求自由乐大的理想，和蔑视封建贵族的反抗精神。

艺术特点：

1、全诗段落清楚，层次分明，夸张对比运用娴熟大胆。写天姥山的雄奇高大，梦境的五彩缤纷，极尽夸张之能事。通过虚境瀛洲和实境天姥山的对比，梦境和现实的对比，突出了诗人所寻求的理想世界的光明美好，有力地反衬了现实社会的丑恶污浊。

二、构思新奇。歌颂浏天之美丽，以鞭挞唐王朝的丑恶；对梦游天姥的追求，以显示对权贵的憎恨；为惜别而赋诗，却写访游名山，以明自己目前和今后的战斗意志，别开生面。

三、想象丰富。吸取了《楚辞》及一些神话故事中的内容与艺术特色，运用比喻、对比、衬托、夸张等方法，“描绘出来的‘仙境’，活灵活现，引人入胜，耐人寻思。

这是一首七言古诗，作者为了表达自由奔放的思想感情，不拘一格，让句型多变化，节拍有缓急，显出了该独特的风格。

诗中所流露的“古来万事东流水”、“且放白鹿青崖间”之类的情绪，那是当时比较清高的封建士大夫所共有的思想。这种消极逃避、及时行乐、浪迹江湖、求仙访道的消极思想，应予以批判。

【作业】

一、《梦游天姥吟留别》表现了诗人对于权贵的蔑视和对美好生活的向往。这种思想是通过丰富的想象和大胆的夸张来表达的，试结合这首诗作具体分析。

二、背诵默写这首诗。

定西地区卫生学校

教案首页

周次：　　　　编号：

<table>
<tr><td>课程名称</td><td colspan="2">语　文</td><td>教研组长</td><td colspan="2"></td></tr>
<tr><td>班　　次</td><td colspan="2"></td><td>任课教师</td><td colspan="2"></td></tr>
<tr><td rowspan="2">课　　型</td><td rowspan="2"></td><td>教学方法</td><td></td><td>计划学时</td><td></td></tr>
<tr><td>授课时间</td><td colspan="3">198　年　月　日</td></tr>
<tr><td>教学目的</td><td colspan="5">药　　鲁迅
《药》通过揭露封建统治者对人们精神的毒害，尖锐地提出了一个革命者和群众的关系问题。学习本文使学生认识：要中国得救，必须推翻封建统治者及其所推行的愚民政策，唤醒群众打碎精神枷锁；要取得革命成功，必须发动群众，解决好革命者与群众之间的关系。学习精巧严密的结构等写作方法。</td></tr>
<tr><td>授课内容</td><td colspan="5">一、作者简介
二、时代背景
三、文章结构
四、人物形象的分析
五、典型环境的描写</td></tr>
<tr><td>备注</td><td colspan="5"></td></tr>
</table>

鲁迅的小说《药》写于一九一九年四月，最初发表于一九一九年五月《新青年》第六卷第五号。

从一九一八年五月开始，到一九一九年"五四"运动前夕，鲁迅在《新青年》上发表了白话小说共三篇。这就是著名的《狂人日记》、《孔乙己》和这篇《药》。《狂人日记》是反封建的第一声呐喊；《孔乙己》则从另一侧面，深刻揭露了封建主义的教育的弊害；而《药》却通过揭露封建统治者对人们精神的毒害，尖锐地提出了一个革命者和群众的关系问题。这三篇作品在文学领域代表了"五四精神"的高峰，并以完美艺术的成功显示了当时"文学革命"的实绩。三篇作品虽然取材不同，但在反封建这一基本思想上却是相通的。

一、《药》所反映的时代和社会现实

长期以来，一般人都认为《药》中夏瑜这个形象是影射清末女革命家秋瑾的。这自然不错，从鲁迅的思想，从夏瑜和秋瑾名字的类似，以及秋瑾被害于绍兴古轩亭口，死于告密都可以确认。但是，这只能说明，夏瑜这个形象的创造是以秋瑾的若干经历为素材的，还不能作为我们确定作品反映的时代的全部根据。要确定一个文艺作品所反映的时代，主要应从作品本身出发进行考察。我们先看《药》第一节中关于刑场的一段描写：

没有多久，又见几个兵，在那边走动；衣服前后的一个大白圆圈，远地里也看得清楚，走过面前的，并且看出号衣上暗红色的镶边。……

我们再看第三节茶馆一场中康大叔的一段话：

"你要晓得红眼睛阿义是去盘盘底细的，他却和他攀谈了。他说，这大清的天下是我们大家的。你想：这是人话吗？……

根据作品所反映的时代风貌，以及人物的特定用语等方面考察，我们就可以完全确定：《药》所反映的时代是辛亥革命前的清朝，是旧民主主义革命时期。这是因为大白圆圈加红滚边的号衣，正是前清的兵的服饰；而"大清的天下是我们的"这句话，正说明当时还处在清朝统治之下，当时的革命者正是要反对这种统治的。

那么，作品所反映的这个时代的社会现实是怎样的呢？这只要仔细地阅读作品就可以看出。《药》描写的是用一个人血馒头治肺病的故事，这本身就是一种愚昧，而且带着极其原始的性质和血腥味。问题还不止于此，买人血馒头治病的是一个处于社会底层的劳动者；而馒头上浸的血，却是一个为群众奋力被封建统治所残害的革命者的血。这就不仅是一种愚昧和原始，而且带上了更加可悲的性质，从作品里可出，在当时的群众中，对于用人血馒头治病这件事，没有任何不同的看法，甚至还认为能掏钱买上这种东西，是"碰到了""好运气了"。但是对于被杀的革命者，却大加非议，把他的革命言行指为"发了疯了"，甚至连"二十多岁的"年轻人也很显出气愤模样：这是一个怎样的现实，读了作品以后是不难得出结论的。用人血馒头治病的结果，是患者无效地死去，和被杀的革命者一样，被埋在"西关外靠着城根的地"里，给那埋到层层迭迭，宛然阔人家里祝寿时候的馒头"似的死人堆上不过只增添了一个馒头而已。这是何等的悲哀和凄凉啊！

鲁迅在谈到自己的创作时曾经说过："我的取材，多采自病态社会的不幸的人们，意思是在揭出病苦，引起疗救的注意。"（《我怎么做起小说来》）《药》的取材没是来自病态社会的不幸的人们"；而《药》不也正是"疗救"中华民族"病苦"的一剂良药吗？革命者的被杀，群众的愚昧，都是封建统治者的罪恶。读了这篇作品后，我们不能不得出这样的结论：要中国得救，必须推翻封建统治者及其所推行的愚民政策，唤醒群众打碎精神枷锁；要取得革命成功，必须发动群众，解决好革命者与群众的关系问题。这点上，鲁迅通过辛亥革命的教训，认识已经达到了相当高的程度，而作品表现出来的实际思想也是如此。

六、《药》的艺术结构

如前所述，《药》写的是一个用人血馒头治病的故事，而作品也正是以"药"为线索，通过买"药"、吃"药"、谈"药"、上坟等情节，有头有尾地表达了这个故事。但是，只停留在这一点是不符合鲁迅创作的意图和作品实际的，只停留在这一点，《药》的主题也无非就是破除迷信或表现亲子之爱。固然，以"药"为线索去看，作品是安排了买"药"、吃"药"、谈"药"、上坟这些情节的，也确实表达了"药"的完整故事。但是，问题在于鲁迅为什么把买"药"的人要派给一个社会底层的劳动者，而所买的"药"（人血）又是从一个为劳动群众奋斗而被杀的革命者身上取的？为什么坟地上又不约而同地出现了两个被害者的亲属？这些问题，只能从深入考察作品实际才能得到解答。

在第一部分中，我们从作品实际出发，分析了《药》所反映的社会现实，说明群众因愚昧吃"药"无效而死；革命者因革命被杀头，却不为群众所理解，反而把他的血当作可以享用的"药"。这是双重的悲剧。作品艺术地提出的问题就是革命者和群众的关系问题。作品实际如此，而鲁迅的立意也是如此。应该说，这就是鲁迅进行这篇小说艺术构思的基点。

内容决定形式，立意决定谋篇，艺术结构是为表现思想内容服务的。鲁迅从表达其主题思想的需要出发，在自己所掌握的非常丰富的生活素材的基础上，为《药》设计了两个主人公：一个是旧民主主义革命时期的资产阶级革命者夏瑜，一个是旧民主主义革命时期处于社会底层的小茶馆主人华老栓。这两个人物，在作品中构成了两条故事线索：一条是夏瑜从事革命活动，被本家夏三爷告密，被捕入狱，在狱中还进行革命宣传，最后被反动派求官；一条是贫苦的华老栓把辛苦积蓄的钱拿去为患痨病的儿子买药，但并未见效，儿子终于死去。这两个人物，一个采取侧面描写的方法，一个采取正面描写的方法。这两条线索，一条是暗线，一条是明线。鲁迅巧妙地用人血馒头把这两个人物的命运，两个故事、两条线索连结起来，使它成为一个整体。作者选择刑场、茶馆、坟地作为情节开展的场所。先在刑场，以夏瑜的被害和华老栓的买人血馒头，把两条线索连结起来；然后随着情节的发展使两条线索交织在一起；最后在坟地，通过两个同时为儿子上坟的母亲的见面，使两条线索融合在一起。这样，就完满地体现了作者创作的意图，而我们概括《药》的主题思想主要也是根据这种匠心的安排。但是，鲁迅是忠于生活本身的，他的匠心并不是匠气，我们读《药》，总觉得非常真实，包括每一个细节都没有稍微违背生活的逻辑。

《药》的结构是典型化了的结构，是十分紧凑、集中的。故事发生的场所作者一共选了三处，就是刑场、茶馆、坟地。刑场和坟地，按故事情节看，无论主人公是谁，要吃人血馒头无效而死这个故事本身不变，这两个场所几乎是无法转移的。但茶馆却可以因为主人公的不同而变更，或者根本就不安排这个场所。然而，鲁迅从自己的立意出发，将主人公华老栓设计成一个小茶馆的主人，又符合生活逻辑地安排了茶馆这个场所。这样才能把各种人物聚集在一起，通过闲谈表现各种人物的政治态度。并且，通过闲谈侧写了夏瑜的故事，显示出一条和明线同时发展的暗线。这样不但有助于完整满地体现作者的创作意图，而且节省笔墨，使结构紧凑，情节集中。从故事发生的时间看，前三节总共不到半天，第四节则是半年之后。中间是个大的跳跃。这既符合生活逻辑，也是结构安排的需要，表达主题思想的需要。作者这种匠心独运之处是值得我们学习的。

三、《药》的主要人物分析：

这里说的主要人物是指两个主人公夏瑜和华老栓以及情节展开的枢纽人物康大叔。

夏瑜是一个没有正面出场的人物。当我们读到刑场一节时，只知"轰的一声"，"结果"了一个"犯人"但他是谁我们是不知道的。直到茶馆一场，通过人们，特别是康大叔的谈论，我们才知道被"结果"的"犯人"姓夏，是"夏家的孩子"，是"夏四奶奶的儿子"。他因为"要命""干革命被告入狱"，"关在牢里，还要劝牢头造反"，对牢头说"这大清的天下是我们的"，结果挨了牢头"两个嘴巴"。但他"打不怕"，还要说牢头"可怜"，然而直到这时，我们还只知道他的姓氏和"家里只有一个老娘"、很穷这类情况，他的名字叫什么并不知道，当我们读了坟地一节后，通过他老娘的口，才知道他的名字叫瑜。这就是《药》中关于夏瑜的全部描写。综合这些描写，我们可以看出，夏瑜是一个出身贫穷的年轻的革命者，他对于清朝政府的斗争是十分坚决而勇敢的；即使身陷牢笼，也不放弃革命斗争。他对牢头说的"这大清的天下是我们大家的"这句话，反对了几千年以来的封建传统，表现了资产阶级民主主义革命的政治理想。正是从这个意义上，鲁迅对夏瑜的描写是满怀热情的，是十分肯定的。但是，作为一个资产阶级民主主义革命者的夏瑜，不可避免地也存在着他的阶级局限性。聚集在茶馆中的人们，其成份可能是很复杂的，但对于夏瑜革命行动的非议却完全一致。这一方面说明群众的不觉悟，但另一方面也说明当时的革命者脱离群众。夏瑜虽然热心于革命，但群众并不理解他，认为他是"疯了"；甚至他的母亲也不理解他，上坟时见有人看他，脸上便"现出"羞愧的颜色"。这些都反映了资产阶级革命脱离群众的弱点。鲁迅鉴于辛亥革命的历史教训，在新的革命高潮到来的前夕，写了这篇《药》塑造了夏瑜这么一个形象，无疑是有现实意义的。正因为夏瑜存在着脱离群众的弱点，而且这个弱点又关系着革命的成败，所以鲁迅在《药》中就采用了十分冷峻的笔法，侧写夏瑜的茶馆一场特别是如此。

华老栓是我们在《药》中遇到的第一个人物。他大概一夜都没有睡觉了吧，"忽然坐起身，擦着火柴，点上遍身油腻的灯盏"，向老妻要了不知花了多少汗水才积攒起的"一包洋钱"，"抖抖的装入衣袋，又在外面按了两下"，照应了一下刚才"咳嗽"了"一通"的儿子小栓，便上路了。从"油腻的灯盏"和夫妻之间冷冷的三句对话中，可以看出这个小店人家目前遇着很不愉快的事情。然而，他家里发生了什么不愉快的事，他后半夜出门要去那里，去干什么，我们还不清楚。只是从天气虽冷，而他"倒觉爽快，仿佛一旦变了少年，得了神通，有给人生命的本领似的，跨步格外高远"的描写中，知道他对于这次行动是满怀信心，抱有莫大的希望的。他按照既定的目标，"专心走路"。但"一条丁字街，明明白白横着"，到了目的地，他却胆怯地"吃了一惊"，"退了几步，寻到一家关着门的铺子，蹩进檐下，靠门立住了"，"身上觉得有些发冷"。他到底来干什么，我们还不了然。等到"浑身黑色的人"从面出场，喊着"一手交钱，一手交货"，他"慌忙摸出洋钱，抖抖的想交给他，却又不敢去接他的东西"，而又终于在斥责声中交了钱，接了东西的时候，我们才明白了他是来刑场作了一笔交易。他抱着"收获许多幸福"的希望回到了家。此后就是围绕吃药"和招呼茶客的描写。华老栓"提着大铜壶，一趟一趟的给客人冲茶；两个眼眶，都围着一圈黑线"，显然他确是通宵未眠了。当"披着一件玄色布衫"的人"闯进"店内，大声炫耀自己神通广大、对他颇有"恩德"的时候，他"一手提了茶壶，一手恭恭敬敬地的垂着，笑嘻嘻的听"。然而，"药"的效验如何？华老栓是否真正"披一件玄色布衫的人所说的那样"运气了"？作者交待得明明白白。以上是关于华老栓的全部描写。他的活动场所是茶店内、街头和刑场；他的活动时间大约不到半天。但是在这非常有限的场所和时间内，我们都似乎看到了他的一头，看到了他的生活的全部。华老栓是个勤苦、诚朴的可怜人，由于封建思想的毒害而愚昧无知。他不惜花去用汗水换得的一包洋钱，担惊受怕地去刑场为儿子买了个据说可以医治痨病的人血馒头。但是这个人血馒头并没有治好儿子的痨病，儿子不久便死去了。愚昧造成了悲剧。鲁迅通过这个人物形象深刻地揭露了封建社会的罪恶；对于华老栓本人，作者却是同情的。

康大叔是作者着力鞭挞的一个人物。康大叔在《药》中共出现了两次，一次是在刑场上，一次茶馆里。在刑场上主要是通过他的行动描写来表现，在茶馆里主要通过他的言谈来表现。当我们跟踪华老栓的脚步来到刑场，只听"轰的一声"，行刑完毕后，立即看到"一个浑身黑色的人，站在老栓面前"，喊道："喂！一手交钱，一手交货！"下面作者作了这样的描写："那人一只大手，向他摊着；一只手却撮着一个鲜红的馒头，……"，"老栓慌忙摸出洋钱，抖抖地想交给他，却又不敢去接他的东西。那人便焦急起来，嚷道："怕什么？怎的不拿！"老栓还踌躇着；黑色的人便抢过灯笼，一把扯下纸罩，裹了馒头，塞与老栓；一手抓过洋钱，捏一捏，转身去了。嘴里哼着说，"这老东西……"。行刑完毕，他就闪现在老栓面前，说明动作很快，也说明事先已看清了老栓站立的具体地点。因此，行刑前从老栓面前走过的那几个人中回头看老栓的那一个，无疑也就是他；"哼，老头子"这句，也当然应当是他的话。可见他的一切行为都是非常熟练而有准备的。作者在描写他的动作时，先用一个"摊"字把那勒索款的架势活现出来；再用"抢"、"扯"、"裹"、"塞"，既表现了触到的四个不同的对象，又表现了他的动作的急迫利索。对于洋钱，只一个"抓"字就可以看出他诈诈式的攫取；"捏一捏"转身就走，足见他是个攫取金钱的老手，洋钱数目、成色，用手一捏就清楚了。这样的人，对于担小怕事，不敢接人血馒头的老栓，当然是不可理解的。因此，当老栓迟疑时，他便大嚷："怕什么？怎的不拿！"以显其勇；而临去时还嘀了句"这老东西……"，觉得老栓太不爽快。但是，这个"黑的人"究竟是谁，我们现在还不知道，直到第三节在茶馆里，从华大妈感激的口中才知道他是被尊称为"康大叔"的。

康大叔出现在茶馆里是"闯"进来的，足见他目空一切，无拘无束了。作者在这里对他的外形作了一番很具体的描写："……一个满脸横肉的人，披一件玄色布衫，散着纽扣，用很宽的玄色腰带，胡乱捆在腰间。"一看便知，这是个刽子手的典型形象。"披"、"散"、"捆"，以及那"满脸横肉"，表现出了他粗犷而凶悍的内心。他一进店便高声大嚷，显示自己神通广大。他毫无避忌，什么"人血馒头"、"痨病"都嚷得出口，华大妈听了这些字眼变了脸色，有些不高兴，他也不觉察。他完全自居于茶馆的中心地位，"满座的人"对他都"恭恭敬敬"。当花白胡子向他打听"今天结果了个犯人的情况时，他便侃侃而谈，似乎这一打听正中了他的话题。他对夏瑜狱中情况的叙说，完全是从对立的立场、敌视的态度出发的；而他羡慕的却是告密的夏三爷。康大叔是一个什么样的人，通过作品，我们是看得清清楚楚的。但作为一个艺术形象来看，这个人物在情节发展上起着枢纽作用。没有他，作品中的两条线索无法连接起来；没有他，夏瑜这一条暗线就没有着落。

四、《药》中的景物描写

鲁迅不主张用铺排的方法描写景物。他曾经说过这样意思的话：只要足以表达思想，宁可什么背景也没有。《药》这篇小说中的景物描写正是这样，只达到足以表达意思为止。

《药》中的景物描写不多，开头部分只写了"乌蓝的天"、"灰白的路"，太阳出来后在华老栓面前显出的"一条大道"，以及"丁字街头破匾上'古口亭口'

还叫个踏谈的金字等。这些景物大都是在叙述过程中随笔带出的，既是当时的实景，又在不同程度上烘托了人物的心情，或造成作品的气氛。写景比较多的是坟地一节，如开头写坟地情景，"中间歪歪斜斜一条细路"，坟堆分左右两面，"两面都已埋到层层叠叠，宛然阔人家里祝寿时候的馒头"。这一段描写，除了文字上所应追求的形象性而外，显然还有更深一层的意思。至于那个形象的比喻，自然暗示了阔人家的幸福是建立在穷人的白骨堆上的。

《药》的整个气氛是阴冷的，但阴冷并不等于一切都无望，所以作者还"不恤用了曲笔，在《药》的瑜儿坟上平空添上一个花环"。从这个意义上来看，"这一年的清明"虽然"分外寒冷"，但杨柳毕竟还"吐出半粒米大的新芽"，预示着春天总会到来；而对花圈的"不很精神，倒也整齐"的概括，自然是暗示着革命成功尚远，但革命后继有人这样的意思。至于最后关于"枯草"、"声音"以及乌鸦"的描写，应该认为都在增强阴冷的气氛。不过鲁迅写景是非常细而深的，总是和人物此时此地的特殊感受和心境相联系的。从这里看，写鸦着笔较多，似有深意，但那也因为是从夏瑜母亲的角度考虑，因为是她"四面一看"，希意于乌鸦，对着儿子的坟堆，让儿子教乌鸦飞上坟顶为自己"显灵"的。从这一篇作品看，坟地上人物的凄苦心情和这阴冷的画面是完全一致的。以上几个景物的描写，既烘托了人物的心情，又增添了画面的阴冷；鲁迅自己也说过，他的《药》的末一段是有些"鬼气"的。

定西地区卫生学校

教案首页

周次： 编号：

<table>
<tr><td>课程名称</td><td colspan="2">语文</td><td>教研组长</td><td colspan="2">[illegible]</td></tr>
<tr><td>班次</td><td colspan="2"></td><td>任课教师</td><td colspan="2"></td></tr>
<tr><td rowspan="2">课型</td><td rowspan="2"></td><td>教学方法</td><td></td><td>计划学时</td><td></td></tr>
<tr><td>授课时间</td><td colspan="3">198　年　月　日</td></tr>
<tr><td>教学目的</td><td colspan="5">推理
一、了解推理的基本知识。
二、把课文讲读与逻辑知识结合起来，为直接完成第七单元的教学重点打好基础。</td></tr>
<tr><td>授课内容</td><td colspan="5">一、什么是推理。
二、归纳推理。
完全归纳推理。
不完全归纳推理：简单枚举归纳推理。
科学归纳推理。
三、演绎推理：
三段论。
假言推理。
选言推理。</td></tr>
<tr><td>备注</td><td colspan="5"></td></tr>
</table>

推理是由一个或几个判断推出另一个判断的思维形式

例如：小说是有人物形象的，
　　这篇作品是小说
　　所以，这篇作品是有人物形象的。

推理由前提和结论组成。推理所根据的判断是前提，如上例中"小说是有人物形象的，这篇作品是小说"就是前提。从推理的前提推出的判断是结论。如上例中"这篇作品是有人物形象的"就是结论。

要使推理的结论必然真实必须有两个条件：一、前提真实，二、推理的形式正确。

推理主要有归纳推理、演绎推理和类比推理等。

一、归纳推理——由个别推到一般的推理。

例如：中国皇帝是纸老虎，沙皇是纸老虎，希特勒是纸老虎，墨索里尼是纸老虎，日本帝国主义是纸老虎，所有号称强大的反动派统统不过是纸老虎。

归纳推理又分为完全归纳推理和不完全归纳推理。

(一)完全归纳推理——以一类中的每个对象都具有某种属性为前提，推出该类全部对象都具有该属性的归纳推理。

例如：第一车间去年超额完成生产任务，
　　第二" " " " " " " "，
　　第三" " " " " " " "，
　　第四" " " " " " " "。
　　第一车间、第二车间、第三车间、第四车间是利民塑料制品厂的所有车间。
　　所以，利民塑料制品厂所有车间去年超额完成生产任务。

完全归纳推理要推出必然真实的结论，必须注意如下两点：

1、前提中对个别对象的断定必须是真实的。

2. 前提的数目应与一类的所有对象的数目相等。

(二) 不完全归纳法——以一类中的部分对象都具有某种属性为前提，推出该类全部对象都具有该属性的归纳推理。

不完全归纳推理又可分为简单枚举归纳推理和科学归纳推理。

1. 简单枚举归纳推理——由一类对象具有某种属性推出该类的所有对象具有该属性的归纳推理。

例如：小张学到很多东西，
小王 " " " "，
小赵 " " " "，
老李 " " " "，
小张小王老赵老李都是虚心好学的人，
所以，虚心好学的人会学到很多东西。

提高结论可靠程度的办法是：

(1) 一类中被考察的对象愈多，结论的可靠性就愈大。

(2) 一类中被考察的对象的范围愈广，结论的可靠性就愈大。

2. 科学归纳推理——以找出一些对象所以具有某种属性的原因为前提，推出该类对象都具有该属性的归纳推理。

例如：细菌性痢疾患者有发热、腹痛、腹泻及大便中有脓血等症状出现，这除了可以从大量病人身上得到证实之外，还可以通过各种科学研究的方法推究出造成这些症状的原因。

简单枚举归纳推理和科学归纳推理都是不完全归纳推理，这是它们的共同之处，但后者要求找出一些对象之所以具有某种属性的原因，前者并不要求找出这种原因，这是它们的相异之处。

寻求事物因果联系的方法有求同法、求异法和共变法。

(1) 求同法：凡是我们考虑的现象出现的场合，其它条件都不同，只有一个条件相同，我们就可以推断，这个条件是我们考察的现象发生的原因，这是异中求同。

例如：某单位出现食物中毒，就要排除中毒者吃过的各不相同的食物，而找出一种中毒者都吃过的食物，这共同的食物可能是造成中毒的原因。

比如：甲：吃过排骨、青菜、馒头、带鱼。

乙：吃过米饭、豆腐、肉丝、带鱼。

丙：吃过面条、肉丝、青菜、带鱼。

这些食物中，只有带鱼是中毒者普遍吃过的，则带鱼很可能是造成中毒的原因。

(2) 求异法：凡是我们考察的现象出现的场合，其它条件都相同，只有一个条件不同，我们就可以推断，这个条件是我们考察的现象发生的原因，这是同中求异。

例如：某医院对甲乙两组病人进行治疗，这两组病人所得疾病及症状相同，性别相同，年令及身体条件相仿，治疗的过程及护理也都相同，只是甲组用了针灸疗法，乙组未用。结果甲组病人康复较快，据此可以推断，针灸疗法（不同条件）乃是甲组病人康复较快的原因。

(3) 共变法：每当某一现象发生一定程度的变化时，总是随之出现另一现象的相应程度的变化，那么，这两个现象之间就可能有因果联系。

例如：人的体温升高后，体温越高，脉膊越快，按共变法，可以推测人的体温的高低与脉膊的快慢之间，可能有因果联系。

二、演绎推理——由普遍性的前提推出特殊性结论的推理。演绎推理有三段论、假言推理和选言推理等形式。

1. 三段论——借助于一个共同概念把两个性质判断联系起来，从而推出结论的演绎推理。

如 优秀的文学作品是具有积极的社会意义的. （大前提）
（中词） （大词）

《狂人日记》是优秀的文学作品 （小前提）
（小词） （中词）

《狂人日记》是具有积极的社会意义的 （结论）
（小词） （大词）

三段论的结构特点是：

①完整的三段论由三个判断组成，其中两个判断是前提，一个判断是结论。

②每个三段论中只包含三个概念，每个概念出现两次。

③在前提中出现两次而在结论中不出现的概念叫"中词（用m表示）在结论中处于宾词地位的概念叫"大词"（用P表示），在结论中处于主词地位的概念叫"小词"（用S表示）。则三段论的结构是 $\frac{\begin{array}{c}m—P\\S—m\end{array}}{S—P}$

④包含大词的那个前提叫"大前提"，包含小词的那个前提叫"小前提"。

怎样使三段论做到正确无误呢？

①推理的前提必须正确，前提错误，结论就不可靠。

例如："语言是有阶级性的"，"汉语是语言"，所以，汉语是有阶级性的"，这里"汉语是有阶级性的"的观点是错误的。

②推理的过程必须严密，正确，要符合三段论的四条规则：

规则一、在一个三段论中，中词至少要周延一次，中词两次不周延，结论就不可靠，这就会犯中词不周延的错误。

例如：有些非团员是思想比较落后的，

他是非团员

所以，他是思想比较落后的。

中词"非团员"是两次都不周延，不能充分起到媒介作用，"他"究竟是属于"有些"之内还是之外，是不确定的，故结论不可靠。

规则二，在前提中不周延的大词或小词，到结论中也不能周延，否则，结论不可靠。

例如：所有的共青团员都是青年

他不是共青团员，

所以，他不是青年。

"青年"这个大词，在前提中不周延（仅指"共青团"这部分青年）但到了结论都是周延的了。故结论不可靠，这叫犯了大词不当周延的错误。

又如：语言是~~社会现象~~没有阶级性的

语言是社会现象

因此，社会现象都是没有阶级性的。

小词"社会现象"在前提中是不周延的，（仅指语言）到了结论中都是周延的了，结论就错了，这叫犯了小词不当周延的错误。

规则三：两个否定判断的前提和两个特称判断的前提都推不出必然正确的结论。

例如：有些学生是共青团员，

有些学生考试不及格，

所以共青团员考试不及格。

规则四：三段论不能出现四个概念，否则结论不可靠。

例如：群众是历史的创造者，

我是群众，

因此，我是历史的创造者。

这个推理中的第一个"群众"是指群众的整体，第二个"群众"只是指的"我"一个人，前后含义不同，故结论是错误的。

二、假言推理——大前提是假言判断，小前提对前件或者后件作出断定，从而推出结论的推理。可分两种：

1、充分条件的假言推理——以充分条件的假言判断为大前提的假言推理。有两种正确的推理形式：

肯定前件式：小前提肯定大前提的前件，结论肯定大前提的后件。

例如：如果在学习上囫囵吞枣，那末在学业上进步是不快的，

他学习上囫囵吞枣，

所以，他在学业上进步是不快的。

否定后件式：小前提否定大前提的后件，结论否定大前提的前件。

例如：如果学习上囫囵吞枣，那末在学业上进步是不快的，

他在学业上进步是不快的，

所以他不是学业上囫囵吞枣的。

规则 ① 肯定前件，则肯定后件，否定后件则否定前件，

② 否定前件不能否定后件，肯定后件不能肯定前件。

2、必要条件假言推理——以必要条件假言判断为大前提的假言推理。有两种正确的推理形式：

否定前件式：小前提否定大前提的前件，结论否定大前提的后件。

例如：只有深入生活，才有丰富的创作源泉

他不深入生活

所以，他没有丰富的创作源泉。

肯定后件式：小前提肯定大前提的后件，结论肯定大前提的前件。

例如：只有深入生活，才有丰富的创作源泉，

他有丰富的创作源泉，

所以，他是深入生活的。

规则：① 否定前件，就否定后件，肯定后件，就肯定前件。

② 肯定前件，不能肯定后件，否定后件，不能否定前件。

3、充分必要条件假言推理——以充分必要条件假言判断为大前提的假言推理。有四种正确的推理形式：

肯定前件式：小前提肯定大前提的前件，结论肯定大前提的后件。

例如：如果一种理论是正确反映客观实际的，那末它就是科学的。

辩证唯物主义是正确反映客观实际的，

所以辩证唯物主义是科学的。

肯定后件式：小前提肯定大前提的后件，结论肯定大前提的前件。

例如：如果一种理论是正确反映客观实际的，那末它就是科学的，

辩证唯物主义是科学的，

所以，辩证唯物主义是正确反映客观实际的。

否定前件式：小前提否定大前提的前件，结论否定大前提的后件。

例如：如果一种理论是正确反映客观实际的，那末它就是科学的。

唯心主义不是正确反映客观实际的，

所以，唯心主义不是科学的。

否定后件式：小前提否定大前提的前件，结论否定大前提的后件。

例如：如果一种理论是正确反映客观实际的，那末它就是科学的。

唯心主义不是科学的，

所以，唯心主义不是正确反映客观实际的。

规则：①肯定前件，就肯定后件，否定前件，就否定后件。

②肯定后件，就肯定前件，否定后件，就否定前件。

选言推理——大前提为选言判断，小前提对一部分选言肢作出断定，从而推出结论的推理。可分为不相容选言推理和相容选言推理。

1.不相容选言推理——以不相容的选言判断为大前提的选言推理。有两种正确形式：

①肯定否定式：小前提肯定一个选言肢，结论否定其他选言肢。

例如：吴承恩的《西游记》或者是小说，或者是戏剧。

吴承恩的《西游记》是小说，

所以吴承恩的《西游记》不是戏剧。

②否定肯定式：小前提否定除了一个选言肢以外的其他各个选言肢，结论肯定剩下的那个选言肢。

例如：李白或者是清代的小说家，或者是宋代的词人，或者是唐代的诗人。

李白不是清代的小说家，不是宋代的词人，

所以，李白是唐代的诗人。

规则：①肯定一个选言肢，就要否定其余的选言肢。

②否定一部分选言肢，就要肯定剩下的一个选言肢。

2.相容的选言推理——以相容选言判断为大前提的选言推理。由于选言肢是相容的，肯定其中一个或几个选言肢，不能随之否定其他选言肢，因此，相容的选言推理只有一种正确形式：否定肯定式：

例如：丁伟这次作文没有写好，或者是由于缺乏必要的生活经验，无内容可写，或者是由于表达能力差，或者是由于写作态度不认真。

丁伟这次作文没写好，不是由于缺乏必要的生活经验无内容可写，不是由于表达能力差。

所以丁伟这次作文没写好是由于写作态度不认真。

相容的选言推理的规则

①否定一部分选言肢，就肯定另一部分选言肢。

②肯定部分选言肢，却不能否定另一部分选言肢。

定西地区卫生学校

周次：　　　　教案首页　　　　编号：

课程名称			教研组长	[illegible]	
班　　次			任课教师		
课　　型		教学方法		计划学时	
		授课时间	年　月　日　节次		

教学目的

崇高的理想

一、通过本文的学习，认识理想的社会性和阶级性，帮助学生树立崇高的共产主义理想。

二、学习正反论述和围绕中心多层次论述的论证方法。

授课内容

题解：本文选自《理想，情操，精神生活》，是陶铸同志一九六〇年六月对华南师范学院和暨南大学学生讲话的第一部分。当时，我国国民经济正遭受严重的挫折。作为广东省委第一书记的陶铸同志，为了帮助青年学生树雄心，立壮志，坚定不移地朝着共产主义大方向前进，特作了这次讲话。

本题"崇高的理想"，就是崇高的伟大的共产主义理想的简写。崇高的共产主义理想，就是陶铸同志希望青年们所树立的理想，也是他为之奋斗一生的理想。为了实现这个崇高的理想，陶铸同志艰苦奋斗数十年，为党和人民做了大量的工作，对革命作出了重大的贡献，深得党和人民的信任。可是，林彪、四

备注

人帮"出于他们篡党夺权的反革命野心，竟然在一九六七年一月，采取突然袭击的卑鄙手段，对陶铸同志进行了无耻的诬蔑和残酷的迫害。陶铸同志在一九六二年出版的《理想，情操，精神生活》一书，也受到了反动文痞姚文元的恶毒攻击和诬蔑。一九六九年十一月三十日陶铸同志含冤去世。粉碎"四人帮"后，党和群众对陶铸同志作了公正的高度评价。他的《理想，情操，精神生活》一书，也由中国青年出版社再版，再次受到了广大读者的热烈欢迎。

课文分析：

这篇课文以严密的逻辑，雄辩的事实，论述了为人民服务，为实现共产主义而奋斗是我们最崇高最伟大的理想，而且这个理想是完全可以实现的。号召青年人都要树立这个崇高的理想，把自己最好的年华贡献给崇高的伟大的共产主义事业。

本文的中心论点是，为人民服务，为实现共产主义而奋斗是我们最崇高最伟大的理想。围绕这一中心论点，作者提出了四个分论点，并通过四个分论点的论述，突出了中心。

第一个分论点是，不同的时代，不同的人都有自己的理想。

对这个分论点，作者是从解放前后正反两方面举出实例来加以论证的。解放前，从反面说，多数学生和教师把"出人头地"、"显亲扬名"、"求得更高的名誉和地位"作为自己的理想。从正面说，"也有一部分学生和教师，把推翻反动派的统治，建立一个富强独立的新中国，以至于实现共产主义作为自己的理想的"。解放后，从正面说，大多数学生和教师，把为人民服务，实现共产主义作为自己最崇高理想。同时，明确指出："这正是我们这个时代，这个社会的特征"。从反面说，少数人把个人的安逸，享受作为自己的"理想"。还有一些人好象是没有理想，其实仍旧是有理想的。一种人是"憧憬过去"派，他们的理想就是"那消逝了的过去”。另一种人是“现状维持派”，他们的理想就是“这眼前的光景”。这些人的理想，从本质上看，还是为个人打算。文章通过举例说明，有力地论证了每一个人都有他自己的理想，但不同时代，不同的人树立的理想是不同的。同时解放前后正反两方面的事例又形成了鲜明的对比，亦即解放前大多数人的理想和解放后大多数人的理想截然相反，解放前少数人的理想和解放后少数人的理想也完全不同。这样就把事物的矛盾充分揭露了出来。什么理想是崇高的、伟大的，什么理想是低级的庸俗的，也就一清二楚了。这就使人们认识到只有为人民服务、为实现共产主义而奋斗的理想，才是崇高的理想，才符合我们这个时代、这个社会的特征。由此可见，作者的举例分析，不仅使第一个分论点得到了强而有力的论证，而且从一个侧面说明了中心论点的正确性。

第二个分论点是：理想是有阶级性、社会性的，但是，无论在什么样的社会里，一个人的理想，合乎社会历史发展的规律，就是伟大的理想。

文章首先指出，“理想是有社会性、阶级性的。”为了说明这个问题，作者用阶级分析的方法，具体地以不同社会中不同阶级的不同理想为论据，归纳出了“理想是受一定的社会、阶级的限制的”结论，并分别举出实例直接证明了所得的结论。压床的事例说明，一个人的理想受阶级的限制；鲁班和无数科学家的事例说明，一个人的理想是受社会的限制。正因为这样，所以文章接着指出：“我们谈到理想问题的时候，就要分辨出什么样的社会和什么样的人，而这些人又抱有怎样的理想，然后才能做出确切的评价”。这就是说，对一个人的理想，要用辩证唯物主义和历史唯物主义的观点进行分析，才能做出确切的评价。

定西地区卫生学校

周次：　　　　教案首页　　　　编号：

课程名称	语文			教研组长	郭宏光	
班次				任课教师		
课型		教学方法			计划学时	
		授课时间	198　年　月　日			
教学目的	原毁　韩愈 本文阐述古今君子在责己和待人两方面的不同态度和表现，揭露当时社会上层分子嫉贤妒能，压抑和毁谤后进之士的恶劣作风，表明作者根除毁谤之恶风的良好愿望。学习本文，联系实际，根除毁谤恶风，树立共产主义的道德风尚。					
授课内容						
备注						

古之君子，其责己也重以周，其待人也轻以约。重以周，故不怠；轻以约，

严格而全面　宽厚而简单　怠惰

古时的有地位有学问的人，他们检查自己严格而全面，他们要求别人宽厚而简单。对自己检查严格而全面，所以自己就不会怠惰；对别人要求宽厚、简单，

故人乐为善。闻古之人有舜者，其为人也，仁义人也；求其所以为舜者，责于己曰：

愿意　做好事　探求　要求

所以别人就愿意做好事。听说古时的人里面有一个叫舜的，他的为人，是一个讲求仁义的人；探求舜这个人所以成为舜的原因，他要求自己说：

"彼，人也；予，人也；彼能是，而我乃不能是！"早夜以思，去其不如舜者，

他们　我　就　思考

他们是人，我也是人；他们能做成这些事，我就不能做成这些事吗！"早晨晚上都在思考，去掉那些不如舜的地方。

就其如舜者。闻古之人有周公者，其为人也，多才与艺人也；求其所以为周公者，

追求　象　听说　他　探求

追求那些象舜的地方。听说古时的人里面有一个叫周公的，他的为人哪，是一个多才多艺的人，探求他成为周公的原因，

责于己曰："彼，人也；予，人也；彼能是，而我乃不能是！"早夜以思，去其不如周公者，

要求　去掉

他要求自己说："他们是人，我也是人，他们能做成这些事，我就不能做成这些事吗？早晨晚上都在思考，去掉那些不如周公的地方。

就其如周公者。舜，大圣人也，后世无及焉；周公，大圣人也，后世无及焉。是人也，

没有能赶上

追求那些象周公的地方。舜是个大圣人，后世的人没有能赶上他的。周公是个大圣人，后世的人没有能赶上他的。这些人哪，

乃曰："不如舜，不如周公，吾之病也。"是不亦责于身者重以周乎！其于人也，

却　缺点　也　他们　别人

却说："赶不上舜，赶不上周公，这是我的缺点。"这不也是对自身的责备严格而全面！他们对别人呢，

曰："彼人也，能有是，是足为良人矣；能善是，是足为艺人矣。"取其一不责其二；

（良：好人　艺人：有技能的人　取：肯定　责：苛求）

说："那个人，能有这长，这是够得上好人的；能够完善地做到这种程度，这是够得上有技能的人的。"肯定别人的一种事情，就不苛求别人的第二种事情，

即其新不究其旧，恐恐然惟惧其人之不得为善之利。一善易修也，一艺易能也，

（恐恐然：提心吊胆地、小心谨慎地　善：好事　利：好处　修：做到）

依据那人的现在的表现来考核，不追究那人过去的缺点。担心，生怕别人得不到做好事的好处。一样好事容易做到，一种技能，容易学到，

其于人也，乃曰："能有是，是亦足矣。"曰："能善是，是亦足矣。"不亦待于人者轻以约乎！

他们对别人呢，却说："能够做到这样，也就足够了。"又说："能够达到这种程度，这也就足够了。"这不也是就是对待别人宽厚而简单的表现吗！

今之君子则不然，其责人也详，其待己也廉。详，故人难于为善；廉，故自取也少。

（详：详尽、全面　廉：少）

现在的有地位有学问的人就不是这样。他责备别人很全面，他要求自己却很少。所以别人就没法做到那样的好事。要求自己很少，所以自己取得进步就少。

己未有善，曰："我善是，是亦足矣。"己未有能，曰："我能是，是亦足矣。"外以欺于人，

自己没有做好事，就说："我能做到这种程度，这也就足够了。"自己没有才能，就说："我能够达到这种程度，这也就足够了。"对外，用这个来欺骗别人，

内以欺于心，未少有得而止矣，不亦待其身者已廉乎！"其于人也，曰：

（欺于心：心中自欺、即欺骗自己　已廉：过于少、已太甚）

对内，用这个来欺骗内心。没有一点收获就停止了。这不也是对他自身的要求过于少了吗！他对别人呢，说：

"彼虽能是，其人不足称也；彼虽善是，其用不足称。"举其一不计其十，究其旧不图其新，

（称：称赞　用：本领，才能。　计：考虑　图：考虑）

那人虽然能够做到这种程度，但那人的品行都不值得称赞；那人虽然能达到这种程度，但那人的才能却不值得称赞；只举出别人的一件缺坏事，却不考虑别人的十件好事，追究别人过去的缺点，不考虑人家现在的表现。

恐恐然惟惧其人之有闻也。是不亦责于人者已详乎！夫是之谓不以众人待其身，

这就叫做　对待 要求。

担心，就怕别人有了名声　这不也是要求别人过于全面了吗！　这就叫做不用一般人的标准来要求自己，

而以圣人望于人，吾未见其尊己也。

尊重 自己。

却用圣人的标准去要求别人，　我不认为他这是尊重自己

虽然，为是者有本有原，怠与忌之谓也。怠者不能修，而忌者畏人修。吾尝试之矣，

学习、修养。

造成这种情况是有根本有原因的，　就是懒惰和忌妒。　懒惰的人不能进步，　忌妒的人怕别人进步。　我曾经试验过了，

尝试语于众曰："某良士，某良士。"其应者，必其人之与也；不然，则其所疏远，不与同其利者也；

响应，附和。　党与，朋友。

曾经试着对许多人说："某人是个很好的学者，某人是个很好的学者。"　那些随声应和的，　一定是那个人的好朋友；　不同意这种看法的，　就是那个人所疏远的，　不和那个人有共同利益的人；

不然，则其畏也。不若是，强者必怒于言，懦者必怒于色矣。又尝语于众曰："某非良士，某非良士。"

不是这样的，　就是惧怕他的人。　不像这种看法的；　比他强悍的人一定从言语中表现出反对；　比他软弱的人一定从脸上流露出不高兴。　又曾对许多人曰："某人不是好人，某人不是好人"。

其不应者，必其人之与也；不然，则其所疏远，不与同其利者也；不然，则其畏也。不若是，

那些不随声应和的，　一定是那人的好朋友，　不是这样的，　就是他所疏远的，　和他没有共同利益的人；　不是这样的，　就是惧怕他的人；　不像这样，

强者说于言，懦者必说于色矣。是故事修而谤兴，德高而毁来。呜呼！士之处此世，

同"悦" 高兴。　同"悦"，高兴　治理

强悍的一定在语言上表示赞同，　懦弱的一定在脸上表示高兴。　因此，事情办成功了，诽谤就产生了；　道德高尚了，污蔑也就到来了。　唉！　读书的人处在这样的世界上，

而望名誉之光，道德之行，难已！

昭著，光大 同矣

希望名声荣誉的光大，良好的道德风尚的推行，难啊！

将有作于上者，得吾说而存之，其国家可几而理欤！

有所作为 居于上位的人，指那些大官。 留心牢记。 表接近，将近，相当于"庶几""大致""差不多"。

将要有所作为的大人物，得到我这篇议论并把它记住，那么国家就差不多可以治理好了吧！

六、课文分析：

唐中叶以后，随着朋党斗争的加剧，毁谤的风气也日益严重，象韩愈这样出身于中小地主阶级的知识分子，在政治上就经常受到排挤和打击，以他为代表的古文运动也受到许多非难。《原毁》一文的写作就是韩愈对着自己以及朋友们遭谗被毁的情况而发，因而是有现实意义的。在这篇文章里，作者站在被压抑的后进之士一边，比较了古今君子对人对己两种全然不同的态度，揭露并谴责了士大夫们厚己薄人，毁谤后进之士的不良行为和风气，指出它的危害性，推究了产生这种现象的根源，并向当时居要位而想有所作为的人，提出建议和呼吁。

这篇文章的批判对象是今之君子，也即是当时的一般贵族士大夫。文章开头却提出古之君子如何对人对己，先建立起个为人的榜样，然后以之与今之君子作对照，从而更加衬托出后者态度和行为的不堪。虽然，由于作者认识上的局限，不能从阶级关系上去分析毁谤产生的根源，而片面把它归之于怠和忌，但是作者对于惯于毁人的贵族士大夫的指斥，都是切中时弊，并且确实能够剖析到他们的内心深处。至于说到每个人要奋发上进，严格要求自己，要与人为善等，即使在今天，也有一定的借鉴意义。

本文共三段：

第一段，写古之君子的好品德，好作风和因此所产生的良好效果，并以舜和周公为例。

第二段，写今之君子的坏品质，坏作风和由此所产生的恶果。

第三段，找出"毁"的根本与源头——就是怠与忌。临末指出时弊——事修而谤兴，德高而毁来。最后点出写作的目的在于"将有作于上者，得吾说而存之，其国家可几而理欤！"

作者论说事理，逻辑性强，每段先有提纲式的语句，然后分层加以阐述，反复推论，逐层加深，终于把自己的论点和意图鲜明地指示出来。本文先写古，后写今，最后找出"毁"的根源所在，层次清楚，结构严谨。

通篇用了对比写法：古今、优缺、朋友的态度、疏远者的表现，对比鲜明，在整齐对偶之中，却又有繁简分合的变化，使文章有波澜起伏之势。

文章的语言也简洁平易，接近当时的口语。作者还运用了许多排句，使文章更富有雄辩的气势。文章先旁征博引，由分述而得出结论，最后扣题，这不仅使文章别开生面，而且收到了完美有力的效果。

定西地区卫生学校

周次：　　　　　　　　教案首页　　　　　　　　编号：

课程名称	语文		教研组长	张[illegible]	
班次			任课教师	朱训德	
课型		教学方法		计划学时	
		授课时间	198　年　月　日		

教学目的	鱼我所欲也　　孟子 了解孟子提出的"舍生取义"思想的进步性、局限性。学习比喻、对比等修辞手法。
授课内容	一、作者简介 二、思想内容和艺术特色分析 三、布置作业
备注	

鱼，我所欲也，熊掌，亦我所欲也，二者不可得兼，舍鱼而取熊掌也。生，亦我所欲也，

熊的脚掌 一种珍贵食品

鱼是我所喜爱的，熊掌也是我所喜爱的，如果这两种东西不能同时都得到的话，那么我就只好放弃鱼而选取熊掌了。生命是我所喜爱的，

义，亦我所欲也，二者不可得兼，舍生而取义者也。

大义也是我所喜爱的，如果这两样东西不能同时都具有的话，那么我就只好牺牲生命而选取大义了。

以上为第一段，以舍鱼而取熊掌为喻，引出本章的中心论点——"舍生而取义"。

生亦我所欲，所欲有甚于生者，故不为苟得也；死亦我所恶，所恶有甚于死者，故

苟且求得（生存） 意思是只为求活不择手段。

生命是我所喜爱的，但我所喜爱的还有胜过生命的东西，所以我不作苟且偷生的事；死亡是我所厌恶的，但我所厌恶的还有超过死亡的事，所以

患有所不辟也。（从正面说明为什么要"舍生"：因为有东西比生更可贵，所以不苟且偷生；因为有东西比死更可恶，所以有时不逃避杀身之祸。）

有的灾祸我不躲避

如使人之所欲莫甚于生，则凡可以得生者何不用也！使人之所恶莫甚于死者，

如果，假使　那么凡是　什么手段不可用呢！

如果人们所喜爱的东西没有超过生命的，那么凡是能够用来求得生存的手段，那一样不可以采用呢？如果使人所厌恶的事情没有超过死亡的，

则凡可以辟患者何不为也！由是则生而有不用也；由是则可以辟患而有不为也。

那么凡是能够用来逃避灾祸的坏事，那一样不可以干呢？采用某种手段就能够活命，可是有的人却不肯采用；采用某种办法就能够躲避灾祸，可是有的人也不肯采用。

是故所欲有甚于生者，所恶有甚于死者。非独贤者有是心也，人皆有之，贤者能

由此可见，他们所喜爱的有比生命更宝贵的东西（那就是"义"）；他们所厌恶的，有比死亡更严重的事（那就是不"义"）。不仅贤人有这种想法（大义比生命更可贵，不义比死亡更可恶。）人人都有，不过贤者能够

勿丧耳。（用事实证明确实有比生更可贵的东西，那就是义；确实有比死更可恶的东西，那就是不义。）一箪食，一豆羹，得之则生，

丧失 不丧失罢了。

dān 古代盛饭的竹器 古代盛肉的器皿 一小筐饭，一盘羹汤，吃了就能活下去

弗得则死。呼尔而与之，行道之人弗受；蹴尔而与之，乞人不屑也。用类似"不食嗟来之食"的故事，说明为人要辨义和利，不应苟且偷生。

（轻蔑地）呼喝着给他（吃）尔，助词。（cù）践踏　认为不值得，不愿接受。

不吃就会饿死。可是轻蔑地呵叱着给别人吃，过路的饥民也不肯接受；用脚踢着（或踩过）给别人吃，乞丐也不屑捡起来。

这段用人述之层意思，阐述"义重于生"，所以要"舍生而取义"的道理。

万钟（很厚的俸禄。钟，古代的量器，六斛四斗为一钟）则不辨礼义而受之，万钟于我何加（（有）什么益处）焉！

（可是有的人）对于"万钟"的优厚俸禄却不辨是否合乎礼义就接受了，这样，优厚的俸禄对我有什么好处呢？

为宫室之美，妻妾之奉，所识穷乏者得我（感激我的恩德。得，通"德"，感恩的意思。）与欤？向为身死而不受

是为了住宅的华丽、大小老婆的侍奉，和熟识的穷人感激我吗？先前（有人）宁肯死也不愿接受，

今为宫室之美为之；向为身死而不受，今为妻妾之奉为之；向为身死而不受，

现在（有人）为了住宅的华丽却接受了；先前（有人）宁肯死也不愿接受，现在为了（有人）为了让大小老婆的侍奉却接受了；先前（有人）宁肯死也不愿接受。

今为所识穷乏者得我而为之：是亦不可以已乎？此之为失其本心。

现在（有人）为了熟识的穷人感激自己却接受了。这种做法不是可以让它停止了（吗）？这就叫做丧失了人所固有的羞恶廉耻之心。

第二段，剖析王侯贵族和追求功名利禄的士人不义而贵，他们不辨礼义，享受优厚的俸禄，养尊处优，过着骄奢淫逸的生活。

补充注释：

〔嗟来之食〕见《礼记·檀弓下》："齐大饥，黔敖为食于路，以待饿者而食之。有饿者，蒙袂（袖子）（mèi）辑屦（jù 古代用麻葛等制成的鞋。）贸贸然来，黔敖（áo）左奉食，右执饮，曰：'嗟！来食！'扬其目而视之曰：'予唯不食嗟来之食，以至于斯也。'从而谢焉，终不食而死。""呼尔而与之"与"嗟来之食"相类似。

〔向为身死而不受〕过去（有人）宁肯死也不愿接受。向，从前，往昔。

本文旨在阐明义重于利、义重于生和不义可耻的观点；劝人做人要辨别义和利，要有"舍生取义"的精神。

全章可分三段。

第一段（从"鱼，我所欲也"至"舍生而取义者也"。）以"舍鱼而取熊掌"为喻，引出本章的中心论点——"舍生而取义"。

第二段（从"生亦我所欲"至"乞人不屑也"。）阐述"义重于生"，所以要"舍生而取义"的道理。全段有三层意思：

（一）从"生亦我所欲"到"故患有所不避也"，从正面说明为什么要"舍生"：因为有东西比生更可贵，所以不苟且偷生，因为有东西比死更可恶，所以有时不躲避杀身之祸。

（二）从"如使人之所欲莫甚于生"到"贤者能勿丧耳"，用事实证明确实有比生更可贵的东西，那就是义；确实有比死更可恶的东西，就那就是不义。孟子先以假设的方式说明，如果认为没有什么比生更可贵，那么人们就会千方百计，不择手段地去苟且偷生；如果认为没有什么比死更可恶，那么人们就会挖空心思、寻找各种门路去临难苟免。这里表面上是假设语气，实际上是说确实有这样的人。下面语气一转，介绍了另外一种人：他们本来可以通过某种门路避免死，可是他们不愿那样做，这是为什么？就因为有比生更可贵的东西，有比死更可恶的东西。那就是：义比生更可贵，不义比死更可恶。这一层对比了两种生死观，批判了那种不择手段苟且偷生和临难苟免的人；赞扬了那种重义轻生舍生取义的义。孟子又从"性善说"出发，认为人人本来都有重义轻生这种想法，但只有贤者能够保持，而一般人则容易丧失。

（三）从"一箪食"到"乞人不屑也"，用类似"不食嗟来之食"的故事，说明为人要辨别义和利，不应苟且偷生。对于带侮辱性的"施舍"，连饥饿的过路人和乞丐都不屑于接受，有修养的人就更应该如此。

这段用这三层意思，有力地阐明了义重于生，所以要舍生取义的道理。

第三段（从"万钟则不辨礼义而受之"到"此之谓失其本心"。）直斥失侯贵族和追求功名利禄的士人不义而贵。他们不辨礼义，享受优厚的俸禄，养尊处优，过着骄奢淫逸的生活。文中所说"宫室之美，妻妾之奉，所识穷乏者得我"都是身外之物，和人的生命相比，实在不足道。这些人就是为了这些身外之物，竟不管是否合乎礼义的原则，接受了优厚的俸禄。他们和过去那种宁可饿死，也不愿接受"嗟来之食"的人相比，该是多么可耻可鄙啊！所以孟子要质问他们："是亦不可以已乎？"最后并指出：他们这样做就叫做失掉了人所固有的羞恶廉耻之心。孟子把羞恶之心和同情之心、推让之心、是非之心并列，认为这四种心理状态是"仁、义、礼、智"四种道德的开端，是人人生而具有的。孟子认为："羞恶之心，义之端也"失去了羞恶之心，就是不辨礼义。

《鱼我所欲也》一章，全文阐明了义重于生，所以要"舍生取义"的道理。孟子认为，如果把生命看得比义更重要，就会做出不义的坏事来。他对比了两种生死观，表扬了那些重义轻生，舍生取义的人；斥责了那些苟且偷生，贪图享受，为利忘义的人。

本文论证严密。首段用"舍鱼而取熊掌"为喻，提出了"舍生取义"的中心论点。第二段分三层论证这个论点：（一）从正面说明为什么要"舍生"：因为有的东西比生更可贵；有的东西比死更可恶。（二）用事实证明义比生更可贵；不义比死更可恶，并批评苟且偷生的人。（三）引用类似"不食嗟来之食"的故事，进一步证明义重于生，因而不可苟且偷生，而要舍生取义。末段直斥失侯贵族和追求功名利禄之士不辨礼义，为利忘义，不义而贵，与"舍生取义"的精神背道而驰。

本文运用了多种修辞手法，如比喻、对比、排比等等。

先说比喻。"舍鱼而取熊掌"是一个巧妙而贴切的比喻,它恰当地说明了人们在所喜爱的两件事物不能同时并有的情况下,就必须择优而取。这不仅十分自然地提出了"舍生取义"的论点,而且还初步进行了论证。"一箪食,一豆羹"也是一个恰当的比喻。它从饮食对饥者重要性说明到类似"不食嗟来之食"的故事。有力地说明了义重于生,突出了主题。

再说对比。孟子把生和义对比;把死和不义对比,从而说明义比生更可贵;不义比死更可恶。又把苟且偷生、临难苟免的人和重义轻生、舍生取义的对比,对前者表示否定,对后者表示肯定。又把"不食嗟来之食"和"万钟则不辩礼义而受之"对比,表现了对不义而贵的王侯贵族的斥责,对重义轻生、舍生取义者的赞扬,也起到了突出中心思想的作用。

至于排比,通篇皆是。这些排句,既有助于逐层深入地阐明道理,又能增强文章的气势和论辩力量。这一特点使本文充分体现了孟文气势充沛、感情强烈、笔墨酣畅的风格。

作者介绍:

孟子(约前372—前289)名轲,字子舆,战国邹(今山东邹县东南)人,是当时著名的思想家、政治家、教育家。据《史记·孟子荀卿列传》说,他是子思(孔子孙,名伋)的再传弟子。曾游说齐、宋、滕、魏等国。当时"天下方务于合从连横,以攻伐为贤",孟子却说"唐、虞、三代之德",被诸侯认为迂阔,远离实际,不被采纳。因此,孟子退而与万章之徒序《诗》《书》,述仲尼之意,作《孟子》七篇。

《孟子》是儒家的经典之一,是孟子和他的弟子合著的。一说是孟子的弟子和再传弟子记录的。《孟子书》一书全面反映了孟子的思想。孟子是继孔子之后的一个最大的儒学大师,后世将他和孔子并称。他的思想体系的主要部分是"仁义",它的理论基础和重要内容是"民本思想"。

定西地区卫生学校

第　　周　　　　教案首页　　　　编号：

课程名称	语文		教研组长	[illegible]	
班　次			任课教师	朱训德	
课　型	讲授	教学方法		计划学时	
		授课时间	198　年　月　日		

教学目的

为了六十一个阶级弟兄

通过本文教学，使学生了解并学习在平陆事件中我国人民所表现的阶级友爱精神和高尚的共产主义风格。

学习按照中心思想的要求，选择和安排材料的写作方法。

授课内容

一、朗读课文，熟悉课文内容

二、思想内容分析

三、写作特点分析

四、布置作业

备注：

平陆事件经过的时间不长，前后大约只有三十个小时，但涉及到的人和事很多，文章内容复杂，头绪繁多，由于作者对材料作了很好的组织安排，所以，仍然是眉目清楚、条理分明、重点突出。

作者以送药救人为线索，以时间的推移和地点的转移为顺序来安排和组织材料的。全文共十一节，可分为五个部分。

结构

第一部分，即第一节，时间是二月三日下午四点，地点是北京王府井大街上的特种药品商店的经营部，主要内容是叙述商店在接到长途电话前后的情景。这一部分是倒叙。

第二部分，第二、三节，时间是从二月二日夜晚到二月三日下午，地点是在平陆县，主要内容是叙述民工中毒和平陆县组织人员全力抢救的经过，交代了必须"向首都求援"的原因。从第二节开始到全文结束，是顺叙。第二节中交代六十一个筑路民工情况的一段文字，是插叙，或叫补叙。

第三部分，第四、五、六节，时间是二月三日下午四点多到七点，地点是北京，主要叙述卫生部、空军部队、特药商店和五洲电料行的领导和职工为空运药品作好一切准备的经过。这一部分写得既精练，又突出了中心思想。

第四部分，第七、八、九、十节，时间是晚上七点半以后至十一点左右，地点是从北京到平陆，主要叙述运送药品的经过。

第五部分，即第十一节，时间是二月三日深夜，地点是平陆县张村公社医院，主要写神药送到，民工得救。

主题

这篇文章通过描写平陆事件的经过，表现了我国人民伟大的阶级友爱精神和高尚的共产主义风格，歌颂了党对人民的关怀和社会主义制度的优越性。

这篇文章在写作方面有许多值得学习的地方。

一、高妙的落笔：本文采用倒叙的写法。这样写的好处是：文章一开头就紧紧攫住了读者的心，使读者急切地想读下去，增强文章的感染力。

二、新巧的结构：本文是以时间的推移和地点的转换为顺序组织材料的。采用这种写法，可以将头绪纷繁、错综复杂的事情写得眉目清楚，有条不紊。

三、鲜明的形象：文章描写人物的笔墨并不多，有的只有一两句话，或一个动作。由于作者抓住了人物特点，所以都写得栩栩如生，给人以深刻的印象。

艺术特点

四、深刻的议论：本文有许多议论就写得很好，这些议论的共同作用是揭示事件的思想意义，揭示文章的主题，增强文章的感染力。

五、恰当的剪裁：本文详略得当，剪裁恰到好处，突出了文章的中心思想。

总之，本文采用了种种艺术表现手法，将平陆事件一个个动人的场面，一个个鲜明的人物形象展现在我们眼前，使我们受到了教育、感动和鼓舞。这是一篇优秀的通讯。

定西地区卫生学校

周次：　　　　　　　　　　教案首页　　　　　　　　　　编号：

课程名称	语文		教研组长	[illegible]	
班　次			任课教师	朱训德	
课　型		教学方法		计划学时	
		授课时间	198　年　月　日		
教学目的	眼睛与仿生学 通过本文学习，使学生认识视觉仿生学对于发展现代科学技术的重大意义。 学习抓住事物的不同特征作简要说明的写作方法。				
授课内容	一、朗读课文，熟悉课文内容 二、思想内容和写作特点分析 三、布置练习				
备注					

这是一篇介绍新兴的边缘科学——视觉仿生学的说明文，着重说明怎样仿照人和动物的眼睛的构造和功能，制造性能良好的仪器和机器，使人认识研究视觉仿生学对于发展现代科学技术的重大意义。全文可分为三个部分：

第一部分（前三自然段）总的说明研究人和动物眼睛的构造和功能对于发展现代科学技术的重大意义。

文章是从说明眼睛在人和动物本身的重要性开始的，这样一开头就提示了视觉仿生学的重要性。开头用一个判断句，首先肯定眼睛是人和动物的重要感觉器官。接着用一个递进句式"不仅……而且……"强调人眼从外界获得信息比其它感觉器官多得多。然后用具体数字证明眼睛是人和动物的重要感觉器官。

为什么眼睛的作用这样大呢？这是眼睛的功能决定的。"眼睛的基本功能是感受光的刺激，识别图象"。这是概括说明。关于怎样感受光的刺激，识别图象，需要详细说明。文章在这里没有另作领提领，只在"图像"后加了个冒号，就直接按其顺序予以说明：第一，从外界来的光线，通过眼的光学系统投射到视网膜的感觉细胞上；第二，感觉细胞把光的刺激转换成一种电信号；第三，再将这电信号通过视神经传到大脑；第四，再经过脑的综合分析，人和动物便能看到景物的形象、色彩和运动的状况。这里的冒号含有加注的性质。这样的写法，使读者一下就了解了这种功能的具体内容，简要明确，符合科技文章的基本要求。

第二部分（第四至第十六自然段）说明人和几种动物眼睛的不同构造和功能，仿其人和几种动物的眼睛制造的不同性能的仪器和机器。这一部分再分四层：

第一层（第四、五两自然段）说明人眼的信息加工的原理和特征。

第四段用比较的方法，指出人眼和照相机的异同，着重说明人眼对信息加工的原理及其所产生价值。

第五段重点说明根据人眼能对比景物的特点，制造了"人造眼"。这种技术的进一步完善，将可用以控制宇宙飞船和无人驾驶探险车。这段说明，行文极为严谨，用词十分准确。

第二层（第六、七、八三自然段）说明蛙眼的机能特性及其在技术，特别是在军事技术上的应用。

第六段简要说明蛙眼机能的优异：借以敏捷的动作，准确地捕食。

第七段指出蛙眼的机能特性及其形成，和蛙借此生存的年代之久，以证明这种机能的作用之大。

第八段进一步说明了蛙眼的机能特性及其在军事上的应用。首先直接说明了蛙眼的机能特性，并指出这种机能用在技术特别是军事技术上可起重大作用，为下文提供根据。接着说明根据蛙眼的视觉原理可以制成多种"电子蛙眼"，并举出一种"电子蛙眼"，说明它和真蛙眼一样，有识别图象的能力，可供雷达系统的需要。然后指出这种"电子蛙眼"改进后用在雷达系统中，能提高雷达系统的抗干扰能力而识别真假导弹。最后举出国外在这方面的成就为前面的说明提供事实根据。层次极为清晰，联系非常紧密。

第三层（第九自然段）说明鹰眼的功能和研制"电子鹰眼"、"鹰眼系统"。先以飞行员的眼睛与鹰眼比较，说明鹰眼有视野广阔、视敏度的功能。再指出根据鹰眼这样的功能特点，研制出"电子鹰眼"、"鹰眼系统"，也会有很强的功能。这是用一个表示条件关系的假设句式"如果……就……"说明的。这里说明的是尚待研制的问题，是根据鹰眼的功能来拟制"电子鹰眼"、"鹰眼系统"的原理推理,因而只有用这种句式,才显得准确严谨。

第四层(第十至十四自然段)说明复眼的结构和功能与仿其制造的仪器和机器。

第十段说明复眼的构造和功能。复眼,这是别具一格的一种眼睛,跟人和其它各类动物的眼睛有显著的区别,对此特先指出,以显示其特殊。接着以蜻蜓的眼睛为例并和人眼比较,说明这种眼睛的具体构造和功能:第一,没有眼球,不能转动,第二表面为比较硬的半透明角膜;第三,一只大眼睛由许多表面是六角形的"小眼"构成,各"小眼"自成体系,都能看东西。因其由许多"小眼"构成,故名复眼。这是一个科学的定义。定义是对事物本质特点的概括。凡符合这一定义的动物眼睛,都是复眼,虾、蟹、蚊、蝇等节肢动物的眼睛,都符合这个定义。末了"复眼构造的精巧……"两句,指出复眼为人眼所不及之处和对人的启示。

第十一段说明象鼻虫眼睛的构造和功能及仿其制造的仪器。这种复眼的功能特点是能计算速度,人们仿此原理研制成了"地速计"。

第十二段说明偏振光的形成和蜜蜂、蚂蚁和某些甲虫能借太阳的偏振光导航,确定行动的方向。

第十三段说明蜜蜂的复眼能看到太阳偏振光的偏振方向,借以辨别太阳的方位,确定自身的运动方向,准确无误地找到蜜源和回巢。人们按照蜜蜂复眼的结构特点和工作原理,制成"偏光天文罗盘",用来在看不见太阳的时候和高纬度地区航海中,不致迷失方向。

第十四段说明蜻蜓和苍蝇等的复眼,有一种奇特成像特点,人们仿此制成"复眼照相机"一次能照出千百张相同的像,已经用于印刷制版和大量复制大规模集成电路中精细的显微电路，大大提高了工效和质量。

第三部分（最后两段）说明什么是仿生学，并指出视觉仿生学的重大意义。

本文在写法上有如下的特点：

1.抓住事物的不同特征，作简要明确的介绍。如写人的眼睛时，和照像机相比，抓住了信息加工的特征；写蛙眼时抓住对运动物体"明察秋毫"的特征；写鹰眼时抓住视野广阔的特征等等。正因为采用了这种写法，所以在一篇短文里，将视觉仿生学的基本情况介绍了出来，使人对这门科学有了初步了解。

2.根据事物的不同情况，准确恰当地进行说明。视觉仿生学中有许多研究课题，每个课题研究的情况不同。对这些不同情况，都进行了准确恰当的说明，使读者对视觉仿生学的现状，有个全面正确的了解。知道在这门科学众多的研究课题中，所取得的成果是不同的，有的已用仿生原理改进或制造出了仪器或机器，有的只得到某种启示，如实地反映了事物的原貌，也正是科学态度的一种表现。

定西地区卫生学校课时计划

编号： 首 页

科 目	语 文	授课教师：	朱训德
班 次			
日期、节次			
课 题	问说 刘开		
教学目的、要求	《问说》是一篇讲解学习态度的文章。通过本文的学习，使学生认识勤学好问的重要意义，从而树立良好的学风，为四化建设服务。学习论说文的写作方法。		
基本内容			
重点、难点			
教具			
教研组长审查意见	签字：1987年9月15日		
课后回忆			

一、作者简介

刘开（公元1784—1824），字明东，一字孟涂，清代桐城（今安徽桐城县）人。著有《孟涂文集》、《孟涂遗诗》，系桐城派古文家。

二、串讲分析：

君子之学必好问。（有学问的人在学习的时候必然要提出问题向别人请教。）问与学，相辅而行者也；非学无以致疑，非问无以

君子：有学问的人。 必：必然 相辅：互相辅助 行：进行 促进。 致疑：致力研究弄明白疑难问题

广识（提问与学习，是互相辅助促进的；除非学习是不能致力研究弄明白疑难问题，除非提问请教别人是不能增加知识的。）好学而不勤问，非真能好学者也。（爱好学习而不勤于提出问题，不是真正能够学习得好的。）

广识：增加知识，

理明矣，而或不达于事；识其大矣，而或不知其细；舍问，其奚决焉？（道理明白了，而不能用于实践，虽然在大的道理上懂得了而或许会对具体的详细情况还不了解，离开勤问那问题怎么能解决呢？）

不达于事：指不能用于实践使理论和实际结合。 奚：何，怎么。决：解决。焉：呢。怎么能解决呢？

贤于己者，问焉以破其疑，所谓就有道而正也。（比自己知识高的人，勤问可以解除疑难，这就叫到有学问的人那里去判定是非，纠正谬误。）

焉：代词相当于"之" 破：破除 就有道而正：到有学问的人那里去判定是非，纠正谬误

不如己者，问焉以求一得，所谓以能问于不能，以多问于寡也。（比自己知识少的人，勤问可以得到一类收获或教益，这就叫做有才能的人向没有才能的人学问与品德多而高的人向学问与品德少而低的人。）

一得：得到某一收获或教益 能：指才能 多：指学问与品德多而高。 寡：指学问与品德少而低。

等于己者，问焉以资切磋，所谓交相问难，审问而明辨之也。（知识和自己一样多的人，勤问可以共同研究，这叫做对于疑义互相讨论分析和辨论通过详尽的询问而明辨是非缘由。）

以资：借以。"切磋"本义是指骨角玉石加工成器物，引申为学问上的商讨研究。这指"借以共同研究"。磋（cuō） 交相问难：对于疑义互相讨论分析或辩论难（nàn） 审：详细，详尽的询问难而明辨是非缘由

《书》不云乎："好问则裕。"（《书经》上不是这样说吗："好问就能使知识广博丰富。）孟子论求放心，而并称曰："学问

《书》：指《书经》，即《尚书》。 裕：丰富。好问就能使知识广博丰富。 求放心：语出《孟子·告子上》意思是收回自己放纵散漫的心。

之道"，学即徒以问也。（《孟子》谈论收回自己放纵散漫的心，还并称为"做学问的道理"在学习的时候，接着就要勤问啊。）

子思言尊德性，而归于"道

语出《中庸》意思是培养高尚的道德品质，必须从好问勤学入手。这里的"尊"和"道"都作动词，"尊"有重视、培养之意；"道"经由，从。子思，名伋（jí），孔子的孙子。相传《中庸》是他的著作。

问学"，问且先于学也。（子思谈培养高尚的道德品质，必须从好问勤学入手，好问先于勤学啊。）

古之人，虚中乐善，不择事而问焉，不择人而问焉，取其有益于身而已。（古代的人，

虚中乐善：虚心采纳善言善事。中，内心。"虚"和"乐"都作动词。

不择事而问焉：意思是任何不明白的事都可以问（不作挑选）。

虚心采纳善言善事，只要不管什么事和什么人，自己不明白都可以问，只要选取于自己有裨益罢了。

是故狂夫之言，圣人择之，刍荛之微，先民询之。（因此疯狂人说的话，圣人都有所选择的听究；樵夫卑下，古代先王则询问他。）

狂夫之言，圣人择之：语出《史记·淮阴侯列传》。圣人，或指孔子。《论语·微子》中有"楚狂接舆歌而过孔子"的记载。孔子下车想要同他谈话，他"趋而辟（避）之"。

刍荛之微：刍（chú）荛（ráo），语出《诗经·大雅·板》。刍，割草；荛，砍柴。此处"刍荛"作名词，指樵夫。先民，指古圣先王。

舜以天子而询于匹夫，以大知而察及迩言，非苟为谦，诚取善之弘也。

舜以天子的身份问平民讨教，以大智之人的身份而去考察听取浅近的言论。据《史记·五帝本纪》记载，舜曾设立"纳言"的官职以听取民意。匹夫，多指男性平民。"知"通"智"。迩言，浅近的话。

非苟为谦，诚取善之弘也：不是聊作谦虚，实在是要广泛地学习别人的长处啊。弘，广大。

（舜以天子的身份向平民讨教，以大智之人的身份去考察听取浅近的言论，不是聊作谦虚，实在是要广泛地学习别人的长处啊。）

三代而下，有学而无问。（自三代以来，虽有勤学而好问的风气淡薄了）

三代：指夏、商、周三个朝代。

朋友之交，至于劝善规过足矣；其以义理相咨访，孜孜焉惟进修是急，未之见

劝善规过：规劝行好事而不行坏事。

以义理相咨访：能在大的义理是非方面互相请教。咨，询问。访，访问。

孜孜焉：勤勉不倦的样子。焉，语气词表停顿。

惟进修是急：只是以进德修业为急务。系"惟急进修"的倒装句；"是"用在前置宾语（进修）与谓语之间，表示强调，不可译出。

未之见：不多见。系"未见之"的倒装。文言中否定句宾语为代词者（此句"之"），常用倒装。

也，况流俗乎？（普通朋友间的交往，懂得规劝行好事而不行坏事就行了；至于能在大的义理是非方面，勤勉不倦，以进德修业为急务的人，是不多见的，何况世俗一般的人。）

流俗：指世俗之人。

是己而非人，俗之同病。（以自己为是，以别人为非，是一般人共同的毛病。）

是己而非人：以自己为是，以别人为非。

学有未达，强以为知；理有未安，妄以臆度（学问还没有通达，就勉强地认为自己都知道通晓了。所持的道理并不完善妥切，就胡乱地凭主观猜度（duó）。）

学有未达，强以为知：学问还没有通达，就勉强地以为自己都知道通晓了；强（qiǎng）

未安：完善妥切

妄：胡乱

臆度：主观估计

如是，则终身几无可问之事。（如果这样的话，那一辈子几乎就没有什么可问的事。）贤于己者，忌之而不愿问焉；不如己者，轻之而不屑问焉；等于己者，狎之而不甘问焉。（比自己知识多的人，嫉妒不愿意问；比自己知识少的人，轻视不值得问；和自己知识一样多的人，随便怕羞而不甘心问）

屑（xiè）不值得。

狎（xiá）亲近而不庄重

如是，则天下几无可问之人。（如果这样的话，那世界上几乎就没有可问的人。）

人不足服矣，事无可疑矣，此唯师心自用耳。（人没有自己可佩服的，事情没有自己可疑问的，这只是自以为是罢了。）

这只是自以为是罢了。师心，以己心为师。原意为心领神会，后来转用为固执己见，盲目自信，自以为是为"师心自用"。

夫自用，其小者也。自知其陋而谨护其失，宁使学终不进，不欲虚以下人，此为害于心术者大，而蹈之者常十之八九。（师心自用，这是小的见识。自己知道不好而严密地掩盖着自己的过错，既使学终究得不到长进，不愿虚心地把自己放在别人之下，这有害于人的思想品德，但陷入这种境地的常是绝大多数人。）

谨护其失：严密地掩盖着自己的过错

虚以下人：虚心地把自己放在别人之下。下，作动词。此处指放下架子向比自己地位低的人请教学问

心术：指人的思想品德

蹈之：陷入此种境地（指"不欲虚以下人"等）

不然，则所问非所学焉：询天下之异文鄙事以快言论；甚且心之所已明者，问之人以试其能；事之至难解者，问之人以穷其短。（不然的话，提的问题并不是自己所学的东西；询问世界上奇字僻典和琐细无聊之事作为闲谈的材料取乐消遣；甚至把思想上已明白的问题，问之于人以试探其才能；对于那些非常难以解答的问事情，问之于人以此来追寻和显露别人的短处。）

异文鄙事：指奇字僻典和琐细无聊之事。

以快言论：指拿这些事（异文鄙事）作为闲谈的材料取乐消遣。

问之人：问之于人

以穷其短：以此来追寻和显露别人的短处。穷，寻求到尽头。

而非是者，虽有切于身心性命之事，可以收取善之益，求一虚己焉而不可得也。（而不是这样（上面所说情况）的话，虽然有关于切身性命的大事可以收到获取教益的好处，要放下架子虚心下问则是办不到的。）

收取善之益：收到获取教益的好处。

虚己：指放下架子，虚心下问。

嗟乎！学之所以不能几乎古者，非此之由乎！（唉！学习之所以不能接近古人的水平，不是这个原因吗！）

几乎古者：接近古人（的水平）

且夫不好问者，由心不能虚也；心之不虚，由好学之不诚也。（而且，不好问的人，由于思想不虚心，不谦虚，不谦虚，由于学习不诚心啊。）

而且。"夫"为语气助词，可不译。

由：由于

亦非不潜心专力之故，其学非古人之学，其好亦非古人之好也。（也不是不专心用功的缘故。学习不是象古人那样的学，好问也不是象古人那样好问啊。）

潜心：专心用功。潜心，用心专而深。

不能问宜也。（不能做到虚心好问是该当的了。）

宜：应该，当然。

智者千虑，必有一失。（聪明的人在多次的思考中，难免有失算错误的一次。）

千虑：思虑谋划。

圣人所不知，未必不为愚人所知也。（有才能智慧的人所不知道的事情，不一定一般愚笨的人就不知道啊！）愚人之所能，未必非圣人之所不能也。（愚笨的人所能办到的事情，不一定有才干的智能的人真就办不到）

理无专在，而学无止境也。（真理不是由某一个人所独占，而学习是没有止境的呀！）

理无专在：意思是真理不是固定由某人所独占。

然则问可少耶？《周礼》："外朝以询万民"。（但是只要勤学好问，问题总是可以减少的。《周礼》上说："古代的帝王有时也到朝外去征求意见。"）

语见《周礼》的《小司寇》，是说古代帝王有时也到朝外去征求意见。外朝，指朝廷以外的地方。

国之政事，尚问及庶人；是故贵可以问贱，贤可以问不肖，而老可以问幼，唯道之所成而已矣。（国家的政治大事，尚且可以问到老百姓，因此高贵的人可以问低贱的人，贤能的人可以问不贤能的人，而且老年老的可以问年幼的，只要道德学问有所成就就是了。）

庶人：老百姓

不肖：肖（xiào）原意是儿子不象父亲。一般称不贤为不肖。

唯道之所成：只要道德学问有所成就。

孔文子不耻下问，夫子贤之。（孔文子不怕羞耻，虚心的向比自己低下的学习，孔夫子称赞他。）

孔文子：春秋时卫国的大夫孔圉（yǔ），孔子称赞他"敏而好学，不耻下问"。

夫子：对孔夫子的敬称。

古人以问为美德，而并不见其可耻也，后之君子反争以问为耻。（古人以好问为优美德，而并看不到有什么可耻的地方，后来的读书人却反而以好问为耻。）

然则古人所深耻者，后世且行之而不以为耻者多矣，悲夫！（然而古人认为是很大耻辱的事，后世的人们实行它而不以为耻的情况是很多的，这是可悲的啊！）

定西地区卫生学校课时计划

编号：　　　　　　　　　　　　　　　　　　　　　首　页

科　　目	语　文	授课教师：	祁宏志
班　　次			
日期、节次			
课　　题	第八单元　　廉颇蔺相如列传　　司马迁		
教学目的、要求	本文通过完璧归赵、渑池之会和廉蔺交欢的故事，赞扬了廉颇顾全大局、蔺相如勇于改过的精神，这种精神在今天仍可借鉴，有其一定的现实意义。学习本文通过语言动作刻画人物性格，剪裁详略得当的写作方法。		
基本内容			
重点、难点			
教具			
教研组长审查意见	签字：　　1987 年 3 月 10 日		
课后回忆			

一、《史记》是我国第一部纪传体的通史。它记载和概括了从黄帝到汉武帝时代的大约三千年的历史。分为十二本纪、十表、八书、三十世家、七十列传，共一百三十篇，计五十二万余字。

本文节选自《史记·廉颇蔺相如列传》。

战国末期，秦国已很强盛，它对东方六国采取远交近攻、各个击破的策略，首先进攻逼近秦地的魏国。到秦惠文王十年（前328）魏国的黄河西岸之地都被秦国占领，于是秦国主力出函谷关攻打韩国。到秦昭襄王十四年，大破韩、魏兵于伊阙（今河南洛阳的龙门山）韩、魏大为削弱。此后，秦的主力就南向击楚。秦昭襄王二十七年（前280）秦攻楚，取楚上庸（今湖北房县、竹山等地）以及汉水北岸的大片地。秦昭襄王二十九年（前278）白起攻破楚都郢（今湖北江陵县西北）楚顷襄王迁都到陈（今河南淮阳）躲避。楚既破败，秦就转移主力进攻北方的强国赵国。秦昭襄王三十七年（前270）秦攻韩，被赵将赵奢大破于阏与（今山西和顺县西北。直到秦昭襄王四十七年（前260）长平（今山西高平）之战，赵孝成王用赵括为将，才招致大败，前后死亡四十五万人，受到很大的损失。

渑池之会在赵惠文王二十年，即秦昭襄王二十八年（前279）从以上所述的情况形势看来，在蔺相如完璧归赵和渑池之会的时候，正是秦国以全力进攻楚国的时候，楚国是秦国的近邻大敌，秦不能放松，而赵国本身还相当强。这个历史条件就使蔺相如在与秦昭襄王的斗争中有了成功的可能。

二、课文分析：

本文分为四段。

第一段（开头至"宦者令缪贤舍人"）叙述故事发生前廉颇、蔺相如各自的身世、地位，为后来产生矛盾作伏线。

第二段，叙述蔺相如与秦王斗争，完璧归赵的事迹。

这一段分三层来写。第一层（从"赵惠文王时"到"赵王于是遂遣相如奉璧西入秦"）写秦王要以城易璧，赵王难以应付，蔺相如提出了与众不同的见解，解决了"计未定"的问题。第二层（从"秦王坐章台见相如"到"归璧于赵"）写蔺相如与秦王的第一次斗争，他识破秦王的狡诈，做到"完璧归赵"。第三层（从"秦王斋五日后"到"赵亦终不予秦璧"）写蔺相如与秦王的第二次斗争，他取得胜利以功拜为上大夫。

第三段，叙述蔺相如在渑池会上与秦王斗争，取得胜利的事迹。

这一段分两层来写。第一层（从"其后秦伐赵"到"遂与秦王会渑池"）写渑池之会前赵国的准备情况。第二层（从"秦王饮酒酣"到"秦不敢动"）写渑池之会上蔺相如与秦王斗争，终于取得胜利。

第四段，叙述蔺相如能顾全大局，廉颇能勇于改过，最后蔺廉交欢。

这一段分两层来写。第一层（从"既罢"到"相如引车避匿"）写廉颇对蔺相如位在己上感到不平，扬言要羞辱相如，相如对此采取退让态度。第二层（从"于是舍人相与谏曰"到"为刎颈之交"）写廉颇终于被蔺相如的精神行动所感动，负荆请罪，两人成为刎颈之交。

这篇文章通过完璧归赵、渑池之会、廉蔺交欢三个故事，赞美了蔺相如对敌斗争的机智勇敢，"先国家之急而后私仇"的高贵品质，同时也赞扬了廉颇忠于国家勇于改过的精神。

司马迁对这两个人物的描写是很出色的。蔺相如善于分析判断事物，能从斗争形势出发，随机应变，在强敌面前临危不惧，为了维护国家利益，他顾全大局，"先国家之急而后私仇"把个人恩怨放在后面。司马迁热情赞扬他对敌友的不同态度："一奋其气，威信（伸）敌国；退而让颇，名重泰山。其处智勇，可谓兼之矣！"

廉颇英勇善战，对赵国竭尽忠心，在抵御秦国入侵方面起了重要作用；他的封建等级观念驱使他和蔺相如争地位，闹矛盾，但当他一经认识错误后，就立即负荆请罪，表现了高尚的风格。廉颇的故事两千年来广泛流传，直到今天仍可借鉴。

写作特点：

一、善于通过语言、动作刻画人物的性格。如蔺相如入秦后，在章台献璧，他看到秦王无意偿赵城后，就机智地取回了璧。紧接着展开了一个斗争的场面，作者描述了相如的动作：“持璧却立，倚柱，怒发上冲冠”，“持其璧睨柱，欲以击柱”；也写了相如的语言：“大王见臣列观，礼节甚倨；得璧，传之美人，以戏弄臣”，“大王必欲急臣，臣头今与璧俱碎于柱矣”。通过这些语言、动作的生动描绘，使相如智勇兼备的形象栩栩如生。

二、有详有略，剪裁得当。写蔺相如，笔墨酣畅，具体入微；写廉颇则较简略。这是由作品的思想内容决定的。因为在当时“七雄”纷争的局面中，外交斗争的作用重于军事斗争，“智斗”重于“力斗”。当然外交斗争也要以一定的军事实力作后盾。作者之所以详蔺而略廉，就因为蔺相如是智勇双全的出色的外交家，他在秦赵两国的矛盾斗争中所起的作用大于廉颇。廉颇写得比较简略，但给人的印象仍深。这是因为作者在描写蔺相如的活动时，常常有意识地提到廉颇，所以着墨不多，但人物形象仍跃然纸上。如一开始就说明廉颇是“赵之良将”，“以勇气闻于诸侯”，在赵国有举足轻重之势；在秦王发书求璧时，又提到“赵王与大将军廉颇诸大臣谋，表明他和一般臣子不一样。渑池之会前，先是“廉颇蔺相如计曰：‘王不行，示赵弱且怯也。’”这说明两人都主张赵王赴会；后送赵王到国境，廉颇又说：“王行，度道里会遇之礼毕，还，不过三十日。三十日不还，则请立太子为王，以绝秦望。”更显出他的深谋远虑，忠诚为国；会后点明“赵亦盛设兵以待秦，秦不敢动”，赵之所以不被扣留，蔺相如之所以能成功，都是和廉颇的威望及严密防御分不开的。又从蔺相如所说的"强秦之所以不敢加兵于赵者，徒以吾两人在也"的话里，也可以看出廉颇的重要作用。作者在描写蔺相如顾全大局、隐忍退让时，也写了廉颇坦率爽朗、勇于改过的精神。文中对廉颇的描写虽然简略，但仍然塑造出了一个效忠国家、善于用兵、性格直率、勇于改过的良将形象。

第三，反衬手法的运用。如写秦王的贪欲、欺诈、色厉内荏、窘态毕露，主要是为了反衬出蔺相如的机智勇敢。写廉颇的居功骄傲、心胸偏狭，反衬出蔺相如的豁达大度、顾全大局。

定西地区卫生学校课时计划

编号　　　　　　　　　　　　　　　　　　　　　　首　页

科　目	语文	授课教师	朱秋德
班　次			
日期、节次			
课　题	第一单元　因为我是共产党人　章成钧　王远才节		
教学目的、要求	《因为我是共产党人》记述了吕士才烈士为党、为国、为人民忠心耿耿，忘我牺牲的高贵品质。通过本文的讲述，使学生了解吕士才同志的优秀事迹，学习吕士才烈士的革命精神，在献身四化的征途上发出自己的光和热。学习本文围绕题意选材，突出中心思想的写作方法。		
基本内容			
重点、难点	着重学习文章的立意和选材。体会文章标题与主题的联系，进行写作练习，初步掌握依主题（中心）的需要确立标题。		
教　具			
教研组长审查意见	签字：　1985 年 10 月 17 日		
课后回忆			

第一课时

一、朗读课文

二、预习要求：

1. 阅读课文，注释下列词语：

讴歌　畸变　吝惜　启迪

2. 课文中说："吕士才，一个有着钢铁般意志的共产党人他这样说，也是这样做的。"阅读课文时注意吕士才说了些什么？又是怎样去做的。

第二课时

分析课文：

这是一篇报告文学。它生动地记述了吕士才烈士的优秀事迹和崇高的革命精神，表现了一个共产党员应有的为党、为国、为人民、不惜一切，自我牺牲的高贵品质。全文分五个部分：

第一部分：小序，概括写吕士才同志的崇高品德，揭示全文记述的中心。"因为我是共产党人"表现了作为一个共产党员的使命感和自豪感。共产党员有远大的共产主义理想，完全全心全意为人民服务，~~因此说"党，光荣的名称呀，多少人赞美她，多少人讴歌她"。~~肩负着伟大的历史使命，所以说："党，光荣的称号，多少人赞美她，多少人讴歌她！"在这样的党内做一个党员是再光荣不过的了，感到无比的自豪。吕士才无愧于共产党员的光荣称号，他说："人生的过程，无非是生老病死。但生要生得有意义，死要死得有价值。为党，为国，为人民，我可不惜一切，直至生命"吕士才同志不仅这样说，而且这样做，他以他的实际行动实践了他的诺言，把自己的一切献给了壮丽的共产主义事业。

下面四部分分四节，每节都加了小标题，分别从"因为我是共产党人"这个主题为中心，从四个方面记述了吕士才烈士的优秀事迹。

第二部分：即第一节（我若在前线牺牲了，那就为革命尽了我最大的义务），这节写吕士才为了能让上级批准参加医疗队，总是隐瞒他病情的情况。

吕士才的妻子潘莘文从她丈夫的血液里发现了可疑的阴影，她捧着显微镜的手微微颤抖了，但吕士才却坦然地劝慰妻子："没啥，没啥，这不是那东西……再说，这不是确诊，可千万不能告诉别人。"吕士才患肛门脓肿，有一天便血多达六、七次，但他以顽强的毅力，带着疾病上班，常用半个屁股坐着工作一整天，一整天，脓水也浸湿了裤裆。听说动手术要花一个月时间，便执意不肯。这是为了设法隐瞒他的病情，继续进行出发的准备。他对妻子说："莘文，我是党一手培养起来的共产党员，党的需要就是我的需要，大敌当前，应当挺身而出。这点病没啥！我若在前线牺牲了，那就为革命尽了我最大的~~义~~义务"。妻子深情而望着她的丈夫表示："你们要在前线为国立功，我在后方也要搞好科研，为国争光！"

第二部分，即第二节（只要党需要，我绝不吝惜自己的生命）这节写吕士才在前线忘我工作立功的情况。

一九七九年二月十七日清晨，还击越南侵略者的战斗打响了，吕士才从上午八时开始，给伤员清创、止血、接骨、包扎，顾不上休息和吃饭，首长送来的稀饭，半碗，凉了又热，热了又凉。低矮的手术帐棚里，闷热异常，他累得大汗淋漓，腰痛老病复发，他请别人给他束上腰围支撑，一分钟也没有停止手中的工作；腰痛一阵剧烈的腰痛又向他袭来，豆大的汗珠不停地从额上、脸上流下来，他没有放下手术刀，直到实在熬不下去时，才用双肘顶住腰部，在手术台前稍稍蹲上一、二分钟。就这样，他从早上到下午，又从下午到晚上，……待到给最后一个伤员做完手术，吕士才已是连续工作了二十个小时，这时人们才发现，在他坐过的凳子上，留下了一摊因为肛痔破裂而流出的血水。由于他过度疲劳，腰痛加剧，便血的次数已增加到每天八、九次。他给伤员止血，用的是绷带、急救包，给自己止血，用的却是毅力、忍耐。他说："我始终只有一个信念，没有共产党，没有新中国，就没有我个人的一切。我想着党，只要党需要，我可以献出一切，我绝不吝惜自己的生命。"

二月十九日上午，接到紧急敌情通知，手术队应迅速作好战斗和转移的准备。吕士才坚定地对大家说："我们即使牺牲了，也决不能离开伤员，有我们在，就有伤员在。"就这样吕士才领着大家给最后一个伤员做了清创手术，直到兄弟部队及时赶到。将生的希望让给别人，把死的可能留给自己，这就是吕士才的崇高品德。

手术队进驻越南境内的东溪镇后，一个深夜给伤员检伤时，吕士才的手触摸到一位昏迷不醒的战士，发觉他的脚脖几乎没有了，一检查，原来这位伤员患的是气性坏疽，肿胀已经遍布整个大腿了，这种病死亡率高，一般要截除患肢。可是，吕士才为了尽一切可能为战士保全战斗力，不厌其烦地将患肢多处切开进行扩创，反复使用双氧水冲洗和内服抗菌素，经过他精心调理，这个战士终于保全了肢体。

在东溪镇七天七夜，吕士才和医疗队员们几乎没有合过眼睛。阴雨连绵，给养一时供应不上，他和大家一起啃压缩饼干，就吃辛辣来刺激胃口。辛辣又刺激了他的肛门痔疮肿胀，脓血也常浸湿了裤子。他仍以坚强的毅力战斗在手术台旁。忘我的贡献，终于赢得了党和人民的褒奖，手术队荣获集体二等功，吕士才荣立一等功，四位同志荣立三等功，三位同志受嘉奖，其中还有两位同志在火线光荣入党。吕士才的血色素只剩下了七克，医院决定给他输血，可是无论怎么说，他就是不肯。为党为人民流出的热血，他可不想再去收回来。

第三部分：即第三节（得了癌症，更要抓紧为党的事业而奋斗）这节写吕士才得了癌症，跟病魔作斗争、更抓紧为党工作的情况。

吕士才得了癌症，动手术后多少人失声痛哭，多少人格外叹息，妻子含着泪花心疼地责怪丈夫："这病拖了好一阵子了，明明知道晚期绝症，还回来得这样晚了？"吕士才反倒一个劲地劝慰妻子："美英，你要是上了前线，看到我们边境前线那些勇猛、坚强的战士，你一定会由衷地热爱他们的。我为能够和这样的战士同生共死感到光荣。他们真诚、正直、纯洁，他们是带着血书、申请书上战场的，他们对我有多好哟，好极啦！"一个共产党员活着就要为党工作，得了癌症更要抓紧为党的事业而奋斗。吕士才感到需要做的事太多，太多了。他根据这次自卫还击战的实战需要，设计战时伤员手术器械图纸，带领手术器械厂研制。他写作了八份关于手术以战地救护的经验总结材料。他的手的腕骨还在转移，就用另一只手翻阅书本资料，继续他写着《骨肿瘤》书的编写。手术后第二天，他用一个枕头夹垫在膝盖上构思去精细图纸。六肿瘤开始化疗第一个疗程，药物的反应苦痛在床头，却把书刊资料摊在身边，不让挪走。他对科研参谋员说："你看，我还能为党做点什么呢？"他请来骨科院副主任说："科里骨肿瘤病人要加强，光是光的不行，要加强对中青年医生的培养。"他听说实验科有位医生受到批评后闹思想情绪，就让妻子带口信请他来家，春风细雨一样，渐渐地解开了这位战友的思想疙瘩。吕士才就是这样忘我工作，忘我工作不就是忘我地为着他的事业。他的儿子女儿和妻子来看望他，刚坐上片刻，他就要催他们去抓紧温课复习和去实验室做研究工作。妻子请第五咬着牙关设立了科研成果，党委给他记了三等功。

第五部分，即第四节（我死后，你们不要向组织提任何要求）这节写吕士才临终前对亲人的叮嘱和病逝后人们对他的怀念。

吕士才在生命的最后几天，叮嘱儿女要抓紧分秒时间学习，要有远大理想，要热爱祖国、热爱人民、热爱党，并向亲人叮嘱："我死后，你们不要向组织上提任何要求，……骨灰支援农田建设，作为我对四化建设的一点最后的贡献，我要回国家去……"。

吕士才病逝后，唁电、慰问电、慰问信，从首都、边疆、海岛、西北高原雪片似的飞来。第二军医大学校长向进、副校长唐开元含着泪说："这样好的一个人才，我们失去了！""他不愧是党的忠诚战士"。

秦岭的一位老中医还记得……军医他曾帮，用五个月记下的接骨的中草药就有一百三十五种，还记下了治疗骨折、腰痛、关节痛的药方、偏方。

六盘山的回族同胞还记得，七年前他带着医疗队，想方设法把四台普通的针灸治疗仪改装成碳离子透入机……。经他治疗过的伤病员还记得，你笑嘻嘻地给一个病员冲来一瓶开水……。长征医院的战友们还记得，你的妻子进行剖腹产时诸位，你们这指骨科肢研究吧，你们先看看的"见面礼"竟是一份实验总结。可是对别人的事你却如此全心地去关心，对一位先天畸形的创伤病员，连续抢救了三天三夜，终于挽救了这个病员的生命。就这样，人们敬说着烈士的事迹，敬说着不尽的思念。吕士才烈士的崇高思想，鼓舞着我们沿着他的道路前进的力量。安已在本院前哨的某医院的战士写信给总后医院的领导，表示要以吕士才为榜样，苦练杀敌本领，百倍提高警惕，为祖国守好边，建好边。二十二年前吕士才在上海虹桥公社小闸二队参加劳动时，被他治好腿骨病的青年社员沈引娣，热泪盈眶地表示要以烈士为榜样，为社会主义农业现代化贡献自己的青春。当年在纪念馆都以时向吕士才献过鲜花的红领巾们——小学生们，今天在怀念吕叔叔的遗像，回忆在叔叔生前给她和同学们的教诲，决心努力学习，把自己锻炼成为又红又专的革命接班人。

一个优秀的共产党员，虽然流尽了最后一滴血，可是他的一生却给了人们这样深深的启迪，在炮火中，在面临死亡的时刻，他无愧于共产党员这个称号，在二十多年的日常工作中他也同样无愧于这个称号。

吕士才烈士在他的入党申请书中曾这样写道："入党不是为了些什么，而是把自己的一切献给党，把自己投入到革命的斗争行列，这是把人民的生活由痛苦变为幸福的事业，是一种伟大的、大公无私的理想实践。

吕士才就是这样把自己的一生献给了壮丽的共产主义事业。

让我们踏着烈士的足迹，在献身四化的征途上发出自己的光和热吧！

《因为我是共产党人》生动地记述了吕士才同志在反击越南侵略者的战斗中，置生死于度外，忘我工作，在二十多年的日常工作中，克己奉公，忠心耿耿，把自己的一生献给了壮丽的共产主义事业，不愧为共产党员的光荣称号，表现了他为党、为国、为人民忘我牺牲的崇高品质。我们要学习吕士才烈士的革命精神，在献身四化的征途上发出自己的光和热。

这篇文章最突出的写作特点是围绕题意选材，中心突出。本文的标题和小标题之间有紧密的内在联系，表明文章主意和选材的密切关系。文章的题目"因为我是共产党人"非常概括而含蓄地揭示了主题，表现了作为一个共产党员的使命感和自豪感，通过"我"直述胸臆，虽未具体描述，却使人已真切地感觉到作为一个共产党员所应具有的崇高品德，发人深省，余意无穷。这个标题在结构上，使用"因为……所以"这样的句式，将文章题目和四个小标题有机地统合起来。"因为"提出问题是因，"所以"回答问题是果。正因为我是共产党人，所以"我应在前线牺牲了，那就为革命尽了我最大的义务"；正因为我是共产党人，所以"只要党需要，我绝不吝惜自己的生命"……。所以，这个题目既揭示了主题，也是本文选材、组织材料的依据，它像一根红线一样，贯穿全篇。

语文教案集

甘肃省定西地区卫生学校

朱训德

定西地区卫生学校课时教案

周次　　　　编号：

课程名称	语文	班　级		授课时间	年　月　日
课　题	中等卫生学校语文教学的目的和要求				
教学目的	讲述中等卫生学校语文教学的目的和要求，目的是使学生在开篇即认识中专语文教学的意义目的和语文能力训练的具体要求和学习方法，在教学过程中贯彻落实。				

教学内容及方法：

一、中等卫生学校语文教学的目的和要求：

语文就是语言文字。语文课就是学习和研究语言文字的一门学科。平常说的话叫作口头语言，写到纸面上叫书面语言，语是口头语言，文就是书面语言，把口头语言和书面语言连在一起就叫作语文。这个名称是从一九四九年下半年开始采用的。解放以前，这个学科的名称，小学叫"国语"，中学叫"国文"，解放以后才统称语文。

语言文字是人类社会最重要的交际工具，同时又是学习文化科学知识的工具。是我们学好科学知识、完成学习任务和各门课程学习的基础，都需要具有一定的运用语言文字的能力。

具体讲，中等卫生学校语文教学的目的是：一、以马克思列宁主义毛泽东思想为指导，完成新时期语文课应有的思想教育任务，对学生进行爱国主义、社会主义和热爱祖国的教育，培养学生高尚的道德情操，帮助学生不断提高社会主义觉悟，逐步树立辩证唯物主义世界观，成为有理想、有道德、有文化、守纪律的一代新人。二、使学生掌握语文的基本知识和方法，培养学生学习语文和掌握必要的语文知识，进行严格而有成效的能力训练，指导他们正确理解和运用祖国语言文字的能力，培养他们的逻辑思维能力，使学生能够读懂比较浅近的一般的政论、文艺和科技读物，能写一般的记叙、说明和议论文章，能写格式常用的应用文，具有一定的口头表达能力和听记能力。

二、怎样学好语文

1. 认真不认真是学好学不好的关键。毛主席说："认真二字好，不要随便看过了事的，非注意不可"。教育学生充分认识学习语文的重要性，树立勤学苦练的风气。引导他们踏踏实实地打好基础。无论读和写都要认真，课文要仔细地读，字要规规矩矩地写，练习要独立完成，作文要认真地完成，使之逐步克服不好的粗心毛病，养成良好的读写习惯。

2. 学习语文要注意基本功。写一篇文章从语言方面说，字要写得正确，词要用得正确贴切，写一个句子，一段话要注意逻辑和全篇的组织结构、和文章修改。这些方面都得下功夫练习，养成良好的习惯。这样写出的文章才能组织严密，语言准确，能够从心所欲，运用这些方面的技巧，就说明有了基本功。语文基本功主要有下列几个方面：

①识字认字：汉字是表意文字，汉字的特点是音、形、义，所以识字就是要搞清楚每个字的音形义。字音要读得正确，字形要写得正确，字义要用得正确。

②组词用词：组词要正确，用词要贴切，要注意词的搭配和感情色彩。

③辨析句子：分清句子的主要成分和次要成分，以及主要成分和次要成分之间的关系。

④文章结构：主要是分析主题和选材的关系。

⑤文章朗读：正确的流利的朗读，不论读什么文章都要有感情，读得流畅，精彩的章节段落要熟读以致能背诵。

课后回忆：

对教材的编排和精讲、略讲、自学三种课文的讲授方法也应向学生作些介绍。

授课教师	朱绍禹 年 月 日	审批人签字	刘向武 年 月 日

定西地区卫生学校课时教案

周次　　　　编号：

课程名称	语文	班级		授课时间	年　月　日
课题	华佗传				
教学目的	通过本文的讲述，使学生了解并学习华佗高超的医疗技术和杰出的医学成就，以及他献身医疗的思想品格。学习掌握文言词的意义、选取典型材料评价的写作方法				

教学内容及方法：

一、作者介绍与题解：

作者范晔，生于晋安帝隆安二年（公元398年），晋末，任刘裕的儿子刘义康的参军。刘裕取代晋朝自立为帝后，范晔曾官至吏部尚书郎。后来被贬作宣城太守。《后汉书》就是他在任宣城太守时撰写的。元嘉二十二年（公元445年）有人告发他参与拥立彭城王义康为帝，被处死，终年48岁。

本文选自《后汉书·方术列传》。

华佗是我国东汉末期的医学家。他自幼刻苦学习，不慕名利，学识渊博。他精通内、外、妇、儿和针灸等科，对于擅长外科，有"外科鼻祖"之称。特别应指出的是，一千七百多年以前，华佗就发明了用酒冲服麻沸散的全身麻醉法，是世界上最早使用麻醉法施行手术的医生。他对世界医学的发展作出了重大贡献。同时他也是医疗体育的积极倡导者和实践者。他创造的医疗体操"五禽之戏"对于防治疾病、增强体质，起了很好的作用。他针灸的医术，直到现在的江苏、山东、河南、安徽等地，受到广大人民的热爱和推崇。

二、课文分析

全文共十八个自然段，可分四大部分。

第一段（第一自然段）总述华佗的生平及其高超的医术。

第二段（二至八自然段）具体记述华佗的一些医疗活动，反映了他在医学上的医疗成就。

第三段（九至十自然段）记述了华佗被杀及其影响。

第四段（十一至十八自然段）用华佗两个徒弟的事迹来衬托华佗医术和针术的高明。

主题：本文通过对华佗生平事迹的记述，突出表现了华佗高超的医疗技术和杰出的医学成就，刻画了他同情病者、认真从医、不计报酬的高尚医德，突出地、集中地表现了华佗不愿为统治者个人充当医侍，不畏权势，威武不屈的思想性格。

写作特点：①按记传的需要选取典型材料，重点地写，详略得当。②衬托的运用。

课后回忆：

练习一、二题课堂内完成，第四题课外完成。

授课教师	[illegible] 年 月 日	审批人签字	[illegible] 年 月 日

定西地区卫生学校课时教案

周次　　编号：

课程名称	语文	班级		授课时间	年　月　日
课题	逻辑知识之一　概念				
教学目的	通过本文教学，让学生掌握概念的内涵与外延，概念间的关系以及定义和分类等逻辑知识，从而提高思维能力，为学好专业，提高写作水平打好基础。				

教学内容及方法：

一、简要讲述学习逻辑知识的目的和意义，消除畏难情绪。

形式逻辑是研究思维的基本形式与基本规律的科学。

思维是反映客观现实的。

人类的一切文化科学成果都是思维的产物。

二、在讲概念的定义时，要讲清事物的属性，特别要讲清特有属性

三、在讲概念的词语的联系与区别时，应注意引导学生透过词语的字面意思去理解概念。

四、在讲概念的内涵与外延时应注意引导学生从内涵与外延这两个方面去掌握概念。

（五）讲授内容见下面"逻辑概念简表"。

<table>
<tr><td rowspan="11">概念</td><td colspan="2">定义</td><td colspan="3">概念是反映事物特有属性的思维形式</td></tr>
<tr><td rowspan="3">内涵与外延</td><td></td><td colspan="2">说明</td><td>内涵与外延的关系</td></tr>
<tr><td>内涵</td><td colspan="2">概念的内涵即概念的含义(或内容)它表示概念所反映的事物的属性。准确揭示内涵,用下定义的方法</td><td>内涵与外延成反比,内涵越多,外延越小;内涵越少,外延越大。</td></tr>
<tr><td>外延</td><td colspan="2">概念的适用范围叫概念的外延。明确外延采用分类的方法。</td><td>缩小外延,增多内涵叫限制,扩大外延减少内涵叫概括。</td></tr>
<tr><td rowspan="7">概念间的关系</td><td rowspan="3">相容关系</td><td>同一</td><td>两个概念的外延完全重合</td><td>A·B</td></tr>
<tr><td>从属</td><td>一个概念的外延全部包含在另一概念的外延之内;外延大的叫属概念,外延小的叫种概念。</td><td>A B</td></tr>
<tr><td>交叉</td><td>两个概念的外延仅有一部分重合。</td><td>A B</td></tr>
<tr><td rowspan="3">不相容关系</td><td>并列</td><td>同一属概念下的两个或两个以上的种概念,彼此间为并列关系。</td><td>A B C</td></tr>
<tr><td>对立</td><td>在一个属概念中两个种概念的外延处于对立的两端,它们的内涵在所有种概念中差别最大。</td><td>A B</td></tr>
<tr><td>矛盾</td><td>两个并列种概念的外延相加等于属概念,即别无中间概念。</td><td>A 非A</td></tr>
</table>

课后回忆:讲定义时应注意以下几点:(1)下定义是揭示概念内涵的逻辑方法。讲定义时可先讲给概念下定义的作用。(2)应指导学生用"属加种差"的方式练习下定义。(3)讲清楚定义的规则。

授课教师	朱训德 年 月 日	审批人签字	刘向阳 年 月 日

定西地区卫生学校课时教案

周次　　　编号：

课程名称	语文	班级		授课时间	年　月　日
课题	师说				
教学目的	本文论述教师的职能、作用，以及从师的意义和择师标准，阐明"以能者为师"的道理，批判了当时士大夫耻于从师的不良风气。这对今天的学生仍有其一定的借鉴意义。学习正反论证的方法。				

教学内容及方法：

一、作者及背景材料

韩愈（768—824）字退之，唐代河阳（今河南孟县南）人，世居昌黎（今河北）宋代宣素追封他为昌黎伯，后人称韩昌黎。

韩愈是唐代著名的文学家和思想家，他的散文脍炙人口，是唐宋八大家之首（韩愈、柳宗元、苏洵、苏轼、苏辙、王安石、曾巩、欧阳修）在文学上他是唐代古文运动的倡导者，反对六朝以来华而不实的形式、文风浮靡、言之无物的骈文，提倡两汉的散文，主张"惟陈言之务去"，学习古文要"师其意，不师其辞"，"词训"，"文从字顺"，"词必己出"，文道合一，"言之有物"，提倡写作的改革，在他和柳宗元的倡导和实践下，终于把文体从骈俪中解放出来，为我国唐宋古文的发展，在文学史上产生了积极而巨大的影响。

《师说》分析了当时士大夫耻于从师的恶劣社会风气，阐述了师的职能和择师、从师的目的重要性和从师应持的态度，提倡能者为师，不耻下问，勇于批判反对当时统治阶级的思想，突破了封建时代的禁锢，同时有进步的一面，在当时起到了很好的影响。

二、课文分析：

本文可分三部分。

第一部分：即第一自然段，为引论部分，提出中心论点。

第二部分：即第二、三自然段，为本论部分，从正面和反面论证中心论点。

第三部分：即第四自然段，为结论部分，交代写作缘由，扣住中心。

中心思想：论述了从师的必要性，说明了从师的态度和标准，阐明"以有道者为师"的道理，批判了当时士大夫耻于从师的不良风气，表现了作者不畏世俗的斗争精神。

艺术特色：运用正反对比的论证方法。

课后回忆：

思考与研究这课的分析，练习写作课的作业。

授课教师	李[illegible] 年 月 日	审批人签字	刘[illegible] 年 月 日

定西地区卫生学校课时教案

周次　　编号：

课程名称	语文	班　级		授课时间	年　月　日
课　　题	荷塘月色				
教学目的	本文是一篇抒情散文，学习本文要注意抒情的方法。通过讲授，弄清课文的思路结构，着重明白如何抓住景物特点着力描绘，情景交融地抒情达意的写作方法。				

教学内容及方法：

一、时代背景：《荷塘月色》写于1927年7月，正是蒋介石叛变革命、大肆捕杀共产党人的时候。第一次国内战争失败，白色恐怖笼罩全国。作者这时在北京清华园任教的几年，受到到反动统治的压迫和社会的黑暗，他虽然找不到光明，却又看不到光明的所在，因此充满着苦闷和彷徨的矛盾心情。本文就是在这种心情下写成的。文中所写荷塘位于清华园内，原是一个平凡的去处，但在作者的笔下，却写得非常美丽而富有诗意。

二、课文分析：

课文大致可以分为三部分：

第一部分（第1自然段）写月夜独自游荷塘的原因，点明题意，作者以[illegible]的写法，表现了"颇不宁静"的苦闷心情，描绘出月夜的[illegible]。

第二部分（2至6自然段）着力描写荷塘月色，表现作者不满[illegible]追求美好自由的愿望。这部分是课文的重点，可分为四层。

第三部分（7、8自然段）表达作者对江南故乡的思念。

作者通过对"荷塘月色"的描写，流露了对当时社会现实的不满情绪，寻求自由的心情，写出了"到了另一世界里"的淡淡的喜悦、哀愁和对现实挣脱的愿望，表现了作者不满当时黑暗统治向往美好社会的愿望。

本文的语言洗练、准确而又传神。如"田田"的叶子，"亭亭"的荷花，"脉脉"的流水，还有月光如流水般地"泻在叶子和花上"，这些精确细腻的字词，逼真地表现了月光和景物的特色。又如一道"凝碧"的波痕，不仅是表现了荷塘绿叶的静景，而且也写出"微风过处"荷叶有微微摇动的动态。这里用"波痕"而不用"波浪"，是见作者炼字的工巧。另外，写荷塘四面，又远远近近，月光隔树照过来，树影射到荷塘荷叶上，大小不一，参差错落，用"参差""斑驳"来形容，杨柳如画的倩姿，特别"像画在荷叶上"准确地反映了事物的特点。

本文在表现手法上，描写与抒情紧密结合，着重分析作者写景抒情的层次以便理解线索，体会作者写景抒情的艺术特色，不宜作过细的修辞、语法的串讲。

三、布置作业：练习第一题

课后回忆：

分析课文应注意作者观察点的转移，弄清作者写景与抒情的线索。

授课教师	[illegible] 年 月 日	审批人签字	[illegible] 年 月 日

定西地区卫生学校课时教案

周次　　　编号：

课程名称	语文	班　级		授课时间	年　月　日
课　　题	逻辑知识之二　判断				
教学目的	学习本文在于让学生了解和掌握判断的基本知识，注意容易出现的错误，从而提高逻辑思维能力，提高语文水平。				

教学内容及方法：

一、判断的特点：

(一)对对象的情况有所断定的思维形式，叫判断。

(二)凡是判断，必有肯或否定的区别。

(三)凡是判断，必有真假之分。

(四)判断的内容尽管千变万化，但它的形式和基本结构是比较固定的。

例如：今天　是(不是)　晴天

主词　系词　宾词

(五)判断是由概念组成的。一个概念如果在判断中所使用的是它的全部外延，这个概念在此判断中就是"周延的"，例如"共青团员都是青年"。一个概念如果在判断中所使用的仅是它的部分外延，这个概念在此判断中就是"不周延的"，如：有些青年是共青团员。

二、判断的种类列表如下：

简单判断

只包含一个主词、一个系词和一个宾词的判断叫简单判断（又叫直言判断）。

划分标准	判断名称	特点	举例	主词带有词语
按质划分	肯定判断	主词和宾词是肯定关系。	我是学生	是
	否定判断	主词和宾词是否定关系。	我们不是教师。	不是
按量划分	单称判断	判断的对象是单个的事物。	我是(不是)学生。	
	特称判断	判断的对象是部分事物。	有些学生是共青团员。	个别、一些、不少、多数
	全称判断	判断的对象是事物全部	所有的共青团员都是青年。	一切、所有、任何、凡是
按肯定否定的程度划分	实然判断	说明一种事实。	我是卫校学生	
	或然判断	对某种事物的猜测、估计。	火星上可能有生物。	可能、也许、大概。
	必然判断	说明事物发展的必然性。	社会主义一定胜利	一定、势必、必然。

复合判断：(一)假言判断

由两个或两个以上的简单判断组成的判断。复合判断又分假言判断和选言判断。假言判断是反映事物之间的条件联系的复合判断，它在汉语中通常用假设复句或条件复句来表达。

名称	含义	特点	举例	联项词语
充分条件的假言判断	有了这个条件就必然有某种结果，但是没有这个条件时，未必就没有某种结果。	有A，就必然有B，无A，就必然无B，不一定	如果得了肺炎，人就会发烧。	如果……就…… 只要……就…… 假如……就……
	没有这个条件，就必然没有某种结果，但是有了这个条件时，却不一定就有结果。	无A，就必然无B，有A，就必然有B，不一定	只有历史清楚的人，才能入党。	只有……才能…… 没有……就…… 除非……才……
	有了这个条件，就必然有某种结果，没有这个条件就一定没有某种结果。	有A，必然有B，无A，必然无B	一个数能被2整除，这个数就是偶数。	如果……就…… 只有……就…… 如果……那么……

课后回忆：

选言判断，可让学生自己阅读理解。

授课教师	朱训德 年 月 日	审批人签字	刘[illegible] 年 月 日

定西地区卫生学校课时教案

周次　　编号：

课程名称	语文	班　级		授课时间	年　月　日
课　　题	蛇　岛				
教学目的	通过讲授，使学生了解蛇岛和蝮蛇重大的科学价值，学习说明文抓住事物特征进行说明的方法，以及掌握顺序的几种说明方式。				

教学内容及方法：

这是一篇以介绍蛇岛的自然知识的说明文。文章内容丰富，说明顺序多种多样，是学生学习说明文的好范本。对于这样一篇比较典型的文章我们从结构层次、说明方法、说明顺序三个方面加以分析。

一、结构层次：全文21个自然段，可分四个部分。

第一部分（第一自然段）介绍蛇岛的名称、地理位置、高度、面积和岛上特殊的生物现象。

第二部分（2－13自然段）从蛇岛的自然条件和蝮蛇利用这些自然条件两个方面来说明蛇岛上为什么有那么多的蝮蛇。

第三部分（14－20自然段）说明蛇岛上这种特殊的生物现象的形成原因。

第四部分（最后一段）说明蛇岛有重大的科学价值。

二、说明方法：

抓住事物的特征，说明事物的本质

蛇岛：地理环境、地质结构、地质变迁以及由此形成的优越的自然条件。

蟋蟀：①蟋蟀怎样选择田野上的住宅条件？抓住它会选择和修建住宅的特点来说明。②蟋蟀为了着慎的选取住址而显示出选址的慎重：排水和朝阳、改变了随便的住所，形成了一年到头的活动场所。

三、说明顺序：

①有的部分是按空间顺序来介绍的，如第三段。

②有的部分是按时间先后来写的，如第六段。

③有的部分则按说明对象的特征分为几个方面、逐项来写的。如介绍蟋蟀优越的住宅条件时，就分别从住宅为蟋蟀提供了食物、气候适宜、深藏不露的排水和光线、具备越冬的穴室四个方面来写的。

四、布置作业：练习1、2题

课后回忆：

注意要介绍说明文的写作方法。

授课教师	[illegible] 年 月 日	审批人签字	[illegible] 年 月 日

定西地区卫生学校课时教案

周次　　　　编号：

课程名称	语文	班　级		授课时间	年　　月　　日
课　　题	药				
教学目的	《药》通过揭露封建统治阶级对人民的残酷和毒害，真实地反映了一个革命者和群众的关系问题，以同当时许多知识分子认识到中国的现状，揭露封建统治者的黑暗和残酷的罪恶，以真实地写出了打倒封建统治、要推翻旧社会，革命者必须以心血启发动员群众，如何使革命者与群众之间的关系。以引导学生学习平等的结构方式描写。				

教学内容及方法：

一、《药》的艺术结构

鲁迅从表达主题思想的需要出发，在短短的篇幅的小说中，富于艺术性地构思了《药》的结构，设计了两个人物，一个是旧民主主义革命时期的资产阶级革命者夏瑜，一个是旧民主主义革命时期处于社会底层的小茶馆主人华老栓。这两个人物在作品中构成了两条故事线索。一条是夏瑜从事革命活动，被自己的亲人出卖，被捕入狱，在狱中还进行革命宣传，最后被杀害的故事；一条是华老栓为给儿子看病，花去积蓄的钱，从刽子手那里买"药"——人血馒头，儿子终于死去。这两个人物一个是从侧面描写的主线，一个是从正面描写的主线。这两条线索，一明一暗，一详一略，鲁迅巧妙地用人血馒头把这两个人物的命运、两个故事、两条线索连结起来，使之成为一个整体。作者选择刑场、茶馆、坟地作为情节开展的场所，先在刑场上以夏瑜的被害和华老栓的买人血馒头，把两条线索连结起来，然后随着情节的发展使两条线索合在一起，最后在坟地，通过两个母亲上坟的相遇见面，使两条线索融合在一起，这样就充分地体现了作者的意图。

二、人物形象：

夏瑜是个没有正面出场的人物，当我们读到第一节时，关于"杀的一个"，但他是谁我们还不知道的。直到第二节茶馆一场，通过人们特别是康大叔的谈论，我们才知道被杀了的"犯人"姓夏，是夏家的孩子，是夏四奶奶的儿子，他因为宣传革命被抓入牢狱，"关在牢里，还要劝牢头造反"，对牢头说"这大清的天下是我们大家的"，结果挨了牢头两个嘴巴。但他不怕打，还要说牢头"可怜"。然而直到这时我们还不知道他的姓氏和"家里只有一个老娘"，经常这样生活，他的名字叫什么并不知道。当我们读到第四节，通过他老娘的叫喊，才知道他的名字叫瑜。这就是小说中关于夏瑜的全部描写。综合这些描写，我们可以看出，夏瑜是个出身贫寒的年轻的革命者，他对于清朝政府的斗争十分坚决而勇敢的。即使身陷牢笼也不放弃革命斗争，他对牢头说的"这大清的天下是我们大家的"这句话，反映了几千年以来的封建统治，表现了资产阶级民主主义革命的政治理想，在当时这个意义上，鲁迅对夏瑜的描写是满怀着崇敬之情的，十分肯定的。但作为一个资产阶级民主主义革命者的夏瑜，不可避免地存在着他的阶级局限性，需要在茶馆中的人们其口中了解的，但对于夏瑜革命行动的小说却完全否定，这一方面说明资产阶级的不觉悟，另一方面也说明当时的革命者脱离群众。夏瑜一生想的是革命，但群众并不理解他，认为他"疯了"，甚至他的母亲也不理解他，上坟时觉得羞耻。坟上的花环"是怎么一回事呢"这些都反映了资产阶级的革命脱离群众的弱点，表达了作者的同情、惋惜与批判，在旧的革命高潮到来的前夕，写了"药"塑造了夏瑜这么一个形象，是很值得注意的。

华老栓是个在旧民主主义革命时期生活在社会底层的劳动者的形象。

康大叔是个刽子手的典型形象，是个善于敲诈勒索的人物

课后回忆：

了解本文的时代背景对于理解文章的思想内容有重要意义。

授课教师	[illegible] 年 月 日	审批人签字	[illegible] 年 月 日

定西地区卫生学校课时教案

周次　　编号：

课程名称	语文	班级		授课时间	年　月　日
课题	人类的出现　　李四光				
教学目的	通过本文教学，让学生自觉树立"劳动创造人类"的唯物主义观点，破除上帝创造人的唯心主义观点。学习本文的说明顺序和说明方法。				

教学内容及方法：

一、关于作者

李四光（1889—1971）是我国卓越的地质学家。湖北省黄冈县人，出身贫寒，但自幼好学聪慧，留学日本、英国，参加过孙中山先生领导的同盟会，曾在国内外许多高等学府任教或讲学。为了掌握地质方面的第一手资料，他经常跋山涉水进行实地考察。他的杰出成就主要是创立了地质力学。解放初期他从欧洲辗转回到祖国后，领导新中国的地质工作，他运用了他所独创的地质力学理论，指导地质部门找到了很多油田，为我国石油工业的发展作出了巨大贡献。在地震预测方面，李四光也进行了深入的研究，使中国在这方面也走在世界的前列。晚年加入了中国共产党。毛泽东同志和周恩来同志生前都对李四光的一生做了极高的评价，称赞他是我国科技战线的一面红旗，号召广大科技工作者向他学习。

二、课文分析

《人类的出现》是一篇介绍古人类发展史的说明文，它抓住"制造工具"这个关键，分阶段说明人类出现的过程和发展变化的原因。观点鲜明，材料确凿，言之有序，明白易懂。

全文分为引言、正文和结尾三大部分。

引言部分（第一至四自然段）从人类对自身发展过程的逐步认识，引出正文。

正文部分（有小标题的四个部分）用大量的科研资料具体说明人类发展的四个阶段。

第一阶段（古猿阶段）：抓住手脚分工这个关键，说明古猿是怎样从猿的家统中分化出来而成为最早的人类的。

第二阶段（猿人阶段）：以中国猿人为例，说明本阶段的人类已能制造简单工具（石器）和使用天然火，这是人类发展上又一次质的飞跃。

第三阶段（古人阶段）：以古人骨化石的形态特征来推测证明本阶段的人类已能制造简陋的衣服和学会人工取火，这是人类发展史上的两件大事。本阶段的后期，已具备形成原始社会的基本条件，由蒙昧群居到社会组织的形成，这又是人类发展史上的一大飞跃。

第四阶段（新人阶段）：以新人的体质特征、劳动经验和技能、艺术活动等方面说明新人是最接近现代人的一个发展阶段。

结尾部分（最后一个自然段）：以新人阶段前后人类发展的速度相对比，说明人类的发展是类似一种加速度运动，愈到后来前进速度愈是成倍地增加。

课后回忆： 当地博物馆中若有关于人类发展方面的内容，最好能事先组织一次参观，或组织学生观看关于人类发展史的科教电影或幻灯片等，以加强直观性教学。

授课教师	李炳洁 年 月 日	审批人签字	刘治 年 月 日

定西地区卫生学校课时教案

周次　　编号：

课程名称	语文	班　级		授课时间	年　月　日
课　　题	逻辑知识之三　推　理（一）				
教学目的	通过本文教学，让学生了解和掌握推理的基本知识，注意容易出现的错误，从而提高逻辑思维能力，提高语文水平。				

教学内容及方法：

推理是由一个或几个判断推出另一个判断的思维形式。

推理由前提和结论组成，推理所根据的判断是前提，从推理的前提推出的判断是结论。

推理主要有归纳推理、演绎推理和类比推理。

一、归纳推理——由个别推到一般的推理。

例如：中国皇帝是纸老虎，沙皇是纸老虎，希特勒是纸老虎，墨索里尼是纸老虎，日本帝国主义是纸老虎，所有号称强大的反动派统统不过是纸老虎。

归纳推理又可分为完全归纳推理和不完全归纳推理。

（一）完全归纳推理——以一类中的每一个对象都具有某种属性为前提，推出该类全部对象都具有该属性的归纳推理。

例如：第一车间去年超额完成生产任务

第二车间去年超额完成生产任务

第三车间去年超额完成生产任务

第四车间去年超额完成生产任务

第一车间、第二车间、第三车间、第四车间是利民塑料制品厂的所有车间

所以利民塑料制品厂所有车间去年超额完成生产任务。

(二)不完全归纳法——以一类中的部分对象都具有某种属性为前提，推出该类全部对象都具有该属性的归纳推理。

1.简单枚举归纳推理——由一些对象具有某种属性而推出该类的所有对象具有该属性的归纳推理。

例如：小张学到很多东西，

小王学到很多东西，

老赵学到很多东西，

老赵、小王、小张都是虚心好学的人

所以，虚心好学的人会学到很多东西

2、科学归纳推理——以找出一些对象所以具有某种属性的原因为前提，推该类的所有对象都具有该属性的归纳推理。

例如：细菌性痢疾患者有发热、腹痛、腹泻等症状出现，这除了从大量病人身上得到证实外，还可以通过科学研究的方法推究出造成这些症状的原因。

课后回忆：科学归纳推理又可分为求同法、求异法、共变法等，对这些推理方法也应简略作一介绍。

授课教师	朱训德 年 月 日	审批人签字	刘[illegible] 年 月 日

定西地区卫生学校课时教案

周次　　编号：

课程名称	语文	班　级		授课时间	年　月　日
课　　题	逻辑知识之三　推理（二）				
教学目的	通过本文教学，让学生了解和掌握推理的基本知识，注意容易出现的错误，从而提高逻辑思维能力，提高語文水平。				

教学内容及方法：

二、演绎推理——由普遍性的前提推出特殊性结论的推理。

演绎推理有三段论、假言推理和选言推理等形式。

（一）三段论——借助于一个共同概念把两个性质判断联系起来，从而推出結论的演绎推理。

例如：优秀的文学作品是具有积极的社会意义的（大前提）

中词　　大词

《狂人日记》是优秀的文学作品（小前提）

小词　　中词

《狂人日记》是具有积极的社会意义的。（結论）

小词　　大词

三段论的特点是：

1. 完整的三段论由三个判断组成，其中两个判断是前提，一个判断是結论。
2. 每个三段论中只包含三个概念，每个概念出现两次。
3. 在前提中出现两次而在結论中不出现的概念，叫"中词"（用m表示），在结论中处于宾词地位的概念叫大词（用P表示）在结论中处于主词地位的概念叫小词（用S表示），则三段论的结构是 $\frac{M-P \quad S-M}{S-P}$

四、包含大词的那个前提叫"大前提"，包含小词的那个前提，叫"小前提"。

怎样使三段论做到正确无误呢？

1、推论的前提必须正确，前提错误，结论就不可靠。

例如"语言是有阶级性的"、"汉语是语言"、"所以，汉语是有阶级性的"。

2、推理的过程必须严密正确，要符合三段论的四条主要规则。

①在一个三段论中，中词至少要周延一次，中词两次不周延结论就不可靠。

例如"有些非团员是思想比较落后的"、"他是非团员"、"所以，他是思想比较落后的"。

②在前提中不周延的大词或小词，到结论中也不能周延，否则，结论不可靠。

例如："所有的共青团员都是青年"、"他不是共青团员"、"所以他不是青年"

再如："语言是没有阶级性的"、"语言是社会现象"、"因此，社会现象都是没有阶级性的"。

③两个否定判断的前提和两个特称判断的前提都推不出必然正确的结论。

例如"有些学生是共青团员"、"有些学生考试不及格"、"所以共青团员考试不及格"。

④三段论不能出现四个概念，否则结论不可靠。

例如"群众是历史的创造者"、"我是群众"、"所以，我是历史的创造者。

这个推理中，第一个"群众"是指群众的整体，第二个"群众"只是指的"我"一个人，前后含义不同，故结论是荒谬的。

假言判断和选言判断，就让学生自己阅读理解。

课后回忆：

假言判断可在课堂简略讲述，不然，自学有困难，不易学懂。

授课教师	朱训德 年 月 日	审批人签字	刘江 年 月 日

定西地区卫生学校课时教案

周次　　编号：

课程名称	语文	班级		授课时间	年　月　日
课题	崇高的理想　　陶铸				
教学目的	通过本文的教学，让学生认识实现共产主义是人类最崇高最伟大的理想，我们要为实现共产主义理想而奋斗。学习逐层递进论证的结构方式。				

教学内容及方法：

一、历史背景

一九六〇年前后，由于缺乏建设社会主义的经验，也由于党内极左路线的影响，社会上刮起了一股"浮夸风""共产风"，有的人甚至梦想"一夜进入共产主义"。然而就在某些人想入非非的时候，连续三年严重的自然灾害接踵而至，天灾人祸使得人民的生活陷入困境，再加上国际上的一些干扰，有的人（包括青年学生、知识分子）因此而迷惑、悲观，甚至有人对共产主义丧失信心。当时作为中共华南局书记的陶铸同志，就联系实际，针对一些人的模糊认识发表了不少有关理想、情操方面的讲话，它对提高青年的思想修养很有好处，《崇高的理想》是其中的一篇。它是一九六〇年五月，陶铸同志对华南师范学院和暨南大学学生讲话的一部分。

二、课文分析

本文采用了分层论证的方法，全文可分：理想、崇高的理想、最崇高的理想这样三个部分。

第一部分：理想（1—2自然段）（一）理想的普遍性。说明不同时代的人有着不同的理想；一点理想也没有的人是不会有的。（二）理想的特殊性——社会性和阶级性。理想都受社会和阶级的限制，凡是合乎社会历史发展规律的理想，都是崇高的理想，这是评价理想的基本原则。

第二部分：崇高的理想。（3－5自然段）(一)为什么"合乎社会历史发展规律的理想是崇高的理想。这是因为我国历史上许多民族英雄、人民英雄、发明家和科学家的理想，都合乎社会历史发展的规律，这是从历史唯物主义的角度来分析。具有伟大理想并为之努力斗争的人受到人民的尊敬怀念，反之则受到人民的反对和咒诅，这是用历史事实来证明的。(二)理想的实质是世界观问题。在这里，作者用当今社会上抱有三种不同世界观（无产阶级、资产阶级、小资产阶级）的人，理想也各不相同作为论据，证明世界观不同，理想也不同，理想是由世界观决定的，可见理想问题是个原则性的问题。这三种不同世界观，孰是孰非，孰美孰丑，早有定论，所以说具有崇高的世界观，才会有崇高的理想。

第三部分：最崇高的理想（6－8自然段）(一)时代要求我们树立崇高的理想。说明实现共产主义是我们党最崇高的理想。总结全文勉励青年树立实现共产主义这个崇高的理想——这也是文章的中心论点。

本文论证方法灵活多样：既有理论论证，又有事实论证，既有正面论证，又有反面论证，有时以事实论证为主，有时以理论论证为主，有的先反后正，有的地方又先正后反。表现了作者雄辩的才能与娴熟的写作技巧。

课后回忆：本文的中心论点并不是在开头一次提出来的，而是在四个分论点的逐层深入的论述过程中逐步提出来的，这是与前面几篇论说文所不同的地方，让学生引起注意。

授课教师	[签名] 年 月 日	审批人签字	[签名] 年 月 日

定西地区卫生学校课时教案

周次　　　编号：

课程名称	语文	班　级		授课时间	年　月　日
课　　题	冯谖客孟尝君　　《战国策》				
教学目的	《冯谖客孟尝君》记叙了冯谖当孟尝君食客，为他奔走策划，经营"三窟"等事迹，通过教学，让学生了解本文是怎样塑造冯谖这个足智多谋而又敢做敢当的人物形象的。				

教学内容及方法：

一、《战国策》简介和题解

《战国策》是战国时代的一部历史散文集。它记录了当时策士们纵横捭阖的言行，描写了统治阶级内部尖锐的矛盾斗争，同时也反映了征伐战争和封建压迫给人民带来的痛苦。作者已无从查考，现存的本子是西汉刘向整理的。全书分东周、西周、秦、齐、楚、赵、魏、韩、燕、宋、卫、中山十二策，共三十三篇。本书描写一些策士，形象生动，语言精炼流畅，常用比喻来说明道理，人物对话犀利鲜明，富有个性，本书对后代散文有很大影响。

课文选自《战国策》·齐策四》原来没有标题，这是编者加的。

二、课文分析

本文可分五部分。

第一部分（第一段）写冯谖托人嘱托孟尝君，愿意寄食门下。这部分，既写出了冯谖由于"贫乏不能自存"，愿意寄食孟尝君门下，又写出他不愿在孟尝君面前虚夸显耀的朴实谦逊的性格，还写出孟尝君开始时对冯谖"笑而受之"的态度。这"笑"是轻视的笑，笑冯谖没有爱好没有专长，这"受"

之”，表示出孟尝君多“养士”的特点，不管客人有否专长，来者不拒。“笑而受之”为下文受慢待作了伏笔。

第二部分（第二段）写冯谖三次弹剑高歌。这部分，既写出冯谖借弹剑，表得不到公正合理的待遇而苦闷的心情。又照应上文，写出孟尝君的左右人员“以君贱之”，“而食以草具”，“皆笑之”，“皆恶之”。同时又写孟尝君重视“养士”，努力满足食客要求，所以“食之”、“为之驾”、“使人给其食用，无使乏”。这部分描述很有层次条理，先写孟尝君的左右“以君贱之也，食以草具；次写冯谖歌曰“食无鱼”的事，再次写冯谖歌曰“出无车”的事、“无以为家”的事，最后写冯谖“不复歌”。描叙富于变化。

第三部分（第三、四、五、六段）写冯谖替孟尝君买义，开凿“一窟”的事。这部分

课后回忆：

应着重分析第三层的现实意义。

授课教师	[illegible] 年 月 日	审批人签字	[illegible] 年 月 日

定西地区卫生学校课时教案

周次　　编号：

课程名称	语文	班　级		授课时间	年　月　日
课　　题	逻辑知识之四　思维的基本规律				
教学目的	通过本文教学，让学生掌握思维的三条基本规律，了解同一律、矛盾律和排中律的含义和基本要求，注意容易犯的逻辑错误，提高逻辑思维能力。				

教学内容及方法：

讲解同一律时应注意：(1)同一律要求在同一思维过程中，思想必须保持一致性。(2)常见的违反同一律的逻辑错误主要有两种，即偷换概念和转移论题。

讲解矛盾律时应注意：(1)矛盾律要求对于同一对象不能同时作出两个互相矛盾的断定，即不能既肯定是什么，又否定它是什么。(2)常见的违反矛盾律的错误是自相矛盾。(3)矛盾律只是要求在同一时间，同一条件下，从同一个方面去考察同一事物。但是如果时间，条件变了，考察的角度不同，对同一事物作出的判断就会不同，这并不违反矛盾律。

讲解排中律时应注意：(1)排中律要求在真与假，是与非之间，不能二者都否定，必须肯定其中一个。(2)排中律常见的错误是"两不可"。

讲授内容见下表：

思维的基本规律

名称	含义和基本要求	公式	容易犯的逻辑错误
同一律	一种思想在同一思维过程中不能有歧义,必须保持同一性。例如:看了"园丁之歌"以后深受教育,我将来一定做个辛勤的园丁,为党的教育事业贡献自己的力量。	A是A	(1)偷换概念。例如:所有的干部都是为群众服务的,我是群众,因此,所有的群众都得为我服务。 (2)转移论题。例如:病人问:"医生,我这病每年到冬季都要犯,有什么办法预防没有?"医生答:"病嘛,要以预防为主,如果平时不注意,犯起来治疗就比较困难了。"
矛盾律	当出现歧义时,两者不能同时都是真的,对于互相矛盾互相对立的概念或判断不能都加以肯定。 适用于~~矛盾关系的判断~~对立关系的判断。 例如:①这张纸是白色的。 ②这张纸是~~非白色的~~黑色的。 不能同时都肯定这张纸既是白色的,又是黑色的。 适用于~~对立关系的判断~~矛盾关系的判断。 例如:①这张纸是白色的。 ②这张纸是非白色的。 二者必具其一,不能同时都肯定。	A不是非A	自相矛盾。 例一:他们排着队唱着歌,一个跟着一个地蜂拥前进。 例二:这幅画实在好,我挑不出一点毛病,只是有个人物画得没有生气。
排中律	当出现矛盾关系的歧义时,两者不能同时都是假的,都加以否定。 例如:①李军是三好学生 ②李军不是三好学生	A或非A	两不可: 例一:不管你们是否采纳他的意见,我都不赞成。 例二:对于这件事他愿意做也罢,不愿意做也罢,都得批评。

课后回忆:三条规律中最容易混淆的是矛盾律和排中律,特列表对照如下:

矛盾律	排中律
对于互相矛盾、对立的概念或判断,不能都加以肯定	对于互相矛盾的概念判断,不能都以否定。
自相矛盾	两不可
适用于矛盾、对立关系的概念或判断	只适用于矛盾关系的概念或判断

授课教师	朱训德 年 月 日	审批人签字	刘[illegible] 年 月 日

定西地区卫生学校课时教案

周次　　编号：

课程名称	语文	班　级		授课时间	年　月　日
课　　题	尤二姐之死　曹雪芹				
教学目的	学习本文，让学生通过封建贵族家庭内的妻妾斗争，深刻认识封建贵族阶级和封建专制社会的腐朽本质；学习小说的写作方法。				

教学内容及方法：

一、关于作者和《红楼梦》

曹雪芹（？—1763）名霑，字梦阮，号芹溪、芹圃，雪芹也是他的号，祖籍辽阳（今辽宁省）满洲正白旗"包衣"人，祖父因军功成为显赫的官僚世家，他曾祖曹玺、祖父曹寅、父辈曹颙（yōng）、曹頫（fǔ）相继担任了六十多年的江宁织造，有时还兼任两淮巡盐御史。雍正五年（1712）曹頫获罪革职，第二年被抄家，全家迁回北京，从此家族败落。

曹雪芹是曹颙的遗腹子（一说是曹頫的儿子）十三岁之前，在江南过着锦衣玉食的豪华生活，回京后就长期居住在北京西郊，有时靠卖画度日。他在贫困的处境之中，仍然保持豪放不羁、傲世嫉俗的性格，晚年"一病无医"，坎坷以终。

《红楼梦》是一部具有鲜明政治倾向的长篇小说。全书以贾宝玉、林黛玉的爱情悲剧为中心，描写了贾府由盛到衰的变化，多方面地揭露了封建统治阶级的腐朽和丑恶，显示出封建社会必然崩溃的历史趋势。《红楼梦》一书塑造了众多的不朽艺术典型，作者按照人物的不同社会地位，从人们的复杂关系和矛盾冲突中表现人物性格。《红楼梦》艺术结构的严密和完整超过了以前的任何一部小说。据有人统计全书有四百二十一个人物（男二百三十二个，女一百八十九个）情节错综复杂，千头万绪，但场面和情节的转移十分自然，脉络清楚，浑然一体。

二、课文分析：

第一部分（"那日贾琏事毕回来……贾琏心中也暗暗纳罕。"）是故事的开端。表面和尤二姐叙寒温，对秋桐摆酒接风，领见贾母王夫人。背里是"一刺未除，又平空添了一刺，说不得且吞声忍气"。

第二部分（"且说凤姐在家……还是亏了平儿，时常背着凤姐与他排解。"）这是故事的发展。表面对尤二姐自不必说，无一点坏形，背里假借老太太、太太的名义败坏尤二姐名声，茶饭俱系不堪之物，挑拨秋桐关系。

第三部分（"那尤二姐，原是花为肠肚，雪作肌肤的人……只不敢与凤姐看见"）这是故事发展的高潮。表面尤二姐生病流产，王比贾更急十倍，背里指使胡君荣打胎，制造"属兔"阴谋，煽风点火。

第四部分（"当下合家皆知……只不过族中人与王姓夫妇，尤氏婆媳而已"）写贾府处理尤二姐后事，这是故事的结局。表面假意儿哭，背里不穿孝送殡，不给钱办丧事，到贾母处搬弄是非，不让尤尸进家庙。

王熙凤这个人物形象集中了封建剥削阶级的许多特征，正象贾琏的小厮兴儿说的"嘴甜心苦，两面三刀""上头笑着，脚底下就使绊子""明是一盆火，暗是一把刀"她的典型性格就是极端自私自利。她贪婪狡诈，凶残毒辣，为了维护自己的利益，什么卑劣的手段都使得出。

课后回忆： 结合本篇课文的教学，可考虑组织一次关于如何阅读欣赏《红楼梦》的文艺讲座，指导学生正确阅读和理解我国这部最伟大的文学名著。

授课教师	李刚 年 月 日	审批人签字	刘[illegible] 年 月 日

定西地区卫生学校课时教案

周次　　编号：

课程名称	语文	班　级		授课时间	年　月　日
课　　题	促织　　蒲松龄				
教　学　目　的	本文叙述了主人公成名因被迫缴纳"促织"而几乎弄得家破人亡的故事。通过学习课文，让学生深刻认识封建统治者贪婪残暴苛政害民的罪恶。学习通过细节描写刻划人物形象的写作方法。				

教学内容及方法：

一.题解

《促织》是蒲松龄《聊斋志异》中的名篇之一。

蒲松龄（1640—1715），字留仙，一字剑臣，号柳泉，"聊斋"是他书斋的名字。蒲松龄十九岁时接连考取县、府、道三个第一名，振一时，但此后屡试不第。三十一岁时，曾应聘为江苏宝应县知县孙蕙的幕宾，次年便辞幕回家。一生中的其余时间，都在乡绅人家设帐教学，继续应考，直到七十一岁才援例出贡，补了个岁贡生。他一生坎坷，著有文集四卷，诗集六卷，《聊斋志异》八卷。长篇小说《醒世姻缘传》相传也系他所著。

《聊斋志异》是蒲松龄在民间故事基础上创作而成的一部优秀的文言短篇小说集，共四百多篇。在清朝封建统治下，言论极端不自由，作者为借世间所没有的狐鬼怪异等来曲折地反映社会现实，表达思想感情，寄托自己的理想与追求。

二、课文分析：

全文分为六段：

第一段（一节）简述"岁征促织"的由来及其给人民带来的灾难，点明故事发生的社会环境。

第二段(二节)叙述成名被迫充当"里正役"不忍昧心行事而赔尽薄产，复因不获促织，而致"迭出杖责"，皮绽肉裂，愁闷欲死，为故事的开端。

第三段(第三四节)写成妻求神问卜，成名按图搜寻，喜得佳虫，举家庆贺，这是故事情节的进一步发展。

第四段(第五至第七节)是故事的高潮。写成子发盆毙虫，惧责投井，魂化为矫健善斗的促织。

第五段(第八节)是故事的结局。写成名向官府进献促织，得到皇帝欢心，因而致富。

第六段(第九节)是作者的评论。

《促织》这篇小说，叙述了主人公成名因被迫缴纳"促织"，而几乎弄得家破人亡的故事，揭露了封建统治者贪婪残暴、苛政害民的罪恶。

写作特点：

一、故事情节的开展，紧紧围绕主题；

二、情节波澜起伏，生动曲折。

三、善于通过细节描写来刻划人物的内心活动。

"然"在本课中有三种用法：

一、作动词用，意思是"以为然"，例如"成然之"。二、作转折连词用，相当于现代汉语的"然而"，例如："然睹促织，隐中胸怀，折藏之，归以示成。"三、附在描写声容情态的词语后面，作结构助词，与现代汉语的"的"、"地"相当。

课后回忆： 本文篇幅较长，拟用四学时完成教学。第一、二学时主要应让学生按"思考与研究"了的四个问题进行阅读自学，教师巡回答疑。第三、四学时，教师可作口译式快速讲解并简析课文的情节结构。

授课教师	【签名】 年 月 日	审批人签字	【签名】 年 月 日

美术教案

学校 岷县第二中学

科目 美术

班级 初中一年級

教师 朱訓德

科目	美术	教学班级	初一年级	教科书名称及册数	美术(全日制中学试用课本)		
上课日期	1981.8.24	每周节数	2	总授课节数	16	考试次数	两次

周次	日期 起	日期 讫	预定进度	页数 起	页数 讫	实际进度	出入原因	说明
一	8月24日	8月30日	画种介绍	1	3			
二	8月31日	9月6日	水彩画《桥》	3	6			
三	9月7日	9月13日	形体结构	6	7			
四	9月14日	9月20日	比例与透视	7	8			
五	9月21日	9月27日	明暗调子	8	9			
六	9月28日	10月4日	素描静物写生	9	10			
七	10月5日	10月11日	色彩练习	10	11			
八	10月12日	10月18日	铅笔淡彩写生	11	12			
九	10月19日	10月25日	构图知识	12	13			
十	10月26日	11月1日	静物构图举例	13	14			
十一	11月2日	11月8日	期中考试					
十二	11月9日	11月15日	图案基础	14	15			
十三	11月16日	11月22日	美术字练习	15	16			
十四	11月23日	11月29日	单独纹样	16	17			
十五	11月30日	12月6日	单独纹样练习	17	18			
十六	12月7日	12月13日	手工制作	18	19			
十七	12月14日	12月20日	剪纸练习	19	20			
十八	12月21日	12月27日	总结	/	/			
十九	12月28日	82.1月4日	期末考试	/	/			

第一课 画种介绍

教学目的： 这一课介绍了美术的基本画种。通过本课的学习，使学生掌握各画种的基本特点、以及所用的工具和基本技法，从而达到能初步分辨和欣赏各种美术作品的能力。

教学时间： 两课时

教学内容： 美术画种介绍（附表）

美术画种

中国画	油画	版画
具有悠久历史和优良传统的中国民族绘画。在世界美术领域中自成独特体系。约可分为人物、山水、花卉等画种；有工笔写意等技法。工具材料为中国特制的笔、墨、砚、纸和绢。	用快干油调和颜料画成，是西洋绘画中主要的一个画种。一般多画在布、木板或厚纸板上。其特点是颜料有较强的遮盖力，能较充分地表现出物体的真实感和丰富的色彩效果。	其特点是作者用刀和笔等工具在不同材料的版面上进行刻画可直接印出多份原作。版画有木板画、铜板画、石版画等若干种，木板画即"木刻"，是最普遍流行的一种版画。
水彩画	**年画**	**速写**
水彩画颜料是用胶水调制成的，作画时用水溶解颜料于纸上，利用画纸的白地和水分互相渗破等条件，表现透明感、轻快、湿润等特有的效果。	中国的一种绘画体裁，新年时张贴故名。传统的年画多用木版水印，大多含有祝福新年的意义。解放以来的新年画，在传统的基础上推陈出新，丰富多彩，为人民群众所喜爱。	一般指在短时间内用简练的线条扼要地画出对象的形体、动作和它的目的是记录生活，为创作准备素材；培养敏锐的观察力及迅速描绘对象的能力。
素描	**漫画**	**宣传画**
主要以单色线条和块面来塑造物体的形象，它是造型艺术基本功之一，通常以此为习作或创作起稿，有水平的素描画，也具有独立的艺术价值。使用工具有铅笔、木炭、钢笔和毛笔等。	一种具有强烈的讽刺性或幽默性的绘画。画家通过夸张，比喻等手法，借以讽刺、批评或歌颂某些人和事。	也叫"招贴画"。一种以宣传鼓动为目的，结合简短号召文字的绘画。大都经过复制、张贴于街头或公共场所。
连环画	**水粉画**	这万钢 9.20.

水彩画

水彩颜料是用胶水调制成的，作画时用水溶解颜料于纸上，利用纸的白地和水分互相渗融等条件，表现出透明感坌、湿润等特有的效果。

〔作业〕熟记水彩画的特点。并临摹十三页《…》一画。

示范图如下：

桥（水彩画）

〔讲课后记〕前几节上课，板书比较了草，有些同学反映看不清楚，没有考虑到这是初一年级学生，同时领悟，美术课本身就是美的教育，因此，画画、写字都应从美、从严、从规范要求，以感染学生，以后板书决定写速写老宋体，再听取同学意见改进之。

授课日期

第六课　形体结构

教学目的：形体结构是绘画的基本要素之一。通过本课的学习，使学生在研究基本形体的立体结构上，掌握比例与透视、组合形体、物体的空间位置等不同物体的基本结构。

讲授时间：两课时

教学内容：(一) 基本形体：

形体结构是绘画的基本要素之一。研究基本形体的立体结构可以帮助我们掌握不同物体的基本结构。

见附图(一)

(二) 组合形体

结构复杂的物体可以看作由几个基本形体按一定关系组合而成的，这样便于我们正确地掌握这些物体的形体结构。

(三) 比例与透视

比例反映物体各部分之间及其与整体之间的大小不同关系。为了正确掌握比例关系，应在确定整体比例的基础上去确定各部分的比例。物体的透视变形可以引起比例关系的明显改变，应当在理解透视规律的基础上去进行观察比较。

见附图(二)

布置作业：1. 怎样理解比例与透视的关系？

2. 物体的基本形体有哪几种？

己万纲　10.4.

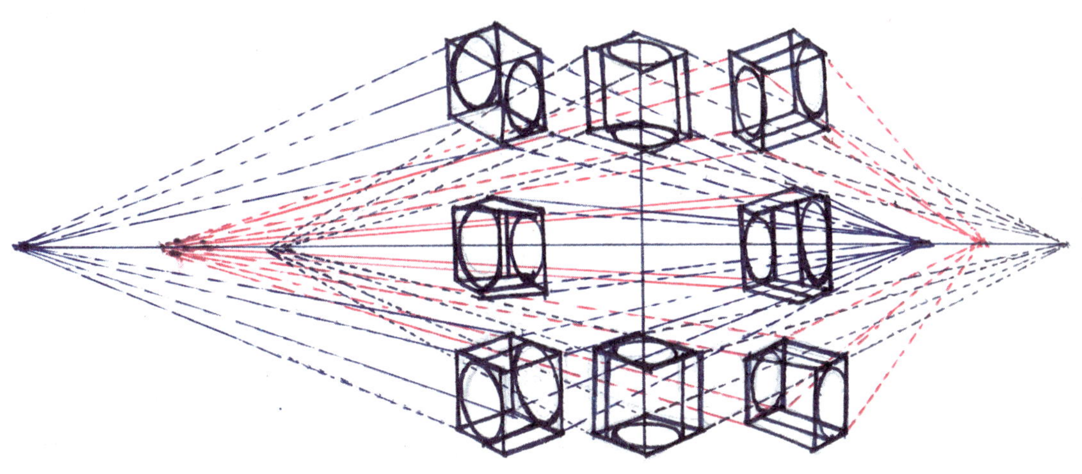

成角透视

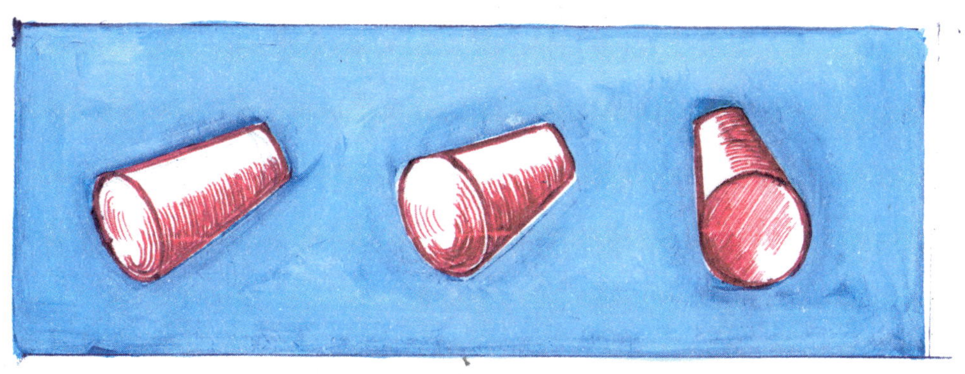

比例与透视

授课日期

第三课 明暗调子

教学目的：光线的性质是影响物体明暗状况的主要条件。调子就是一定的表面所反射的光量。通过本课的教学，使学生认识光与明暗体面与调子的、整体与局部的关系。并在绘画实践中加以运用。

教学时间：两课时

教学内容：（一）光与明暗：物体在光线照射下呈现出一定的明暗关系，了解明暗变化的规律对表现物体的体积感有重要作用。不同的光源位置可以使物体出现不同的明暗变化，强烈的光和微弱的光也可以使物体显出不同的明暗状态。因此，光线的性质是影响物体明暗状况的主要条件。

明暗的形成。顺光、侧光、逆光 见附图（一）

（二）处于一定明暗状态的物体表面表现出深浅不同的调子。调子就是一定的表面所反射的光量，而反射光量的大小主要决定于这个表面与光线所成的角度、距离光源远近的程度以及其本身的颜色深浅。立体物都是由面组成的，所以调子的差别是由于体面的变化而形成的。见附图（二）

（三）整体与局部：素描调子的完整性主要取决于明暗对比关系的正确性。因此，必须处理好整体与局部的关系，先确定大的体面关系和调子比例，再深入区别小的体面和细致的调子差别。在深入过程时刻注意调子的比较并保持整体的明暗对比关系。

布置作业：静物写生《书包》注意明暗调子的变化

铅笔淡色写生

写生时，要抓住结构、明暗和色彩的大体关系、不要太注意细部。

授课日期

第四课　构图知识

教学目的：绘画构图的任务就是将经过选择的各个形象，按一定形式法则组织安排在画面上，从而构成一个艺术的整体，更好地发挥艺术形象的感染作用，明确地表达所反映的思想内容。通过本课教学，使学生掌握静物的布置、构图的因素等基本的构图知识。

教学时数：两课时

教学内容：(一) 静物的布置

布置静物时，既要注意研究物体前后关系形成的平面构图效果，又要注意研究物体高低不同形成的立体构图效果，主次的关系一般形成不等边的三角形，显得既不呆板而又稳定。

(二) 构图的因素

线条、形状、明暗、色彩等都是组成构图形式的因素。直接影响构图的艺术效果。因此要从立意出发，注意选择物体的造型和恰当的组合形式，力求获有理想的明暗效果并注意画面的色彩对比与呼应关系。

(三) 绘画构图的任务就是将经过选择的各个形象，按一定形式法则组织安排在画面上，从而构成一个艺术的整体，更好地发挥艺术形象的感染作用，明确地表达所反映的思想内容。

布置作业：欣赏课本油画《白芍药花》的构图。

根据所学的构图知识，选择几样东西组成一幅静物画。

中国画技法（蔬果画法）

一、要画出蔬果的正确外形，尤应适当掌握笔间水分，不使过分干枯，否则就难以表现出新鲜的感觉。

二、构图要有聚有散，有虚有实，显得错落有致，最忌排列刻板平均。

三、几种蔬果放在一起，要注意色彩上的对比鲜明与协调。

如图：

先画枝和叶　　　　再画柿子并勾出叶筋

如下图　　　　如下图

〔作业〕参书第十五页，运用所讲技法，画《蔬香》一图。

〔课后记〕同学们画静物"清洁工具水桶、畚箕、扫帚"水彩画，五个班八十分以上的占十分之一，特别差的有十分之三，主要问题是，构图刻板平均，不会着色，没有明暗虚实，涂得模糊一团。由此可见，学习水彩画之前，必须把色彩练习、明暗调子先学习，掌握着色的基本方法，才能为画好水彩画打好基础，这是以后教学中应该注意的。

图案基础（二）美术字

教学目的：通过学习，使学生掌握美术字的特点及其写法，为党的宣传工作服务和为将来进一步学习专业打好基础。

教学过程：

提问：单独纹样有哪些特点？

讲授新课：美术字的特点及其写法.

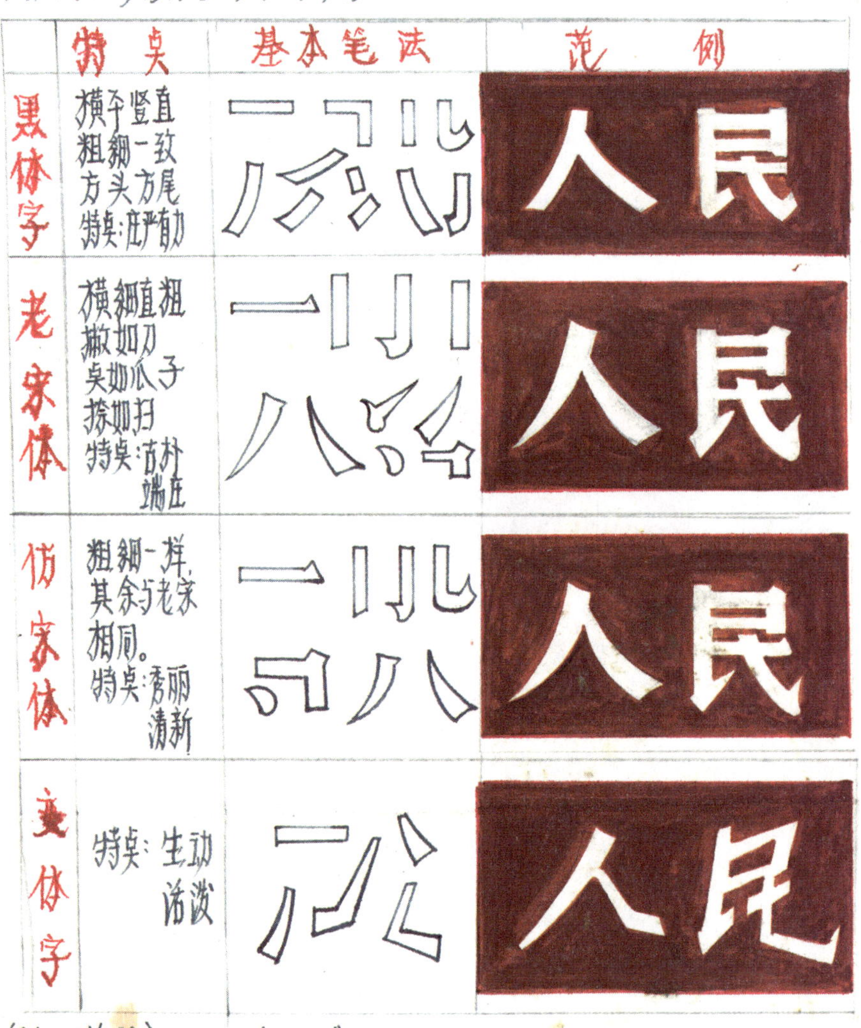

	特点	基本笔法	范例
黑体字	横平竖直 粗细一致 方头方尾 特点：庄严有力		人民
老宋体	横细直粗 撇如刀 点如瓜子 捺如扫 特点：古朴端庄		人民
仿宋体	粗细一样，其余与老宋相同。 特点：秀丽清新		人民
变体字	特点：生动活泼		人民

〔布置作业〕用黑体字写"为人民服务"，用老宋体写"热爱祖国"，要求用铅笔写，以便批阅时修改。

图案基础

教学目的：使学生掌握画图案画的基础知识，用于办专栏、墙报、板报等搞好党的宣传工作，也为进一步搞专业的图案设计打下基础。

教学内容：一、单独纹样：单独纹样是一种不连续的、独立存在的纹样。绘制单独纹样可采用点、线、面等不同描法或三结合的方法，也可用剪刻、镂印、喷刷等方法。

作业：参书十八页，画一单独纹样。

附图：单独纹样"花"

已了解 12.4

科目	美术	教学班级	初一年级	教科书名称及册数	美术（第二册）		
上課日期	1982.2.21	每周节数	1	总授课节数	18	考試次數	2

周次	时間		預定进度	頁數		实际进度	出入原因	說明
	起	訖		起	訖			
一	2月21日	2月28日	固有色与条件色	9	10			
二	3月1日	3月7日	水彩画基本技法	10	11			
三	3月8日	3月15日	形体结构和明暗	6	7			
四	3月16日	3月23日	形体结构和明暗	7	9			
五	3月24日	4月1日	中国画技法	12	13			
六	4月2日	4月9日	中国画技法	13	15			
七	4月10日	4月17日	图案基础	16	17			
八	4月18日	4月25日	图案基础	17	18			
九	4月26日	5月1日	期中考试					
十	5月2日	5月9日	手工制作	20	21			
十一	5月10日	5月17日	手工制作	21	—			
十二	5月18日	5月25日	雕塑介绍	1	2			
十三	5月26日	6月2日	雕塑介绍	1	2			
十四	6月3日	6月10日	工艺美术介绍	2	3			
十五	6月11日	6月18日	工艺美术介绍	2	3			
十六	6月19日	6月26日	建筑介绍	4	5			
十七	6月27日	7月4日	建筑介绍	4	5			
十八	7月5日	7月12日	期终考试					

第一课 色彩

教学目的： 通过"固有色与条件色"、"色彩特性与色彩对比"、"水彩画的基本技法"的学习，使学生初步掌握色彩对比的规律和水彩画的基本技法。

教学时间： 两课时

第一课时

教学内容： 固有色与条件色

物体因吸收和反射不同波长的光线而呈现一种固定的色彩，因这种性质而具有的颜色叫固有色。

某种颜色的物体在一定光线条件下，由于受光状态不同和环境的影响而出现色彩变化，叫做条件色。

绘画作品中对色彩现象的表现有不同的侧重，有的主要表现固有色（见附图）有的则主要表现了条件色（见附图二）

色彩对比与色彩特性

自然界的颜色因相互比较而显出差别，各种颜色在色相、明度、纯度以及冷暖感觉等方面都有着一定对比作用，出现不同的对比效果。

色彩画就是主要根据和运用这些色彩对比的规律，选择和调配颜色去塑造形象、体积，空间以及物体的其他特征。

布置作业： 临摹 齐白石：中国画《樱桃》

要求：通过临摹 体会主要表现固有色的手法。

教学活动——举办一次美术展览

目的：在党的三中全会以来，我国文艺战线，春色满园。随着"五讲四美"活动的开展，我校师生以文艺为武器，歌颂伟大的党，伟大的祖国、伟大的人民；批判违反四项基本原则的各种错误思想和倾向，已蔚然成风。通过举办这次美术展览，更进一步活跃我校的文娱生活，庆祝"五一"、"五四"光辉的节日，培养学生学习美术课的兴趣，提高绘画能力，从而更好地完成本学期美术课的教学任务。

展览时间：四月二十日至五月四日

展品筹集：一、以美术课学生作业为主

二、要求学生临摹或创作一幅画，画面大小统一，题材不拘。

三、聘请教师中美术爱好者贡献作品。

四、欢迎其他各级学生绘画参加展出。

展览地点：学校阅览室

奖励办法：得奖作品分三等：

一等：十幅，奖笔记本一本，水彩颜料一盒，铅笔、毛笔各两枝。

二等：十五幅，奖笔记本一本，铅笔、毛笔各两枝。

三等：水彩颜料一盒，铅笔、毛笔各一枝。

展览费用：请教导处和总务处商酌决定。

总　结：向教导处写美术展览总结报告一份，总结经验教训，供以后办此类展览时参考。

附图(二)

这幅画主要表现了条件色

第八课时　水彩画的基本技法

提　问：什么是固有色与条件色？

什么是冷色和暖色？

怎样理解色彩特性与色彩对比？

学习新课：水彩画的基本技法

水彩画技法一般有干画法和湿画法两种：

干画法：

先画出大体的浅色调，待干后逐层加深，适宜表现面的转折和色的变化显著的物体。

湿画法：

一般先画明部，在将要干时接画灰部和暗部，使色彩相互渗化，适宜表现球面、圆柱面或色彩变化逐渐过渡的物体。

作画时两种方法常结合使用

水彩画静物写生

作画时应考虑整体的色彩效果，注意色彩的相互影响，在~~将要干时接~~塑造形体的过程中，保持水彩画特有的明快感。

见附图

布置作业：临摹课本十一页《瓶花》

人民日报社特邀设计的书名《鲁迅杂文书信选》。书名用自己首创的魏碑变体书写，该书于 1971 年由人民日报社出版。

圆形纹样设计图稿

纹样设计雏形

装饰性间隔线设计图稿

题花、尾花设计图稿

图案设计图稿

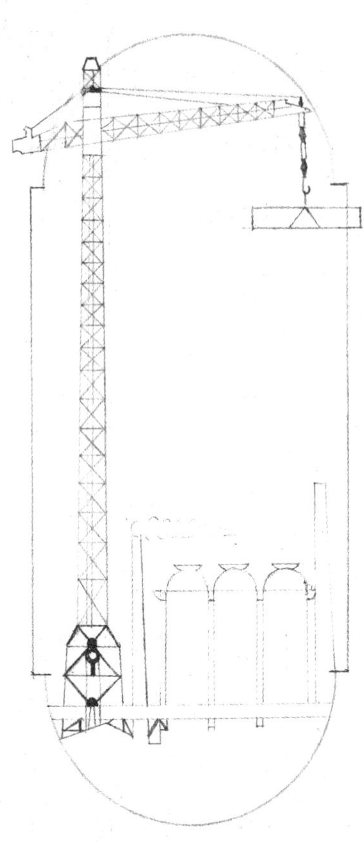

←吊机设计图稿

↓屏风设计图稿

四川崇丽阁二百一十二字长联

幾層樓，獨撐東面，率統近水遙山。倚張畫譜。射怒嶺，雪數白河，烟滿月景，霞染青衣。霧晴而讀，人爭古晴；而強士，蓄邊寬。可憐箏絲斷雲，昂埋了萬閨寶鏡；樹相宋時空，留籍綠野香墳；對此茫茫，百感交集：御徒總貪迷醉夢鄉中，試從絕頂高呼：問問問，這半江月誰家之物。

千秋事，廣擬云川，向盡鴻篇巨製，揚演茶雄，躍當上龍頗城，爹爲臥關下，虎鳴井底蛙。忽然鐵馬金戈，忽然銀笙玉笛。衡不知是歌短賦，物換此幽，視閑愁因；憑回廊，消受得清風好雨。嘗冬雪雪中滋露歸跡；凡湖海，幾落在乾坤。奈何且向危樓滿目：看看看，那一塊雲是我的天。

为中华崛起树立鸿鹄奇志敢上九重天
图民族强盛发扬愚公精神能移万座山

为中华崛起树立鸿鹄奇志敢上九重天
图民族强盛发扬愚公精神能移万座山

為中華崛起树立鴻鵠奇志敢上九重天
圖民族强盛發楊愚公精神能移萬座山

為中華崛起樹立鴻鵠奇志敢上九重天
圖民族强盛發楊愚公精神能移萬座山

硬笔书法范例（三）

生活里没有书籍，就好象没有阳光；智慧里没有书籍，就好象鸟儿没有翅膀。

莎士比亚

生活里没有书籍，就好象没有阳光；智慧里没有书籍，就好象鸟儿没有翅膀。

生活里没有书籍，就好象没有阳光；智慧里没有书籍，就好象鸟儿没有翅膀。

生活里没有书籍，就好象没有阳光；智慧里没有书籍，就好象鸟儿没有翅膀。

還我河山
慶祝香港回歸祖國

壯我國威
訓德書

毛笔书法范例（二）

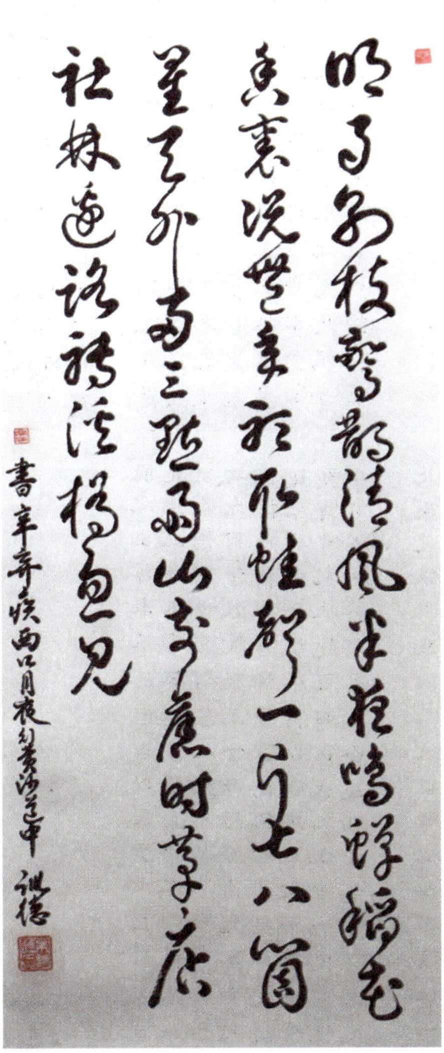
明月别枝惊鹊清风半夜鸣蝉稻花香里说丰年听取蛙声一片七八个星天外两三点雨山前旧时茅店社林边路转溪桥忽见
书辛弃疾西江月夜行黄沙道中

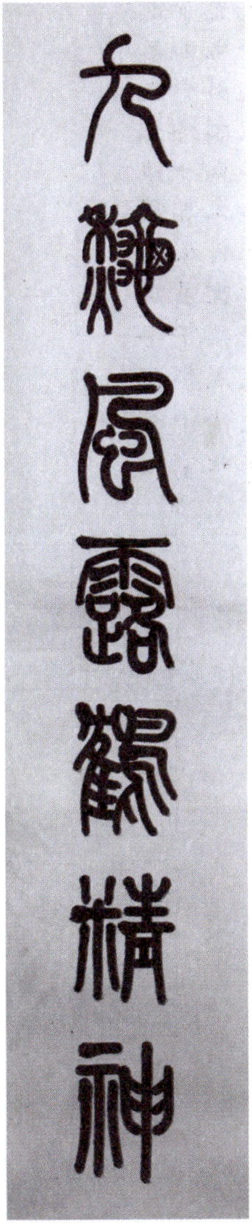

毛笔书法范例（三）

先帝創業未半而中
道崩殂今天下三分
益州疲敝此誠危急
存亡之秋也然侍衛
之臣不懈于內忠志
之士忘身于外者蓋
追先帝之殊遇欲報
之于陛下也誠宜開
張聖聽以光先帝遺
德恢弘志士之氣不
宜妄自菲薄引喻失
義以塞忠諫之路也
宮中府中俱爲一體
陟罰臧否不宜異同
若有作奸犯科及爲
忠善者宜付有司論
其刑賞以昭陛下平
明之理不宜偏私使
內外異法也侍中侍
郎郭攸之費禕董允

等此皆良實志慮忠
純是以先帝簡拔以
遺陛下愚以爲宮中
之事事無大小悉以
咨之然後施行必能
裨補闕漏有所廣益
將軍向寵性行淑均
曉暢軍事試用于昔
日先帝稱之曰能是
以衆議舉寵爲督愚
以爲營中之事悉以
咨之必能使行陣和
睦優劣得所親賢臣
遠小人此先漢所以
興隆也親小人遠賢
臣此後漢所以傾頹
也先帝在時每與臣
論此事未嘗不歎息
痛恨于桓靈也侍中
尚書長史參軍此悉

貞良死節之臣愿陛
下親之信之則漢之
隆可計日而待也臣
本衣躬耕于南陽苟
全性命于亂世不求
聞達于諸侯先帝不
以臣卑鄙猥自枉屈
三顧臣于草廬之中
咨臣以當世之事由
是感激遂許先帝以
驅馳後值傾覆受任
于敗軍之際奉命于
危難之間爾來二十
有一年矣先帝知臣
謹慎故臨崩寄臣以
大事也受命以來夙
夜憂歎恐托付不效
以傷先帝之明故五
月渡瀘深入不毛今
南方已定兵甲已足

已足當獎率三軍北
定中原庶竭駑鈍攘
除奸兇興復漢室還
于舊都此臣所以報
先帝而忠陛下之職
分也至于斟酌損益
進盡忠言則攸之禕
允之任也愿陛下托
臣以討賊興復之效
不效則治臣之罪以
告先帝之靈若無興
德之言則責攸之禕
允等之慢以彰其咎
陛下亦宜自謀以咨
諏善道察納雅言深
追先帝遺詔臣不勝
受恩感激今當遠離
臨表涕零不知所言
諸葛亮《出師表》
飛飛書寫

北國風光千里冰封萬里雪飄望長城內外惟餘莽莽大河上下頓失滔滔山舞銀蛇原馳蠟象欲與天公試比高須晴日看紅裝素裹分外妖嬈江山如此多嬌引無數英雄競折腰惜秦皇漢武略輸文采唐宗宋祖稍遜風騷一代天驕成吉思汗只識彎弓射大雕俱往矣數風流人物還看今朝

敬录毛主席沁园春雪 训德 九十三

月落烏啼霜滿天江楓漁火對愁眠姑蘇城外寒山寺夜半鐘聲到客船

训德

杨柳青青江水平闻郎江上唱歌声东边日出西边雨道是无晴却有晴日照澄洲江雾开淘金女伴满江隈美人首饰侯王印尽是沙中浪底来

刘禹锡词两首 时年八旬 飞飞 丙申猴年

绘画范例（一）

《群猫图》是朱训德先生的国画代表作品之一，创作于 1987 年，收录于《中国百杰画家大典 2008—2009》。

《群猫图》以高超娴熟的艺术手法将工艺美术的细腻与水墨国画的洒脱有机结合，生动描绘和刻画了一群可爱活泼的猫娃儿在花草丛间嬉戏逗乐的艺术形象，表达了先生对自然的热爱和对和谐世界的赞美。地球是动物和人类共同的美好家园，让人类充满爱，让动物与人类在大自然的怀抱中永恒生存，这是《群猫图》所表达的深刻主题。

绘画范例（二）

红梅图

科学技术干部业务考绩档案

单　位 定西地区卫校

姓　名 朱训德

一九八九年 六 月十八 日

基 本 情 况

表一

姓 名	朱训德	性别	男	出生年月	1938·10	贴照片
曾用名		民族	汉	家庭出身	贫民	
职 务		籍贯	甘肃定西	本人成份	学生	
技术职称		级别		工 资	154元	

参加工作时间	1959年9月	身体情况	健康
家庭住址	定西地区卫校家属院		
何时加入中国共产党（共青团）任何职		何时加入民主党派任何职	
社会兼职			
参加何学术团体任何职			

学历（何时何院校何专业毕业）			
	中等专业学校		年制
	国内高等院校	1959年于西北师范学院中语专业毕业	2 年制
	国外高等院校		年制
	研究院（学位）		年制

懂何种外国语听读说写能力	对俄语具有所要求的翻译、阅读能力

爱人情况						
姓 名	杨月英	年 龄	45	民 族	汉	
文化程度	初中	政治面貌		有何专长	财会	
现在何地何单位任何职	定西地区医院搞财会工作					

任现职以来完成教学工作情况					
何年何月至何年何月	讲授课程名称及其它教学任务	学生人数	周学时数	总学时数	备注
1959—1960	语文	108	12	480	
1960—1961	语文	105	12	480	
1961—1962	语文	145	18	720	
1962—1963	语文	145	18	720	
1963—1964	语文 辩证唯物主义常识	165	18	720	
1964—1965	语文	165	12	480	
1965—1966	语文	105	12	240	
1966—1967	语文	105	12	480	
1967—1968	语文	98	12	480	
1968—1969	语文	95	12	600	
1969—1970	语文	102	12	600	
1970—1971	语文	105	12	600	
1971—1972	语文	135	15	600	
1972—1973	语文	135	18	720	
1973—1974	语文	135	18	720	
1974—1975	语文	135	15	600	
1975—1976	语文	145	15	600	
1976 1977	语文	145	12	480	
1977—1978	语文 辩证唯物主义常识	145	15	600	
1978—1979	语文 政治经济学	145	15	600	
1979—1980	语文	145	15	600	
1980—1981	语文	145	15	480	
1981—1982	语文	245	18	720	
1982—1983	语文	185	9	360	
1983—1984	语文	185	9	360	
1984—1985	语文	185	9	360	
1985—1986	语文	200	18	720	
1986—1987	语文	230	9	360	
1987—1988	语文	215	6	240	
1988—1989	语文	200	9	360	

本　人　总　结

（任现职以来的思想政治表现、教学、科学技术等工作的能力及履行职责的情况、成绩）

自一九五九年从事教学工作以来，思想认识明确，能坚持四项基本原则和改革开放的政策，积极参加学校的政治学习和各项社会活动，热爱本职工作，有良好的职业道德，忠诚党的教育事业。

在语文教学上，我认识到备好课是讲好课的前提，讲好课是达到教学目的的重要手段，因此我首先在备课上狠下功夫，熟悉教学大纲，深入钻研教材，从一篇文章的正音、解词、释义，到思想内容篇章结构的分析，从教学方法的运用、板书设计，到思考与练习题的完成，反复琢磨一丝不苟，做到既备课又备人。在讲课时，仅量摆脱讲稿，成竹在胸，情绪饱满，突出重点，讲清难点，培养学生独立思考问题和解决问题的能力，凡是课堂上解决不了问题，必当加强辅导，直到学生搞懂弄通为止。教风严谨，62年和88年被评为模范教师。

我任过五届班主任，在班级管理中坚持"以身作则"和"爱护学生"的原则，在德、智、体、美、劳诸方面，运用教育科学的理论向学生进行全面教育，既重视做艰苦细致的思想工作，又重视学生文化课的学习，积累了丰富的班主任工作经验，在一般中学曾多次被评为模范班主任。

在教学水平方面，为了开拓学生知识领域，提高教学质量，根据上级要求编写语文乡土教材《岷州花儿欣赏》和《高考复习资料》赢得学生好评。调到卫校后，根据中专教学特点和不同专业的教学要求，编写补充教材，如在中医班补编《医古文》，医士、护士班补编《医学说明文》等，收到良好的教学效果。1987年在职中，撰写论文《我是怎样进行逻辑知识教学的》和《"尤二姐之死"浅析》两篇文章，受到专家好评，以后发表在《卫校通讯》上。作为语文教师，书法是必修课，书法教学是语文教学的一个重要内容，我酷爱书法，学习研究书法，1974年应甘肃人民出版社约请春联，1975年应《人民日报》特约为他们编辑出版的《鲁迅杂文书信选》题写书名，1988年编著《人生珍言钢笔四体书法参考》一书，由甘肃人民出版社出版发行，有其一定影响。

我从事语文教学工作三十年，冬去春来，送旧迎新，共代一百五十多个教学班，当过五届班主任，授课一万五千多课时，听过我语文课的学生有五千多名，他们活跃工作在社会主义建设的各条战线上，为祖国的四化建设贡献着自己的才智和力量。

指导教师进修提高情况	具有组织和指导本学科各教学环节的能力，承担过青年语文教师的专业提高和教学指导工作。指导他们备课，研究分析教材，进行教学评价和经验总结；培养书法爱好者六十余名，使他们在省、县级刊物上都发表作品；进行过多次公开教学和观摩教学。
对实验室建设的贡献	
承担教学管理工作、学生思想政治工作情况	我任过五届班主任。在班级管理中，坚持以身作则，爱护学生的教育原则，在德、智、体、美、劳诸方面，运用教育科学的理论，向学生进行全面教育，既重视做艰苦细致的思想工作，又重视学生文化课的学习，积累了丰富的班主任工作经验，曾被评为模范班主任。
外语程度	对俄语具备所要求的翻译、阅读能力。

专业科（教研室）评议意见

（包括思想政治条件、工作态度、业务水平及能力）

该同志拥护党的领导，热爱社会主义，对党的十一届三中全会以来的路线方针政策认识明确，坚持四项基本原则。忠诚党的教育事业，热爱本职工作，积极承担教学任务，事业心、责任心强，有良好的职业道德，多年来克己奉公，教书育人，为人师表。

教学目的明确，态度端正。熟悉教学大纲和教材，有扎实的教学功底和驾驭教材的能力，精心设计教学方法，按时制定教学计划。教案详细工整。讲课内容熟练，情绪饱满，讲授方法合理灵活，层次分明，语言简练，能够突出重点，讲清难点，重视语文的系统性和课程间的纵横联系，重视"三基"训练，积极启发学生思维，培养学生分析与解决问题的能力。勇于改革创新，摸索"卫校语文"的教学特点，旧课新讲，探索设计最佳方案，大胆实验，效果良好。批改作业细致，课外辅导认真，正确考核评定成绩，教风严谨，教学成绩显著，三十二年，代一百二十多个教学班，授课一万三千多课时，听课学生五千多名，曾多次被评为模范教师。

在普通中学任过五届班主任，关心学生，为人师表，具有丰富的班主任工作经验和教育科学的理论知识，善于做艰苦细致的思想工作，在德、智、体、美、劳诸方面向学生进行全面教育，踏实适力，积极肯干，成绩突出，曾被评为模范班主任。

有扎实的文学功底和系统的教育理论知识，积极开展教学研究、改进教学方法，进行过多次公开教学和全校性观摩教学。编写乡土教材《岷临花儿欣赏》和高考复习参考资料。根据中专教材特点和不同专业的教学要求，编写补充教材《医古文》和《医学说明文》等，在教学中使用效果良好。承担过青年语文教师的专业提高和教学指导工作。配合教学出版书法作品，培养书法人才，参加高考阅卷，积极参加各种形式的教学研讨活动，掌握信息，更新知识，不断提高教学质量。

该同志毕业于大学专科，通过刻苦自修和函授，学完大学本科课程，专业水平有很大提高，特别是通过多年的教学实践，讲课形象生动，讲授课之逻辑性、艺术性与趣味性于一炉，富有感染力，赢得学生好评。目前对语文教学具有系统而坚实的理论基础和丰富的实践经验，具有组织和指导本学科各教学环节的能力，熟练掌握中国语文在国内外的学术发展动态。

经我组全体同志评议，认为该同志三十二年如一日，不计较个人名利，兢兢业业，埋头实干，甘作人梯，无私奉献，为国家培养了大量人才，忠诚党的教育事业，一致同意晋升为高级讲师职务。

负责人 [illegible]（签名盖章）

公 章 1990年10月22日

校教师职务评审组（教师职务评审委员会）意见

该同志1959年毕业于西北师院语文专修科，现已从事语文教学三十二年。拥护党的领导，热爱社会主义祖国，对十一届三中全会以来的路线、方针、政策认识正确，忠诚党的教育事业，有良好的职业道德，教书育人，为人师表，工作二十八年如一日，兢兢业业，为国家培养人才作无私奉献。

有扎实的文学功底和系统的教育理论知识，教学经验比较丰富，教学目的明确，态度端正，教材熟练，有驾驭教材的能力，精心设计教学方法，认真书写教案，讲授方法得当，层次分明，语言简练，重视"三基"训练，积极启发学生思维，培养学生解决分析问题的能力，认真批改作业，正确考核评定成绩，教风严谨，教学效果良好，近年授课973学时，曾编写了乡土教材《岷临花儿欣赏》，并根据中专教材特点和不同专业教学需求，选编补充教材《医古文》和《医学说明文》等，在教学中使用，效果良好。通过刻苦自学，积极参加教学研究活动，掌握教学信息，更新知识，不断提高业务学术水平。

在普通中学曾任五届班主任，关心学生，作深入细致的思想工作，成绩突出，曾被评为模范班主任。经评审组研究，同意推荐为语文高级讲师。

评审组组长
（评审委员会主任）＿＿＿＿＿＿（签名盖章）

公　　章　1990年　11月　1日

总人数	参加人数	表决结果						备注
		同意人数		不同意人数		弃权人数		
9	8		8		—		—	

学校主管厅、局或地（州、市）审核意见

经审查，该同志符合中专高级讲师任职条件，按省职改办（90）7号文件第八个问题的第4条，外语不作为否决条件，同意推荐为中专高级讲师。

评委总人数13人，参加13人，同意13人。

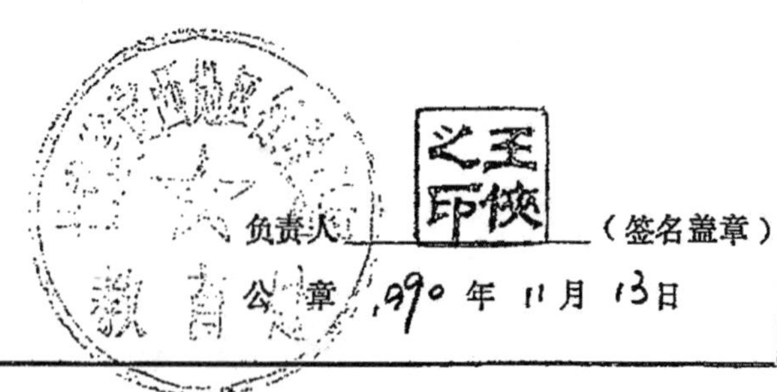

负责人＿＿＿＿＿＿（签名盖章）

公章 1990年11月13日

申 请

贝校职称评委会：

我系本校语文讲师，男，汉族，现年51岁，甘肃定西县人。1959年毕业于西北师范学院中语科。同年分配于岷县六中任语文教师，1982年调定西地区贝校担任语文教学。连续教龄三十八年。

在三十八年的教学过程中，思想认识明确，能坚持四项基本原则和改革开放的政策，并能在教学中贯彻改革精神，积极参加学校的政治学习和各项社会活动，热爱本职工作，踊跃承担教学任务，有良好的职业道德，为人师表，忠诚党的教育事业。

在语文教学上，我认识到备好课是讲好课的前提，讲好课则是达到教学目的重要手段，因此，我首先在备课上狠下功夫，熟悉教学大纲，深入钻研教材，从一篇文章的正音、解词、释义，到思想内容、篇章结构的分析，从教学方法的运用，板书设计，到思考与练习题的完成，反复琢磨，一丝不苟，做到既备课又备人。在讲课时，尽量摆脱讲稿，成竹在胸，情绪饱满，突出重点，讲清难点，培养学生独立思考问题和解决问题的能力，凡是课堂上解决不了的问题，必当加强辅导，直到学生搞懂弄通为止。教风严谨，62年和88年被评为模范教师。

我当过五届班主任。在班级管理中，坚持"以身作则"、"爱护学生"的原则，在德、智、体、劳、美诸方面，运用教育科学的理论向学生进行全面教育，既重视做艰苦细致的政治思想工作，又重视学生文化课的学习，积累了丰富的班主任工作经验，曾多次被评为模范班主任。

在教学水平方面，为了开拓学生知识领域，提高教学质量，根据上级要求编写语文乡土教材《岷州花儿欣赏》和高考复习参考资料，赢得学生好评。调到卫校后，根据中专教学特点和不同专业的教学要求，编写补充教材，如在中医班补编《医古文》，医士、护士班补编医学说明文等，收到良好的教学效果。1987年在职政中，撰写论文《我是怎样进行逻辑知识教学的》、和《尤二姐之死浅析》两篇文章均得专家的好评，后发表在《卫校通讯》上。作为语文教师，书法是必修课，书法教学是语文教学的一个重要内容。1974年应甘肃人民出版社约请书写春联，1975年应《人民日报》特约为他们编辑出版的《鲁迅杂文书信选》题写书名，并经常给《甘肃日报》和《人民日报》设计题写刊头，参加省、地、县书画展览。1988年编著《人生珍言钢笔四体书法参考》一书，由甘肃人民出版社出版发行，有其一定影响。

我从事语文教学工作三十八年，冬去春来，送旧迎新，共代一百五十多个教学班，当过五届班主任，授课一万五千多课时，听过我语文课的学生有五千多名，他们活跃工作在社会主义建设的各条战线上，有的成为专家学者，有的成为中、初级行政干部，有的成为教师、医生，也有普通的工人农民，他们在各自的工作岗位上，都在为祖国的四化建设贡献着自己的才智和力量。

综上所述，根据高讲条件衡量，已达到高讲的任职资格，为此，我申请评定高讲职称，请推荐审批。

定西地区卫校 朱训德

1989.6.1

后 记

朱训德先生是一位一生从教的模范教师，也是一位终生从艺的当代著名书画艺术家。他在长期的教学和艺术生涯中创作了丰富的艺术珍品，积累了大量的珍贵史料。

近年来，我局（馆）开展了向社会征集历史档案资料的工作，对当地历史名人档案资料广泛征集、整理挖掘和编研开发。2016 年，我们在收集整理朱训德先生个人档案资料中，发现了许多珍贵档案。为了有效地发挥其资政育人作用，我们会同甘肃省美协、书协，中共定西市委宣传部等部门在甘肃中医药大学定西校区举办了朱训德先生书画作品展。在展出他几十年个人珍藏和亲友收藏的书画作品的同时，还展出了他多年来创作出版的硬笔书法字帖、美术图案纹样及仅存的几本教案手稿，引起师生和社会各界赞誉。当时分管教育工作的定西市副市长李斌（现任中共定西市委常委、统战部部长）观展后，认为这些作品极具收藏出版价值，特别是对广大教师具有示范教育意义，指示相关部门立即着手整理，争取早日出版。

朱训德先生在展览结束后的第三天就辞世了。他的子女遵从遗愿，对他的个人资料广泛收集，整理了先生数十载个人珍贵档案资料。今年教师节期间，朱训德先生长子朱始建代表其家属将先生的珍贵资料捐赠给了我局（馆），我们将采取科学的管护措施予以永久保管。

为了充分体现珍贵档案的社会价值，本着“对历史负责，为现实服务，替未来着想”的崇高责任，变“死档案”为“活信息”，定西市档案局（馆）决定编辑出版朱训德先生珍贵档案史料系列书籍。经过近一年的辛勤努力，《老教案——朱训德先生教案手稿》付梓出版，时值改革开放40周年之际，献给广大读者。

在本书编辑出版过程中得到中共定西市委宣传部、定西师范高等专科学校、定西市教育局、定西市文联、定西日报社、定西市红十字会等单位和飞飞艺术促进会的大力支持；并得到中共定西市委常委、定西市人大常委会主任、中共定西市委宣传部部长王美萍，中共定西市委常委、定西市副市长高生发，定西市副市长杨晓锋，中央文史馆书画院研究员、甘肃飞天书画学会会长杨志印，甘肃日报社文艺部总编室原副主任耿汉，甘肃日报社原美术编辑、甘肃人民美术出版社原副总编苏朗以及当地教育、书画界人士贾国江、常青、朱海德、雍夫秦、王冬梅、刘向书、田向农、张慧、杨齐、宋俊明、贾萍、芦建华、史景妍、王梅兰、白明月等同志的鼎力协助。我们在此一并表示衷心的感谢！由于编辑出版此类书籍经验较少，难免存在不足，敬请广大读者提出宝贵意见。

定西市档案局（馆）

2018年11月